●収録内容一覧

■2025年度中学受験用

横浜雙葉中学校

5年間(＋３年間HP掲載)スーパー過去問

入試問題と解説・解答の収録内容

2024年度　１期	算数・社会・理科・国語	実物解答用紙DL
2024年度　２期	算数・社会・理科・国語 （解答のみ）	実物解答用紙DL
2023年度	算数・社会・理科・国語	実物解答用紙DL
2022年度	算数・社会・理科・国語	実物解答用紙DL
2021年度	算数・社会・理科・国語	
2020年度	算数・社会・理科・国語	
2019～2017年度（HP掲載） 「カコ過去問」 （ユーザー名）koe （パスワード）w8ga5a1o	問題・解答用紙・解説解答DL **◇著作権の都合により国語と一部の問題を削除しております。** ◇一部解答のみ（解説なし）となります。 ◇９月下旬までに全校アップロード予定です。 ◇掲載期限以降は予告なく削除される場合があります。	

～本書ご利用上の注意～　以下の点について，あらかじめご了承ください。

★別冊解答用紙は巻末にございます。実物解答用紙は，弊社サイトの各校商品情報ページより，一部または全部をダウンロードできます。

★編集の都合上，学校実施のすべての試験を掲載していない場合がございます。

★当問題集のバックナンバーは，弊社には在庫がございません（ネット書店などに一部在庫あり）。

合格を勝ち取るための

『スーパー過去問』の使い方

本書に掲載されている過去問をご覧になって，「難しそう」と感じたかもしれません。でも，多くの受験生が同じように感じているはずです。なぜなら，中学入試で出題される問題は，小学校で習う内容よりも高度なものが多く，たくさんの知識や解き方のコツを身につけることも必要だからです。ですから，初めて本書に取り組むさいには，点数を気にしすぎないようにしましょう。本番でしっかり点数を取れることが大事なのです。

過去問で重要なのは「まちがえること」です。自分の弱点を知るために，過去問に取り組むのです。当然，まちがえた問題をそのままにしておいては意味がありません。

本書には，長年にわたって中学入試にたずさわっているスタッフによるていねいな解説がついています。まちがえた問題はしっかりと解説を読み，できるようになるまで何度も解き直しをしてください。理解できていないと感じた分野については，参考書や資料集などを活用し，改めて整理しておきましょう。

このページも参考にしてみましょう！

◆どの年度から解こうかな　「入試問題と解説・解答の収録内容一覧」

本書のはじめには収録内容が掲載されていますので，収録年度や収録されている入試回などを確認できます。

※著作権上の都合によって掲載できない問題が収録されている場合は，最新年度の問題の前に，ピンク色の紙を差しこんでご案内しています。

◆学校の情報を知ろう!!「学校紹介ページ」

このページのあとに，各学校の基本情報などを掲載しています。問題を解くのに疲れたら息ぬきに読んで，志望校合格への気持ちを新たにし，再び過去問に挑戦してみるのもよいでしょう。なお，最新の情報につきましては，学校のホームページなどでご確認ください。

◆入試に向けてどんな対策をしよう？「出題傾向＆対策」

「学校紹介ページ」に続いて，「出題傾向＆対策」ページがあります。過去にどのような分野の問題が出題され，どのように対策すればよいかをアドバイスしていますので，参考にしてください。

◇別冊「入試問題解答用紙編」

本書の巻末には，ぬき取って使える別冊の解答用紙が収録してあります。解答用紙が非公表の場合などを除き，（注）が記載されたページの指定倍率にしたがって拡大コピーをとれば，実際の入試問題とほぼ同じ解答欄の大きさで，何度でも過去問に取り組むことができます。このように，入試本番に近い条件で練習できるのも，本書の強みです。また，データが公表されている学校は別冊の１ページ目に過去の「入試結果表」を掲載しています。合格に必要な得点の目安として活用してください。

本書がみなさんの志望校合格の助けとなることを，心より願っています。

株式会社　声の教育社　編集部

横浜雙葉中学校

所在地	〒231-8653 神奈川県横浜市中区山手町88
電　話	045-641-1004
ホームページ	https://www.yokohamafutaba.ed.jp/highsch/
交通案内	みなとみらい線「元町・中華街駅」6番出口より徒歩6分 JR京浜東北線（根岸線）「石川町駅」南口より徒歩13分

くわしい情報は
ホームページへ

トピックス

★2024年度より，一般入試が複数回試験となり，面接が廃止されました。
★2021年度入試より出願方法がWeb出願になりました。

創立年
明治33年

女子校

高校募集
なし

応募状況

年度	募集数	応募数	受験数	合格数	倍率
2024	①60名	197名	178名	75名	2.4倍
	②30名	306名	179名	72名	2.5倍
2023	90名	186名	170名	101名	1.7倍
2022	100名	182名	173名	105名	1.6倍
2021	100名	168名	164名	104名	1.6倍
2020	100名	175名	166名	108名	1.5倍
2019	100名	221名	214名	107名	2.0倍

2025年度入試情報

試験日程：
1期　2025年2月1日　午前
2期　2025年2月2日　午前
試験科目：国語・算数（各50分，各100点満点）
　　　　　理科・社会（各40分，各80点満点）
合格発表：試験当日の22時

※正式な募集要項は2024年9月に発表の予定です。

説明会等日程（※予定）

【入試問題に触れる会】要Web予約
11月16日　時間未定
○本校の入試問題を体験できるイベントで，小学6年生とその保護者を対象に開催します。各教科の先生と一緒に入試問題を解くことで，出題の意図や解法のポイントを確認してみましょう。
【雙葉祭（文化祭）】＊公開予定
10月19日・20日　時間未定
【校内ツアー】要Web予約
8月5日～9日
各日9:00～／10:30～／13:00～／14:30～
○生徒広報部による「学校紹介&校内ツアー」です。少人数のグループに分かれて，校内案内を行います。各日，各回ともに基本的には同じ内容です。

※詳細は学校HPでご確認ください。

2024年春の主な大学合格実績

＜国公立大学・大学校＞
東京大，東京工業大，一橋大，東北大，東京外国語大，お茶の水女子大，電気通信大，東京藝術大，東京農工大，横浜市立大，防衛医科大
＜私立大学＞
慶應義塾大，早稲田大，上智大，国際基督教大，東京理科大，明治大，青山学院大，立教大，中央大，法政大，学習院大，東京慈恵会医科大，順天堂大，昭和大，日本医科大，東京女子医科大

編集部注一本書の内容は2024年6月現在のものであり，変更されている場合があります。正確な情報は，学校のホームページ等で必ずご確認ください。

算数　出題傾向＆対策

◆基本データ（2024年度１期）

試験時間／満点	50分／100点
問題構成	・大問数…３題 計算・応用小問１題（７問） ／応用問題２題 ・小問数…14問
解答形式	解答らんには必要な単位などが印刷されている。応用問題では式や考え方を書く設問もある。
実際の問題用紙	Ａ４サイズ，小冊子形式
実際の解答用紙	Ｂ４サイズ

◆過去６年間の出題率トップ５

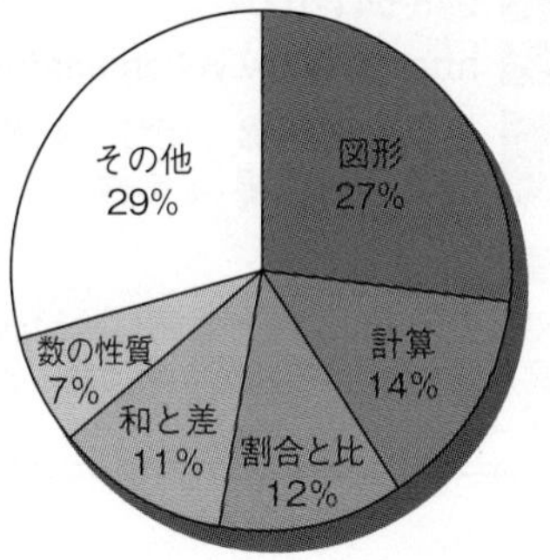

※　配点（推定ふくむ）をもとに算出

◆近年の出題内容

【　2024年度１期　】			【　2023年度　】		
大問	1	逆算，四則計算，差集め算，平均とのべ，濃度，表とグラフ，角度，面積	大問	1	四則計算，計算のくふう，逆算，条件の整理，素数の性質，相当算，濃度，面積，体積
	2	平面図形－図形上の点の移動，整数の性質，面積，辺の比と面積の比，旅人算		2	平面図形－図形上の点の移動，旅人算
	3	立体図形－構成，図形と規則		3	約束記号，整数の性質

◆出題傾向と内容

本校の算数は，**比較的素直な問題が多く**，難問のたぐいや目新しい問題はほとんど見られません。ただし，複雑な考え方や計算が必要な問いがしばしば出されています。

●計算・応用小問…計算問題は，小数・分数の四則計算のほか，逆算や，計算のくふうが必要なものも見られます。応用小問は，数の性質，場合の数，割合と比，速さ，集合，角度，長さ，面積，体積，周期算，倍数算，相当算，仕事算などで，数量分野と簡単な求積問題（面積）がよく出される傾向にあります。

●応用問題…図形分野から少なくとも１題出されていて，図形上の点の移動と面積・体積の変化，水の量の変化とグラフなどがよく取り上げられます。このほか，数の性質，規則性など数量分野からの出題もめだちます。

◆対策～合格点を取るには？～

まず，計算力は算数の基礎力養成の最低条件となります。速く正確に解けるよう，練習を欠かさないようにしましょう。

図形は，面積や体積ばかりでなく，長さ，角度，展開図，縮尺，相似比と面積比，体積比などの考え方や解き方をはば広く身につけ，割合や比を使ってすばやく解けるようにすることが大切です。また，図形をいろいろな方向から見たり分割してみたりして，図形の性質もおさえておきましょう。

数量分野では，特に数の性質，規則性，場合の数などをマスターしましょう。はじめに教科書にある重要事項を自分なりに整理し，さらに類題を数多くこなして，基本的なパターンを身につけてください。

また，特殊算からの出題は少なめですが，参考書などにある「○○算」というものの基本を学習し，問題演習を通じて公式をスムーズに活用できるようになりましょう。

なお，算数では答えを導くまでの考え方や式がもっとも大切ですから，**ふだんからノートに自分の考え方，線分図，式をしっかりとかく習慣をつけておきましょう。**

算数　出題分野分析表

分野＼年度		2024 1期	2024 2期	2023	2022	2021	2020
計算	四則計算・逆算	◎	◎	○	◎	◎	◎
	計算のくふう			○			
	単位の計算						
和と差	和差算・分配算					○	
	消去算					○	
	つるかめ算		○			○	
	平均とのべ	○					○
	過不足算・差集め算	○			○		
	集まり						
	年齢算						○
割合と比	割合と比		○				
	正比例と反比例						
	還元算・相当算			○		○	
	比の性質					○	
	倍数算				○		○
	売買損益					○	
	濃度	○		○			
	仕事算					○	
	ニュートン算						
速さ	速さ					○	
	旅人算	○		○			
	通過算						
	流水算		○				
	時計算						
	速さと比				○		○
図形	角度・面積・長さ	●	○	○	◎		○
	辺の比と面積の比・相似	○	◎			○	
	体積・表面積		○	○		○	
	水の深さと体積				○		○
	展開図						
	構成・分割	○					
	図形・点の移動	○		○	○	○	
表とグラフ		○			○	○	○
数の性質	約数と倍数						
	N進数						
	約束記号・文字式			○			
	整数・小数・分数の性質	○		◎		○	○
規則性	植木算						
	周期算				○		○
	数列		○				
	方陣算						
	図形と規則	○				○	○
場合の数			○		○		○
調べ・推理・条件の整理				○	○	◎	○
その他							

※ ○印はその分野の問題が１題，◎印は２題，●印は３題以上出題されたことをしめします。

社会　出題傾向＆対策

◆基本データ（2024年度１期）

試験時間／満点	40分／80点
問題構成	・大問数…３題 ・小問数…30問
解答形式	用語の記入と記号選択がほとんどだが，記述問題も見られる。用語の記入には，漢字指定のものもある。記述問題に字数の制限はなく，１～２行程度の長さとなっている。
実際の問題用紙	Ａ４サイズ，小冊子形式
実際の解答用紙	Ｂ４サイズ

◆過去６年間の分野別出題率

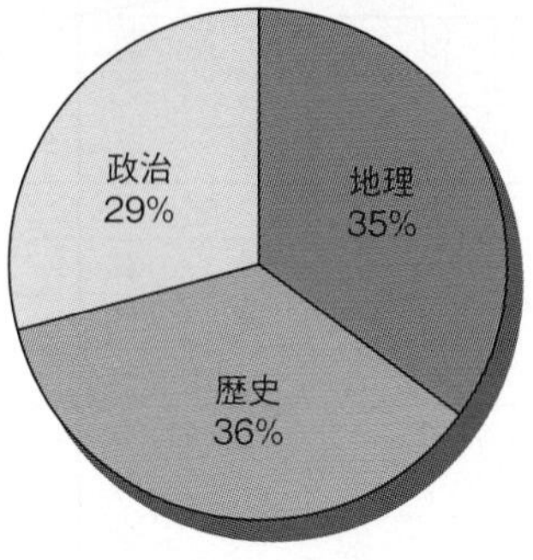

※　配点（推定ふくむ）をもとに算出

◆近年の出題内容

【　2024年度１期　】	【　2023年度　】
大問 1〔歴史〕各時代の歴史的なことがら 2〔地理〕青森県を題材にした問題 3〔政治〕議会制民主主義を題材にした問題	大問 1〔歴史〕各時代の歴史的なことがら 2〔地理〕富山県を題材にした問題 3〔政治〕「国際デー」を題材にした問題

◆出題傾向と内容

本校の社会は，地理，歴史，政治の**各分野からまんべんなく出題**されています。また，試験時間のわりに**問題量が多め**です。なお，世界地理や国際情勢など，日本と世界の結びつきに着目した設問が多く見られるのも特ちょうです。

●地理…地図やグラフ，表などの資料をふんだんに用いながら，各都道府県のようす，交通と貿易，農作物の生産と輸入，地形と土地利用，農林水産業のようす，工業のようす，公害などが取り上げられています。

●歴史…あるテーマにそって書かれた複数の文章を読み，関連する歴史的なできごとや人物名を答えるものが問題構成の中心になっています。取り上げられる時代にかたよりは見られないので，はば広い歴史の基礎知識が必要です。

●政治…日本国憲法と三権のしくみが重点的に出題されています。

◆対策～合格点を取るには？～

地理では，**地図とグラフが欠かせません**。つねに地図帳を活用することと，教科書や資料集にある統計を頭に入れることが大切です。また，白地図に，地形と気候，資源と産業，交通のようすを順にまとめていきましょう。地名や産業などは漢字で覚え，歴史的背景や政治との関連にも注意しながら進めてください。

歴史では，教科書や参考書を通りいっぺんに読むだけでなく，**ノートに年表をつくる**と効果的に覚えられるでしょう。特に，できごとにかかわる年代・人物・影響などについて，よく調べたうえで書きこむようにします。それぞれの分野ごと（政治・文化・外交など）にまとめるくふうも大切です。また，史料集などで写真や絵画・歴史地図などに親しんでおきましょう。

政治では，**日本国憲法の基本的な内容をしっかりおさえてください**。特に基本的人権，三権のしくみは重要です。また，国際政治では，日本と関係の深い国について，ひと通りまとめておきましょう。さらに，時事的なことがらもおさえておく必要があります。日ごろから新聞・テレビなどのニュースを確認し，できごとの内容，影響，問題点などをまとめておきましょう。

社会 出題分野分析表

分野			2024 1期	2024 2期	2023	2022	2021	2020
日本の地理		地図の見方						
		国土・自然・気候	○	○	○	○	○	○
		資源			○	○		
		農林水産業	○	○	○	○	○	○
		工業		○			○	○
		交通・通信・貿易	○	○	○	○	○	○
		人口・生活・文化			○		○	
		各地方の特色	○			○		
		地理総合	★	★	★	★	★	★
世界の地理							○	○
日本の歴史	時代	原始～古代	○	○	○	○	○	○
		中世～近世	○	○	○	○	○	○
		近代～現代	○	○	○	○	○	○
	テーマ	政治・法律史						
		産業・経済史						
		文化・宗教史						
		外交・戦争史						
		歴史総合	★	★	★	★	★	★
世界の歴史								
政治		憲法	○	○	○	○	○	○
		国会・内閣・裁判所	○	○	○	○	○	○
		地方自治	○		○		○	
		経済						
		生活と福祉						○
		国際関係・国際政治	○	○	○	○	○	○
		政治総合	★		★	★	★	★
環境問題					○			○
時事問題						○	○	
世界遺産			○		○	○		
複数分野総合				★				

※　原始～古代…平安時代以前，中世～近世…鎌倉時代～江戸時代，近代～現代…明治時代以降

※　★印は大問の中心となる分野をしめします。

理科 出題傾向＆対策

◆基本データ(2024年度１期)

試験時間／満点	40分／80点
問　題　構　成	・大問数…４題 ・小問数…23問
解　答　形　式	記号選択と用語・計算結果の記入が大半だが，作図の問題なども見られる。記号選択は，択一式だけでなく複数選ぶものも出題されている。記述問題は出されていない。
実際の問題用紙	Ａ４サイズ，小冊子形式
実際の解答用紙	Ｂ４サイズ

◆過去６年間の分野別出題率

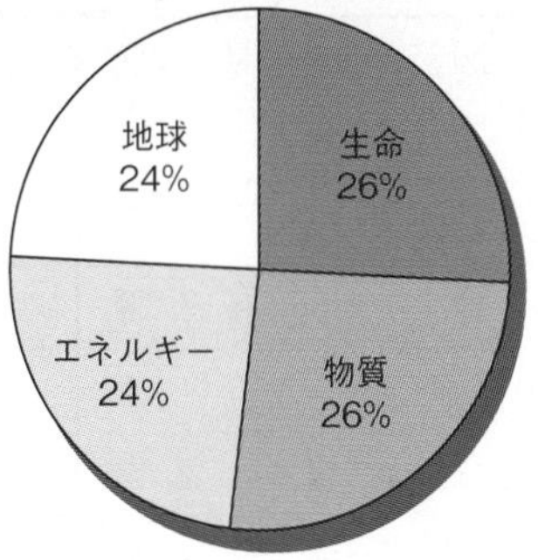

※　配点(推定ふくむ)をもとに算出

◆近年の出題内容

【　2024年度１期　】			【　2023年度　】		
大問	1	〔生命〕メダカ	大問	1	〔生命〕食物連鎖
	2	〔物質〕水溶液の性質		2	〔物質〕プラスチック
	3	〔地球〕太陽とかげの動き		3	〔地球〕星の動き
	4	〔エネルギー〕光の進み方		4	〔エネルギー〕電熱線の発熱

◆出題傾向と内容

各分野からバランスよく出題されています。**実験・観察・観測をもとにした問題が多く**，中途はんぱな学習では得点できないでしょう。単なる丸暗記の知識よりも，日常の授業の中での理解，成果がためされているといえます。

●生命…夏の野外観察，けんび鏡を使った観察，食用になる植物，光合成のはたらき，生物どうしのつながり，だ液のはたらき，ヒトの呼吸のしくみ，ヒトのからだの器官のはたらきなどが取り上げられています。

●物質…ものの溶け方，ドライアイスを使った実験，物質の状態変化，気体の発生と性質，ものの燃焼，水溶液の判別などが出題されています。

●エネルギー…てこのつり合い，ふりこの運動などといった力に関する単元からの出題のほか，電気回路(豆電球の明るさ・電熱線の発熱など)，電磁石の総合問題，光の進み方などが出題されています。

●地球…太陽・月・星の動きと見え方，季節と気象(天気図，雲画像の読み取りをふくむ)，風の起こり方，気象の観測・降水量の測定，地層のでき方，地震と大地の変化などがこれまでに取り上げられています。

◆対策～合格点を取るには？～

各分野からまんべんなく出題されていますから，**基礎的な知識をはやいうちに身につけ，そのうえで問題集で演習をくり返しながら実力アップをめざしましょう。**「生命」は，身につけなければならない基本知識の多い分野ですが，楽しみながら確実に学習する心がけが大切です。「物質」では，気体や水溶液，金属などの性質に重点をおいて学習しましょう。「エネルギー」は，かん電池のつなぎ方や磁力の強さなどの出題が予想されます。「地球」では，太陽・月・地球の動き，季節と星座の動き，天気と気温・湿度の変化，地層のでき方などが重要なポイントです。

なお，環境問題や身近な自然現象に日ごろから注意をはらい，テレビの科学番組，新聞・雑誌の科学に関する記事，読書などを通じて多くのことを知るのも大切です。

理科 出題分野分析表

分野 ＼ 年度		2024		2023	2022	2021	2020
		1期	2期				
生命	植物		★			★	
	動物	★					○
	人体				★		
	生物と環境			★			
	季節と生物						
	生命総合						
物質	物質のすがた						
	気体の性質				★		
	水溶液の性質	★					★
	ものの溶け方					★	
	金属の性質						○
	ものの燃え方		★	○			
	物質総合			★			
エネルギー	てこ・滑車・輪軸		★				
	ばねののび方						
	ふりこ・物体の運動				★		
	浮力と密度・圧力			○			
	光の進み方	★					
	ものの温まり方						
	音の伝わり方						
	電気回路			★			★
	磁石・電磁石					★	
	エネルギー総合						
地球	地球・月・太陽系	★	★				★
	星と星座			★			
	風・雲と天候					○	
	気温・地温・湿度					★	
	流水のはたらき・地層と岩石				○		
	火山・地震				★		
	地球総合						
実験器具				○		○	★
観察							
環境問題							
時事問題							
複数分野総合							

※　★印は大問の中心となる分野をしめします。

国語 出題傾向＆対策

◆基本データ(2024年度１期)

試験時間／満点	50分／100点
問題構成	・大問数…３題 知識問題１題／文章読解題２題 ・小問数…19問
解答形式	記号選択，文章中のことばの書きぬき，字数制限のない記述問題など，バラエティーに富んでいる。
実際の問題用紙	Ａ４サイズ，小冊子形式
実際の解答用紙	Ｂ４サイズ

◆過去６年間の分野別出題率

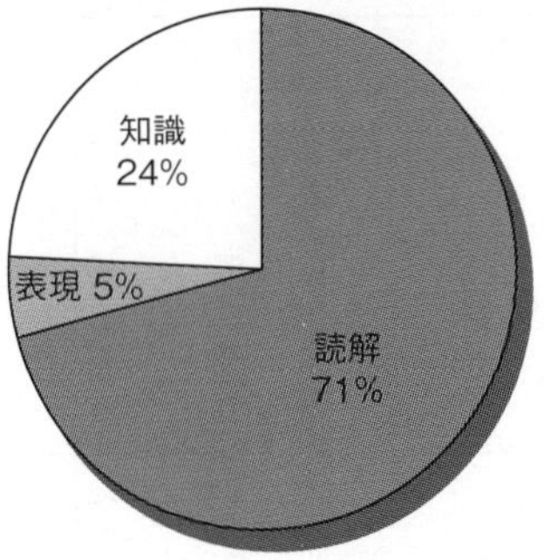

※　配点(推定ふくむ)をもとに算出

◆近年の出題内容

【　2024年度１期　】			【　2023年度　】		
大問	一	〔**知識**〕漢字の読みと書き取り，かなづかいの知識，擬音語・擬態語の知識，言葉のかかり受け，主語と述語，慣用句の完成	大問	一	〔**知識**〕漢字の書き取りと読み，漢字のつくり，音読みと訓読み，熟語の完成，類義語の知識
	二	〔**小説**〕村上雅郁「シロクマを描いて」(『きみの話を聞かせてくれよ』所収)(約4000字)		二	〔**小説**〕ねじめ正一『泣き虫先生』(約3500字)
	三	〔**説明文**〕若松英輔『読み終わらない本』(約3400字)		三	〔**説明文**〕宮地尚子『傷を愛せるか』所収の「捨てるものと残すもの」(約3300字)

◆出題傾向と内容

本校の国語は，**文章の内容が的確に読み取れるかどうかを，表現力もためしながらあわせて見ようとする問題**だといえます。

●**文章読解題**…文章のジャンルは，説明文・論説文，小説・物語文，随筆などさまざまです。設問を見ると，文章のすみずみにまで多種多様な問題が散りばめられています。文脈の理解はもちろん，主題，大意・要旨，語句の意味，指示語の内容，接続語や副詞の補充など，読解問題で考えられる設問のほぼすべてが出そろっています。文章全体を大づかみに理解する必要があるのはもちろんですが，文章の細部について自分のことばで説明することにウェートがおかれる傾向にあるようです。

●**知識問題**…漢字の読みと書き取りが毎年出題されます。また，語句の知識は，敬語，複数の意味を持つ語句，短歌の完成，詩などが取り上げられています。

◆対策〜合格点を取るには？〜

本校の国語は，読解力と表現力をみる問題がバランスよく出題されていますから，**まず読解力をつけ，そのうえで表現力を養う**ことをおすすめします。

読解力をつけるためには読書が必要ですが，長い作品よりも短編のほうが主題を読み取りやすいので，特に国語の苦手な人は短編から入るとよいでしょう。

次に表現力ですが，これには内容をまとめるものと自分の考えをのべるものとがあります。内容をまとめるものは，数多く練習することによって，まとめ方やポイントのおさえ方のコツがわかってきます。自分の考えをのべるものは，答えに必要なポイントをいくつか書き出し，それらをつなげるような練習を心がけましょう。

なお，ことばのきまり・知識に関しては，参考書を一冊仕上げるとよいでしょう。また，漢字や熟語については，読み書きに加え，同音(訓)異義語などについてもまとめるとよいでしょう。

国語 出題分野分析表

分野 ＼ 年度			2024 1期	2024 2期	2023	2022	2021	2020
読解	文章の種類	説明文・論説文	★	★	★	★	★	★
		小説・物語・伝記	★	★	★	★	★	★
		随筆・紀行・日記						
		会話・戯曲						
		詩		○	○	○		
		短歌・俳句						
	内容の分類	主題・要旨			○			
		内容理解	○	○	○	○	○	○
		文脈・段落構成				○		○
		指示語・接続語	○		○	○	○	
		その他	○	○	○	○	○	○
知識	漢字	漢字の読み	○	○	○	○	○	○
		漢字の書き取り	○	○	○	○	○	○
		部首・画数・筆順						
	語句	語句の意味	○	○	○		○	○
		かなづかい	○					
		熟語			○	○		
		慣用句・ことわざ	○			○		○
	文法	文の組み立て	○					
		品詞・用法				○		
		敬語						○
	形式・技法					○		
	文学作品の知識						○	
	その他		○	○	○	○	○	○
	知識総合		★	★	★	★	★	★
表現	作文				○	○	○	
	短文記述							
	その他							
放送問題								

※　★印は大問の中心となる分野をしめします。

カコを追いかけ
ミライをつかめ
「今の説明、もう一回」を何度でも
web過去問
ストリーミング配信による入試問題の解説動画
もっと古いカコモンないの?
カコ過去問
「さらにカコの」過去問をHPに掲載(DL)
声の教育社
詳しくはこちらから

2024年度 横浜雙葉中学校

【算　数】〈１期試験〉（50分）〈満点：100点〉

1　次の問いに答えなさい。ただし，円周率は3.14とします。

(1)　次の□にあてはまる数を答えなさい。

①　$20-[5+\{33-(\square-18)\div 4\}\times 2]\div 3=1$

②　$3\frac{1}{4}\div\left\{\left(\frac{1}{2}+\frac{1}{3}+\frac{1}{4}\right)\div 7\right\}\times\frac{6}{7}=\square$

(2)　子どもたちにアメを配ります。５個ずつ配ると51個あまり，７個ずつ配ると１個ももらえない人が６人と，４個しかもらえない人が１人います。アメは全部で何個ありますか。

(3)　葉子さんには姉と妹がいます。１年前，３人の身長の平均と，姉と妹２人の身長の平均が同じでした。この１年間で，姉は８cm，妹は６cm，葉子さんは何cmか身長がのびたので，姉と妹の身長の平均は葉子さんの身長よりも２cm高くなりました。この１年間で，葉子さんの身長は何cmのびましたか。

(4)　濃《のう》度が12％の食塩水Ａと濃度が４％の食塩水Ｂを混ぜて，濃度が10％の食塩水を作ろうとしました。ところが，食塩水Ｂの量を誤って２倍にして混ぜてしまいました。このとき，できた食塩水の濃度は何％ですか。

(5)　右の表は，あるクラスのソフトボール投げの結果を整理した度数分布表です。

ソフトボール投げ

結果（m）	人数（人）
0以上～ 5未満	3
5　～10	6
10　～15	Ⓐ
15　～20	Ⓑ
20　～25	5
25　～30	3
30　～35	2
35　～40	1
合計	39

①　この表をもとにして，人数の分布の様子をグラフで表すとき，次のどのグラフが最も良いですか。(ア)～(オ)から１つ選び，記号で答えなさい。

(ア)　円グラフ　　(イ)　棒グラフ　　(ウ)　柱状グラフ

(エ)　折れ線グラフ　　(オ)　帯グラフ

②　データを調べたところ，10m以上15m未満の階級の人数が一番多く，中央値は15m以上20m未満の階級に入っていました。ⒶとⒷにあてはまる数を答えなさい。

(6)　右の＜図１＞は三角形を２つ組み合わせたもので，辺ABと辺ACと辺ADは同じ長さです。角xの大きさが142度であるとき，角yの大きさは何度ですか。

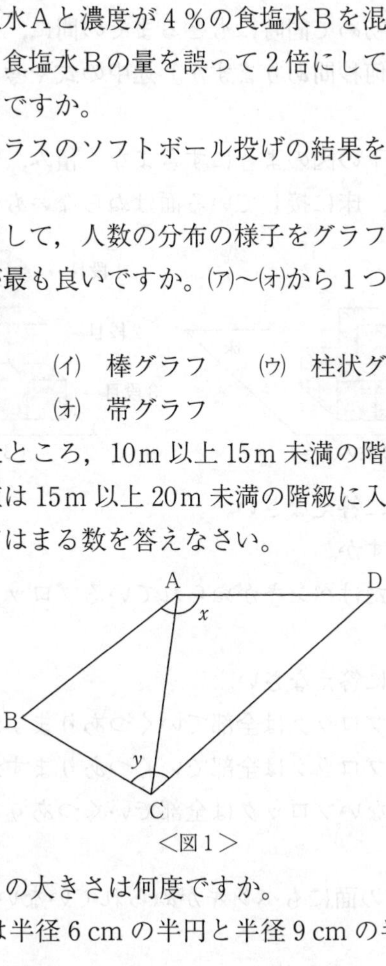

＜図１＞

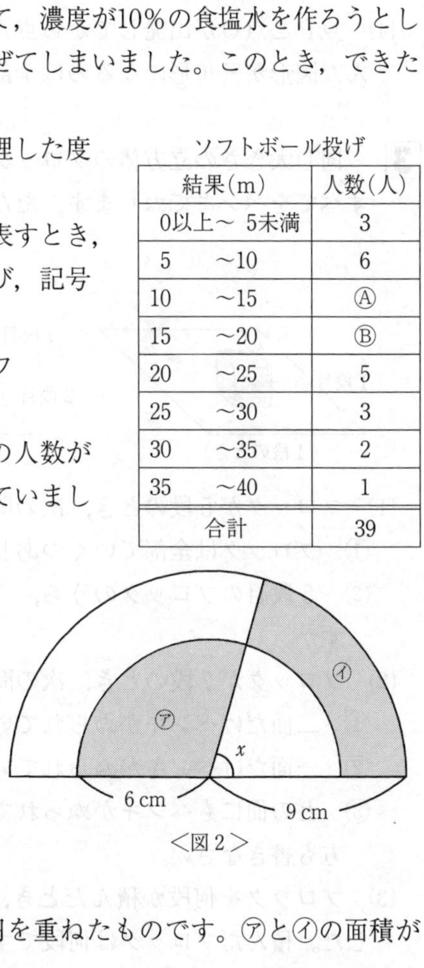

＜図２＞

(7)　右上の＜図２＞は半径６cmの半円と半径９cmの半円を重ねたものです。㋐と㋑の面積が等しいとき，角 x の大きさは何度ですか。

2　右の図のような直角三角形BCDがあります。

点Pは直角三角形ABCの辺上を毎秒1cmの速さでA→B→C→A→B→C→…の順に動き続けます。点Qは直角三角形ACDの辺上を毎秒2cmの速さでA→C→D→A→C→D→…の順に動き続けます。

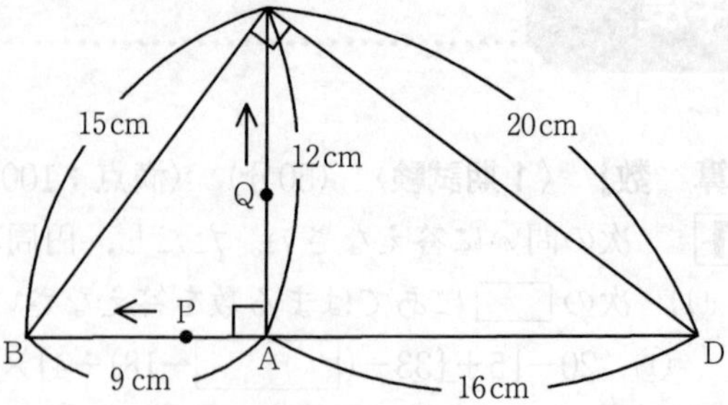

いま，点Pと点Qが点Aから同時に出発します。

次の問いに答えなさい。

(1)　点Pと点Qが点Aに初めて同時にもどるのは，出発してから何秒後ですか。

(2)　点Pと点Qが点Aを出発してから次の時間が経過したとき，三角形APQの面積はそれぞれ何 cm^2 ですか。

①　5秒後

②　14秒後

(3)　点Pと点Qが初めて重なるのは，点Aを出発してから何秒後ですか。

(4)　点Pと点Qが出発してから点Aに初めて同時にもどるまでの間に，3つの点A，P，Qを結んだ図形が三角形になるのは全部で何秒間ありますか。途《と》中の式や考え方も書きなさい。

3　同じ大きさの立方体のブロックを下の図のようにすきまなく積み，できあがった立体の表面すべてをペンキでぬります。ただし，床《ゆか》に接している面はぬらないものとします。

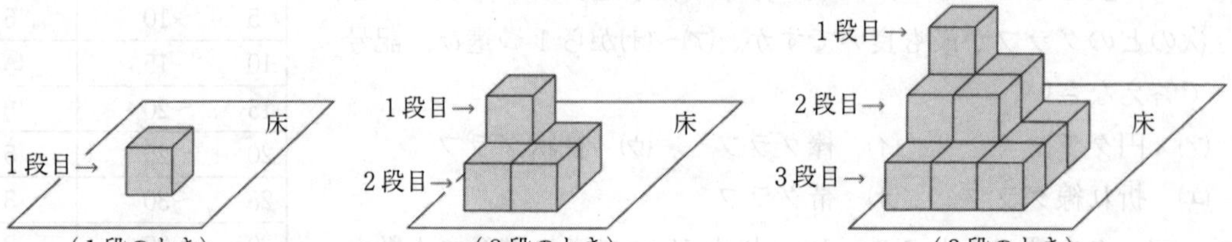

（1段のとき）　（2段のとき）　（3段のとき）

(1)　ブロックが5段のとき，次の問いに答えなさい。

①　ブロックは全部でいくつありますか。

②　5段目のブロックのうち，二面だけペンキがぬられているブロックは全部でいくつありますか。

(2)　ブロックが7段のとき，次の問いに答えなさい。

①　二面だけペンキがぬられているブロックは全部でいくつありますか。

②　一面だけペンキがぬられているブロックは全部でいくつありますか。

③　どの面にもペンキがぬられていないブロックは全部でいくつありますか。途中の式や考え方も書きなさい。

(3)　ブロックを何段か積んだとき，どの面にもペンキがぬられていないブロックが285個ありました。積んだブロックは何段ですか。

【社　会】〈１期試験〉（40分）〈満点：80点〉

1　過去から現在までの歴史をみていくと，歴史のさまざまな場面で，女性たちが登場することに気付きます。次のＡ～Ｏの文章は，そのような例について述べたものです。後の問いに答えなさい。

Ａ　(あ)卑弥呼は，神のおつげを伝えて人びとの心をとらえ，弟が卑弥呼の考えにもとづいて政治を行っていました。また，卑弥呼は人びとの前には姿を見せず，女性のめしつかいが，身のまわりの世話をしていたという記録も残されています。

問１　下線部(あ)について，卑弥呼が女王として支配していた国の名前は何ですか。この国の名前を漢字で答えなさい。

Ｂ　最初の女性の天皇である推古天皇が即位《そくい》すると，聖徳太子（厩戸王）は，推古天皇を助けて国づくりを進めました。そして，603年には冠位十二階，604年には(い)憲法十七条が定められました。

問２　下線部(い)について，次のア～オの文章の中で，憲法十七条の内容として正しくないものを一つ選び，記号で答えなさい。

ア　争いをやめて仲良くしなさい。

イ　天皇の命令を守りなさい。

ウ　天皇は能力によって役人をとりたてなさい。

エ　仏教を大切にしなさい。

オ　役人たちは礼儀正しくしなさい。

Ｃ　聖武天皇は，仏教を大切にした光明皇后《こうみょうこうごう》とともに，全国に国分寺と（ (う) ）を建てるように命令しました。また，光明皇后は仏教の教えをもとに，孤児《こじ》や病人を収容する悲《ひ》田院《でんいん》や，病人に医療《いりょう》を行う施薬院《せやくいん》をつくったことでも知られています。

問３　空欄《くうらん》（(う)）にあてはまる寺院の名前を，漢字で答えなさい。

Ｄ　平安時代の後半に，(え)藤原氏はむすめを天皇の后《きさき》とし，生まれた子が天皇になることで大きな力を持ち，天皇にかわって政治を行いました。

問４　下線部(え)について，藤原氏の祖（初代のこと）で，大化の改新の中心人物の名前を漢字で答えなさい。

Ｅ　清少納言は，(お)かな文字を使って，宮廷の生活や自然の変化をいきいきと表現した『枕草子』を書きました。

問5　下線部㋔について，かな文字を使って，光源氏を主人公とし，貴族のくらしや登場人物の心の動きをこまやかにえがいた小説を書いた人物は誰ですか。その人物の名前を漢字で答えなさい。

F　朝廷は，源氏の将軍が絶えたあとの1221年に，北条氏を倒《たお》す兵を集めました。源頼朝の妻の北条政子は，この時，主な御家人たちを集めて，下のような話をしたことで知られています。

みな心を一つにして聞きなさい。これが最後の言葉です。頼朝様が平氏をほろぼして，鎌倉に幕府を開いて以来の(皆さんが)受けた恩は，山より高く海より深いものです。皆さんの御恩にむくいる気持ちが少ないはずはありません。それなのに今，朝廷は，悪い家臣の意見によって，正しくない命令を出しました。名誉《めいよ》を大切にする者は，朝廷の軍勢を打ち破り，源氏3代の将軍がきずきあげたものを守りなさい。ただし，朝廷に味方しようと考える者は，ここで申し出なさい。

(注)　もとの資料である『吾妻鏡《あづまかがみ》』を，意味を変えずに現代文にしてあります。

問6　この話を聞いて御家人たちはどのように感じましたか。そして，その後どのような行動をとりましたか。まとめて書きなさい。

G　安土・桃山時代には，出雲《いずも》の阿国《おくに》という女性がかぶき踊《おど》りを始め，人気を呼びました。この芸能は，後に男性がにない手となり，現在の㋕歌舞伎につながりました。

問7　下線部㋕について，『曽根崎心中《そねざきしんじゅう》』や『国姓爺合戦《こくせんやかっせん》』などの作品を書き，江戸時代に歌舞伎や人形浄瑠璃《じょうるり》を大きく発展させた人物の名前を漢字で答えなさい。

H　織田信長は尾張国(現在の愛知県)の大名でしたが，㋖駿河国(現在の静岡県)の今川義元の大軍を破り，その名が広まりました。織田信長の妹は，市といい，浅井長政や柴田勝家といった武将にとついだことで知られています。

問8　下線部㋖について，この戦いの名前を，解答欄にあうように漢字で答えなさい。

I　江戸時代，ヨーロッパから日本に来ていた医者の一人に，㋗シーボルトがいます。シーボルトにはイネという娘がいました。イネは西洋医学を学び，産科医になりました。

問9　下線部㋗について，シーボルトが開いた医学の塾《じゅく》の名前を漢字で答えなさい。

J　1871年，岩倉具視らを中心とする使節団は，アメリカやヨーロッパにむかい，欧米の政治・経済のしくみや産業，文化を学びました。その一行には，㋘日本で最初の女子留学生も参加していました。

問10　下線部㋘について，この女子留学生の中には，出発当時満6歳《さい》の少女もいました。この人物の名前を漢字で答えなさい。

> K　世界遺産にも登録されている㋙群馬県の富岡製糸場では，明治時代には全国から集められた「工女」と呼ばれる女性たちが働いていました。

問11　下線部㋙について，明治政府は産業を盛んにするために，欧米から技術者を招き，優れた機械を買い入れ，工場をつくりました。富国強兵を目指して政府が行ったこのような政策は何と呼ばれますか。漢字4文字で答えなさい。

> L　明治時代には，人びとのありのままの姿を表現する小説家も現れました。その中には，『たけくらべ』を書いた(㋚)のように，女性の小説家もいました。

問12　空欄(㋚)にあてはまる小説家の名前を，漢字で答えなさい。

> M　現在の大阪府堺市出身の与謝野晶子は，㋛日露戦争で兵士として戦場にいる弟を心配し，「君死にたまふことなかれ」という一節で知られる歌をよみました。

問13　下線部㋛について，日露戦争の講和会議に代表として参加し，1911年に不平等条約の改正をなしとげた外交官は誰ですか。次のア～エから一人選び，記号で答えなさい。

ア　東郷平八郎　　イ　陸奥宗光　　ウ　小村寿太郎　　エ　井上馨

> N　太平洋戦争の終わりごろに，アメリカ軍は沖縄への攻撃《こうげき》を本格化させました。アメリカ軍は大軍で沖縄へ上陸し，激しい地上戦が行われました。その中で(㋜)学徒隊のように戦場に動員され，命を落とした女子生徒もいました。

問14　空欄(㋜)にあてはまる言葉をひらがな4文字で答えなさい。

> O　日本で女性に参政権が認められたのは，1945年です。第二次世界大戦が終わった後，㋝アメリカ軍による占領が行われ，日本の民主化や戦後改革が進んでいく中でのことでした。

問15　下線部㋝について，アメリカ軍による占領中の出来事としてふさわしくないものを次のア～エから一つ選び，記号で答えなさい。

ア　解散していた政党が復活する。

イ　軍隊が解散させられる。

ウ　オリンピック・パラリンピック東京大会が開かれる。

エ　農地改革が行われる。

2 下の文章は，横浜から青森に引っ越したみつばさんが，友人のふたばさんにあてて送った手紙です。この手紙を読んで，後の問いに答えなさい。

> ふたばさんへ
>
> ふたばさん，元気にしていますか。
>
> 父の転勤で青森に引っ越しましたが，なにもかもが新鮮《しんせん》な毎日で，楽しく過ごしています。
>
> この間は，下北半島の先端《せんたん》にある大間崎《おおまざき》という場所に行ってきました。大間崎には，「ここ本州(あ)最北端の地」という碑《ひ》が立っていて，お天気がいいと函館まで見えます。青森県が(い)東北地方の中で最も北にあることはもちろん知っていたのですが，「本州の最北端」というと，すごいところに来たような感じがしてしまいます。近くのおみやげ屋さんで「本州最北端到着《とうちゃく》証明書」が売っていたので，記念に買ってみました。
>
> 青森に住んで特によかったのは，なんといっても食べ物がおいしいことです！　スーパーに行くと，「青天の霹靂《へきれき》」「津軽ロマン」「まっしぐら」などの(う)お米が売っていて，お米の種類に詳《くわ》しくなってしまいました。私のお気に入りは，「青天の霹靂」です。市内にもたくさんの田んぼがあり，横浜にいる時よりも田んぼを目にする機会がたくさんあります。青森県の田舎館《いなかだて》村という場所では，「田んぼアート」が毎年行われていて，実際に見に行ってみたらその大きさに驚《おどろ》きました。稲の色のちがいが絵になるらしいです。今年は，ふたばさんの好きなアニメのキャラが「田んぼアート」になっていたので，写真を後で送りますね。
>
> お米以外にも，野菜，果物，(え)お魚など何でもおいしく感じます。海も山も近くにあるからかなあ。山といえば，弘前《ひろさき》という町から岩木山という山がとてもきれいに見えます。「津軽富士」とも呼ばれているとても美しい山で，私も見て感動しました。岩木山にも一度登ってみたいし，世界遺産の(お)白神山地にも今度の夏は遊びに行こうと家族で計画しています。
>
> ぜひ青森はいいところなので，一度遊びに来てくださいね。(か)東北新幹線に乗ると，東京から新青森駅まで３時間ほどで着きます。ふたばさんに，ぜひおいしい(き)りんごスイーツのお店を紹介《しょうかい》したいです。
>
> それでは，またお手紙を書きますね。ふたばさんの様子もよかったら知らせてくださいね。
>
> みつば

問１　下線部(あ)について，外務省のホームページにある「日本の領土データ」には，日本の領土の最東端は東経153度59分12秒の島で，最北端は北緯45度33分26秒の島と書かれています。最東端の島と最北端の島の名前をそれぞれ漢字で答えなさい。

問２　下線部(い)について，次の問いに答えなさい。

(1)　下の(地図)は，青森県を含む東北地方の地図です。地図中のＡ－Ｂの断面を表した図として，最もふさわしいものを右のア～エから一つ選び，記号で答えなさい。

(地図)

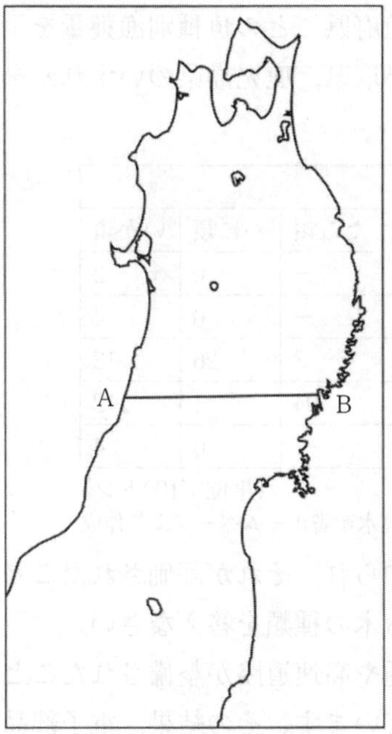

ア

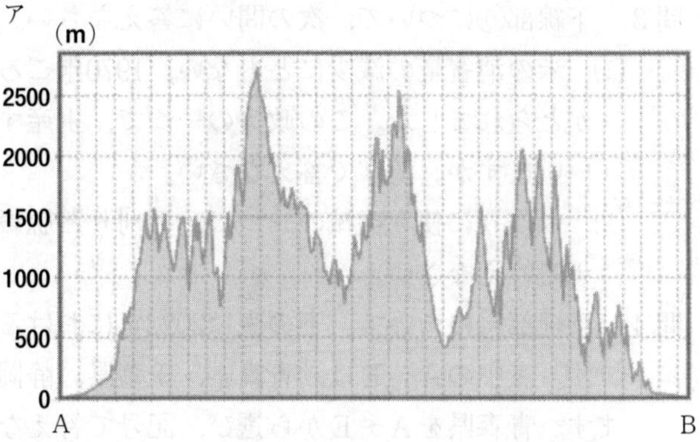

イ

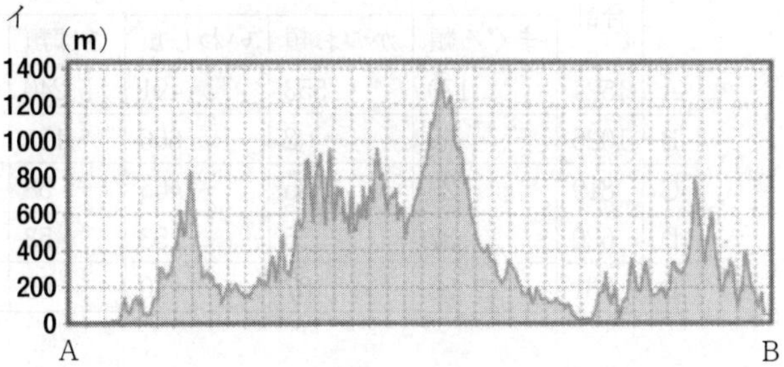

ウ

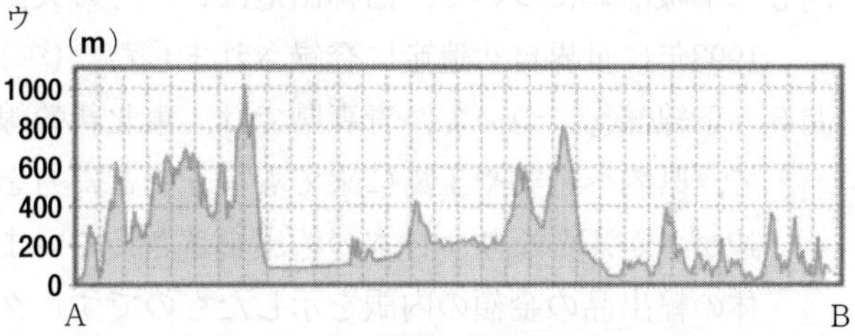

エ

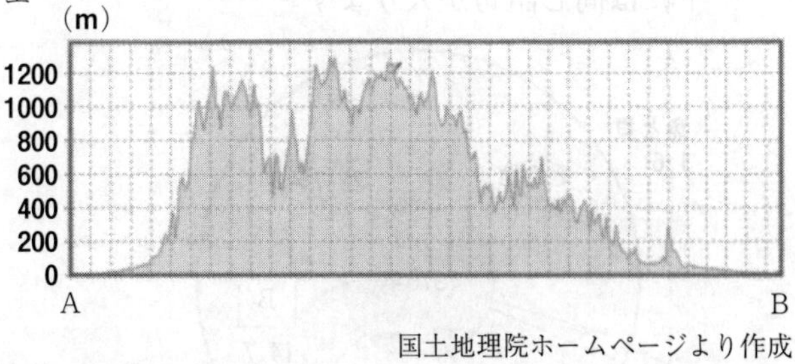

国土地理院ホームページより作成

(2)　下の表は，東北地方に位置する６県について，面積(2021年)，人口(2021年)，農業産出額(2020年)を比較したものです。表中のＡ～Ｅは，青森県以外の東北地方の５県のいずれかが入ります。福島県と山形県をＡ～Ｅからそれぞれ選び，記号で答えなさい。

	面積 (km²)	人口 (千人)	農業産出額 (億円)				
				米	野菜	果実	畜産
青森県	9646	1221	3262	548	821	906	883
A	11638	945	1898	1078	301	89	365
B	13784	1812	2116	762	480	299	434
C	7282	2290	1902	795	275	30	724
D	15275	1196	2741	566	292	142	1628
E	9323	1055	2508	837	465	729	376

『2023 データでみる県勢』より作成

問3　下線部㋒について，次の問いに答えなさい。

(1)　米の消費量の減少にともない，1970年ごろから2018年まで米の生産を調整する減反政策がとられました。この政策の一つで，生産する作物を米から別のものに変えることを何といいますか。漢字で答えなさい。

(2)　米作りに使う機械の一つで，稲《いね》刈《か》りと脱穀を同時に行う機械を何といいますか。カタカナで答えなさい。

問4　下線部㋓について，下の表は2022年における，都道府県ごとの魚種別漁獲量を示したものです。表中のA～Eは，青森県，千葉県，静岡県，鳥取県，鹿児島県のいずれかを表しています。青森県をA～Eから選び，記号で答えなさい。

	合計	まぐろ類	かつお類	いわし類	さば類	ぶり類	たら類	かに類	いか類
A	1524	170	553	491	240	6	―	0	2
B	1026	2	2	666	111	94	―	0	4
C	819	26	85	465	58	44	3	26	12
D	620	37	15	153	53	11	94	4	112
E	381	56	37	70	65	19	―	0	4

（単位：100トン）
農林水産省ホームページより作成

問5　下線部㋔について，白神山地は(　　)の天然林で知られ，それが評価されたことによって，1993年に世界自然遺産に登録されました。(　)に入る木の種類を答えなさい。

問6　下線部㋕について，青森県では，東北新幹線の開通や高速道路が整備されたことを利用して，県内へ企業や工場に来てもらうことに力を入れています。その結果，電子部品などの製造がさかんとなり，日本の輸出をささえています。下のグラフは，1970年と2021年の日本全体の輸出品の金額の内訳を示したものです。グラフ中のA～Dに入る語句の正しい組み合わせをあとのア～カから一つ選び，記号で答えなさい。ただし，グラフ中の同じアルファベットには同じ語句が入ります。

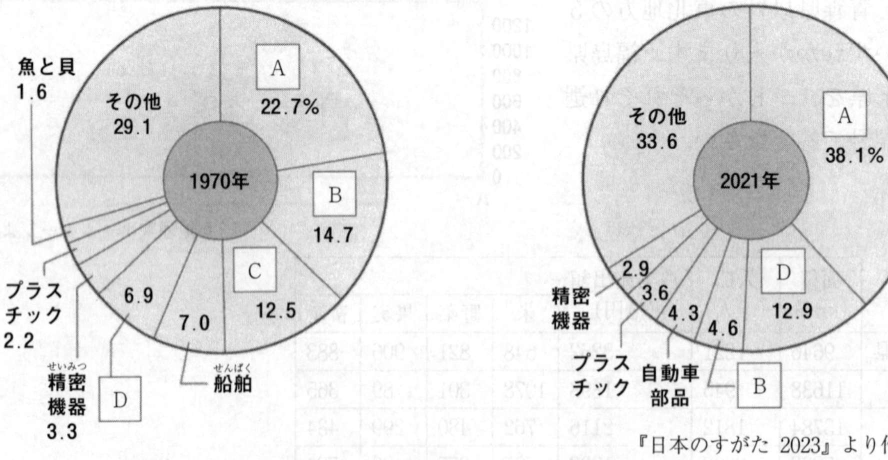

『日本のすがた 2023』より作成

ア　A　自動車　B　機械類　C　繊維《せんい》品　D　鉄鋼
イ　A　自動車　B　繊維品　C　鉄鋼　D　機械類
ウ　A　自動車　B　鉄鋼　C　繊維品　D　機械類

エ　A　機械類　B　鉄鋼　　C　繊維品　D　自動車
オ　A　機械類　B　繊維品　C　自動車　D　鉄鋼
カ　A　機械類　B　自動車　C　鉄鋼　　D　繊維品

問7　下線部㋖について，下のグラフは，2022年における，東京市場向けのりんご出荷量を産地別(青森県，長野県，その他)に表したものです。このグラフで表されている，青森県のりんごの出荷の一年を通しての特徴を書きなさい。

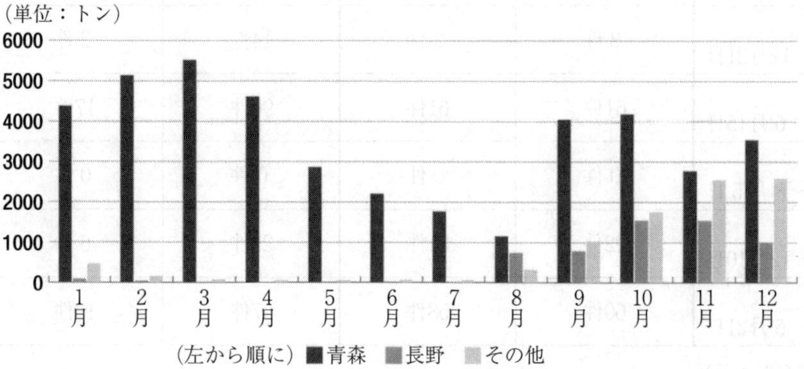

東京都卸売《おろしうり》市場ホームページより作成

3　日本の政治では，選挙によって選ばれた代表者によって構成される議会で物事を話し合って決める，議会制民主主義が採用されています。次の問いに答えなさい。

問1　国会はさまざまなことを話し合い，政治の方針を決める国の議会です。そして国会議員は，国民による選挙で選ばれます。このやり方によって日本国憲法の三つの原則の一つを実現しようとしています。その原則とは何ですか。漢字で答えなさい。

問2　国会は，衆議院と参議院に分かれています。参議院に関する説明として正しいものを，次のア～オからすべて選び，記号で答えなさい。

ア　2022年7月に，選挙が行われた。
イ　2023年12月時点での定数は，465人である。
ウ　議員の任期は4年である。
エ　任期途中での解散はなく，3年ごとに議員の半数が改選される。
オ　本会議場が国会の開会式に使用され，天皇が出席する。

問3　日本国憲法第41条において，国会は「国の唯一の(　　)である」と定められています。空欄にあてはまる言葉を漢字で答えなさい。

問4　国会には，常会，臨時会，特別会などの区別があります。また，法律案は内閣と国会議員がそれぞれ作成し，国会へ提出できます。下の表は，第204回から第211回までの国会に提出された法律案の提出件数と成立件数を，内閣が提出したものと国会議員が提出したものに分けて，まとめたものです。後の問いに答えなさい。

区分 国会会期	内閣提出法律案 提出件数	内閣提出法律案 成立件数	議員提出法律案 提出件数	議員提出法律案 成立件数
第204回（常会） 2021年1月18日～6月16日	63件	61件	82件	21件
第205回（臨時会） 2021年10月4日～10月14日	0件	0件	3件	0件
第206回（特別会） 2021年11月10日～11月12日	0件	0件	1件	0件
第207回（臨時会） 2021年12月6日～12月21日	2件	2件	14件	2件
第208回（常会） 2022年1月17日～6月15日	61件	61件	96件	17件
第209回（臨時会） 2022年8月3日～8月5日	0件	0件	0件	0件
第210回（臨時会） 2022年10月3日～12月10日	22件	21件	25件	6件
第211回（常会） 2023年1月23日～6月21日	60件	58件	67件	13件

（注）　継続審議《けいぞくしんぎ》は含みません。

内閣法制局ホームページより作成

(1)　表から読み取ることのできることとして正しいものを，次のア～エからすべて選び，記号で答えなさい。

ア　内閣の提出する法律案の方が，議員の提出する法律案よりも成立しやすい。

イ　常会は，毎年1月～6月にかけて開かれている。

ウ　特別会では，内閣も，国会議員も，法律案を提出することはできない。

エ　臨時会では，さまざまな法律案が審議されるが，成立することはない。

(2)　第206回国会では，衆議院と参議院の本会議でそれぞれ投票が行われ，内閣総理大臣が指名されました。このとき指名された内閣総理大臣は誰ですか。人名を漢字で答えなさい。

問5　国会で決められた法律や予算にもとづいて，内閣が実際の行政を担います。内閣について，次の問いに答えなさい。

(1)　内閣のはたらきとして正しいものを，次のア～エから一つ選び，記号で答えなさい。

ア　国会が承認した条約を公布する。

イ　国会の召集を決める。

ウ　最高裁判所の裁判官に対して，ふさわしいかを審査する。

エ　法律が憲法に違反していないかを審査する。

(2)　内閣のもとには，府・省・庁などの組織が置かれ，仕事を分担して進めます。2023年4月に新たに発足し，内閣府に置かれた省庁を何といいますか。

問6　国会には，裁判官をやめさせるかどうかを決める裁判所が設置されています。この裁判所を何といいますか。漢字で答えなさい。

問7　地方公共団体には地方議会が置かれており，都道府県議会や市区町村議会があります。地方議会や地方公共団体について，次の問いに答えなさい。

(1)　地方議会の議員は，住民による選挙で選ばれます。地方議会の議員に立候補できる年齢は満何歳以上と規定されていますか。次のア～エから一つ選び，記号で答えなさい。

ア　満18歳以上　　イ　満20歳以上　　ウ　満25歳以上　　エ　満30歳以上

⑵　地方公共団体の長(首長)は，地方議会の議員とは別に，住民による選挙で選ばれます。都道府県の長(首長)を何といいますか。漢字で答えなさい。

⑶　2023年４月には，多くの地方議会の議員や首長を決める選挙が同日に行われる統一地方選挙がありました。このとき，特に地方議会の議員の選挙で，無投票で当選する場合が増え，問題であると指摘されました。地方議会の議員の選挙が無投票になることが問題であるという立場に立つと，あなたはどのような点が問題であると考えますか。文章で説明しなさい。

問８　世界では，各国の代表者が話し合う会議が多く開かれています。下の２つの文章を読み，後の問いに答えなさい。

> 国際連合は，1945年に創設されました。国際連合には総会，（ Ａ ），国際司法裁判所などの機関が置かれています。（ Ａ ）は，世界の平和と安全を維持するため，強い権限を与えられており，常任理事国５か国と，総会で選ばれる非常任理事国10か国とで構成されます。常任理事国は拒否《きょひ》権を持ち，会議で１か国でも反対すると決議ができません。2022年には，（ Ａ ）は，ロシアのウクライナ侵攻《しんこう》に関連する会議を約50回開きましたが，問題の解決につながるような決議は一度もできませんでした。

> G7サミット(主要国首脳会議)とは，フランス，アメリカ，イギリス，（ Ｂ ），日本，イタリア，カナダの７か国と，欧州連合(EU)の首脳が参加して毎年開催《かいさい》される国際会議です。G7のメンバーだけでなく，招待された国や国際機関などが参加することもあります。2023年５月19日から21日にかけて，日本が議長国となり，G7サミットが（ Ｃ ）で開催されました。

⑴　文章中の空欄(Ａ)にあてはまる言葉を漢字で答えなさい。

⑵　文章中の空欄(Ｂ)・(Ｃ)にあてはまる国名と地名の組み合わせとして正しいものを，次のア～エから一つ選び，記号で答えなさい。

ア　Ｂ　スペイン　Ｃ　長崎　　イ　Ｂ　スペイン　Ｃ　広島
ウ　Ｂ　ドイツ　　Ｃ　長崎　　エ　Ｂ　ドイツ　　Ｃ　広島

【理　科】〈１期試験〉（40分）〈満点：80点〉

1 メダカの飼い方やからだのつくりについて，次の問いに答えなさい。

問１　メダカの飼い方として正しいものを，次の(ア)〜(カ)からすべて選び，記号で答えなさい。

(ア)　水そうは，直射日光が当たる明るいところにおく。

(イ)　水そうは，直射日光が当たらない明るいところにおく。

(ウ)　水そうには，くみ置きの水を入れる。

(エ)　水そうには，できるだけ多くのメダカを入れる。

(オ)　水そうには，水草を入れておく。

(カ)　エサは，１日に必要な量をまとめてあたえる。

問２　メダカの数を水そう内の水の体積で割った値を「メダカの生息密度[匹《ひき》/L]」とします。幅《はば》30cm，奥行《おくゆ》き20cm，高さ25cmの水そうを用意し，20cmの深さまで水を入れ，その中にメスのメダカとオスのメダカを３匹ずつ入れました。このときのメダカの生息密度は何[匹/L]と計算できますか。割り切れないときは，小数点第２位を四捨五入して答えなさい。

問３　図１は，メスのメダカをスケッチしたものです。オスとメスではひれの形がちがいます。オスのひれの形を，解答欄《らん》に示したメスの図の上から描《か》きなさい。ただし，解答欄にはメスとちがうひれをすべて描き，ちがいがないひれには何も描かないこと。

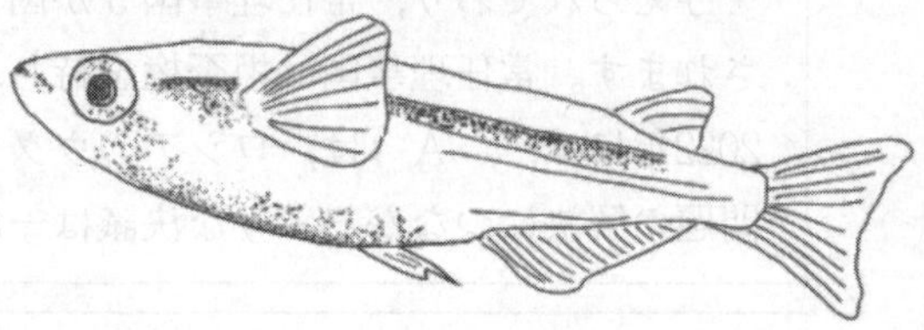

図１

問４　メダカが，呼吸のために酸素を取り入れるのはどこですか。からだの部位を答えなさい。

問５　メダカは，①あたたかくなり，さらに②昼間の時間が夜の時間より２時間以上長くなると，卵を産み始めます。

(1)　下線部①について，メダカが卵を産み始める水温として正しいものを，次の(ア)〜(エ)から１つ選び，記号で答えなさい。

(ア)　0〜5℃

(イ)　10〜15℃

(ウ)　20〜25℃

(エ)　30〜35℃

(2)　図２は，横浜における，１月１日から12月31日までの１年間の昼間の長さの変化を示したものです。下線部②のように昼の時間が夜の時間より２時間以上長くなり始めるのはいつごろですか。次の(ア)〜(カ)から１つ選び，記号で答えなさい。

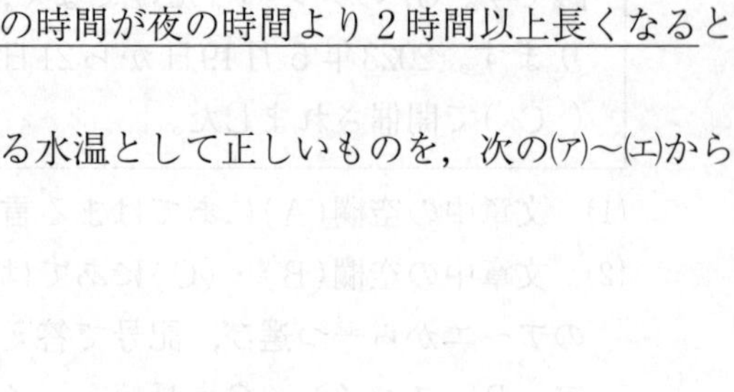

図２

(ア)　３月なかば

(イ)　４月はじめ

(ウ)　４月なかば

(エ)　５月なかば

(オ)　８月はじめ

(カ)　9月はじめ

(3)　横浜で，メダカが卵を産み始める時期はいつごろですか。次の(ア)～(エ)から1つ選び，記号で答えなさい。

(ア)　3月　(イ)　5月　(ウ)　10月　(エ)　12月

問6　卵の中などで，少しずつからだができていくことを発生といいます。次の(ア)～(キ)の文は，動物の発生の様子を述べたものです。メダカとヒトの発生の様子のうち，メダカのみにあてはまるもの，ヒトのみにあてはまるもの，メダカとヒトどちらにもあてはまらないものはどれですか。それぞれ1つずつ選び，記号で答えなさい。

(ア)　精子と卵が受精し，受精卵ができることで発生が始まる。

(イ)　だんだん，背骨のもとができてくる。

(ウ)　発生の間，卵は固いからでおおわれている。

(エ)　栄養は，胎盤《たいばん》を通じて受け取っている。

(オ)　発生は，液体の中で進む。

(カ)　生まれてきたからだは，大人のからだと同じような形をしている。

(キ)　生まれてきたばかりのからだの腹には，養分が入ったふくろがある。

問7　メダカは，水の流れを作ると，流れにさからって泳ぎます。

(1)　メダカが流れにさからって泳ぐのはなぜですか。簡単に説明しなさい。

(2)　水の流れがなくても，図3のような装置を水そうのまわりで回すと，メダカは決まった方向に泳ぎ始めます。このことから，メダカは，水の流れだけでなく，目でもまわりの様子を感じていると考えられます。図の矢印のように装置を時計回りに回したとき，メダカが泳ぐ方向を，(ア)～(ウ)から1つ選び，記号で答えなさい。

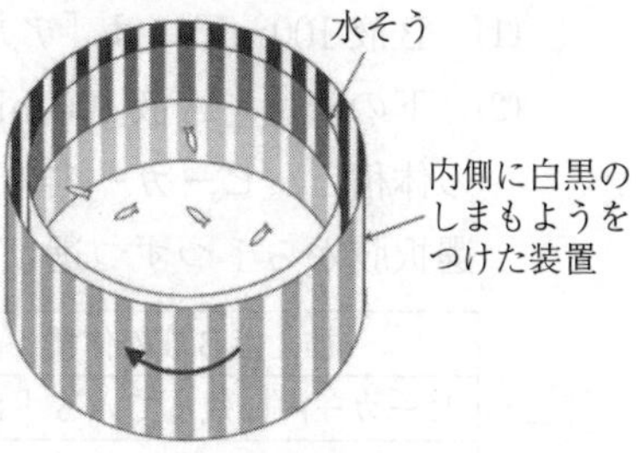

図3

(ア)　時計回りに泳ぐ

(イ)　反時計回りに泳ぐ

(ウ)　泳ぐ向きは決まっていない

2　次の文章は，水溶液《すいようえき》が酸性，中性，アルカリ性を示す原因と，それをもとにした実験について説明したものです。後の問いに答えなさい。

酸性を示す水溶液中には，水素イオンという名前の「酸のもと」がたくさん存在します。一方，アルカリ性を示す水溶液の中には，水酸化物イオンという名前の「アルカリのもと」がたくさん存在します。酸性の水溶液とアルカリ性の水溶液を混ぜると，この「酸のもと」と「アルカリのもと」が1個ずつ結びついて別の物質に変わってしまうので，水溶液の酸性やアルカリ性が打ち消されます。このような「酸のもと」と「アルカリのもと」が互いに結びついて性質を打ち消しあう反応を，「中和反応」といいます。

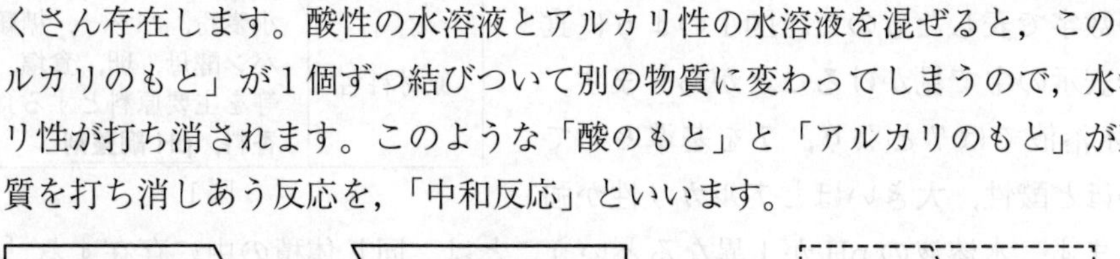

＜中和反応の実験＞

【操作１】　うすい塩酸（Ａ液）100mLにうすい水酸化ナトリウム水溶液（Ｂ液）を少しずつ加えたところ，50mL加えたところで中性の水溶液となった。

【操作２】　操作１で得られた中性の水溶液を蒸発皿に入れて加熱したところ，蒸発皿の底に白い固体ができた。

問１　【操作２】で残った白い固体は，何という物質ですか。名前を答えなさい。また，その物質をルーペで観察したときのスケッチとして正しいものを，次の(ア)～(エ)から１つ選び，記号で答えなさい。

(ア)　(イ)　(ウ)　(エ)

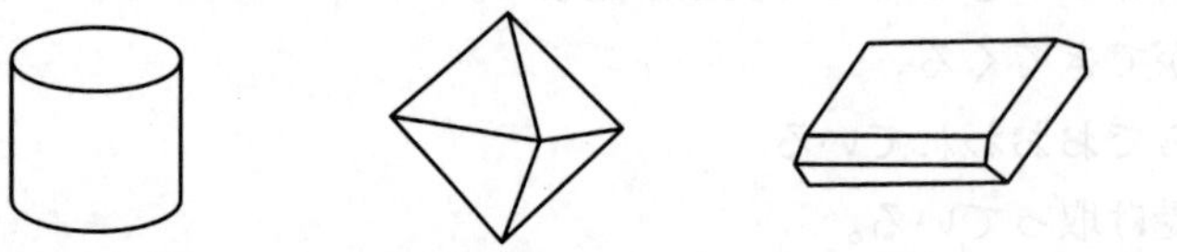

問２　Ａ液200mLにＢ液を150mL加えてかき混ぜると，水溶液は酸性，中性，アルカリ性のどれになりますか。

問３　Ａ液100mLに水100mLを加えてＣ液をつくりました。このＣ液を中和して中性にするのに必要なＢ液は何mLですか。

問４　Ａ液100mL中には「酸のもと」が100個入っているとします。

(1)　Ｂ液100mLには「アルカリのもと」が何個入っていると考えられますか。

(2)　下の表は，Ａ液100mLを入れたビーカーにＢ液を少しずつ加えたときの，加えたＢ液の体積と，ビーカー内の様子を示したものです。①，②，⑤～⑦にあてはまる語句を後の選択肢《せんたくし》から１つずつ選び，記号で答えなさい。また③，④にあてはまる数字を答えなさい。

加えたＢ液の体積	25mL	50mL	75mL
ビーカー内に残っている「もと」	（ ① ）のもと	なし	（ ② ）のもと
残っている「もと」の数	（ ③ ）個	なし	（ ④ ）個
BTB溶液を加えたときの色	（ ⑤ ）色	（ ⑥ ）色	（ ⑦ ）色

選択肢：(ア)　酸　　(イ)　アルカリ　　(ウ)　赤
(エ)　青　　(オ)　黄　　(カ)　緑
(キ)　無

問５　酸性・中性・アルカリ性の強さを比べるには，リトマス紙やBTB溶液を使う以外に「pH（ピーエイチ）」と呼ばれる値を用いることがあります。以下の文章は，pHについて説明したものです。これを読んで，後の問いに答えなさい。

一般的に，pHとは酸性やアルカリ性の強さを０から14までの数字で表したもので，図１のように食品などの成分表示の中で見かけることがあります。pHは中性の水溶液では７となり，７を基準として数字が小さいほど酸性，大きいほどアルカリ性が強いことを示します。水溶液のpHが１異なるということは，同じ体積の中に存在する「酸のもと」の数が10倍ちがうということを意味しています。たとえば水溶液のpHが３から２に変化した場合は，同じ体積中に存在する「酸のもと」の数が10倍になったということで，そ

名　称	菓子パン
原材料名	小麦粉，バター，糖類，パン酵母，卵，食塩，乳等を主要原料とする食品，香料，**pH調整剤**

図１

の溶液はより酸性が強くなったことを示します。

⑴　同じ体積中で比べると，pH１の水溶液に存在する「酸のもと」はpH４の水溶液の何倍ですか。

⑵　Ａ液100mL中に「酸のもと」が100個入っているとしたとき，ここにＢ液20mLと水480mLを加えた水溶液のpHは，もとのＡ液のpHからいくつ変化しますか。解答欄に合う形で数字を答え，語句を選んで丸で囲みなさい。

3　図１は北半球で夏至を迎《むか》えた日の，地球と太陽の関係を表しています。点Ａ，Ｂ，Ｃは北極点と南極点を通る同じ円周上の地点で，点Ｂは赤道上に位置します。図中の灰色にぬられた部分は太陽の光が当たっていないところを表しています。次の問いに答えなさい。

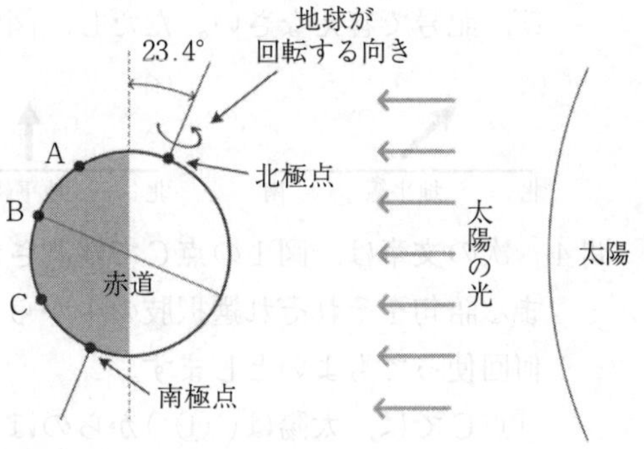

図１

問１　図１より，１日を通して太陽が沈《しず》まない地域があることがわかります。

⑴　１日を通して太陽が沈まない現象を何といいますか。漢字２文字で答えなさい。

⑵　北半球で夏至を迎えた日に，図２のように北極点の水平な地面に垂直に立てた棒《ぼう》の影《かげ》の先端《せんたん》はどのような図形を描《えが》きますか。棒の影の先端が動く向きと描く図形の形の特徴《とくちょう》をもっとも正しく表しているものを，(ア)～(エ)から１つ選び，記号で答えなさい。ただし，図は棒を上から見下ろした向きで描かれ，矢印の向きは棒の影の先端が動く向きを表しています。

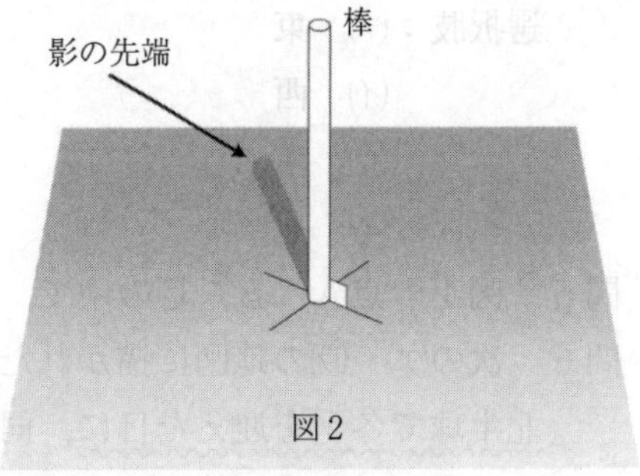

図２

(ア)　１日かけて，棒を通る一直線上を左右に１往復する。

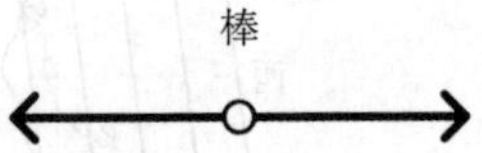

(イ)　太陽は１日を通して棒の真上に位置するので，影はできない。

(ウ)　１日かけて，棒のまわりを反時計回りにほぼ円を描く。

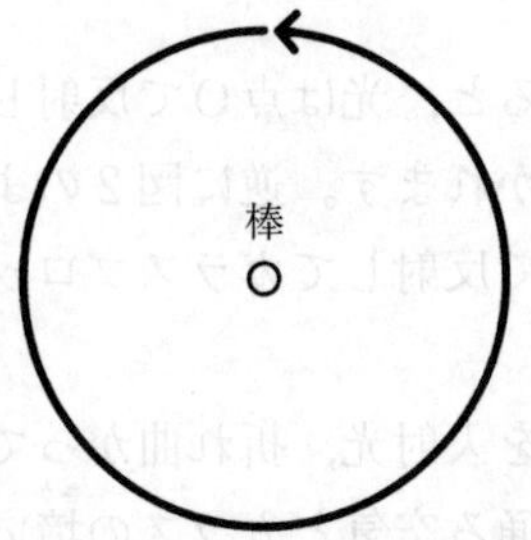

(エ)　１日かけて，棒のまわりを時計回りにほぼ円を描く。

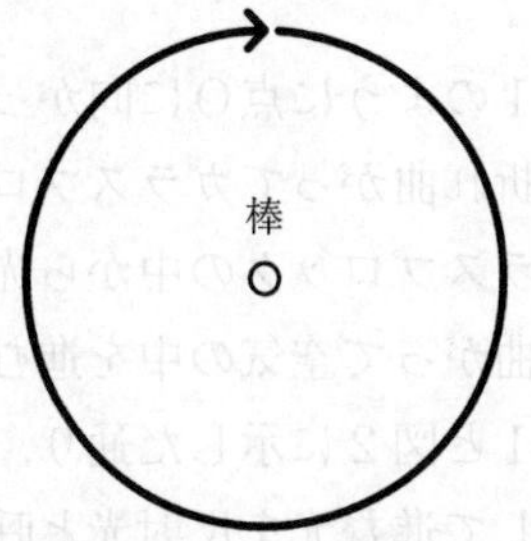

問2　図1の点Bで太陽がもっとも高い位置に達したとき，点Bの水平な地面に垂直に立てた棒の影は，どの向きにできますか。棒の影の向きをもっとも正しく表しているものを，図3の(ア)〜(ケ)から1つ選び，記号で答えなさい。ただし，図は棒を上から見下ろした向きで描かれ，中央の○が棒，直線が棒の影を表します。

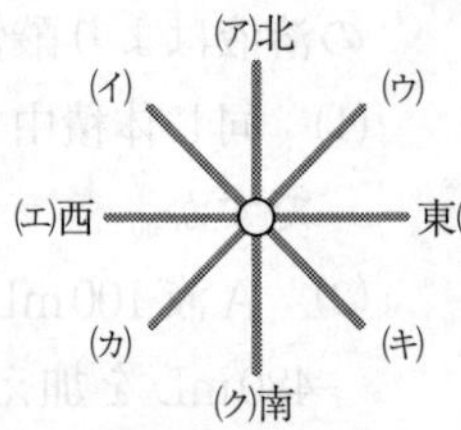

(ケ)影はできない
図3

問3　図1の点Aが日の出を迎えるとき，地平線に対して太陽が動いていく向きの関係を正しく表しているものを，次の(ア)〜(ウ)から1つ選び，記号で答えなさい。ただし，図中の矢印は太陽が動いていく向きを表しています。

(ア)

(イ)

(ウ)

問4　次の文章は，図1の点Cで観測される太陽の動きについて述べたものです。空欄にあてはまる語句をそれぞれ選択肢の中から1つずつ選び，記号で答えなさい。ただし，同じ記号を何回使ってもよいとします。

「点Cでは，太陽は(①)からのぼって(②)に沈む。太陽と地球が図1の位置関係にあるとき，太陽は真(①)から(③)側にずれた方角からのぼり始め(④)側の空を移動していく。

選択肢：(ア)　東
(イ)　西
(ウ)　南
(エ)　北

問5　図1の点A，B，Cの中で，もっとも早く日の入りを迎える点はどの点ですか。

問6　次の(ア)〜(ウ)の地図に描かれた黒い線は，同じ時刻に日の出を迎える地点を結んだものです。北半球で冬至を迎えた日に，同じ時刻に日の出を迎える地点を表している地図を(ア)〜(ウ)から1つ選び，記号で答えなさい。ただし，図中の点線は東西，南北の方角を表しています。

(ア)
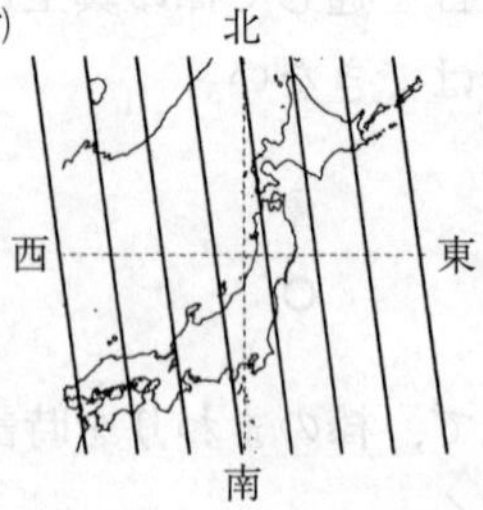

(イ)
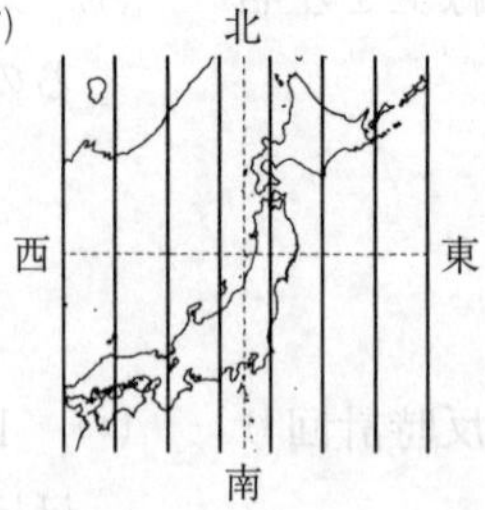

(ウ)
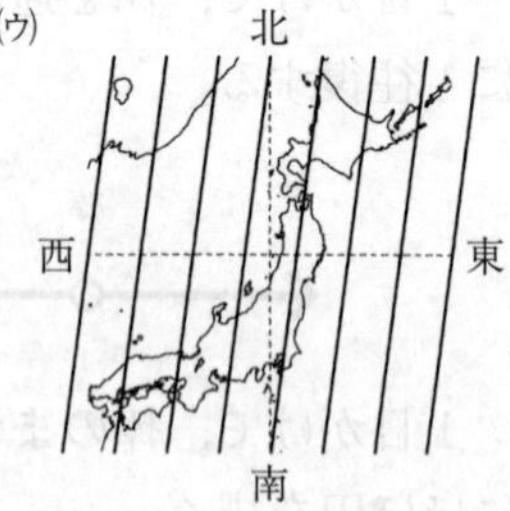

4　図1のように点Oに向かって空気中から光を当てると，光は点Oで反射して空気中を進む光と，折れ曲がってガラスブロックの中を進む光に分かれます。逆に図2のように点Oに向かってガラスブロックの中から光を当てると，光は点Oで反射してガラスブロックの中を進む光と，折れ曲がって空気の中を進む光に分かれます。

図1と図2に示した通り，点Oに向かって進む光を入射光，折れ曲がって進む光を屈折《くっせつ》光，反射して進む光を反射光と呼びます。また，点Oを通る空気とガラスの境《さか》い目の面に垂直な線

に対する入射光，屈折光，反射光の角度をそれぞれ，入射角，屈折角，反射角と呼びます。入射角を変えて光を当てたとき屈折角と反射角がどのように変化するかを実験し，その結果をまとめたものが表１と表２です。後の問いに答えなさい。

ただし，図１と図２の入射角，屈折角，反射角の大きさは，３つの角度の大きさの関係を正しく表しているとは限りません。

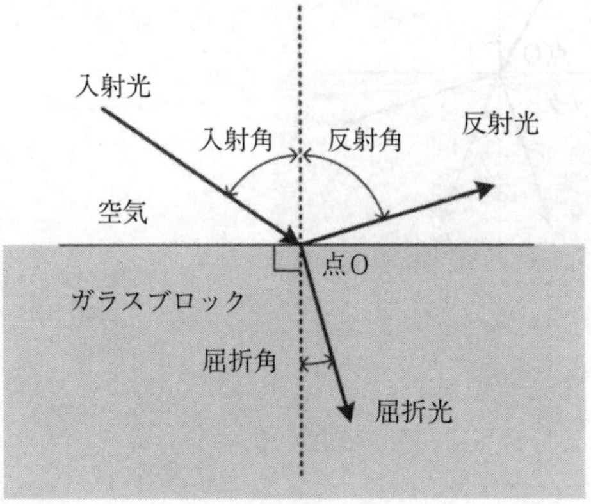

図１

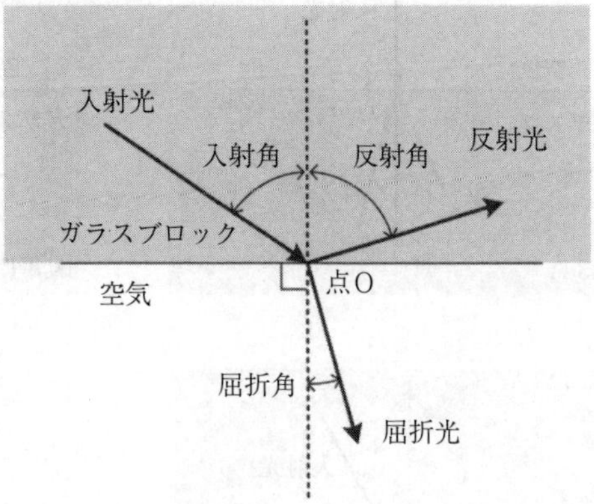

図２

≪注意≫　図中の３つの角度の大きさの関係は，正しく表されているとは限りません。

空気中から光を当てる場合		
入射角(度)	屈折角(度)	反射角(度)
0	0	0
3	2	3
6	4	6
9	6	9
12	8	12
26	17	26

表１

ガラスブロックの中から光を当てる場合		
入射角(度)	屈折角(度)	反射角(度)
0	0	0
2	3	2
4	(①)	4
6	9	6
8	12	8
17	26	17

表２

問１　表１と表２から入射角が０度ではないときに，入射角と反射角，入射角と屈折角について，A～Dの４つのことがわかりました。それぞれの空欄(ａ)～(ｄ)にあてはまる角度の関係を表した式を選択肢の中から１つずつ選び，記号で答えなさい。ただし，同じ記号を何回使ってもよいとします。

《わかったこと》

A　空気中から光を当てた場合，入射角と反射角の間には，(　　ａ　　)の関係が成り立つ。

B　空気中から光を当てた場合，入射角と屈折角の間には，(　　ｂ　　)の関係が成り立つ。

C　ガラスブロックの中から光を当てた場合，入射角と反射角の間には，(　　ｃ　　)の関係が成り立つ。

D　ガラスブロックの中から光を当てた場合，入射角と屈折角の間には，(　　ｄ　　)の関係が成り立つ。

選択肢：

(ア)　入射角＞反射角　　(イ)　入射角＝反射角　　(ウ)　入射角＜反射角

(エ)　入射角＞屈折角　　(オ)　入射角＝屈折角　　(カ)　入射角＜屈折角

問２　表２の空欄①にあてはまる数を答えなさい。

問3　図3のA，B，Cのように光をこのガラスブロックの点Oに当てたとき，それぞれ屈折光はどのようになりますか。屈折光を正しく表しているものを，それぞれ(ア)～(ウ)から1つ選び，記号で答えなさい。

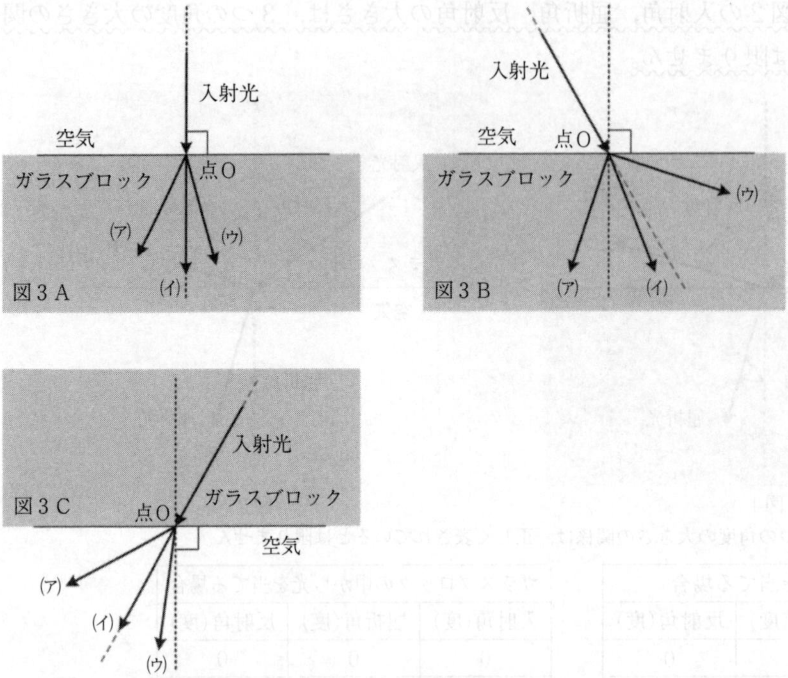

問4　図4のような直方体のガラスブロックの点Oに空気中から光を当てたところ，図4の中に太い線で示したような光の道筋を観察することができました。(あ)～(う)の角度はそれぞれ何度になりますか。

ただし，図4は光の道筋のおおよその様子を表しているだけで，(あ)～(う)の角度の大きさは，それぞれの角度の正しい大きさを表してはいません。また，入射角，反射角，屈折角の間の関係は，表1と表2のとおりであるとします。

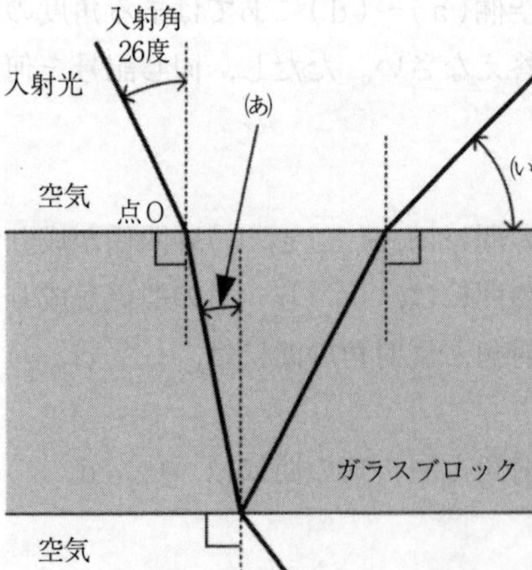

図4

空気中から光を当てる場合		
入射角(度)	屈折角(度)	反射角(度)
0	0	0
3	2	3
6	4	6
9	6	9
12	8	12
26	17	26

表１

ガラスブロックの中から光を当てる場合		
入射角(度)	屈折角(度)	反射角(度)
0	0	0
2	3	2
4	(①)	4
6	9	6
8	12	8
17	26	17

表２

≪注意≫　17ページの表１と表２と同じ表です。

問５　鉛筆《えんぴつ》の下の部分を直方体のガラスブロックをとおして見てみると，図５のように上下でずれて見えました。このように見えるのは鉛筆とガラスブロックがどのように置かれた場合ですか。(ア)～(ウ)から１つ選び，記号で答えなさい。

ただし，(ア)～(ウ)のそれぞれの図は，鉛筆とガラスブロックの位置関係を真上から見下ろした状態で描かれたものです。

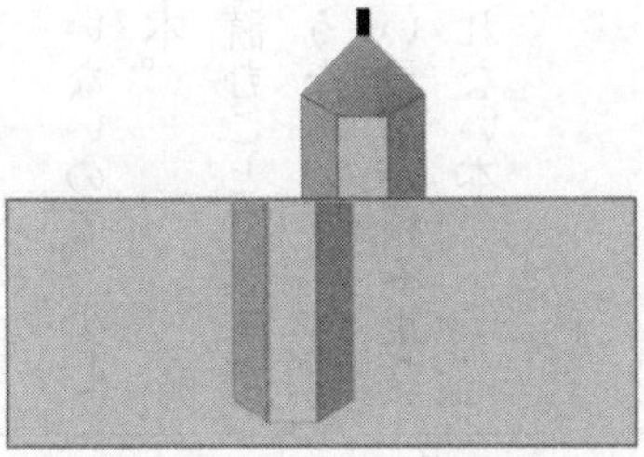

図５

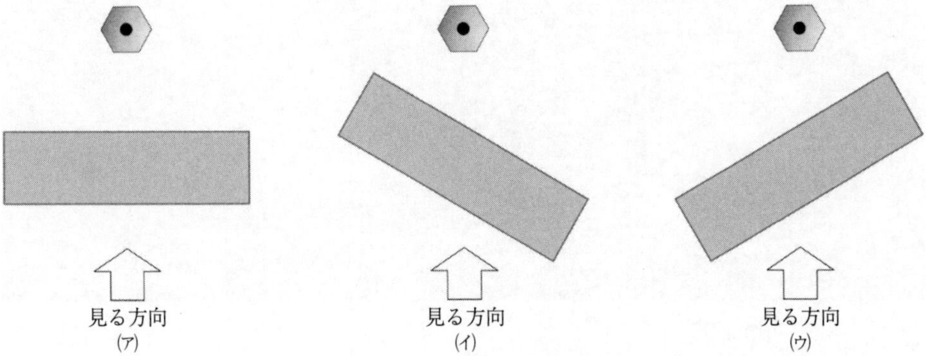

どのようなことでしたか。本文中から二十字以内で探し、はじめと終わりの三字をぬき出して答えなさい。

問七　――線④「『読み終わらない本』」とありますが、どのような本のことですか。最も適切なものを次の中から選んで、記号で答えなさい。

ア　文章が難しくて読み進めることも大変なため、一年以上かけてもなかなか最後のページまでたどり着けない本。
イ　何度読んでも新たな発見があり、日々の生活の中で折に触《ふ》れて手に取りながら読み深めていくような本。
ウ　最後までひと息に読んでしまうのがもったいないので、少しずつ物語の展開を追っていきたくなるような本。
エ　古今東西の「古典」のように、その一冊を読むことで興味が広がり、次々と読みたい本が生まれてくるような本。
オ　読み進めていくうちに自分の中に忘れがたい言葉が積み重なっていき、友人や家族と共有しないではいられない本。

は、日々、(注7)新生する書物だった。毎日、新しい発見を彼にもたらした。彼は、『論語』が分かったなどと、けっしていわなかっただろう。むしろ、読めば読むほど、謎《なぞ》は深まっていったというだろう。

ここでの『論語』は、長く読み継《つ》がれてきた「古典」に置き換《か》えてもかまわない。仁斎にとっては『論語』だったものは、ある人にとっては『聖書』で、別な人には(注8)『歎異抄《たんにしょう》』かもしれない。「古典」は無数にある。仁斎が『論語』を見つけたように、ぼくたちも「わたしの古典」を見つけて行かなくてはならない。

(若松英輔《わかまつえいすけ》『読み終わらない本』による)

(注1) 叡知…物事の本質を見通す、深くすぐれた知性のこと。
(注2) BC…西暦《せいれき》元年よりも昔の年を表現する方法。
(注3) 変貌…姿や様子が変わること。
(注4) 潮流…時代の傾向《けいこう》。
(注5) 体翫…信頼する人間と、全身で交わるように深く読み味わうこと。
(注6) 謦咳…尊敬する人や身分の高い人の話を直接聞くこと。
(注7) 新生…新たな気持ちで生まれ変わること。
(注8) 『歎異抄』…鎌倉時代の僧侶《そうりょ》・親鸞《しんらん》の教えをまとめた書物のこと。

問一 [1]～[3]に当てはまる最も適切な語を次の中から選んで、それぞれ記号で答えなさい。

ア でも　イ だから　ウ じつに
エ あるいは　オ ただし　カ なぜなら

問二 ――線①「これは驚くべきことだ」とありますが、「これ」とはどのようなことですか。最も適切なものを次の中から選んで、記号で答えなさい。

ア 現代に生きる私たちにとって、昔の哲学者の素晴らしい教えは、たった数百円の価値にしかならないということ。
イ 現代に生きる私たちが、情報技術の発達により、昔の哲学者の言葉にたくさん出会えるようになったということ。
ウ 現代に生きる私たちにとって、昔の哲学者は、多くの人の心を動かすほど魅力《みりょく》的な人物であったということ。
エ 現代に生きる私たちと同じように、深く物事の道理に通じる言葉を、昔から人々は求めていたということ。
オ 現代に生きる私たちが、時代や場所を超えて、昔の哲学者の考えを本によって知ることができるということ。

問三 [A]に当てはまる言葉として、最も適切なものを次の中から選んで、記号で答えなさい。

ア 潮　イ 池　ウ 海　エ 泡《あわ》　オ 沼《ぬま》

問四 〰〰線(あ)「かいま見る」・〰〰線(い)「あくまでも」の本文中の意味として、最も適切なものを後の中から選んで、それぞれ記号で答えなさい。

(あ)「かいま見る」
ア じっと見る　イ ちらっと見る
ウ くり返し見る　エ ゆっくりと見る
オ おそるおそる見る

(い)「あくまでも」
ア どこまでも　イ あきたらずに
ウ 時々思い出して　エ どれだけ悪くても
オ あやしげに

問五 ――線②「ほんとうの意味で『ひとり』でいるためには、少し勇気が必要なんだ」とありますが、なぜですか。「ひとり」がどのような状態であるかを明らかにして、説明しなさい。

問六 ――線③「伊藤仁斎(一六二七～一七〇五)という在野の儒学者がいた」とありますが、この儒学者にとって『論語』を読むとはは、ぼくたちに孤独になることを求めてくる。

孤独とは、たんに一人でいることではない。現代は、部屋で一人でいても、インターネットを介《かい》して無数の人々とつながることができる。孤独は、こうしたつながりから少し離《はな》れて、こころの世界に足を踏《ふ》み入れることだ。

こころの世界は、ほの暗い。ふとしたときにぼくたちはそこを㋐かいま見るから、じつはみんな、そのことを知っている。知っているから、自分と向き合うのを避けることがある。そう、②ほんとうの意味で「ひとり」でいるためには、少し勇気が必要なんだ。

高校生の頃《ころ》、本を読む、ということは、文字を追うことではなく、それを書いた者と無言の対話を交わすことだった。クラスメイトは分かってくれないようなことでも、この本を書いた人なら分かってくれる、そんな感じがした。

若い頃は、こんなことを考えているのは自分だけだと思っていたし、自分が変わり者であるという自覚もあった。でも、自分で文章を書くようになって発見したのは、文学や芸術の世界には、変わり者しかいないということだった。本を読むこととは、言葉を通じてその人に会い、言葉を交わすことだと語る哲学者のデカルト（一五九六～一六五〇）のような人もいた。

江戸《えど》時代に③伊藤仁斎《いとうじんさい》（一六二七～一七〇五）という在野《ざいや》の儒学者《じゅがくしゃ》がいた。儒学者とは、『論語』の語り手である孔子《こうし》（ＢＣ五五二～ＢＣ四七九）に始まる儒学の研究者のことだ。

孔子は、古代中国の人物だが、この人物の思想は、江戸時代の日本でとても大きな（注3）変貌《へんぼう》を遂《と》げた。その（注4）潮流を作った中心的人物のひとりだ。君も学校でならったかもしれないが、儒学者には林羅山《はやしらざん》（一五八三～一六五七）のように、公《おおやけ》に近い場所で学問を行う人もいた。だが、仁斎はちがって、㋑あくまでも民衆のなかで生き、学んだ。

この人物にとって『論語』を読む、ということは、文字となった哲学を理解することではなかった。文字という扉《とびら》の奥《おく》で孔子と語り合うことにほかならなかった。ぼくはこの人物の存在を小林秀雄《こばやしひでお》（一九〇二～一九八三）という文学者の著作を通じて知った。小林は、仁斎にとって、「読書とは、信頼する人間と交わる楽しみであった」と書いたあと、こう記している。

> 彼は、精読、熟読という言葉とともに（注5）体翫《たいがん》という言葉を使っているが、読書とは、信頼する人間と交わる楽しみであった。論語に交わって、孔子の（注6）謦咳《けいがい》を承《う》け、「手の之《これ》を舞ひ《(い)》足の之を蹈《ふ》むところを知らず」と告白するところに嘘《うそ》はない筈《はず》だ。この楽しみを、今、現に自分は経験している。だから、彼は、自分の論語の註解《ちゅうかい》を「生活の脚注《きゃくちゅう》」と呼べたのである。
>
> （「学問」『考えるヒント２』小林秀雄）

仁斎は、『論語』を読んでいるとき、手を叩《たた》いて喜びを表現せずにはいられないような、また、足が宙に浮《う》いているような深いよろこびに満たされていた。彼にとって「読む」とは、単なる知識の習得ではなく、生活全体を巻き込《こ》む出来事だった。だからこそ、彼は自分が書いた、『論語』の註解書である『論語古義』を「生活」による脚注だと呼べたのだ、というのだ。

頭で読むだけでなく、その言葉を生きてみなければけっして分からないものが『論語』という書物に宿っていて、仁斎はそれを日々の生活のなかでたしかめていったのだった。

本は、いかに多くを読むかが問題ではない。むしろ、どうやって④「読み終わらない本」に出会うかが問題だ。仁斎にとって『論語』

でくれたのだろう。それは、食卓《しょくたく》にのぼる食べ物と同じで、気が付かないところで誰かが運んでくれたのではないだろうか。

　プラトン（（注２）ＢＣ四二七～ＢＣ三四七）という哲学者《てつがくしゃ》がいる。ある人は彼《かれ》を、その師ソクラテスとともに、哲学の祖と呼ぶ。書店にいけば数百円でプラトンの著作を日本語で読める。

　①これは驚《おどろ》くべきことだ。でも、これが実現しているのは、時代を超《こ》えて、東西の文化を超えて、無数の人々がプラトンの言葉を後世に伝えなくてはならないと感じ、実践《じっせん》してくれたからだ。不要なものだと思えば、歴史のなかで［Ａ］と消え、今日《こんにち》まで伝わることなどないのだから。

　君は今、たくさんのことを学んでいる。学校だけでなく、友達や好きな人、［２］家族、嫌《きら》いな人からもぼくたちは学ぶことができる。君は本を読む。多くの、そして確かな知識を得たいと思ってページをめくる。目に見えるものでも、見えないものでも、人は、自分のものにするためにそれを手に入れ、会得《えとく》しようとする。手にしたものはなかなか手放さない。でも、もしかしたら、大切なのは、物事を自分だけのものにすることではなく、誰かのもとに届けることかもしれないんだ。

　これからぼくは君に、少し長い手紙を書こうと思う。そして何人かのぼくの人生を変えてくれた人物と言葉を、君に伝えることができたらと願っている。

　もちろんぼくにとって重要だった人が、君にもそうなるとは限らない。［３］、ぼくがその人というよりも人間そのものを信頼《しんらい》したように、君にとっても信頼できる人間が、今日までの長い歴史のなかには必ずいることを伝えられればと思う。

　ぼくたちは、ある特定の個人を信頼できなくなることがある。でも、そのことは、人間そのものへの信頼が失われたことを意味しない。ぼくや君がそうであるように、人は誰もあやまちを犯《おか》す。でも、ぼくがいう「人間」には、その失敗から学んだほんとうの知恵《ちえ》もつまっている。

　今、ぼくたちは、とても困難な時代を生きている。人が人とのつながりを見失いつつある時代に生きている。ある意味では、人を信頼するという当たり前のことが、こんなにむずかしくなった時代はないかもしれない。でも君が、個人を信頼することがむずかしいことがあっても、人間への信頼を失わないでいてくれたら――今という時代に失望を感じることがあっても、絶望のなかにさえも希望を見出そうとした人が、かつていたことを忘れないでいてくれたら。そう願ってやまない。

　君くらいの年齢《ねんれい》のとき、ぼくは学校の休み時間が嫌いだった。授業中は、先生の話を聞いたり、聞くふりをして自分の好きな本を読んでいればよかった。でも、休み時間には、同じクラスの人と話をしなくてはいけない。

　友達がいないわけではなかったけど、それよりも親しく交わっていたのは歴史の世界の住人たちだった。ひとりでいたいのに何となく、そんな雰囲気《ふんいき》でもなく、仲がよいふりをしなくてはいけないのが、いやだった。

　あのときは、どうしてそんなにひとりでいたいのか分からなかったけど、今ははっきりと分かる。人間にはあるとき、孤独《こどく》が必要なんだ。孤立《こりつ》と孤独はちがう。孤立は、社会から追放されることで、これはあってはならない。でも、孤独はなくてはならない。それは、自分と向き合うことであり、今の自分にほんとうに必要なものを見極めるときでもある。

　本を読むとき、人はひとりでいなくてはならない。読むということ

イ　早緑の横顔を見て忘れていた自分の言葉を思い出したが、早緑が本心を語り出したことで混乱してしまっている。

ウ　美術部員に対する怒りが、実は早緑への思いであったことを指摘《してき》され、悩《なや》ませていたことを申し訳なく感じている。

エ　かつて自分が言った言葉を早緑に返されたことによって、早緑とわかりあおうとしなかったことを反省している。

オ　自分の発した言葉が早緑を深くきずつけてしまったと気づき、早緑に対する自身のうかつな言動を後悔《こうかい》している。

問七　〜〜〜線A「おずおずとこちらを見た」・〜〜〜線B「まぶしそうに六花のほうを見た」から読み取ることができる心情の説明として、最も適切なものを次の中から選んで、それぞれ記号で答えなさい。

ア　懐《なつ》かしさや喜びを抱いている。

イ　おびえや恐怖《きょうふ》を抱いている。

ウ　感謝や親しみを抱いている。

エ　ためらいや不安を抱いている。

オ　皮肉や軽蔑《けいべつ》の気持ちを抱いている。

カ　あこがれや尊敬の念を抱いている。

問八　――線⑦「早緑の気持ち、考えたこともなかった」とありますが、「早緑の気持ち」とはどのような気持ちですか。「気持ち。」に続くように、本文中から十五字程度でぬき出して答えなさい。

問九　――線⑧「あいつがふらっと歩いてきて、あたしに言ったんだ」とありますが、黒野が言った言葉によって早緑はどのようなことを思ったのですか。その説明をした次の文の[a]〜[c]に当てはまる語の組み合わせとして、最も適切なものを後のア〜エの中から選んで、記号で答えなさい。

　早緑は[a]が[b]につながると思い、得意であるだけでは物事は続けられないと考えていた。しかし、黒野が[c]が最初にあると考えていることを知り、「やっぱり、がんばらなきゃだめだ」と思った。

ア〔a　好き　b　努力　c　好き〕

イ〔a　好き　b　努力　c　努力〕

ウ〔a　努力　b　好き　c　努力〕

エ〔a　努力　b　好き　c　好き〕

問十　――線⑨「だから、今のあたしがあるのは、六花のおかげ」とありますが、早緑がこのように言ったのはなぜですか。説明しなさい。

三　次の文章を読んで、後の問いに答えなさい。

注意　。、「」などは一字に数えます。

　人は、食べなくては生きていけないように、学ばなくてはならない。その人に、学ぶつもりがなくても、人生はつねに何かを学べとぼくたちの前に試練をもたらす。

　かつては、学ぶのは自分の人生を少しでも豊かにするためだと信じて疑わなかった。でも、今はまったく異なる実感がある。自分だけのために学ぶ、というが、ぼくはその「自分」が何であるかを知らないんじゃないだろうか。

　君は、自分の力だけで生きているのだろうか。気が付かないところで、[1]多くの人たちに――それも亡《な》くなった人たちも含《ふく》めて――助けられて、日々を送っているのではないだろうか。自分とは、避《さ》けることのできないかたちで他者とつながっている存在なのかもしれない。

　たとえば今、ぼくたちの前に開かれている(注1)叡知《えいち》は、誰《だれ》が運ん

（注1）澱…液体の底に沈んだかす。
（注2）幽霊部員…その部に所属しているが、活動に参加していない人。

問一 ——線①「それ、ほんとひどい」とありますが、「それ」とはどのようなことですか。最も適切なものを次の中から選んで、記号で答えなさい。

ア 絵の上手な六花が、絵の下手な部員をばかにしたこと。
イ 六花が、ふまじめな美術部の部員たちを非難したこと。
ウ 美術部のほかの部員たちが、まじめに絵を描かないこと。
エ 上枝先生が、六花のほんとうの気持ちをわかっていないこと。
オ 六花がつらい気持ちになったため、絵を描けなくなったこと。

問二 [1]・[2]には、体の一部を表す語が入ります。最も適切なものを次の中から選んで、それぞれ記号で答えなさい。

ア 口　イ 首　ウ 腰《こし》
エ 腕《うで》　オ 腹　カ 肩

問三 ——線②「いいよね、白岡画伯は」とありますが、この表現に関する説明として**適切でないもの**を次の中から一つ選んで、記号で答えなさい。

ア 「いいよね」という言葉には、六花の主張へのいらだちが込《こ》められており、相手をつき放す表現となっている。
イ 「白岡画伯」と呼ぶことで、絵の才能がある六花との間に距《きょ》離《り》を感じて、心の壁《かべ》ができたことを表している。
ウ 絵の上手い人を表す「画伯」という呼び方で、美術部でがんばっている六花を尊敬する気持ちを伝えている。
エ 絵が得意な六花を、好きなことや得意なことがない自分と比《ひ》較《かく》して、嫌味《いやみ》を込めてあえて「画伯」と呼んでいる。
オ 早緑から発せられた「いいよね」という言葉には、好きなことがある六花へのうらやましさが表されている。

問四 ——線③「わかりたくなかったけれど」とありますが、六花はなぜこのように思ったのですか。その説明として最も適切なものを次の中から選んで、記号で答えなさい。

ア ずっと仲が良く、自分の話を肯定《こうてい》してくれていると思っていた早緑が、自分のことを理解してくれていないことを認めたくなかったから。
イ 早緑が部活を楽しんでいないことに気づいてしまったが、好きなことを楽しんでいない人の気持ちなどわかりたくなかったから。
ウ ほどよい距離感を保っていた知人である早緑が、自分に対して本気であこがれて、うらやんでいることを感じ取りたくなかったから。
エ 自分と同じように部活に打ち込んでいると思っていた早緑が、自分とは違《ちが》ってまじめに部活に参加していないことなど知りたくなかったから。
オ 仲良しの友だちだと思っていた早緑が、ずっと「六花とはわかりあえない」と思って自分と接してきたことに気づきたくなかったから。

問五 ——線④「ちょっぴり期待して、それからがっかりした自分」とありますが、六花はどのようなことを「期待」していたのですか。説明しなさい。

問六 ——線⑤「自分が放った言葉が、どこか遠くで響いた」から、——線⑥「なにが、『わかりあえない』だ」までの六花の心情はどのようなものですか。最も適切なものを次の中から選んで、記号で答えなさい。

ア 早緑に寄り添《そ》うつもりが責めてしまい、早緑が「わかりあえない」と言い返してきたことに悔《くや》しさを感じている。

「好きだから努力できるのか、努力できるから好きなのか……鶏《にわとり》が先か卵《たまご》が先か、みたいな話だよな」

あたし、よくわからなくって。どういうことって、たずねたの。

黒野、笑って言った。

「ほら、好きだから続けられる。だからうまくなるっていうのはたしかにあるけどさ、そもそも、ある程度うまくないと、好きにはなれないじゃん？　自分でへたくそだなあって思って、人から向いてないって言われて、それでも絵を描くのが好きとかさ。ちょっとむずかしいよな。苦手なことに立ち向かうのは、それだけでストレスだろ」

そんなふうに。

その言葉が、すごく響いた。なんだろ、いくら走っても、みんなに追いつけない自分のことを言われているみたいに、思えた。

あたし、なんで走ってるのかな。

急に、そんなことを考えた。走ることが得意だと思ったから？　たぶんそう。人よりはちょっぴり、得意だと思ったから。

ほんとはそれほど、好きじゃなかったのに。

「好きなものがない人は、得意なものがない人は、どうしたらいいんだろう……」

言ってから、なんか、情けないなって、自分でも思った。

だけど、黒野は肩《かた》をすくめて、こう言ったの。

「べつになくてもいいと思うけど」って。

なにそれ、と思って、あたし、食いさがったの。

「あたしは、ほしいよ。好きなもの。得意なもの」

「じゃあ、そうしたら？」

「え？」

「好きなものがほしい。得意なものがほしい。じゃあ、そのために努力すればいいだろ。ちゃんと、それは努力の理由になるよ」

「だけど、努力すれば……なんとかなるのかな」

そしたら黒野はさ、Ｂまぶしそうに六花のほうを見たんだ。

「白岡六花がコンクールで賞をとったのだって、ああやって努力を続けているからだろ」

「だからさ、あたしは思ったの」

公園のすみっこ。並んですわったベンチ。

夕日の光を浴びて、早緑は言った。

「やっぱり、がんばらなきゃだめだって。今、ここで逃《に》げたくない。あたしには、まだ六花に話しかける資格がないや、って。そのときの自分は、六花に誇《ほこ》れるような自分じゃなかったから。だから、がんばろう、って。次に六花と話すときは、胸《むね》を張れるような自分でいたかったから。そうなりたいと思えたから」

早緑は笑った。きらきらと、かがやくような顔で、笑った。

「それから、すこしずつ、あたし、陸上が好きになった。走ることが、っていうか、走ることに打ちこむ自分のことが、好きになっていた。だから」

涙《なみだ》ですっかり塩っ辛《から》い顔になった私に、早緑は言った。

「⑨だから、今のあたしがあるのは、六花のおかげ」

私はうなずく。「今は、じゃあ、楽しい？」

「うん。すっごく。胸を張って、そう言えるよ。だからさ」

なかなおりしよう。

照れたように、でもまっすぐにそう言った早緑の瞳の色に、私は思いだす。

あの日、早緑が話しかけてきてくれたときのことを。

（村上雅郁《むらかみまさふみ》『きみの話を聞かせてくれよ』所収「シロクマを描《えが》いて」による）

さんざん被害者《ひがいしゃ》のような顔をしてたくせに、ほんとうに悪いのは私だった。

私、早緑のこと、きずつけてたんだ。

「ほら、ちょっと眼鏡《めがね》外して。あ、鼻もたれてるよ、もう……」

そう言って、私の顔をハンカチでぬぐう早緑。私はしゃくりあげながら、くり返す。

「ごめん。ごめんね、早緑。ほんとうにごめんなさい……ごめんなさい……」

「ううん、いいから。もういいんだよ。あたしこそ、ごめん……ああ、まずったな。泣かれると思わなかった。っていうか、六花も泣くんだね。はじめて見たよ」

あはは、と軽《かろ》やかに笑う早緑。

なんだろう、私が取り乱したせいで、さっきまで緊張《きんちょう》していた早緑のほうは、かえって落ちついたみたいだった。それがちょっとだけ癪《しゃく》に障《さわ》る。

私はハンカチを顔に押《お》しつけてくる早緑の手をぎゅっとにぎった。

「……もっと、もっとはやく言ってよ」

うらみがましく、私はつぶやく。そんなことを言う資格、ひとつもないのに。

私のせいなのに。

「何度も言おうと思ったよ。だけど、うん……やっぱりさ、こういうのって、しかるべきときってもんがあるじゃん？」

「なに、それ」

ちいさくはなをすする私に、早緑はうなずいた。

「一年の三学期に、決めたの。その日、六花に会いに行こうと思った。ちゃんと、話をしなきゃって。だけど、美術部に行ってもいなくてさ。小畑《おばた》先輩が、体育館に行ったよ、って教えてくれて。で、行ったんだけど、やっぱり話しかけられなかった」

早緑は思いだすような目をした。

「体育館で、剣道部《けんどうぶ》が練習してて。ほら、ウサギ王子とかといっしょに、エビユや本多《ほんだ》くんが大声出しながら竹刀《しない》でばしばしやってて。で、すみっこで、それを見ながらさ、一心不乱って感じで、六花は絵を描いてた。もうさあ、眼鏡のおくで、目がぎらぎらしてて。あたし、思いだしたんだ」

「なにを？」

早緑は照れたように笑った。

「はじめて、六花に話しかけたときのこと。シロクマの絵がじょうずだねって、ほめたこと。六花の顔がパッと明るくなって、それがびっくりするほどかわいらしくて。友だちになりたいって、思ったこと」

それから私をまっすぐに見て、言った。

「体育館のすみで、そんなことを考えてたら——ほら、おなじクラスのさ、黒野《くろの》っているじゃん？　剣道部の。（注2）幽霊《ゆうれい》部員。前髪《まえがみ》の長い、ちょっとひねくれた感じのやつ」

黒野くん……私の中で、見えていなかったなにかがつながっていく。

なにも言えないでいる私に、早緑はうなずいた。

「⑧あいつがふらっと歩いてきて、あたしに言ったんだ」

「えらいよな、白岡六花。美術部、ゆるい部活なのに、ひとりだけ毎日スケッチして、先生に意見聞いて。ほかの部員たちに煙《けむ》たがられても、負けないでまじめにやってる」

あたしはうなずいて、ちいさな声で言った。

「……六花は、絵を描くのが、ほんとうに好きだから」

だけど、自分の声が、どこかとげとげしてる気がして、いやになった。そしたら、黒野のやつ、こんなことを言ったの。

私にはわかった。③わかりたくなかったけれど。

私たちは、おたがいにわかりあえないんだってことが、わかってしまった。

[Ⅱ]「あの、こんなこと今言ってもしょうがないのかもしれない。六花のこと、こまらせたらごめん。でも、言わなきゃって、ずっとずっと、そう思ってた」

何重にも予防線を張るように前置きをしてから、早緑はためらいがちに言った。

「あたしさ……ほんとのこと言うと、毎日泣いてたんだ。あのころ」

泣いてた？

「……私とけんかしてから、ってこと？」

早緑は[2]を横にふった。

「ううん、ちがうちがう。そうじゃなくて、そのまえから」

「そっか……うん」

④ちょっぴり期待して、それからがっかりした自分が、ひどくはずかしい。

「私とけんかする、まえ？」

って……え？

早緑はうなずく。

「陸上部の練習が、いやでいやで。みんな、あたしよりずっと足が速くてさ。練習もきつくて、ぜんぜんついていけなかった。先輩《せんぱい》こわいし。しょっちゅうおこられてたし。ほんと、毎日毎日、つらくてしょうがなくて。家でめそめそ泣いてたの」

私はとなりを見た。なつかしい、早緑の横顔。遠くを見つめる黒い瞳《ひとみ》。

「でも、六花には言えなかった。そんなこと、ぜったい言えなかった。はずかしかったから。一生懸命《けんめい》、絵を描いて、努力を楽しむことができる六花に、そんなこと、言えなかった。まぶしかったよ。あたしは六花のことが、ずっとまぶしかった……だからさ、あの日。あたし、責められてるような、そんな気がしちゃったんだよ」

――ばかみたい。まじめにやらないなら、やめたらいいのに。

あの日、⑤自分が放った言葉が、どこか遠くで響《ひび》いた。

早緑はちいさく笑った。ぽつぽつ、抱《かか》えていた気持ちをこぼすように、言葉をつむぐ。

「あたしもさ、意地になっちゃって。あたしのことじゃないのに。六花がきずついていたの、わかっていたのに。でも、あたしもさ、あのとき、ほんとにつらかった。大好きだった友だちに、自分のことを否定されているような、気持ちがしてさ。だから、あんなこと言っちゃった。六花に、ひどい言い方、しちゃった。ほんとうに……」

そう言って、Aおずおずとこちらを見た早緑の顔が、固まる。

「六花？」

「……ごめん」

「え、いや、ごめんごめん。あの、なに？　泣かないで。ちょっと……あ、ハンカチ」

あわあわとポケットをさぐる早緑。私はふるえていた。

景色がにじんで、ぼろぼろとこぼれて、息をするのもつらかった。

⑥なにが、「わかりあえない」だ。

わかろうとしなかったのは、私のほうだった。

自分のことでいっぱいいっぱいで、⑦早緑の気持ち、考えたこともなかった。

２　A・B に当てはまる語として、最も適切なものを次の中から選んで、それぞれ記号で答えなさい。
ア　からっと　イ　ぎょっと　ウ　さくっと
エ　どっと　オ　ばしっと　カ　ぴっと

３　――線②「そうっと」がかかる言葉を、本文中からぬき出して答えなさい。

４　――線③「入れました」とありますが、この動作をしたのは誰《だれ》ですか。本文中からぬき出して答えなさい。

５　次の⑴～⑶の□には、本文中に出てくる色を表す漢字が一字入ります。（　）内の意味の慣用句になるように、□に入る漢字一字を答えなさい。
⑴　□色い声（甲高《かんだか》い声）
⑵　大□柱（一家の中心となって支えている人物）
⑶　□羽の矢が立つ（多くの中から指定して選び出されること）

二

次のⅠ・Ⅱは、同じ本から取り上げた文章で、白岡六花《しらおかりっか》と春山早緑《はるやまさみどり》という中学生が会話をしている場面です。これらの文章を読んで、後の問いに答えなさい。

注意　。、「」などは一字に数えます。

Ⅰ

きっかけは、部活のぐち――ほんとうに、ささいなこと。

いやなことがあって。それを友だちに聞いてもらって。そうして、なんとなくすっきりする。そんなの、だれだってしていること。とくにめずらしくもない、ふつうのこと。

なにも特別じゃない。日常のひとコマ。

上枝《かみえだ》先生には言えなかったほんとうの気持ち。ずっとがまんして、のみこんで、黒々とした（注１）澱《おり》のようにたまっていた感情。私はそれを、早緑に聞いてほしかった。

あの子なら、いっしょにおこってくれると、そう思ったから。

「……どうしてみんな、ちゃんと絵を描《か》かないんだろう」

私は美術部でのことを話して、最後にこう言った。

「ばかみたい。まじめにやらないなら、やめたらいいのに」

①それ、ほんとひどい――そう言ってくれると思った。

六花は悪くないって。なにもまちがってないって。

なぐさめてくれるって、励《はげ》ましてくれるって、信じていた。

だけど、そうじゃなかった。早緑はいやそうな顔で、吐《は》きすてるみたいに言った。

そんなの、しょうがないよって。

「だって、六花みたいに才能がある子ばっかりじゃないでしょ？」

「だれだってさあ、どうしても勝てない人を見たら、やる気もなくなっちゃうよ」

そう言って、早緑は美術部の子たちの １ を持った。私の味方じゃなくて、あの子たちの味方をした。あの子たちがまじめにやっていないのは、私のせいみたいな、そんな言い方をして、私のことを責《せ》めた。

ショックだった。それから、怒《いか》りがわいてきた。

でも、何度説明しても、早緑はわかってくれなくて。

それどころか、どんどんふきげんになっていって。

「②いいよね、白岡画伯《がはく》は」

最後に、早緑は言った。

「好きなことがちゃんとあって。得意なことがちゃんとあって。幸せじゃん、それ」

早緑のその言葉で、そのときの表情で。

2024年度 横浜雙葉中学校

【国語】〈一期試験〉（五〇分）〈満点：一〇〇点〉

（。、「」などは一字に数えます。）

一 次のそれぞれの問いに答えなさい。

問一 次の――線の漢字をひらがなに、カタカナを漢字に直して答えなさい。送りがなが必要な場合は、ひらがなで書きなさい。

1 雑穀は栄養が豊富である。
2 思いの外、早く帰ることができた。
3 図工の時間に版画を刷る。
4 自分の志す道を行く。
5 勉強のシュウカンをつける。
6 日本のツウカの単位は「円」である。
7 真理をツイキュウする。
8 アヤマリを正す。

問二 次の文章を読んで、後の問いに答えなさい。

ある秋のことでした。二、三日①雨がふり続いたその間、ごんは、外へも出られなくて、あなの中にしゃがんでいました。

雨があがると、ごんは、ほっとしてあなからはい出ました。空は[A]晴れていて、もずの声がキンキンひびいていました。

ごんは、村の小川のつつみまで出てきました。あたりのすすきのほには、まだ雨のしずくが光っていました。川は、いつもは水が少ないのですが、三日もの雨で、水が[B]ましていました。ただのときは水につかることのない、川べりのすすきやはぎのかぶが、黄色くにごった水に横だおしになって、もまれています。ごんは、川下の方へと、ぬかるみ道を歩いていきました。

ふと見ると、川の中に人がいて、何かやっています。ごんは、見つからないように、②そうっと草の深い所へ歩きよって、そこからじっとのぞいてみました。

「兵十《ひょうじゅう》だな。」と、ごんは思いました。兵十は、ぼろぼろの黒い着物をまくし上げて、こしのところまで水にひたりながら、魚をとる（注1）はりきりというあみをゆすぶっていました。はちまきをした顔の横っちょうに、円いはぎの葉が一まい、大きなほくろみたいにへばりついていました。

しばらくすると、兵十は、はりきりあみのいちばん後ろのふくろのようになったところを、水の中から持ち上げました。その中には、しばの根や、草の葉や、くさった木切れなどが、ごちゃごちゃ入っていましたが、でも、ところどころ、白い物がきらきら光っています。それは、太いうなぎのはらや、大きなきすのはらでした。兵十は、（注2）びくの中へ、そのうなぎやきすを、ごみといっしょにぶちこみました。そして、また、ふくろの口をしばって、水の中へ③入れました。

（新美南吉《にいみなんきち》『ごんぎつね』による）

（注1）はりきりというあみ…はりきりあみ。魚をとるために、川はばいっぱいに張りわたして使うあみのこと。

（注2）びく…とった魚を入れておくかご。

1 ――線①「雨がふり続いた」とありますが、「続いた」をひらがなにすると「つづいた」となります。次の(1)～(3)の各文の□に、「づ」か「ず」のどちらか一字を入れなさい。

(1) い□れまた来ます。
(2) 舌つ□みを打つ。
(3) 卒業までのわ□かな時間を過ごす。

2024年度
横浜雙葉中学校 ▶解説と解答

算 数 ＜１期試験＞（50分）＜満点：100点＞

解 答

1 (1) ① 46 ② 18 (2) 291個 (3) 5 cm (4) 8.8％ (5) ① (ウ) ② Ⓐ…10, Ⓑ…9 (6) 109度 (7) 80度 2 (1) 72秒後 (2) ① 25cm² ② 32.8cm² (3) 28秒後 (4) 61秒間 3 (1) ① 55個 ② 7個 (2) ① 36個 ② 30個 ③ 55個 (3) 11段

解 説

1 逆算，四則計算，差集め算，平均とのべ，濃度《のうど》，表とグラフ，角度，面積

(1) ① 20－[５＋{33－(□－18)÷４}×２]÷３＝１より，[５＋{33－(□－18)÷４}×２]÷３＝20－１＝19，５＋{33－(□－18)÷４}×２＝19×３＝57，{33－(□－18)÷４}×２＝57－５＝52，33－(□－18)÷４＝52÷２＝26，(□－18)÷４＝33－26＝７，□－18＝７×４＝28 よって，□＝28＋18＝46 ② $3\frac{1}{4}\div\left\{\left(\frac{1}{2}+\frac{1}{3}+\frac{1}{4}\right)\div 7\right\}\times\frac{6}{7}=\frac{13}{4}\div\left\{\left(\frac{6}{12}+\frac{4}{12}+\frac{3}{12}\right)\div 7\right\}\times\frac{6}{7}=\frac{13}{4}\div\left(\frac{13}{12}\times\frac{1}{7}\right)\times\frac{6}{7}=\frac{13}{4}\div\frac{13}{84}\times\frac{6}{7}=\frac{13}{4}\times\frac{84}{13}\times\frac{6}{7}=18$

(2) 全員に５個ずつ配ると51個あまり，全員に７個ずつ配るには，７×６＋(７－４)＝45(個)不足しているから，右の図１のようにまとめることができる。よって，全員に５個ずつ配るのに必要な個数と，全員に７個ずつ配るのに必要な個数の差は，51＋45＝96(個)となる。これは，７－５＝２(個)の差が子どもの数だけ集まったものなので，子どもの数は，96÷２＝48(人)とわかる。したがって，アメの数は，５×48＋51＝291(個)と求められる。

図１

５個，…，５個 → 51個あまる
７個，…，７個 → 45個不足

(3) １年前の葉子さんの身長を□cmとすると，１年前の３人の身長の関係は右の図２のようになるから，１年前の姉と妹の身長の合計は，□×２(cm)と表すことができる。すると，今年の姉と妹の身長の合計は，□×２＋８＋６＝□×２＋14(cm)になるので，今年の姉と妹の身長の平均は，(□×２＋14)÷２＝□×２÷２＋14÷２＝□＋７(cm)と表すことができる。また，今年の葉子さんの身長はこれよりも２cm低いから，今年の葉子さんの身長は，□＋７－２＝□＋５(cm)となる。よって，葉子さんの身長は１年間で５cmのびている。

図２

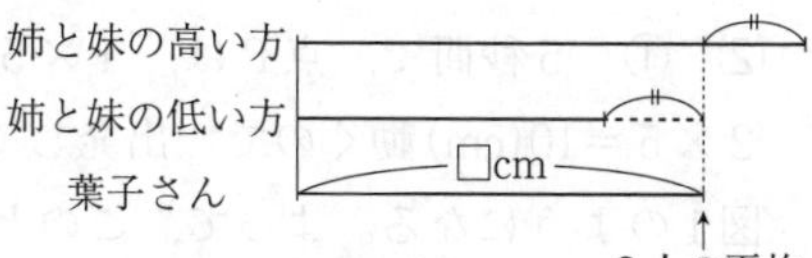

(4) 予定の重さを，Ａが□ｇ，Ｂが△ｇとして図に表すと，右の図３のようになる。図３で，ア：イ＝(10－４)：(12－10)＝３：１だから，△：□＝$\frac{1}{3}$：$\frac{1}{1}$＝１：３とわかる。よって，実際に混ぜたＡとＢの重さの比は，３：(１×２)＝３：２なので，たとえば，Ａを300ｇとＢ

図３

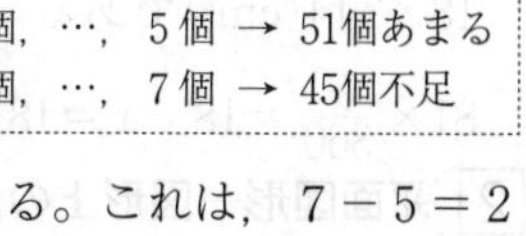

を200ｇ混ぜたときの濃度を求めればよい。12％の食塩水300ｇに含《ふく》まれている食塩の重さは，300×0.12＝36（ｇ），４％の食塩水200ｇに含まれている食塩の重さは，200×0.04＝８（ｇ）である。したがって，これらの食塩水を混ぜると，食塩の重さは，36＋８＝44（ｇ），食塩水の重さは，300＋200＝500（ｇ）になるから，濃度は，44÷500×100＝8.8（％）と求められる。

⑸　①　度数分布表は階級に幅《はば》があるので，同じように階級に幅のある㈦の柱状グラフで表すとよい。　②　中央値は最も長い方から，（39＋１）÷２＝20（番目）の長さである。この中央値が15m以上20m未満の階級に入ることから，Ⓑは，20－（１＋２＋３＋５）＝20－11＝９（人）以上とわかる。すると，Ⓐは，39－（11＋９＋６＋３）＝10（人）以下となる。そして，かりにⒷが10人以上だとすると，Ⓐは９人以下となり，10m以上15m未満の階級の人数が一番多いことと合わなくなる。よって，Ⓐは10人，Ⓑは９人である。

⑹　右の図４で，三角形ABCと三角形ACDはどちらも二等辺三角形だから，同じ印をつけた角の大きさはそれぞれ等しい。また，四角形ABCDの内角の和は360度である。よって，○２個と●２個の大きさの和は，360－142＝218（度）なので，○１個と●１個の大きさの和，つまり，角 y の大きさは，218÷２＝109（度）と求められる。

図４

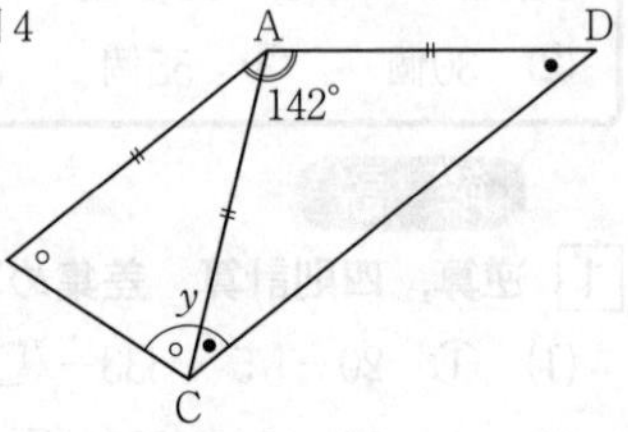

⑺　右の図５で，㋐と㋑の面積が等しいから，それぞれに㋒の部分を加えると，（㋐＋㋒）と（㋑＋㋒）の面積も等しくなる。つまり，半径が６cmの半円と，半径が９cmで中心角が x 度のおうぎ形の面積が等しくなる。ここで，半径が６cmの半円の面積は，６×６×3.14÷２＝18×3.14（cm^2）である。よって，$9\times9\times3.14\times\frac{x}{360}=18\times3.14$ より，$81\times\frac{x}{360}=18$，$x=18\div81\times360=80$（度）と求められる。

図５

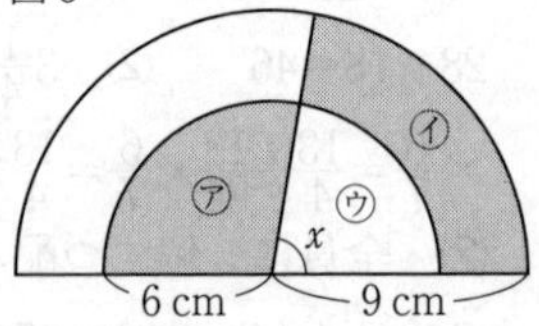

2　平面図形—図形上の点の移動，整数の性質，面積，辺の比と面積の比，旅人算

⑴　点Ｐは，（９＋15＋12）÷１＝36（秒）ごとに点Ａにもどる。また，点Ｑは，（12＋20＋16）÷２＝24（秒）ごとに点Ａにもどる。よって，点Ｐと点Ｑが出発してから点Ａに初めて同時にもどるのは，36と24の最小公倍数の72秒後とわかる。

⑵　①　５秒間で，点Ｐは，１×５＝５（cm），点Ｑは，２×５＝10（cm）動くので，出発してから５秒後には右の図１のようになる。よって，このときの三角形APQの面積は，５×10÷２＝25（cm^2）である。　②　14秒間で，点Ｐは，１×14＝14（cm），点Ｑは，２×14＝28（cm）動くので，出発してから14秒後には右の図２のようになる。図２で，三角形CPQの面積は，10×16÷２＝80（cm^2）である。また，三角形CBAの面積は，９×12÷２＝54（cm^2）だから，三角形CPAの面積は，$54\times\frac{10}{15}=36$（cm^2）になる。同様に，三角形CADの面積は，16×12÷２＝96（cm^2）なので，三角形CAQの面積は，$96\times\frac{16}{20}=76.8$（cm^2）となる。よって，こ

図１

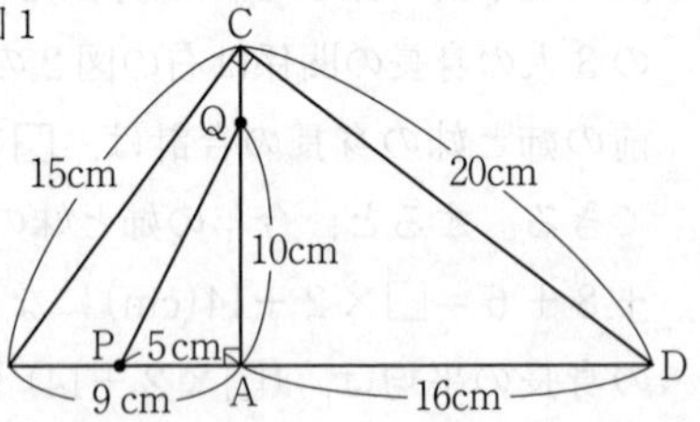

図２

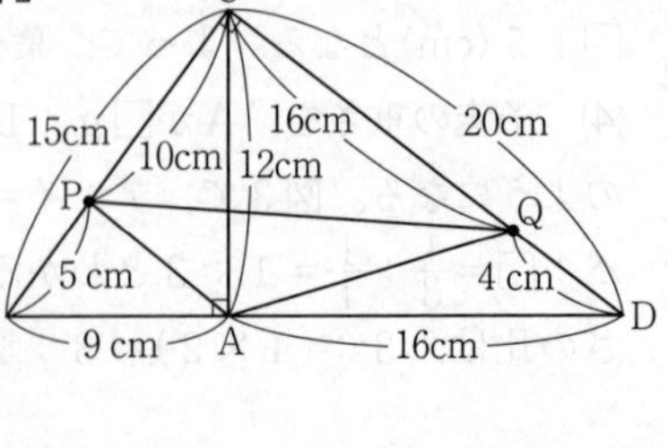

のときの三角形APQの面積は，36＋76.8－80＝32.8(cm^2)と求められる。

⑶　点Ｐは，出発してから，（９＋15）÷１＝24(秒後)に初めて点Ｃに着く。また，⑴より，このとき点Ｑは点Ａにいる。よって，点Ｐと点Ｑが初めて重なるのは，このときから，12÷（１＋２）＝４(秒後)，つまり，出発してから，24＋４＝28(秒後)と求められる。

⑷　⑴で求めた72秒から，点Ａ，点Ｐ，点Ｑを結んだ図形が三角形にならない時間の合計をひけばよい。点Ａ，点Ｐ，点Ｑを結んだ図形が三角形にならないのは，この３点が一直線上に並ぶときだから，㋐「点Ｐ，点ＱがともにAC上にいるとき」，㋑「点ＰがAB上，点ＱがDA上にいるとき」の２つの場合がある。右の図３より，㋐は出発してから24秒後～30秒後の６秒間，右下の図４より，㋑は出発してから40秒後～45秒後の５秒間とわかる。よって，点Ａ，点Ｐ，点Ｑを結んだ図形が三角形になるのは全部で，72－（６＋５）＝61(秒間)と求められる。

図３
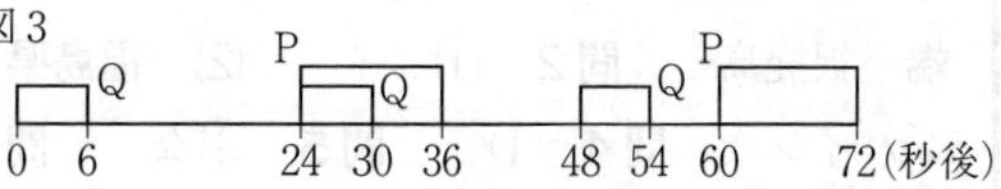

図４
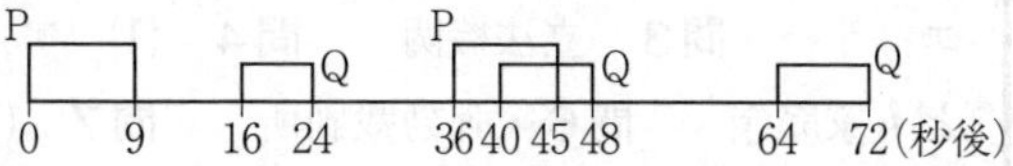

3　立体図形―構成，図形と規則

⑴　①　１段目には１個，２段目には，２×２＝４(個)，３段目には，３×３＝９(個)，４段目には，４×４＝16(個)，５段目には，５×５＝25(個)あるから，全部で，１＋４＋９＋16＋25＝55(個)ある。　②　ブロックが４段のとき，二面だけペンキがぬられているのは，右の図１のかげをつけた位置にあるブロックである。これを参考にすると，ブロックが５段のときの５段目のブロックのうち，二面だけペンキがぬられているのは，表側から見えるものが，３×２＝６(個)，裏側から見えるものが１個あるから，全部で，６＋１＝７(個)と求められる。

図１
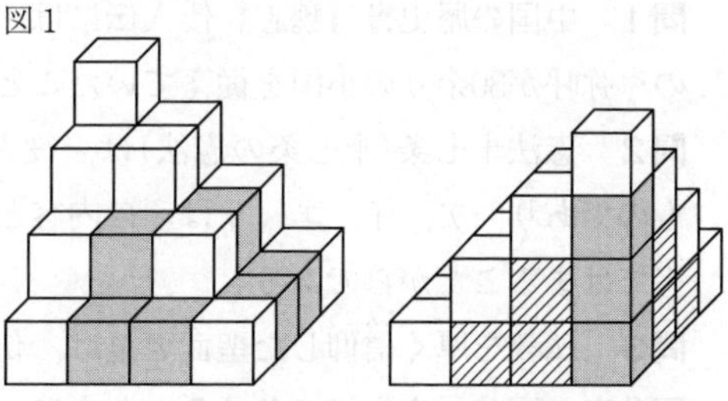
（表側から見た図）　（裏側から見た図）

⑵　①　図１を参考にすると，ブロックが７段のとき，二面だけペンキがぬられているのは，正面から見えるものが，（１＋２＋３＋４＋５）×２＝30(個)，裏側から見えるものが，７－１＝６(個)とわかるから，全部で，30＋６＝36(個)となる。　②　ブロックが４段のとき，一面だけペンキがぬられているのは，図１の斜線《しゃせん》をつけた位置にあるブロックである。これを参考にすると，ブロックが７段のとき，一面だけペンキがぬられているのは，全部で，（１＋２＋３＋４＋５）×２＝30(個)とわかる。　③　どの面にもペンキがぬられていないブロックは，右の図２の太線で囲んだ部分のように，３段目の中央に１個，４段目の中央に，２×２＝４(個)ある。同様に考えると，５段目，６段目，７段目の中央にそれぞれ，３×３＝９(個)，４×４＝16(個)，５×５＝25(個)あるから，全部で，１＋４＋９＋16＋25＝55(個)ある。

図２
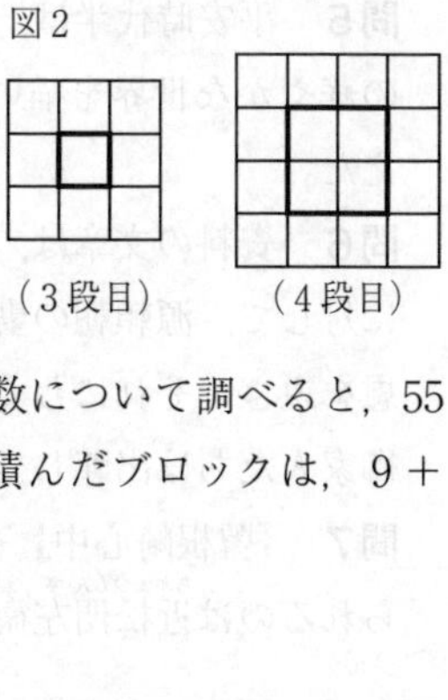
（３段目）　（４段目）

⑶　⑵の③に続けて，同じ数を２個かけた数(平方数)の和が285になる段数について調べると，55＋６×６＋７×７＋８×８＋９×９＝285(個)となる。よって，このとき積んだブロックは，９＋２＝11(段)である。

社　会　＜１期試験＞（40分）＜満点：80点＞

解　答

1　問１　邪馬台国　問２　ウ　問３　国分尼寺　問４　中臣鎌足　問５　紫式部　問６　（例）　頼朝の御恩にむくいるべきだと感じ，朝廷の軍勢を打ち破った。　問７　近松門左衛門　問８　桶狭間　問９　鳴滝塾　問10　津田梅子　問11　殖産興業　問12　樋口一葉　問13　ウ　問14　ひめゆり　問15　ウ　2　問１　最東端…南鳥島　最北端…択捉島　問２　(1)　イ　(2)　福島県…Ｂ　山形県…Ｅ　問３　(1)　転作　(2)　コンバイン　問４　Ｄ　問５　ぶな　問６　エ　問７　（例）　ほかの産地が出荷していない時期もふくめ，１年を通して最も多く出荷している。　3　問１　国民主権　問２　ア，エ，オ　問３　立法機関　問４　(1)　ア，イ　(2)　岸田文雄　問５　(1)　イ　(2)　こども家庭庁　問６　弾劾裁判所　問７　(1)　ウ　(2)　知事　(3)　（例）　地域のあり方についての住民の意思を示す機会が失われてしまう点。　問８　(1)　安全保障理事会　(2)　エ

解　説

1　歴史に登場する女性たちを題材とする歴史の問題

問１　中国の歴史書『魏志《ぎし》』倭人伝《わじんでん》には，３世紀前半の倭(日本)に邪馬台国《やまたいこく》という国があり，女王の卑弥呼が30余りの小国を従えていたことなどが記されている。

問２　憲法十七条(十七条の憲法)は，役人の守るべき心構えなどを聖徳太子(厩戸《うまやと》王)がまとめたものであり，ア，イ，エ，オはその内容として正しい。ウは同じく聖徳太子が定めた冠位《かんい》十二階に当てはまることがらである。

問３　仏教を厚く信仰《しんこう》した聖武天皇は，仏教の力で国を安らかに治めようと考え，地方の国ごとに国分寺・国分尼《に》寺を建てさせるとともに，都の平城京(奈良県)には総国分寺として東大寺を建て，大仏をつくらせた。それぞれの国分寺には男性の僧20名が，国分尼寺には尼《あま》(女性の僧)10名が置かれた。

問４　645年，中大兄《なかのおおえの》皇子(後の天智天皇)と中臣鎌足らは蘇我入鹿《いるか》を倒《たお》して実権を握《にぎ》り，政治の改革を進めた。大化の改新と呼ばれるこの改革に貢献《こうけん》した功績により，鎌足はその死にさいして天智天皇から藤原の姓をさずけられ，藤原氏の祖となった。また，その子孫である藤原氏一族は，朝廷内で大きな力を持ち続けることとなった。

問５　平安時代半ば，紫式部《むらさきしきぶ》は長編小説『源氏物語』を著《あらわ》し，光源氏《ひかるげんじ》を主人公として平安貴族の華やかな世界を描いた。紫式部は女官で，一条天皇のきさきであった彰子《しょうし》(藤原道長の娘)に仕えた。

問６　資料の文章は，承久《じょうきゅう》の乱(1221年)のさい，朝廷の軍と戦うことになり動揺《どうよう》する御家人たちに対して，源頼朝の妻であった北条政子が行ったとされる演説の一部である。政子は亡き頼朝の御恩を説き，それにむくいるためにも団結して朝廷軍と戦うべきであると述べており，これを受けて御家人たちは出陣して京都に向かい，朝廷軍を打ち破っている。

問７　『曽根崎心中』や『国姓爺合戦《こくせんやかっせん》』など，多くの人形浄瑠璃《じょうるり》や歌舞伎《かぶき》の脚本を著したことで知られるのは近松門左衛門《ちかまつもんざえもん》である。17世紀後半から18世紀初めにかけて京都や大阪で活躍《かつやく》した人物で，

井原西鶴《さいかく》や松尾芭蕉《ばしょう》らとともに元禄《げんろく》文化を代表する存在となっている。

問８　織田信長は尾張《おわり》国(愛知県西部)の戦国大名で，桶狭間《おけはざま》の戦い(1560年)で今川義元《よしもと》を破って勢いをのばし，徳川家康と連合を組んだ長篠《ながしの》の戦い(1575年)では鉄砲をたくみに用いた戦法で武田勝《かつ》頼《より》の軍勢を破って天下統一を進めていった。

問９　19世紀前半，長崎の出島(扇形《おうぎがた》の埋《う》め立て地)のオランダ商館医師として来日したシーボルトは，長崎郊外に鳴滝《なるたき》塾という診療《しんりょう》所兼《けん》学問所を設け，日本人の弟子たちに医学など西洋の学問を教えた。

問10　岩倉使節団には多くの留学生が同行し，その中には６人の女子留学生もいた。そのうち最年少の満６歳であった津田梅子は，アメリカで教育を受け，帰国後に女子英学塾(現在の津田塾大学)を創設するなど，日本の女子教育の発展に力をつくした。

問11　富国強兵をめざす明治新政府は，民間の手本とするため各地に官営の模範《もはん》工場を建てたり，欧米から技術者を招いたりして，近代産業の育成につとめた。こうした政策は，殖産《しょくさん》興業と呼ばれる。

問12　明治時代，樋口一葉《ひぐちいちよう》は『たけくらべ』などの作品を著し，女性のありのままの姿を表現した。

問13　1905年，日露戦争の講和会議がアメリカのポーツマスで開かれ，外務大臣の小村寿太郎《じゅたろう》が日本代表として講和条約に調印した。小村は1911年，アメリカとの間で関税自主権の回復に成功し，幕末に結ばれた不平等条約の改正を達成したことでも知られる。

問14　沖縄戦は太平洋戦争の末期，日本国内で唯一《ゆいいつ》行われた地上戦で，この戦いでは沖縄の14～16歳の男子生徒が鉄血勤皇隊という部隊に組織されて約1800名が戦闘に参加し，約900名が戦死した。また，女子生徒もひめゆり・白梅などの部隊に組織されて看護要員などとして戦闘に関わり，半数以上が犠牲《ぎせい》となった。

問15　アメリカ軍を中心とする連合国軍が日本を占領《せんりょう》したのは，第二次世界大戦(1939～45年)の終戦直後の1945年９月から，サンフランシスコ平和条約が発効した1952年４月までの期間である。アの政党の復活とイの軍隊の解散は1945年の終戦直後，ウのオリンピック・パラリンピック東京大会の開催は1964年，エの農地改革は1946年の出来事である。

2　青森県の自然環境と産業を中心とした地理の問題

問１　日本の最東端《たん》は南鳥島(東京都)，最北端は択捉島(北海道)である。なお，最西端は与那国《よなぐに》島(沖縄県)，最南端は沖ノ鳥島(東京都)である。

問２　⑴　地図中のＡ―Ｂの線は，酒田市(山形県)付近，平泉《ひらいずみ》町や陸前高田市(いずれも岩手県)付近を通る北緯39度の緯線に重なる。Ａから東に進んでいくと，庄内平野北部，出羽山地，奥羽山脈，北上盆地南部，北上高地などを通過してＢにいたるので，イが選べる。　⑵　表中の５県のうち，米の農業産出額が最も多いＡは秋田県と判断できる。秋田県は米の収穫《しゅうかく》量が新潟県，北海道に次いで全国第３位となっている(2021年)。人口が最も多いＣは宮城県である。県庁所在地の仙台市は政令指定都市で，東北地方の政治・経済・文化の中心地となっている。また，都道府県の面積は北海道，岩手県，福島県の順に大きいので，Ｄは岩手県，Ｂは福島県とわかる。岩手県は畜産がさかんなので，畜産の農業産出額からも判断できる。残ったＥは山形県で，果実の農業産出額が青森県に次いで多いことも参考になる。

問３　⑴　田を畑に変え，米以外の作物を栽培《さいばい》することを転作という。田を休ませる休耕とともに，減反政策の１つとして各地で行われてきた。　(2)　稲刈りと脱穀《だっこく》(稲穂からもみをはずすこと)を同時に行う機械はコンバインである。

問４　表中のA～Eのうち，まぐろ類とかつお類の漁獲《ぎょかく》量が最も多いAは，遠洋漁業の基地として知られる焼津《やいづ》港がある静岡県と判断できる。いわし類の漁獲量が最も多いBは，沖合漁業の基地として知られる銚子《ちょうし》港がある千葉県である。かに類の漁獲量が最も多いCは鳥取県で，同県の境港は松葉がにや紅ずわいがにの漁獲量が多いことで知られる。いか類の漁獲量が最も多いDは青森県で，同県の八戸《はちのへ》港はいかの漁獲量が日本一の港として知られる。残るEは鹿児島県である。

問５　青森県と秋田県の県境付近に広がる白神山地は，世界最大級のぶなの原生林など貴重な自然が残ることから，ユネスコ(国連教育科学文化機関)の世界自然遺産に登録されている。

問６　グラフ中のA～Dの割合について，1970年から2021年にかけてA，Dは増加し，B，Cは減少(Cは消滅《しょうめつ》)している。よって，これらの増減の仕方から，Cは繊維《せんい》品，Bは鉄鋼，Dは自動車と判断でき，残ったAは機械類となる。なお，自動車，自動車部品，精密機械は，大きくとらえれば機械類にふくまれるが，貿易の統計においてはそれぞれ独立した品目として扱《あつか》われる。

問７　グラフで，長野県などほかの産地のりんごは８～12月を中心に出荷されているが，青森県産のものは１～４月の出荷量が多く，また，１年を通して最も多く出荷されている。これは，気候の冷涼《れいりょう》な青森県ではりんごの収穫期がほかの産地よりも遅《おそ》いことや，収穫期の異なるさまざまな品種のりんごが栽培されていること，特に春から夏にかけては専用の冷蔵庫で保存されたりんごが出荷されていることなどによる。

3　議会制民主主義についての問題

問１　日本国憲法は国民主権，基本的人権の尊重，平和主義(戦争放棄《ほうき》)を三大原則としている。国会は，主権(国の政治を決める最高権力)を持つ国民の正当な選挙で選ばれた代表者で構成される機関であるため，「国権の最高機関」とされる。

問２　参議院に関する説明として正しいものはア，エ，オであり，イとウは衆議院に当てはまる。なお，オの国会の開会式は，国会の召集《しょうしゅう》時に天皇の臨席のもと，衆参両院の議員が出席して行われる。参議院の議場が会場とされるのは，天皇の席である「玉座」が設けられたのがかつての貴族院の議場であり，それを参議院が引き継ぐ形になったためである。

問３　日本国憲法第41条では，「国会は，国権の最高機関であって，国の唯一《ゆいいつ》の立法機関である」と定められており，立法権は国会に与《あた》えられている。

問４　(1)　ア　内閣提出法律案はほとんどが成立している(不成立は５件のみ)が，議員提出法律案で成立したものは少ないので，正しい。　イ　第204回，第208回，第211回の国会会期から，正しいと判断できる。なお，常会は予算の審議と議決を主に行う国会で，会期は150日間である。毎年１月中に召集され，１回に限り延長ができる。　ウ　第206回の国会で，議員から法律案が１件提出されているので，誤っている。　エ　第207回，第210回の国会で，内閣と議員が提出した法律案が成立しているので，誤っている。　(2)　2021年10月４日以降，岸田文雄が内閣総理大臣を務めている(2024年２月現在)。

問５　(1)　アは天皇の国事行為《こうい》である。条約は，内閣が締結《ていけつ》して国会が承認することで成立し，天皇が国民に公布する。イの国会の召集も天皇の国事行為だが，国事行為は内閣の助言と承認にもとづいて行われるから，事実上，決めるのは内閣である。ウは衆議院議員総選挙のさいに行われる国民審査，エは裁判所が持つ違憲立法審査権である。　⑵　2023年４月，内閣府の外局としてこども家庭庁が発足した。それまで文部科学省や厚生労働省などが所管していた子どもと子育てに関する事務を一元化し，関連する政策を推進することを目的として設立された行政機関である。

問６　裁判官としてふさわしくない行為があったと判断された裁判官については，国会に設けられる弾劾《だんがい》裁判所で行われる弾劾裁判で，辞めさせるかどうかが判断される。

問７　⑴　地方議会(都道府県議会と市町村議会)の議員の被選挙権は満25歳以上である。　⑵　地方公共団体(地方自治体)の長は，首長とも呼ばれる。首長には，都道府県知事と市町村長がある。なお，都道府県知事の被選挙権は満30歳以上，市町村長の被選挙権は満25歳以上である。　⑶　選挙が無投票となるのは，立候補の届け出者数が定数以下となった場合で，その場合，投票が行われないだけでなく，選挙運動も行われないことが多い。選挙では，各候補者はその地域の政治や経済などのあり方について自己の考えを公約として掲げ，選挙運動を通して住民に訴《うった》え，住民はそれぞれ賛同できる候補者に投票する。選挙は住民にとって政治に参加する重要な機会であり，特に地方議会議員の選挙は，地域のあり方についての自己の意思を示す貴重な機会なので，選挙が無投票になれば，そうした機会が失われることになる。

問８　⑴「常任理事国５か国と，総会で選ばれる非常任理事国10か国とで構成されます」とあるので，安全保障理事会とわかる。安全保障理事会は常任理事国５か国(アメリカ，ロシア，イギリス，フランス，中国)と任期２年の非常任理事国10か国の計15か国で構成され，議決には全ての常任理事国をふくむ９か国以上の賛成が必要なので，常任理事国が１か国でも反対すれば決議できない。常任理事国が持つこうした権限は拒否《きょひ》権と呼ばれる。2022年２月に始まったロシアによるウクライナ侵攻《しんこう》に対し，安全保障理事会は事態の収拾をはかるため何度も会合を開いたが，当事国であるロシアが拒否権を行使するため，有効な決議は一度もできていない。　⑵　B　G７サミット(主要国首脳会議)には，アメリカ，イギリス，フランス，ドイツ，イタリア，カナダ，日本の７か国と，EU(ヨーロッパ連合)の首脳が参加している。　C　2023年には，G７広島サミットが開かれた。

理　科　＜１期試験＞（40分）＜満点：80点＞

解　答

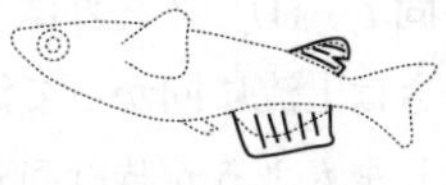

1　**問１**　(イ)，(ウ)，(オ)　**問２**　0.5匹/L　**問３**　右の図　**問４**　えら　**問５**　⑴　(ウ)　⑵　(ウ)　⑶　(イ)　**問６**　**メダカのみ…**(キ)　**ヒトのみ…**(エ)　**どちらにもあてはまらない…**(ウ)　**問７**　⑴　(例)　流されないようにするため。　⑵　(ア)　2　**問１**　**名前…**食塩　**記号…**(エ)　**問２**　アルカリ性　**問３**　50mL　**問４**　⑴　200個　⑵　①　(ア)　②　(イ)　③　50　④　50　⑤　(オ)　⑥　(カ)　⑦　(エ)　**問５**　⑴　1000倍　⑵　１つ増える　3　**問１**　⑴　白夜　⑵　(エ)　**問２**　(ク)　**問３**　(ウ)　**問４**　①　(ア)　②　(イ)　③　(エ)　④　(エ)　**問５**　C　**問６**　(ウ)　4　**問１**　**a**　(イ)　**b**　(エ)　**c**　(イ)　**d**　(カ)　**問２**　6　**問３**　**図A…**(イ)　**図B…**(イ)　**図C…**(ア)　**問４**　(あ)　17度　(い)　64度　(う)　26度　**問**

５ (イ)

解　説

1　メダカの飼い方やからだのつくり，行動についての問題

問１　メダカは水温の変化に弱いため，メダカを飼う水そうは，直射日光が当たらない明るい場所に置く。くみたての水道水には消毒のための塩素がふくまれていてメダカによくないので，塩素をのぞくために，バケツなどの容器に入れて１日くらい置いたり(くみ置きという)，ハイポという薬品を入れて塩素を中和したりする。くみ置きには，水温の急な変化をさける目的もある。１つの水そうに入れるメダカの数は多くなりすぎないようにし，水中に酸素を供給してくれるはたらきをしたり，メダカが卵をうみつける場所になったりする水草を入れる。エサは食べ残しが出ないように少量ずつ数回に分けてあたえる。

問２　20×30×20÷1000＝12(Ｌ)の水に，３＋３＝６(匹《ひき》)のメダカを入れたので，生息密度は，６÷12＝0.5(匹/Ｌ)となる。

問３　メダカのオスの背びれには切れこみがあり，しりびれは平行四辺形に近い形をしている。一方，メスの背びれには切れこみがなく，しりびれは三角形に近い形をしている。

問４　メダカなどの魚類の呼吸器官はえらである。えらはくしの歯のようになっており，水がえらを通るとき，えらの中を通っている血管の血液に酸素が取り入れられ，血液にふくまれている二酸化炭素が水中に出される。

問５　(1)　メダカは，水温が20℃をこえて25℃くらいまでになるころに，卵を産み始める。水温が25℃のとき，卵は約10日後にふ化する。　(2)　昼の時間と夜の時間が等しいときはどちらも12時間だが，昼の時間が１時間増えて13時間になり，夜の時間が１時間減って11時間になると，昼の時間が夜の時間よりも２時間長くなる。よって，図２で昼の長さが13時間以上になる時期を横軸《よこじく》の値で読み取ると，４月なかばごろと判断できる。　(3)　(1)，(2)より，(イ)の５月が選べる。

問６　卵からふ化したばかりの子メダカの腹には，数日間エサをとらずに生活できる量の養分が入ったふくろがある。これはメダカのみにあてはまる。ヒトの生まれ方は胎生《たいせい》で，子は母親の体内で胎盤《たいばん》から養分と酸素を受け取りながら，ある程度育ってから産まれてくる。胎生はヒトなどの哺《ほ》乳《にゅう》類のなかまだけの特徴《とくちょう》である。魚類の卵は固いからではなく膜《まく》でおおわれており，ヒトは卵で生まれないので，(ウ)はメダカとヒトどちらにもあてはまらない。なお，(ア)，(イ)，(オ)，(カ)はメダカとヒトのどちらにもあてはまる。

問７　(1)　メダカは下流に流されないように，流れに向かって泳ぐ性質があり，ふだん川にいるときは上流に向かって泳ごうとする。　(2)　図３のような装置を時計回りに回転させると，白黒のしまもようが時計回りに移動するのを見たメダカは，自分が反時計回りに流されていると感じるため，時計回りに泳ぎ始める。

2　水溶液《すいようえき》の性質についての問題

問１　塩酸と水酸化ナトリウム水溶液が中和すると，食塩と水ができる。中和して中性になった水溶液は食塩水になっているので，水を蒸発させると食塩の白い結晶《けっしょう》が残る。食塩の結晶は(エ)の立方体のような形をしていて，それぞれの面が四角く階段状にへこんだようなもようをもつ。

問２　操作１より，Ａ液とＢ液は，100：50＝２：１の体積比で過不足なく中和する。したがって，

Ａ液200mLにＢ液を150mL加えてかき混ぜると，Ａ液200mLとＢ液，200×$\frac{1}{2}$＝100(mL)が過不足なく中和してＢ液が残るので，水溶液はアルカリ性になる。

問３　Ａ液100mLに水を加えても，Ａ液に入っている「酸のもと」の数は変わらない。よって，Ｃ液を中和して中性にするために必要なＢ液の体積は，操作１のときと同じ50mLである。

問４　⑴「酸のもと」と「アルカリのもと」は１：１の数の比で結びつくので，Ａ液100mLに「酸のもと」が100個入っているならば，これと過不足なく中和するＢ液50mLにも「アルカリのもと」が100個入っている。したがって，Ｂ液100mLには「アルカリのもと」が，100×$\frac{100}{50}$＝200(個)入っている。　⑵　①　Ｂ液の体積が50mLより少ないので，Ａ液の「酸のもと」が残っている。　②　Ｂ液の体積が50mLより多いので，Ｂ液の「アルカリのもと」が残っている。③　Ａ液100mL中には「酸のもと」が100個，Ｂ液25mL中には「アルカリのもと」が，100×$\frac{25}{50}$＝50(個)入っているので，中和すると「酸のもと」が，100－50＝50(個)残る。　④　Ａ液100mLとＢ液50mLが中和し，Ｂ液が25mL残る。この中に「アルカリのもと」が50個入っている。　⑤～⑦　BTB溶液は，酸性で黄色，中性で緑色，アルカリ性で青色を示す。

問５　⑴　pH１はpH４に比べてpHが，４－１＝３小さいので，同じ体積中で比べると，pH１の水溶液に存在する「酸のもと」はpH４の水溶液の，10×10×10＝1000(倍)となる。　⑵　Ｂ液20mLには「アルカリのもと」が，100×$\frac{20}{50}$＝40(個)入っているので，Ａ液100mLにＢ液20mLを加えると，中和後に「酸のもと」が，100－40＝60(個)残る。さらに，Ａ液，Ｂ液，水を混合すると水溶液の体積は，100＋20＋480＝600(mL)になるので，混合後の水溶液100mL中の「酸のもと」は，60×$\frac{100}{600}$＝10(個)となる。よって，10÷100＝$\frac{1}{10}$より，混合後の水溶液は酸性が弱くなり，pHはもとのＡ液のpHから１つ増える。

3　太陽の動きと影《かげ》の動きや季節についての問題

問１　⑴　北半球で夏至《げし》を迎《むか》えた日には，地球の北極側が太陽の側にもっともかたむくので，北極点に近い地域では１日を通して太陽が沈《しず》まない状態が続く。この現象を白夜《びゃくや》という。なお，白夜がみられる地域では，冬至《とうじ》の前後の時期に１日を通して太陽が地平線の上にのぼらない日があり，そうした日は極夜と呼ばれる。　⑵　図１で，観測者が北極点にいるとすると，その観測者が見る太陽は，一定の高度のまま右向きに動いていき，１日かけて１周する。また，地面に垂直に立てた棒の影は，太陽の反対側にできる。したがって，(エ)がふさわしい。

問２　点Ｂで太陽が南中した(もっとも高い位置に達した)とき，太陽は真北の空にあるので，棒の影は真南にできる。

問３　北半球では，日の出の太陽は，東の方角から南の空へ右上がりにのぼっていく。なお，(ア)は南半球，(イ)は赤道上の地点での太陽ののぼり方である。

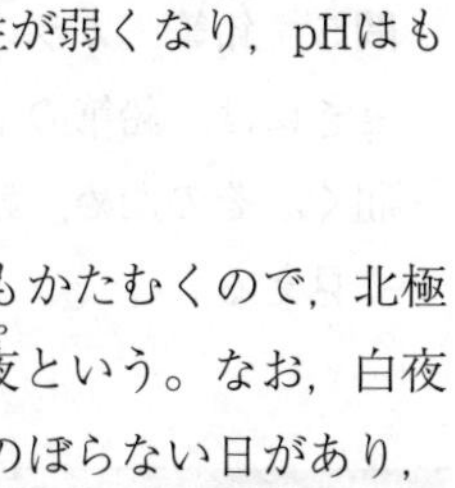

問４　①，②　北半球の地点でも南半球の地点でも，太陽は東からのぼって西に沈む。　③　太陽と地球が図１の位置関係にあるとき(北半球で夏至のとき)，地点Ａでも地点Ｂでも地点Ｃでも，太陽は真東から北側にずれた方角からのぼり，真西から北側にずれた方角に沈む。　④　南半球では，太陽は東からのぼって北側の空を移動していき，西に沈む。

問５　北半球が夏至の日には，北の地点ほど昼の長さが長く，南の地点ほど昼の長さが短い。よって，もっとも南に位置する点Ｃでの日の入りがもっとも早い。

問６　北半球で冬至を迎えた日，つまり，地球の北極側が太陽の反対側にもっともかたむいた日には，太陽の光の地球へのあたり方は上の図のようになる(日本は拡大してある)。したがって，(ウ)が選べる。

4 光の進み方についての問題

問１　**a**，**c**　表１，表２で，入射角と反射角はつねに等しい。　**b**　表１で，入射角は屈折《くっせつ》角よりもつねに大きい。　**d**　表２で，入射角は屈折角よりもつねに小さい。

問２　表１と表２の値を比べると，光が空気中からガラス中へ進むときと，ガラス中から空気中へ進むときで，入射角と屈折角が入れかわった関係になっていることがわかる。よって，ガラス中から入射角４度で空気中へ進む場合，表１の入射角が６度で屈折角が４度のときの逆向きに光が進むので，①には６が入る。

問３　図Ａのように，光が境界面に垂直に入射する場合，光は屈折せずに直進する。図Ｂのように，光が空気中からガラス中へ進むときには，入射角より屈折角が小さくなる。図Ｃのように，光がガラス中から空気中へ進むときには，入射角より屈折角が大きくなる。

問４　表１より，点Ｏでの屈折角は17度なので，(あ)の角度も17度である。すると，表２より，(う)の角度は26度となる。また，(あ)の右隣《どなり》の反射角は17度なので，ガラスブロック中を進んだ光が空気中に出るときの入射角も17度となる。このときの屈折角は26度なので，(い)の角度は，90－26＝64(度)と求められる。

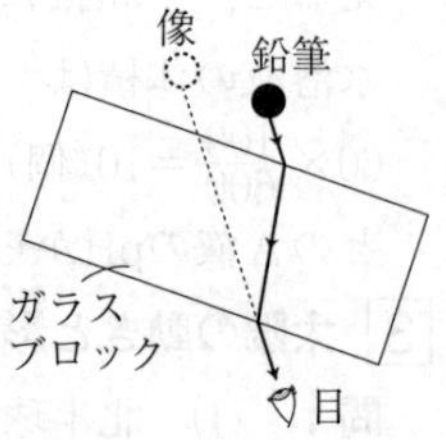

問５　鉛筆《えんぴつ》，ガラスブロック，目が右の図のような位置関係になっているときには，鉛筆の下の部分から出た光は，矢印をつけた道筋を通って目に届く。そのため，鉛筆の下の部分の像が，点線の方向(実物の左側)にずれて見える。

国　語　＜１期試験＞（50分）＜満点：100点＞

解　答

[一] **問１**　**１**　ざっこく　**２**　ほか　**３**　す(る)　**４**　こころざ(す)　**５～８**　下記を参照のこと。　**問２**　**１**　⑴　ず　⑵　づ　⑶　ず　**２**　**Ａ**　ア　**Ｂ**　エ　**３**　歩きよって　**４**　兵十　**５**　⑴　黄　⑵　黒　⑶　白　[二] **問１**　ウ　**問２**　**１**　カ　**２**　イ　**問３**　ウ　**問４**　ア　**問５**　(例)　早緑が毎日泣いていたのは，自分と仲たがいしたことをくやんでいたからだということ。　**問６**　オ　**問７**　**Ａ**　エ　**Ｂ**　カ　**問８**　自分のことを否定されているような(気持ち。)　**問９**　イ　**問10**　(例)　練習についていけないとなげくのではなく，努力している六花の前で誇れる自分になろうと思い，がんばった結果，走ることに打ちこむ自分が好きだと，胸を張れるようになれたから。　[三] **問１**　**１**　ウ　**２**　エ　**３**　ア　**問２**　オ　**問３**　エ　**問４**　(あ)　イ　(い)　ア　**問５**　(例)　こころの世界で孤独に自分と向き合う状態にあって，未知の自分と出会うのはこわいから。　**問６**　文字と～うこと　**問７**　イ

●漢字の書き取り

□一 問１ ５ 習慣 ６ 通貨 ７ 追究 ８ 誤り

解説

□一 漢字の読みと書き取り，かなづかいの知識，擬音《ぎおん》語・擬態語の知識，言葉のかかり受け，主語と述語，慣用句の完成

問１ **１** 米・麦以外の穀物のこと。豆，ソバ，キビ，アワなど。 **２** 音読みは「ガイ」「ゲ」で，「外国」「外科」などの熟語がある。訓読みにはほかに「そと」「はず(れる)」などがある。「思いの外」は，“思っていた以上に”“予想外に”という意味。 **３** 音読みは「サツ」で，「印刷」などの熟語がある。 **４** 音読みは「シ」で，「志望」などの熟語がある。訓読みにはほかに「こころざし」がある。 **５** くり返し行ううちに，当たり前にそうするようになったこと。 **６** その国で使われているお金。 **７** 深く調べて明らかにすること。なお，同音異義語の使い分けは，「真理の追究」「幸福の追求」「責任の追及」のように，おもな用例ごとに覚える。 **８** 音読みは「ゴ」で，「誤解」などの熟語がある。

問２ **出典：新美南吉《にいみなんきち》『ごんぎつね』。**秋雨の後，あなから出てきたきつねのごんが，小川のつつみのくさむらで，魚をびくに入れて水につける兵十《ひょうじゅう》のようすをのぞき見る場面である。 **１** 「ズ」と発音する場合は「ず」と書き表すのが基本ルールである。 **⑴** 基本ルール通り「ず」と書く。「いずれ」は，近い将来。 **⑵** 「つ」の連続で後の「つ」を「ズ」と発音するようになった場合，「づ」と書く。「つづみ」「つづく」など。「舌つづみを打つ」は，あまりのおいしさに思わず舌を鳴らすこと。「つづみ」は，筒《つつ》の両はしに革《かわ》を張って打ち鳴らす打楽器。 **⑶** 基本ルール通り「ず」と書く。「わずかな」は，ほんの少し。 **２** **A** 前後に「空は」「晴れていて」とあるので，空が明るく晴れわたるさまを表す「からっと」が合う。 **B** 雨あがりで川の水がふえたのだから，多くのものや人が一度に押《お》し寄せるようすを表す「どっと」が入る。 **３** 言葉のかかり受けでは，直接つなげてみて意味のまとまるところが答えになるので，「そうっと」→「歩きよって」となる。 **４** 直前に「ふくろの口をしばって」とあることから，傍線《ぼうせん》③の動作をしたのは漁をしていた兵十とわかる。 **５** **⑴** 「黄色い声」は，高くするどい声。 **⑵** 「大黒柱」は，家の中央にある太い柱。転じて，家や国などの集団を支える中心人物。 **⑶** 「白羽の矢が立つ」は，多くの中から特に選び出されることのたとえ。

□二 出典：村上雅郁《むらかみまさふみ》「シロクマを描《えが》いて」（『きみの話を聞かせてくれよ』所収）。六花《りっか》の描《か》いたシロクマの絵を「じょうずだね」と早緑《さみどり》がほめたことで親しくなった二人の，けんかと仲直りの場面が描かれている。

問１ 前後に「『……どうしてみんな，ちゃんと絵を描かないんだろう』／私は美術部でのことを話して」，「そう言ってくれると思った」とあるので，「それ」にあたるものはウとわかる。六花は自分の「ぐち」に，早緑が「それ，ほんとひどい」と同意して，「なぐさめてくれるって，励《はげ》ましてくれるって，信じていた」のである。

問２ **１** 直後の一文に「あの子たちの味方をした」とあるので，「肩《かた》」を入れ，「肩を持った」とするのが合う。「肩を持つ」は，“その人に味方をして，支持したりかばったりする”という意味。 **２** 直後に「ううん，ちがうちがう」とあるので，「首」を入れ，「首を横にふった」とするのがふさわしい。「首を横にふる」は，否定を表す身ぶり。

問３　直前に「どんどんふきげんになっていって」とあるので，ウの「六花を尊敬する気持ちを伝えている」はあてはまらない。

問４　問１でみたように，六花は早緑が「なぐさめてくれるって，励ましてくれるって，信じていた」。しかし，傍線③の直後に「私たちは，おたがいにわかりあえないんだってことが，わかってしまった」とあるように，六花は早緑に対する信頼《しんらい》が誤りであったと感じている。よって，「自分の話を肯定《こうてい》してくれていると思っていた」，「自分のことを理解してくれていない」とあるアが選べる。

問５　前で早緑は「毎日泣いてたんだ。あのころ」と言い，それを聞いた六花は「……私とけんかしてから，ってこと？」と聞き返している。このやり取りをふまえ，「自分を責めたことを反省した早緑が，けんかしなければよかったとくやみ，毎日泣いていたということ」のようにまとめる。

問６　「あの日，自分が放った言葉」とは，直前の「ばかみたい。まじめにやらないなら，やめたらいいのに」のことで，この言葉が二人のけんかのきっかけとなったようすが，Ⅰで描かれている。この言葉は，六花が「美術部の子たち」についての「ぐち」として言ったものだったが，「陸上部の練習が，いやでいやで」という状況《じょうきょう》にあった早緑は，「大好きだった友だちに，自分のことを否定されているような，気持ちがし」たと言っている。よって，「自分の発した言葉が早緑を深くきずつけてしまったと気づき」とあるオが合う。

問７　**A**　「おずおずと」は，おっかなびっくりでためらいながら行動するようすなので，エがよい。　**B**　「まぶしい」は，“相手の立派さに圧倒《あっとう》されてまともに見ることができないようす”を表すので，カがふさわしい。

問８　問６でみたように，六花の「ぐち」を聞いた早緑は，「大好きだった友だちに，自分のことを否定されているような，気持ちがし」たと言っている。よって，「自分のことを否定されているような(気持ち)」がぬき出せる。

問９　a，b　六花の努力をほめる黒野《くろの》に，早緑は「六花は，絵を描くのが，ほんとうに好きだから」と言っている。よって，早緑は好きが努力につながると思っている。　c　「好きなものがほしい。得意なものがほしい。じゃあ，そのために努力すればいいだろ」という言葉から，黒野が努力が最初にあると考えていることがわかる。

問10　「今のあたしがある」という言い方から，早緑が自分に自信を持っていることがわかる。また，早緑はその自信を得る過程の気持ちの変化について，「だから，がんばろう，って。次に六花と話すときは，胸を張れるような自分でいたかったから」，「それから，すこしずつ，あたし，陸上が好きになった」，「走ることに打ちこむ自分のことが，好きになっていた」と言っている。これをふまえ，「六花の前で胸を張れるようになりたいという思いが早緑を努力することに向かわせ，その結果，陸上が好きになって，走ることに打ちこむ自分が好きだと思える，今の早緑がいるから」のようにまとめる。

三　**出典：若松英輔《わかまつえいすけ》『読み終わらない本』**。学ぼうとする者に叡知《えいち》を運んでくれる本とのかかわり方について，「孤独《こどく》」，「読み終わらない本」といったキーワードを通して考察している。

問１　**1**　「君は，自分の力だけで生きているのだろうか」と問いかけ，「多くの人たちに――それも亡《な》くなった人たちも含《ふく》めて――助けられて，日々を送っているのではないだろうか」と否定的に問い直す文脈なので，事実を伝えたり強調したりする場合に使う「じつに」が合う。　**2**　学ぶ対象が前後に並べられているので，同類のことがらのうちのいずれかであることを表す「あるいは」が入る。　**3**　「ぼくにとって重要だった人が，君にもそうなるとは限らない」が，「君にとっても信頼できる人間が，今日までの長い歴史のなかには必ずいる」という文脈なので，前のことがらに対し，後のことがらが対立する関係にあることを表す「でも」がよい。

問２　「これ」は，直接的には直前の一文の「書店にいけば数百円でプラトンの著作を日本語で読める」ことを指している。そして，傍線①の直後の一文から，プラトンの言葉が「時代を超《こ》えて，東西の文化を超えて」伝えられたことがわかる。よって，オが選べる。

問３　「泡《あわ》と消える」で，“はかなく消えていく”という意味。

問４　㋐「かいま見る」は，“ちらっと見る”“こっそりのぞいて見る”という意味。　㋑「あくまでも」は，“どこまでも”“最後まで”という意味。ここでは，「公《おおやけ》に近い場所で学問を行」った林《はやし》羅山《らざん》に比べ，伊藤仁斎《いとうじんさい》が「民衆のなかで生き，学」ぶことにこだわり続けたことを強調している。

問５　「ひとり」は傍線②より前の部分の「孤独」を言いかえた言葉で，ここでの「孤独」とは，「つながりから少し離《はな》れて，こころの世界に足を踏《ふ》み入れ」「自分と向き合う」状態である。また，最初のほうに「『自分』が何であるかを知らないんじゃないだろうか」とあるように，見えない未知の領域である「ほの暗い」「こころの世界」の自分は何者かわからず，そのために「自分と向き合う」ことを「避《さ》け」たくなるのである。

問６　伊藤仁斎にとって『論語』を読むとはどのようなことだったかについては，二つ後の段落の「この人物にとって『論語』を読む，ということは」に続く部分で，「文字という扉《とびら》の奥《おく》で孔子《こうし》と語り合うこと」だと説明されている。

問７　前後で，仁斎が『論語』の言葉を「日々の生活のなかでたしかめていった」ことや，『論語』が「毎日，新しい発見を彼《かれ》にもたらした」ことが述べられている。よって，「日々の生活の中で」，「新たな発見」があるとしたイがふさわしい。

Dr.福井の

入試に勝つ！脳とからだのウルトラ科学

勉強が楽しいと，記憶力も成績もアップする！

みんなは勉強が好き？　それとも嫌い？――たぶん「好きだ」と答える人はあまりいないだろうね。「好きじゃないけど，やらなければいけないから，いちおう勉強してます」という人が多いんじゃないかな。

だけど，これじゃダメなんだ。ウソでもいいから「勉強は楽しい」と思いながらやった方がいい。なぜなら，そう考えることによって記憶力がアップするのだから。

脳の中にはいろいろな種類のホルモンが出されているが，どのホルモンが出されるかによって脳の働きや気持ちが変わってしまうんだ。たとえば，楽しいことをやっているときは，ベーターエンドルフィンという物質が出され，記憶力がアップする。逆に，イヤだと思っているときには，ノルアドレナリンという物質が出され，記憶力がダウンしてしまう。

要するに，イヤイヤ勉強するよりも，楽しんで勉強したほうが，より多くの知識を身につけることができて，結果，成績も上がるというわけだ。そうすれば，さらに勉強が楽しくなっていって，もっと成績も上がっていくようになる。

でも，そうは言うものの，「勉強が楽しい」と思うのは難しいかもしれない。楽しいと思える部分は人それぞれだから，一筋縄に言うことはできないけど，たとえば，楽しいと思える教科・単元をつくることから始めてみてはどうだろう。初めは覚えることも多くて苦しいときもあると思うが，テストで成果が少しでも現れたら，楽しいと思えるきっかけになる。また，「勉強は楽しい」と思いこむのも一策。勉強が楽しくて仕方ない自分をイメージするだけでもちがうはずだ。

Dr.福井（福井《ふくい》一成《かずしげ》）…医学博士。開成中・高から東大・文Ⅱに入学後，再受験して翌年東大・理Ⅲに合格。同大医学部卒。さまざまな勉強法や脳科学に関する著書多数。

2024年度 横浜雙葉中学校

【算　数】〈２期試験〉（50分）〈満点：100点〉

1　次の問いに答えなさい。ただし，円周率は3.14とします。また，問題文の中にある図は必ずしも正確ではありません。

(1)　次の□にあてはまる数を答えなさい。

①　$\frac{1}{11}\times0.04+\frac{1}{110}\times\frac{3}{2}+\frac{1}{1100}\div\frac{1}{3}=\square$

②　$\left(1\frac{1}{7}+1.4\times6\frac{2}{3}-\square\div0.7\right)\times\left(\frac{1}{5}+1.2\right)=\frac{2}{3}$

(2)　あるクラブには同じ人数の中学生と高校生が所属しています。このクラブ全体にアンケートをしたところ，「はい」と答えた人が，中学生では$\frac{1}{4}$，高校生では$\frac{2}{3}$で，その人数の差は10人でした。このクラブの人数は全部で何人ですか。

(3)　じゃんけんをして，グーで勝つと１点，チョキで勝つと２点，パーで勝つと５点もらえます。葉子さんは20回勝って52点もらえましたが，このうちグーで勝った回数とパーで勝った回数は同じでした。チョキで勝った回数は何回ですか。

(4)　静水時にある一定の速さで動く船があります。この船が，川沿いにあるＡ町からＢ町まで往復したところ，Ａ町からＢ町までは２時間，Ｂ町からＡ町までは３時間かかりました。川は一定の方向に流れがあり，流れの速さは毎時３km です。Ａ町からＢ町まで何 km ありますか。

(5)　$\boxed{1}$，$\boxed{2}$，$\boxed{3}$，$\boxed{4}$，$\boxed{5}$の５枚のカードから何枚かのカードを選びます。このとき，選んだ枚数と同じ数字が書いてあるカードを選ぶ方法は何通りありますか。

(6)　底面が正方形の直方体があります。下の図のように，底面に対して垂直に円柱をくりぬいたところ，その表面積はもとの直方体と変わりませんでした。くりぬいた円柱の底面の半径は何 cm ですか。ただし，表面積とは物体を水の中に入れたとき，ぬれる部分の面積のことです。

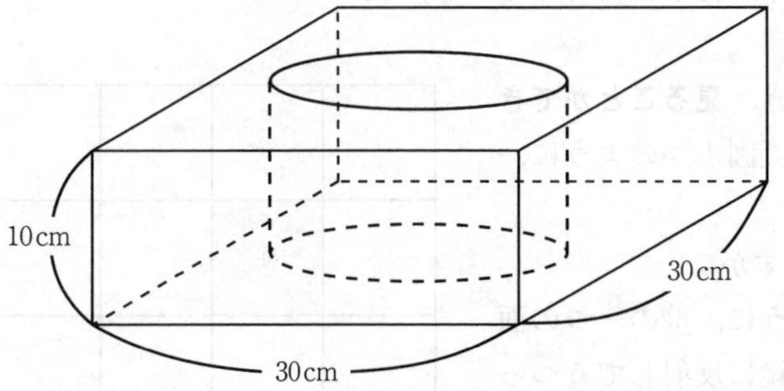

(7)　次の図は大きな正方形と小さな正方形を重ねたものです。点Ｐ，点Ｑは小さな正方形の１辺の長さを３等分した点の１つです。このとき，２つの正方形が重なった部分の面積は，大きな正方形の面積の$\frac{1}{8}$になりました。大きな正方形と小さな正方形の１辺の長さの比を，最も簡

単な整数の比で答えなさい。

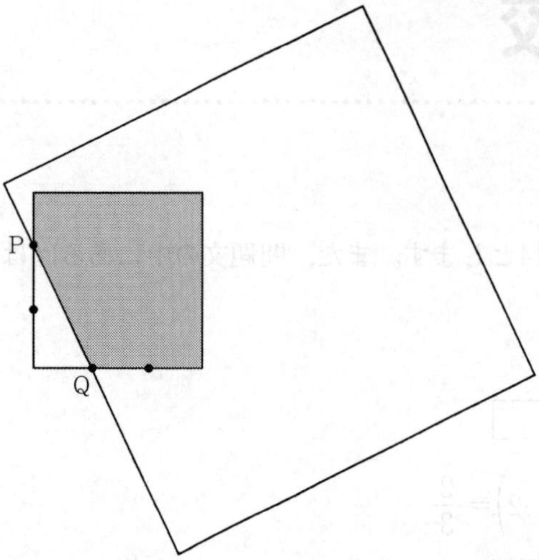

2　1，5，9，11，13，17，21，23，25，29，33，35，37，……

のように，ある規則にしたがって100個の数字が横一列に並んでいます。このとき，次の問いに答えなさい。

(1)　左から21番目と50番目の数字はそれぞれいくつですか。

(2)　この100個の数字はすべて奇《き》数です。その理由を説明しなさい。

(3)　3の倍数は全部で何個ありますか。途《と》中の式や考え方も書きなさい。

(4)　3の倍数をすべて足すといくつになりますか。

3　＜図１＞から＜図６＞は１辺の長さが120cmの正方形のタイルがしきつめられた部屋を真上から見たものです。ある点Ａから部屋の中を見わたします。

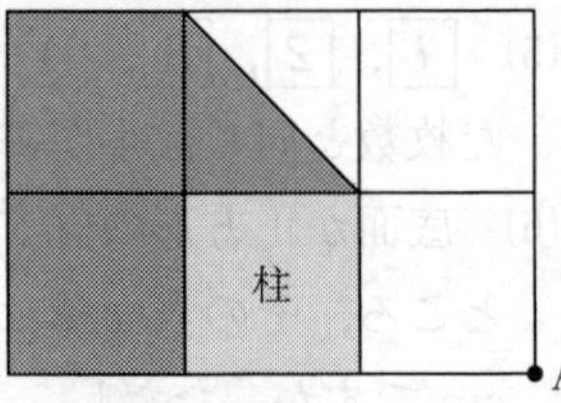

＜図１＞

例えば＜図１＞のとき，黒くぬった部分は柱のかげになって見ることができません。

＜図２＞のように，部屋の中に１本の柱が立っているとき，次の問いに答えなさい。

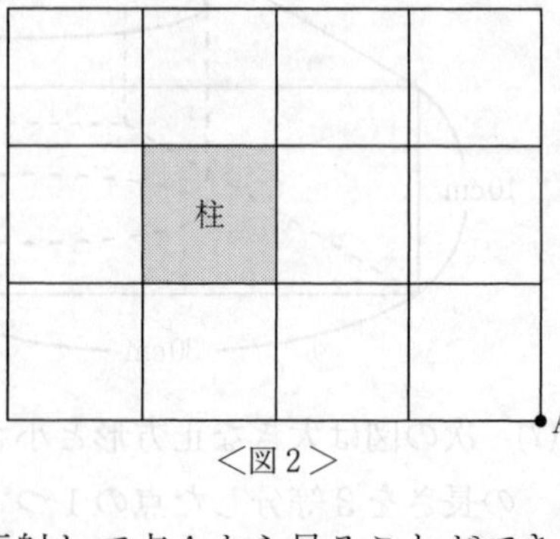

＜図２＞

(1)　点Ａから部屋の中を見わたしたとき，**見ることができない**部分はどこですか。その部分を＜図１＞のように，ぬって表しなさい。

(2)　(1)でぬった部分の面積は何cm^2ですか。

次に，＜図３＞から＜図６＞のように，壁《かべ》の一つの面全体に鏡を貼《は》りました。このとき，鏡に反射してうつった部分も見えるものとし，鏡の厚さは考えないものとします。

例えば，下の＜図３＞の点Ｂは，図に示したように鏡に反射して点Ａから見ることができます。このとき，㋐と㋑の角度は等しくなります。

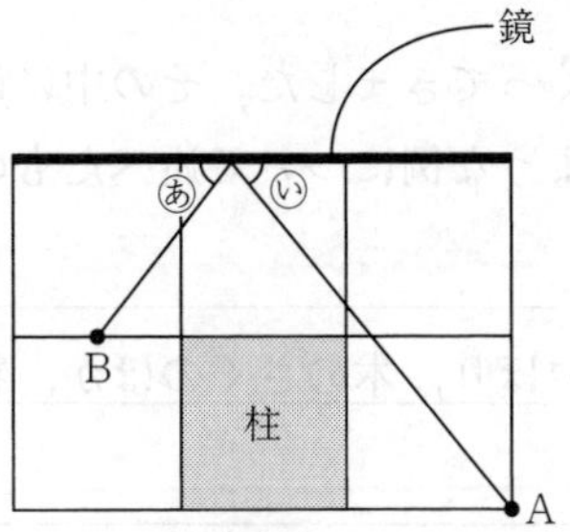

＜図３＞

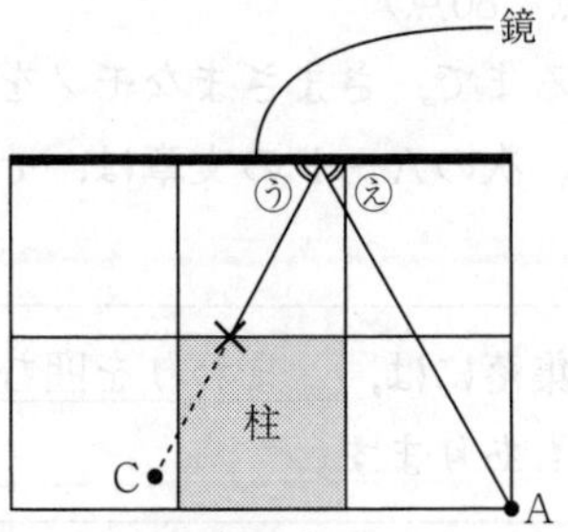

＜図４＞

また，上の＜図４＞の点Ｃは，図に示したように鏡を使っても柱にさえぎられて点Ａから見ることができません。このとき，㋒と㋓の角度は等しくなります。

(3)　点Ａから部屋の中を見わたしたとき，**見ることができない**点を，下の＜図５＞の**ア～カ**からすべて選びなさい。

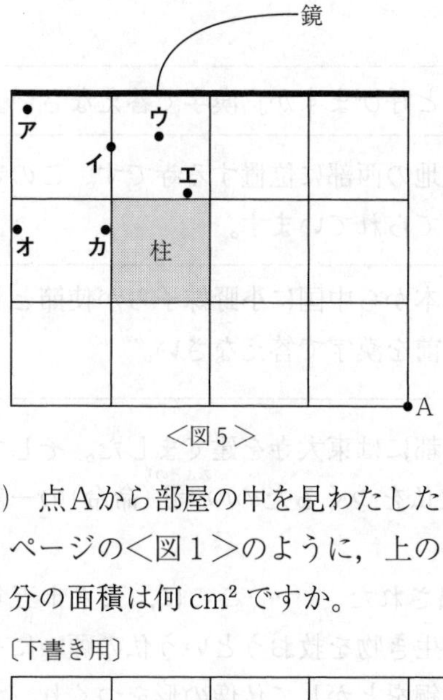

＜図５＞

＜図６＞

(4)　点Ａから部屋の中を見わたしたとき，**見ることができない**部分はどこですか。その部分を２ページの＜図１＞のように，上の＜図６＞を表す解答欄にぬって表しなさい。また，ぬった部分の面積は何 cm^2 ですか。

〔下書き用〕

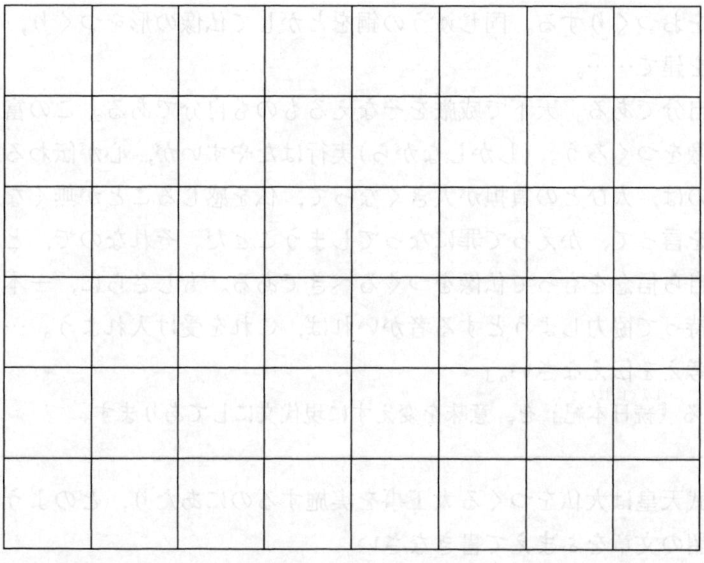

【社　会】〈2期試験〉(40分)〈満点：80点〉

1　人びとは，過去から現在にいたるまで，さまざまなモノをつくってきました。その中には，建物や大規模な施設《しせつ》もありました。次のA～Pの文章は，そのような例について述べたものです。後の問いに答えなさい。

> A　米づくりが広がった時代の集落には，(あ)まわりを囲む深いほり，木のさくのほか，物見やぐらが設けられている例もあります。

問1　下線部(あ)のような特徴《とくちょう》を持つ集落の代表的な遺跡が，佐賀県にあります。この遺跡では，これまで調査されていなかった区域の発掘《はっくつ》が行われ，2023年6月に話題になりました。この遺跡の名前を漢字で答えなさい。

> B　3世紀から7世紀にかけて，日本各地に古墳がさかんにつくられました。大阪府堺市にある(い)大山(大仙)古墳は，5世紀ごろにつくられたとされる日本で最も大きな古墳です。

問2　下線部(い)について，大山古墳のような形の古墳を何と呼びますか。漢字で答えなさい。

> C　世界遺産にも登録されている(う)法隆寺は，奈良盆地の西部に位置する寺です。この寺には五重塔や，仏像をおさめるための金堂《こんどう》などが建てられています。

問3　下線部(う)について，この寺が建設された時代に，日本から中国に小野妹子らが使節として送られました。この使節を何と呼びますか。使節の名前を漢字で答えなさい。

> D　聖武天皇は，全国に国分寺を建てることを命じ，都には東大寺を建てました。そして，(え)大仏をつくることを決めました。下の文章は，大仏をつくるための詔《みことのり》(命令)の一部です。
>
> 天平《てんぴょう》十五(743)年の冬十月に，聖武天皇の詔が出された。「……ここに，天平十五年十月十五日をもって，仏教をさかんにし，すべての生き物を救おうという仏の願いにそって，仏の金銅像一体をおつくりする。国じゅうの銅をとかして仏像の形をつくり，大山からけずって大仏殿を建て……。
>
> 天下の富をもつ者は自分である。天下で威厳《いげん》をそなえるものも自分である。この富や威厳をもって，この仏像をつくろう。(しかしながら)実行はたやすいが，心が伝わるのは難しい。ただ恐れるのは，人びとの負担が大きくなって，仏を感じることが無くなることだ。あるいは不満を言って，かえって罪になってしまうことだ。それなので，ともに協力する者は，……自ら信念をもって仏像をつくるべきである。もしさらに，一本の枝，ひとつかみの土を持って協力しようとする者がいれば，これを受け入れよう。……全国に知らせて，私の考えを伝えなさい。」
>
> (注)　もとの資料である『続日本紀《しょくにほんぎ》』を，意味を変えずに現代文にしてあります。

問4　下線部(え)について，聖武天皇は大仏をつくる大工事を実施するのにあたり，どのようなことを大切にしましたか。詔の文章をふまえて書きなさい。

E　東大寺には多くの倉庫が建てられましたが，その中の一つに㋔正倉院があります。正倉院には，大仏の開眼式《かいげんしき》のときに使われた道具や，聖武天皇の持ち物などが，納められています。

問５　下線部㋔について，正倉院に納められているものとして正しいものを，下のア～エから一つ選び，記号で答えなさい。

ア　ガラスの器　　イ　三味線
ウ　束帯　　　　　エ　めがね

F　京都府の宇治《うじ》市に残されている建物が，(㋕)です。この建物は左右が同じつくりになっており，内部には阿弥陀如来像《あみだにょらいぞう》が置かれています。この建物は現在の10円硬貨《こうか》にも，えがかれています。

問６　空欄(㋕)にあてはまる建物の名前を，漢字６文字で答えなさい。

G　岩手県の平泉にある中尊寺は，周辺の他の史跡《しせき》とともに世界遺産に登録されています。この寺は，境内にある㋖金色堂によって，世界に広く知られています。

問７　下線部㋖について，この建物を建てた人物の名前を下のア～エから一つ選び，記号で答えなさい。

ア　藤原清衡
イ　藤原定家
ウ　藤原秀衡
エ　藤原道長

H　㋗源頼朝は，鎌倉に幕府をおきました。由比ヶ浜《ゆいがはま》から続く若宮大路《わかみやおおじ》と呼ばれる道のつきあたりには，鶴岡八幡宮が建てられています。

問８　下線部㋗について，源頼朝に関する文章として，正しくないものを，下のア～エから一つ選び，記号で答えなさい。

ア　元の要求をしりぞけ，元軍と戦った。
イ　御家人たちと，御恩と奉公の関係で結ばれていた。
ウ　征夷大将軍に任命され，全国の武士をしたがえる地位についた。
エ　有力な御家人を守護や地頭につけた。

I　銀閣は，室町幕府の８代将軍足利義政によって建てられました。銀閣のある慈照寺《じしょうじ》には東求堂《とうぐどう》という建物も残されており，現在の和室につながる㋘同仁斎《どうじんさい》と呼ばれる部屋があります。

問９　下線部㋘について，この部屋のつくりを何と呼びますか。漢字で答えなさい。

J　尾張国の大名の家に生まれた織田信長は，1576年，琵琶湖のほとりに(㋙)を建てました。信長はこの城の城下町で，商業をさかんにする政策をとりました。

問10　空欄(㋙)にあてはまる城の名前を，漢字で答えなさい。

K　江戸城とその城下町は，台地をけずり海岸をうめ立ててつくられました。町の中には，多くの運河や㋚道が，整備されました。

問11　下線部㋚について，さまざまな道を通って江戸と各地を結び，書状や荷物を宿場ごとにリレー方式で届ける仕事を何といいますか。漢字で答えなさい。

L　明治時代に，日本の㋛生糸の生産量は大きく増加しました。群馬県にある生糸を生産する富岡製糸場は，明治時代を代表する文化財の一つです。

問12　下線部㋛について，下のア～エの文章のうち，正しいものを一つ選んで，記号で答えなさい。

ア　江戸時代には，大部分の農民は生糸でつくられた着物を着ていた。

イ　生糸からは，ナイロン生地などの化学繊維がつくられる。

ウ　生糸は，つみ取られた綿花からつくられる。

エ　明治時代の終わりごろには，日本の生糸の輸出量は世界一であった。

M　現在の福岡県北九州市に建てられた官営の(㋜)では，中国の鉄鉱石と九州の石炭が使われていました。ここでの鉄の生産は，国内生産の約８割を占めていたこともあります。

問13　空欄(㋜)にあてはまる製鉄所の名前を，漢字で答えなさい。

N　1945年，㋝広島に原子爆弾が落とされ，まちは一瞬《いっしゅん》のうちに破壊《はかい》され，多くの人びとが亡くなりました。倒壊をまぬがれた数少ない建物の一つが，のちに「原爆ドーム」と呼ばれました。

問14　下線部㋝について，広島に原子爆弾が落とされた日は，1945年の何月何日ですか。解答欄《らん》にあうように答えなさい。

O　㋞1958年には，当時日本一の高さとなった東京タワーが完成しました。このニュースは，人びとの間で大きな話題となり，たくさんの人が訪れました。

問15　下線部㋞について，この年より前に起こった出来事を下のア～エから一つ選び，記号で答えなさい。

ア　大阪で万国博覧会が開かれる。

イ　韓国と国交を回復する。

ウ　日米安全保障条約が結ばれる。

エ　ベルリンの壁が崩壊する。

P　アジアで初となるオリンピック・パラリンピック東京大会が㋟1964年に開かれました。大会の開催《かいさい》にむけて，競技施設だけでなく，ホテルがいくつも建てられ，道路や下水道，交通機関も整備されました。

問16　下線部㋟について，この年に開通した新幹線を下のア～エから一つ選び，記号で答えなさい。

ア　秋田新幹線　　イ　東海道新幹線　　ウ　東北新幹線　　エ　北陸新幹線

2　ふたばさんは，夏休みに愛媛県を旅行したことをきっかけに，愛媛県や愛媛県のある中国・四国地方について調べることにしました。次の問いに答えなさい。

問１　ふたばさんは，愛媛県の地形の特徴についてまとめてみました。文中の空欄(１)・(２)にあてはまる適当な語句を答えなさい。ただし，同じ数字には同じ語句が入ります。また，(２)は漢字で答えなさい。

愛媛県は四国の北西に位置し，県の北側は瀬戸内海に面しています。南西部は，「宇和海《うわかい》」と呼ばれる海に面し，複雑に入り組んだ海岸地形である(　１　)海岸が見られます。

地図中のAは佐田岬《さだみさき》半島と呼ばれ，日本一細長い半島だそうです。佐田岬半島の先端まで行くと，九州のうち最も距離《きょり》の近い(　２　)県までわずか13kmで，肉眼でも十分確認《かくにん》できます。(　２　)県との間には，フェリーが運航されています。

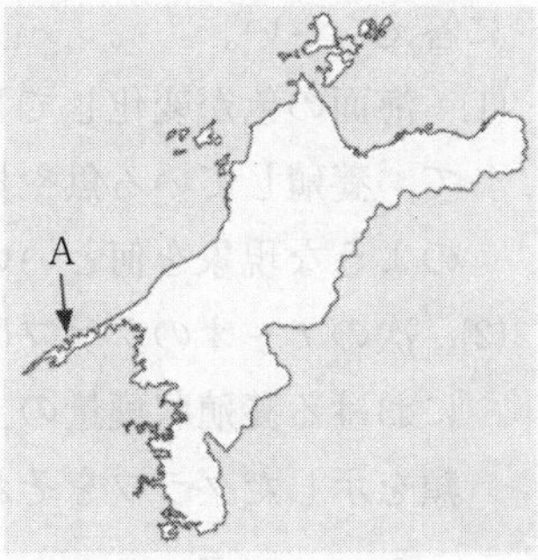

問２　愛媛県の県庁所在地は松山市で，県名と県庁所在地の名称が異なる県です。ふたばさんは，ほかにも都道府県名と都道府県庁所在地の名称が異なる組み合わせの都道府県がないか探してみることにしました。次のア～カの都道府県のうち，都道府県名とその都道府県庁所在地の名称が異なるものをすべて選び，記号で答えなさい。

ア

イ

ウ

エ
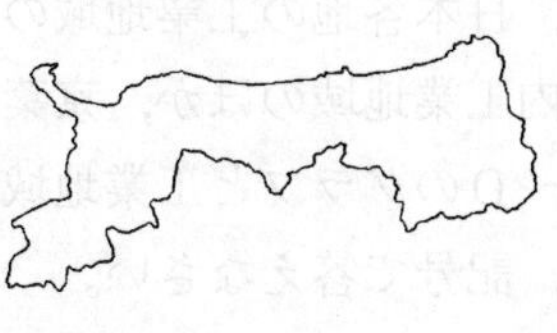

オ

カ

(注)　縮尺は地図によって異なります。また，島などは省略されている場合があります。

問３　松山市は，夏になると毎年のように水不足が問題となることを，ふたばさんは教えてもらいました。特に1994年の「平成の大渇水《だいかっすい》」では，７月下旬から約４か月間給水制限が行われました。松山市が水不足になる原因は，ダム不足や川の少なさなどもありますが，そもそも降水量が少ないからです。松山市の降水量が少なくなる原因について説明した，次の文章の空欄(Ａ)・(Ｂ)に入る適当な語句を漢字で答えなさい。

> 瀬戸内気候に分類される松山市では，夏は季節風が(　Ａ　)山地をこえて吹《ふ》き，冬は季節風が(　Ｂ　)山地をこえて吹くため，降水量が少なくなります。

問４　まだいの養殖量が第１位の愛媛県では，まだいを使った料理が有名です。ふたばさんは，愛媛県西南部の宇和島《うわじま》市で名物の「鯛《たい》めし」を食べました。日本の養殖に関して，次の設問に答えなさい。

⑴　海面の色が変化してしまうほどプランクトンが大量に発生し，海中の酸素が減るなどして，養殖している魚や貝が大量に死んでしまうことが，たびたびニュースになります。このような現象を何といいますか。

⑵　次のア～オのグラフは，うなぎ，かき類，真珠，のり類，わかめ類のいずれかの2021年における養殖収穫量の上位３都道府県の割合を表したものです。このうち，真珠とわかめ類を示したグラフをそれぞれ選び，ア～オの記号で答えなさい。

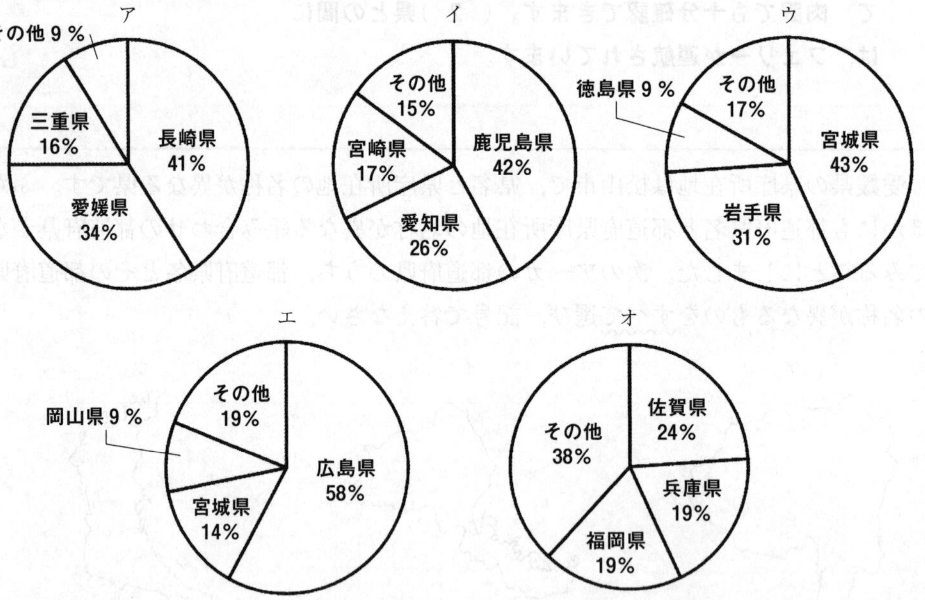

『日本国勢図会　2023/24』より作成

問５　愛媛県東部に位置する新居浜《にいはま》市は，江戸時代に住友家が開いた別子《べっし》銅山によって繁栄《はんえい》した，瀬戸内有数の工業都市です。次のグラフは，2020年における，日本各地の工業地域の製造品出荷額等の構成を表したものです。Ａ～Ｄのグラフは，瀬戸内工業地域のほか，京葉工業地域，東海工業地域，北陸工業地域のいずれかのものです。Ａ～Ｄのグラフと工業地域の名称の組み合わせとして正しいものを，後のア～カから一つ選び，記号で答えなさい。

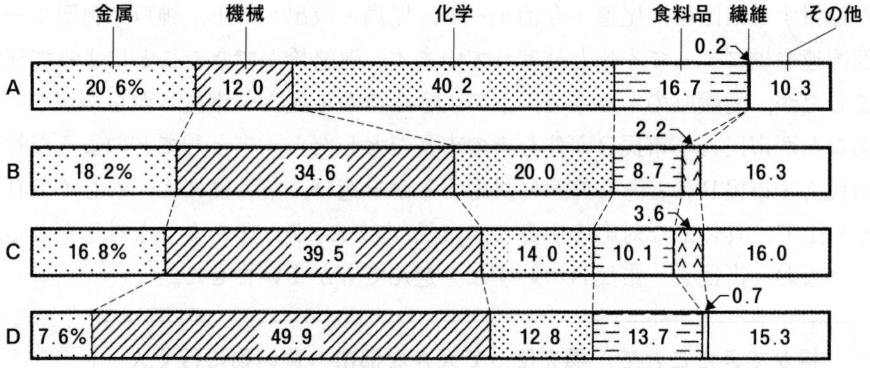

『日本国勢図会 2023/24』より作成

	A	B	C	D
ア	瀬戸内工業地域	京葉工業地域	東海工業地域	北陸工業地域
イ	京葉工業地域	瀬戸内工業地域	北陸工業地域	東海工業地域
ウ	京葉工業地域	北陸工業地域	東海工業地域	瀬戸内工業地域
エ	東海工業地域	瀬戸内工業地域	北陸工業地域	京葉工業地域
オ	瀬戸内工業地域	北陸工業地域	京葉工業地域	東海工業地域
カ	東海工業地域	北陸工業地域	京葉工業地域	瀬戸内工業地域

問６　松山空港には特産のみかんジュースの蛇口《じゃぐち》が設置されており，ふたばさんは蛇口をひねって出てくるみかんジュースを飲むことができました。右の表は2021年における，みかん，もも，かき，ぶどうの生産量の上位４都道府県を表したものです。A・Bにあてはまる都道府県の名前を答えなさい。ただし，同じ記号は同じ都道府県を示しています。

	みかん	もも	かき	ぶどう
１位	A	山梨県	A	山梨県
２位	愛媛県	福島県	奈良県	B
３位	静岡県	B	福岡県	岡山県
４位	熊本県	山形県	岐阜県	山形県

『日本のすがた 2023』より作成

問７　愛媛県北東部に位置する今治《いまばり》市は，日本有数のタオル生産地で，「今治タオル」は，地域ブランドとして海外でも広く知られ，積極的に輸出されています。一方，国内で流通するタオルの大部分は海外から輸入されたものです。このように日本は世界の国ぐにと輸出や輸入を通じてつながっています。次のグラフは，2021年の日本の衣類と原油について，それぞれの輸入先の国の内訳を示したものです。X，Y に入る国名を答えなさい。

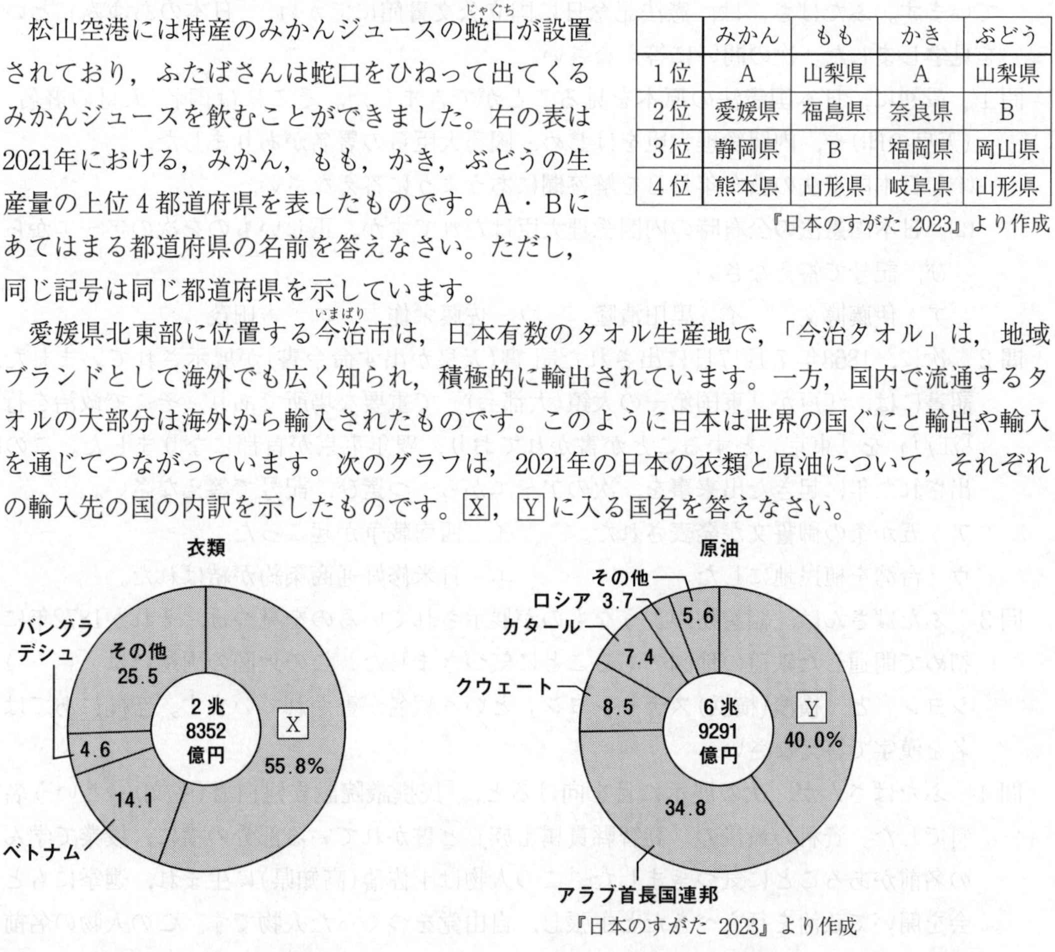

『日本のすがた 2023』より作成

問8　愛媛県が位置する四国は，尾道《おのみち》・今治ルート，児島《こじま》・坂出《さかいで》ルート，神戸・鳴門《なると》ルートの3つの本州四国連絡《れんらく》橋によって本州と結ばれています。連絡橋ができたことによって便利なことも増えましたが，愛媛県のある市で，下のような声が市民A・市民Bからあがってしまいました。あなたが市民A・市民Bが住む市の市長だとしたら，市としてどのような対応をしますか。市民A・市民Bのどちらの声に対応するかを選び，解答欄にA，もしくはBと書きなさい。その上で，具体的な対応の中身と，市長(あなた)が，そのような対応をとる理由を書きなさい。なお，市民A・市民Bのいずれを選んでもかまいません。

市民A：**橋ができたことで，橋を使って大きな都市へ買い物に行く人が増えたので，店の売り上げが落ちてしまった。**

市民B：**私は，本州と行き来する人や車を，船で運ぶ仕事をしていたけれど，橋ができたことによって，仕事が減ってしまった。**

3　東京にある国立公文書《こうぶんしょ》館は，おもに明治時代から現代までの重要な資料などを保存・展示しています。ふたばさんは，憲法記念日に国立公文書館にでかけ，「日本のあゆみ」という展示を見学しました。次の問いに答えなさい。

問1　最初に，日本国憲法の原本を見ることができました。そこには御名《ぎょめい》(天皇の署名)と御璽《ぎょじ》(天皇の印)や，内閣総理大臣をはじめ，国務大臣らの署名がありました。

(1)　日本国憲法の公布年月日を解答欄にあうように答えなさい。

(2)　日本国憲法の公布時の内閣総理大臣はだれですか。正しいものを次のア～エから一人選び，記号で答えなさい。

ア　伊藤博文　　イ　黒田清隆　　ウ　佐藤栄作　　エ　吉田茂

問2　次に，1868年7月17日に出された詔 書《しょうしょ》(天皇が出す命令書)が展示されていました。この詔書には，江戸が「東国第一の大鎮《だいちん》(大都会)」で重要な場所であり，そこで政治を行うこと，「江戸」を「東京」とすることが書かれており，翌年東京が首都になりました。この詔書が出された年に起きた出来事を，次のア～エから一つ選び，記号で答えなさい。

ア　五か条の御誓文が発表された。　　イ　西南戦争が起こった。

ウ　台湾を植民地にした。　　エ　日米修好通商条約が結ばれた。

問3　ふたばさんは，絵巻物のようなものが展示されているのを見つけ，それが1872年に日本で初めて開通した鉄道の地図であることに気づきました。この地図の両端には「(　　)ステーシヨン」と「横濱《よこはま》(横浜)ステーシヨン」という駅名が書かれています。空欄にあてはまる地名を漢字で答えなさい。

問4　ふたばさんが，次の展示に目を向けると，「民撰《みんせん》議院設立建白書(序文)」という名前の資料でした。資料の最後の「高智《こうち》縣貫属《けんかんぞく》士族」と書かれている部分の横に，授業で学んだ人物の名前があることに気づきました。この人物は土佐藩(高知県)に生まれ，選挙にもとづく議会を開いて政治を行うべきだと主張し，自由党をつくった人物です。この人物の名前を漢字で答えなさい。

問５　明治天皇が1890年までに国会を開設することを表明した勅諭《ちょくゆ》（天皇の命令）も展示されていました。この勅諭が出されたことで国会が開設され，現在の国会にいたっています。現在の国会のはたらきとして正しいものを，次のア～エから一つ選び，記号で答えなさい。

ア　憲法改正の発議を行う。　イ　最高裁判所長官を指名する。

ウ　法律が憲法に違反していないかを調べる。　エ　法律の公布を行う。

問６　展示の中には大日本帝国憲法もありました。これらの展示を見てふたばさんは憲法における権利の保障や義務の規定について考えました。次の問いに答えなさい。

⑴　大日本帝国憲法では，（　　）に定められた範囲内で，臣民《しんみん》（国民）に言論の自由などを認めていました。空欄にあてはまる言葉を漢字で答えなさい。

⑵　日本国憲法には，「三大義務」と呼ばれる国民の義務が定められています。「教育を受けさせる義務」，「税金を納める義務」以外の「三大義務」は何ですか。

問７　1923年に起きた関東大震災の後に出された「帝都《ていと》復興に関する詔書」も展示されていました。次の表は，関東大震災，阪神・淡路大震災，東日本大震災による被害状況を比較したものです。表から読みとることができる内容として正しくないものを，後のア～オからすべて選び，記号で答えなさい。

	関東大震災	阪神・淡路大震災	東日本大震災
発生年月日 時刻	1923年９月１日 午前11時58分	1995年１月17日 午前５時46分	2011年３月11日 午後２時46分
地震規模	マグニチュード7.9	マグニチュード7.3	マグニチュード9.0
直接死・ 行方不明者数	約10万５千人 （うち焼死　約９割）	約5500人 （うち窒息《ちっそく》・圧死　約７割）	約１万８千人 （うち溺死《できし》　約９割）
全壊・全焼住家数	約29万棟《むね》	約11万棟	約12万棟
経済被害額	約55億円	約９兆６千億円	約16兆９千億円
当時の国家予算額	約14億円	約73兆円	約92兆円

内閣府ホームページ・令和５年版『防災白書』より作成

ア　関東大震災で全壊・全焼した住家数は，他の２つの震災で全壊・全焼した住家数を合わせた数よりも多い。

イ　地震の規模を表すマグニチュードがもっとも大きかったのは東日本大震災である。

ウ　当時の国家予算額に対する経済被害額の割合がもっとも高いのは，東日本大震災である。

エ　20世紀以降の日本の大地震による犠牲《ぎせい》者のほとんどは，津波によるものであった。

オ　東日本大震災の経済被害額は，阪神・淡路大震災の経済被害額の約３倍である。

問８　選挙について定めた衆議院議員選挙法も展示されていました。この法律は，何度かの改正が行われています。次の資料は，1925年と1945年に改正されたこの法律の「第五条」をぬき出したものです。資料内の空欄（Ａ）・（Ｂ）にあてはまる数字として正しいものを，後のア～オからそれぞれ選びなさい。ただし，同じアルファベットには，同じ記号が入ります。

（資料）

［大正十四(1925)年改正］

第五条　帝国臣民タル男子ニシテ年齢《ねんれい》(　Ａ　)年以上ノ者ハ選挙権ヲ有ス
　　　　帝国臣民タル男子ニシテ年齢三十年以上ノ者ハ被選挙権ヲ有ス
[昭和二十(1945)年改正]
第五条　帝国臣民ニシテ年齢(　Ｂ　)年以上ノ者ハ選挙権ヲ有ス
　　　　帝国臣民ニシテ年齢(　Ａ　)年以上ノ者ハ被選挙権ヲ有ス

ア　十　　イ　十八　　ウ　二十　　エ　二十五　　オ　三十

問９　ふたばさんは，「国際連合教育科学文化機関加入に関する件」と書かれた閣議書(閣議で決定をする際に作成される書類)の展示を見つけました。次の文章は，その閣議書の一部を読みやすくしたものです。この文章から読みとることができる内容として正しいものを，後のア～エから２つ選び，記号で答えなさい。

条条　第四二五号
昭和二十五年十二月八日　……
……
国際連合教育科学文化機関加入に関して閣議を求める件
　国際連合教育科学文化機関憲章は，昭和二十年十一月十六日に作成され，昭和二十一年十一月四日に効力を発生した。
　このたび連合国総司令部は，わが国がこの機関に加入することについて異議がないことを伝えてきた。よってわが国としては，この際この機関に加入し，各国間の文化の国際的協力に積極的に参加することは，大きな意味があると認められ，加入のためのさまざまな手続きを進めていきたいので，閣議を求める。
(注)　国際連合教育科学文化機関…ユネスコ
　　　連合国総司令部…GHQ(連合国軍最高司令官総司令部)

ア　ユネスコ憲章は，太平洋戦争終了後につくられた。
イ　ユネスコ加盟への動きは，GHQの占領下で始まった。
ウ　ユネスコへの加盟の手続きは，GHQの命令によって進められた。
エ　ユネスコへの加盟は，日本が国際連合に加盟してから10年後に実現した。

問10　日本が外国と条約を結んだ際の資料も展示されていました。条約を結ぶためには，条約の内容を公布するなど，日本国内での手続きのために必要な書類も多くあります。条約の公布は日本国憲法第７条にもとづき，(　　　)が行います。空欄にあてはまる語を漢字で答えなさい。

問11　1989年１月７日，元号《げんごう》法の規定にもとづいて，元号を「平成」に改めることが閣議で決定されました。この時，新元号を示した「平成の書」も展示にありました。次のア～エのうち，平成に起こった出来事を一つ選び，記号で答えなさい。
ア　アメリカで同時多発テロ事件が起こった。
イ　消費税が10％に引き上げられた。
ウ　新型コロナウイルス感染症が広がり，緊急事態宣言が出された。
エ　青函トンネルが開通した。

【理　科】〈２期試験〉（40分）〈満点：80点〉

1　表１は，アサガオの種をまく日や光の当たり方などの条件を変えて，日本のある地点で数年間観察を行った記録です。後の問いに答えなさい。

表１

	種をまいた日	子葉が開いた日	つぼみがつき始めた日	その他の条件
①	X年５月15日	５月23日	７月31日	例年通りの平均気温
②	X年６月15日	６月20日	７月30日	例年通りの平均気温
③	X年６月15日	６月20日	７月９日	子葉が開いた直後に光を通さない箱の中に入れ，24時間後に箱から出した
④	X年７月15日	７月19日	８月８日	子葉が開いた直後に光を通さない箱の中に入れ，24時間後に箱から出した
⑤	Y年５月15日	５月22日	７月30日	例年より平均気温が高かった
⑥	Z年５月15日	５月24日	７月30日	例年より平均気温が低かった

問１　アサガオの種を示しているのはどれですか。次の(ア)〜(エ)から１つ選び，記号で答えなさい。

(ア)

(イ)

(ウ)

(エ)

問２　花が咲いた後にできる種子は，花のどの部分が変化したものですか。名前を答えなさい。

問３　以下の文章は，表１からわかったことをまとめたものです。［ A ］〜［ G ］にあてはまる語句や数字を，それぞれの選択肢《せんたくし》から１つずつ選び，記号で答えなさい。

①と［ A ］の結果を比較《かく》すると，種をまく日によらず，つぼみがつく時期は同じだとわかる。①〜⑥の結果より，種をまいてからつぼみがつき始めるまでの期間は，最短で約［ B ］日である。

また，①と⑤と⑥の結果から，つぼみをつけるまでの日数は，［ C ］によって変化しないことがわかる。日本の夏至は６月20日ごろなので，②で子葉が開いた日からつぼみがつき始めた日にかけて，１日における暗い時間（夜）の長さはだんだん［ D ］くなる。③では，光を通さない箱の中に丸１日置いたことで，アサガオは夜の長さが一気に［ E ］くなったと感じたため，つぼみがつき始めた日が［ F ］と比べて早くなったと考えられる。

これらの結果より，アサガオは［ G ］を感じてつぼみをつけると考えられる。

AとFの選択肢：(ア)　①　(イ)　②　(ウ)　③　(エ)　④　(オ)　⑤　(カ)　⑥
Bの選択肢　　：(ア)　5　(イ)　15　(ウ)　25　(エ)　35　(オ)　45
CとGの選択肢：(ア)　気温　(イ)　音　(ウ)　光　(エ)　湿度《しつど》
DとEの選択肢：(ア)　長　(イ)　短　(ウ)　高　(エ)　低

問４　種をまいた日と子葉が開く日が表１の③と同じ苗《なえ》を用い，表２の⑦〜⑩の条件でも観察を行いました。表１と表２の結果から「アサガオは［ H ］を［ I ］で感じてつぼみをつける」ことがわかります。［ H ］と［ I ］にあてはまる言葉を，下の(ア)〜(ク)からそれぞれ１つずつ選び，記号で答えなさい。

表2

	つぼみがつき始めた日	その他の条件
③	7月9日	子葉が開いた直後に光を通さない箱の中に入れ，24時間後に箱から出した
⑦	7月31日	子葉が開いた直後に光を通さない箱の中に入れ，6時間おきに1分間だけ箱を開けて光を当て，24時間後に箱から出した
⑧	7月10日	子葉が開いた直後に光を通さない箱の中に入れ，箱に入れた1時間後に3分間だけ箱を開けて光を当て，24時間後に箱から出した
⑨	7月9日	子葉が開いた直後に，光を通さず屋外よりも低い温度が保てる箱の中に入れ，24時間後に箱から出した
⑩	7月30日	子葉が開く前の6月19日に，光を通さない箱の中に入れ，24時間後に箱から出した

(ア) 1日の中で，連続した明るい時間が長くなること
(イ) 1日の中で，連続した暗い時間が長くなること
(ウ) 1日の中で，明るい時間の合計が長くなること
(エ) 1日の中で，暗い時間の合計が長くなること
(オ) 1日の中の，気温の差が大きくなること
(カ) 根
(キ) 茎《くき》
(ク) 葉

2 ろうそくとスチールウールを燃やす【実験A】，【実験B】について，後の問いに答えなさい。

【実験A】 図1のように，上部と下部が開いているガラスの筒《つつ》と2種類の板を組み合わせて容器を作り，ろうそくを中で燃やして燃え方を比べた。燃焼後，容器の底をふさいで，石灰水を入れてふったところ，白くにごった。

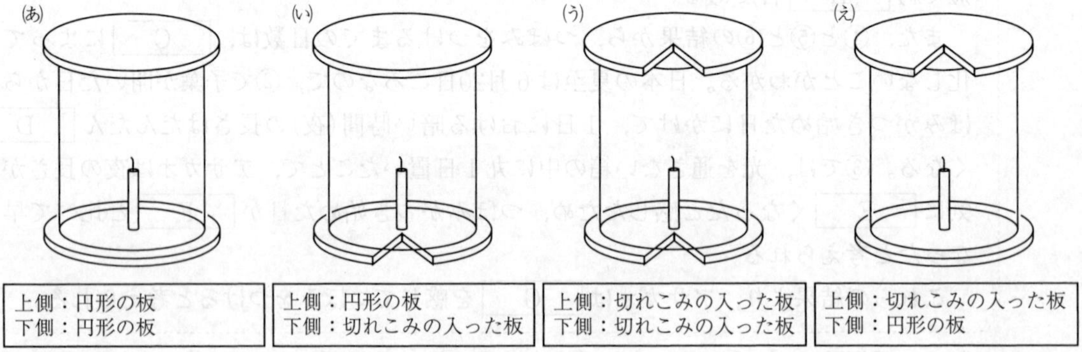

図1

【実験B】 図2のように，水を張ったトレーの中にスタンドを置き，鉄のみでできたスチールウールをのせて火をつけた。すぐにスタンドに酸素のみを入れた容器をかぶせ，燃え方や容器内の水面の高さの変化を観察した。また，同様の実験をちっ素，二酸化炭素でも行った。火が消えたあと，それぞれの容器に石灰水を入れ，ふたをしてふった。表1はそれぞれの結果をまとめたものである。

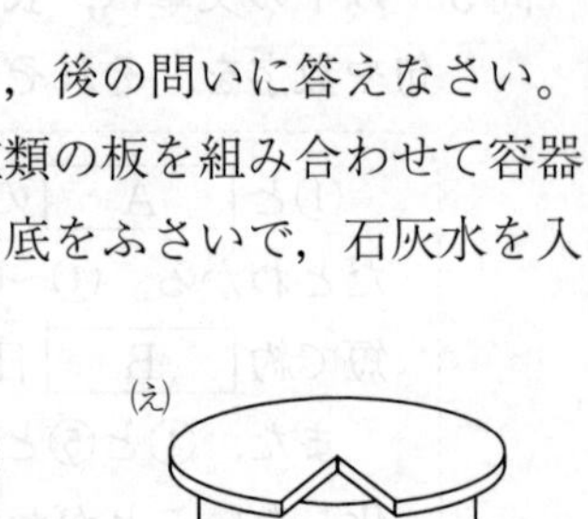

図2

表１

容器に入れた気体	酸素	ちっ素	二酸化炭素
燃え方	かがやいて燃えた	すぐ火が消えた	すぐ火が消えた
容器内の水面の変化	少し上がった	変化なし	変化なし
火が消えたあとに石灰水を入れた様子	変化なし	変化なし	白くにごった

問１　【実験Ａ】で，もっとも長い時間ろうそくが燃える容器はどれですか。図１の(あ)～(え)から１つ選び，記号で答えなさい。また，選んだ図について，ろうそくが燃えているときの空気の流れを，解答欄《らん》の図に矢印で書きこみなさい。ただし，選んだ容器以外には矢印を書かないこと。

問２　【実験Ａ】で，すぐにろうそくの火が消える容器はどれですか。図１の(あ)～(え)から１つ選び，記号で答えなさい。また，ろうそくの火が消える理由としてもっとも正しいものを，次の(ア)～(カ)から１つ選び，記号で答えなさい。

(ア)　酸素が増えたから

(イ)　ちっ素が増えたから

(ウ)　二酸化炭素が増えたから

(エ)　酸素が減ったから

(オ)　ちっ素が減ったから

(カ)　二酸化炭素が減ったから

問３　次の文章は，【実験Ｂ】の結果から考えられることをまとめたものです。（ア）～（ウ）にあてはまる語句を答えなさい。ただし，（ア），（イ）は気体の種類を答え，（ウ）はａ～ｃから１つ選び，記号で答えなさい。

３種類の気体のうち，スチールウールが燃え続けたのは１つだけだったことから，【実験Ａ】のろうそくと同様，スチールウールが燃えるためには気体の（ア）が必要だと分かる。しかし，燃えた後の容器に石灰水を入れたときの変化から，ろうそくとは異なり，スチールウールが燃えるときは（イ）はできないことが分かる。これらのことから，【実験Ｂ】で酸素を入れた容器をかぶせて燃やしたときは，燃やす前後で容器の中の気体の合計量が（ウ：ａ　増えた・ｂ　減った・ｃ　変わらない）ことで，トレーの中から水が入ってきたと考えられる。

問４　【実験Ｂ】について，底面積 50cm^2，高さ20cmの筒状の容器を酸素で満たしてスタンドにかぶせ，スチールウールを燃やしたところ，燃え終わった後の水面は，元の高さより1.5cm上がりました。スチールウールを燃やすのに使われた酸素は，容器内に入っていた酸素のうちの何％ですか。割り切れないときは小数第２位を四捨五入して答えなさい。

3

「万葉集」は奈良時代の後半にまとめられた日本の歌集で，約4500首《しゅ》にもおよぶ和歌が収《おさ》められています。中には月や星などの天体が題材となった和歌もあります。次の月を題材にした和歌１と和歌２について，後の問いに答えなさい。

和歌１　「東の　野に炎の　立つ見えて　かへり見すれば　月傾きぬ」

《読み方》　ひんがしの　のにかぎろいの　たつみえて　かえりみすれば　つきかたぶきぬ

《意　味》 東の空から朝日がさしはじめ，振《ふ》り返《かえ》ると，月が西の地平線に沈《しず》んでいこうとしています。

和歌2　「天の海に　雲の波立ち　月の船　星の林に　漕《こ》ぎ隠《かく》る見ゆ」

《読み方》 あめのみに　くものなみたち　つきのふね　ほしのはやしに　こぎかくるみゆ

《意　味》 天の海に雲の波が立ち，月の船が星の林の中を漕ぎ隠れて行くのが見えます。

問1　次の図は新月から次の新月になるまで，（1）～（5）の順に月の形が変化するようすを表しています。（1）～（5）には，(ア)～(オ)のどれかがあてはまります。（2）にあてはまる月の形を(ア)～(オ)から1つ選び，記号で答えなさい。

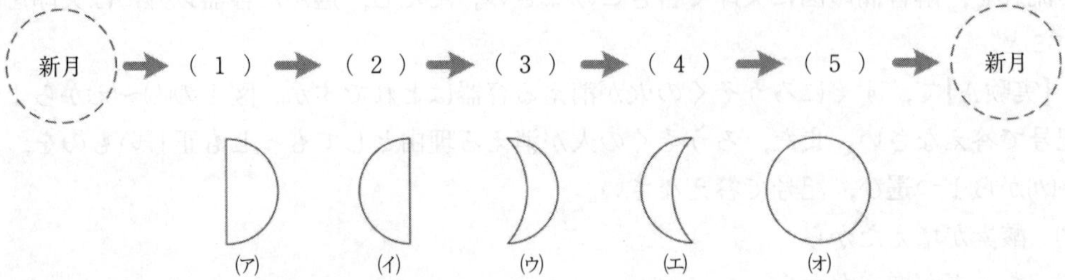

問2　図1は地球の周りをまわっている月の位置を表したもので，地球の北極の真上から見たときの図です。

(1)　月は地球の周りをどちら向きにまわっていますか。その向きを図中の矢印(あ)または(い)で答えなさい。

(2)　日が沈むと西の空に三日月として月が見えるのはA～Hのどの位置になると考えられますか。A～Hから1つ選び，記号で答えなさい。

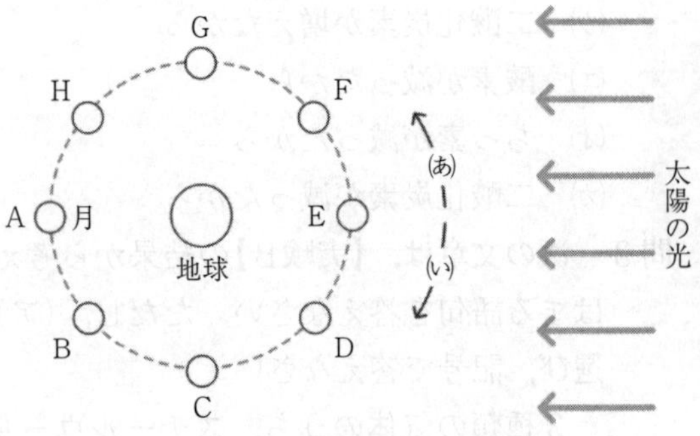

図1

(3)　和歌1の月の位置はA～Hのどの位置になると考えられますか。A～Hから1つ選び，記号で答えなさい。

(4)　和歌1の月の形を表している言葉を，次の(ア)～(ウ)から1つ選び，記号で答えなさい。

(ア)　上弦《じょうげん》の月　　(イ)　満月　　(ウ)　下弦《かげん》の月

問3　和歌2では月を船にたとえていることから，和歌2の月の形を船の形に似ている上弦の月であると考えてみることにします。

(1)　和歌2の月の位置は図1のA～Hのどの位置になると考えられますか。A～Hから1つ選び，記号で答えなさい。

(2)　和歌2の月が西の地平線に沈むおおよその時刻を，次の(ア)～(エ)から1つ選び，記号で答えなさい。

(ア)　午前0時　　(イ)　午前6時

(ウ)　正午　　(エ)　午後6時

(3)　和歌2の月が西の地平線に沈むときのようすを表しているものを，次の(ア)～(カ)から1つ選び，記号で答えなさい。

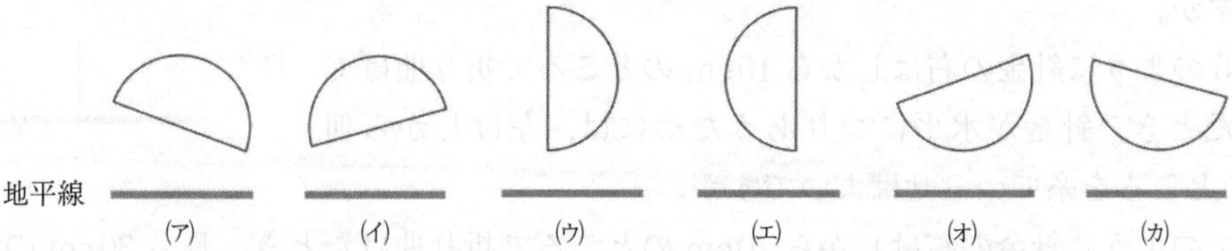

(4)　ある時刻に真南に来ている和歌２の月を翌日の同じ時刻に観測すると，月は元の位置に対してどの向きにずれて見えますか。次の(ア)～(オ)から１つ選び，記号で答えなさい。

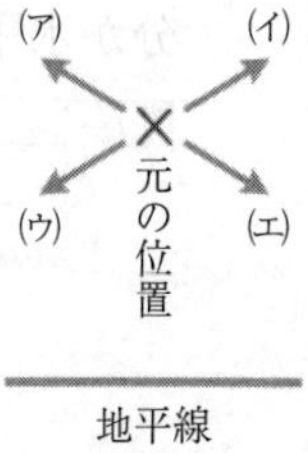

(ア)　斜《なな》め左上にずれて見える　　(イ)　斜め右上にずれて見える
(ウ)　斜め左下にずれて見える　　(エ)　斜め右下にずれて見える
(オ)　ずれずに元の位置に見える

(5)　満月から次の満月になるまでに28日かかるとすると，和歌１の月を見てから何日後に和歌２の月を見ることになりますか。次の(ア)～(エ)から１つ選び，記号で答えなさい。

(ア)　７日後　(イ)　14日後　(ウ)　21日後　(エ)　35日後

4　１cm あたりの重さが１g，長さが 50cm の同じ材質・太さのまっすぐな針金があります。次の問いに答えなさい。ただし，針金は，針金をつるすことや，針金につるしたおもりの重さによって曲がることはなく，針金の太さは，針金の長さに比べて小さく，針金を曲げても各部分の長さに影響《えいきょう》しないとします。また，おもりをつるすための糸の重さは考えないことにします。図中の糸の位置は正しい位置を表しているとはかぎりません。答えが割り切れないときは，小数第２位を四捨五入して答えなさい。

問１　図１のように針金が水平につりあうためには，左はしから何 cm のところを糸でつるせばよいですか。

図１

問２　図２のように針金の左はしと右はしに同じ重さのおもりをつるしたとき，針金が水平につりあうためには，左はしから何 cm のところを糸でつるせばよいですか。

図２
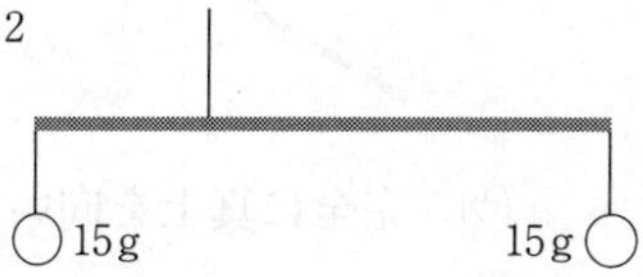

問３　図３のように針金の左はしだけにおもりをつるしたとき，針金が水平につりあうためには，左はしから何 cm のところを糸でつるせばよいですか。

図３
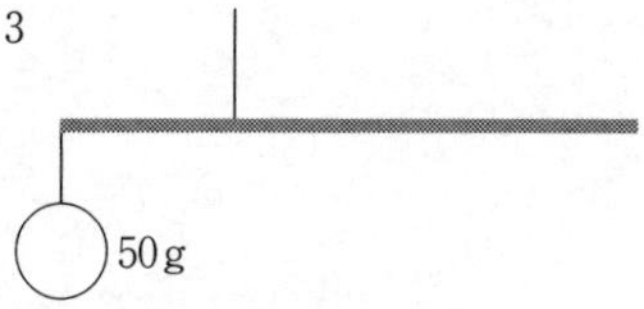

問４　図４のように針金の左はしと右はしに異なる重さのおもりをつるしたとき，針金が水平につりあうためには，左はしから何 cm のところを糸でつるせばよいですか。

図４
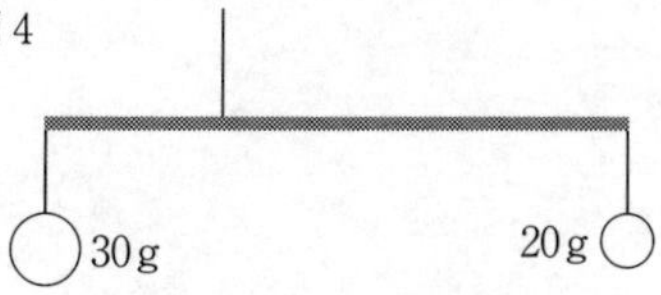

問５　図５のように針金の右はしから 10cm のところで90度に折り曲げたとき，長さ 40cm の針金の部分が水平につりあうためには，左はしから何 cm のところを糸でつるせばよ

図５

いですか。

問6　図6のように針金の右はしから10cmのところで折り曲げて重ねたとき，針金が水平につりあうためには，左はしから何cmのところを糸でつるせばよいですか。

図6

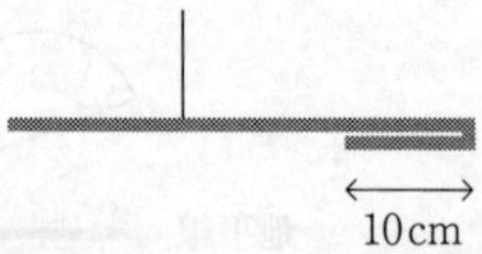

問7　図7のように針金の右はしから20cmのところで折り曲げたとき，長さ30cmの針金の部分が水平につりあうためには，左はしから何cmのところを糸でつるせばよいですか。

図7

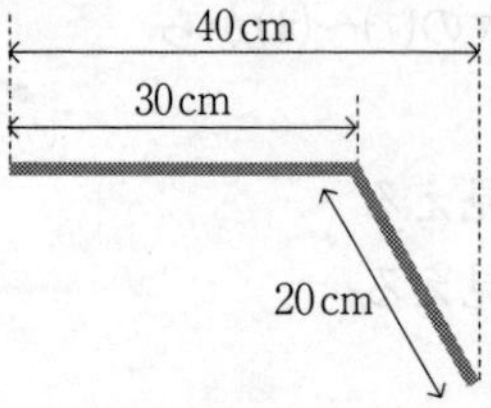

問8　図8のように図7の針金を折り曲げたところでつるすことを考えます。針金の動きが止まったとき，針金の左はしはどうなりますか。そのようすを正しく表しているものを，(ア)～(エ)から1つ選び，記号で答えなさい。

図8

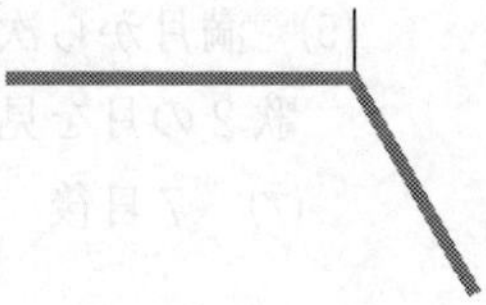

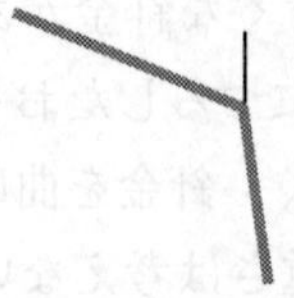

(ア)　上に傾《かたむ》いて止まる

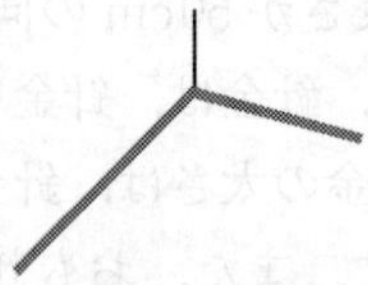

(イ)　下に傾いて止まる

(ウ)　完全に真上を向いて止まる

(エ)　完全に真下を向いて止まる

ア 「＋」や「－」など数式を書き表すために用いられるもの。
イ 絵文字や顔文字のように感情を表すもの。
ウ 書かれた言葉を文字通りに認識《にんしき》したもの。
エ 文字で伝えられないものを直接口で伝えるもの。
オ 漢字ではなく、カタカナやひらがなで書かれたもの。
カ 言葉で表しきれない「おもい」を伝える力をもつもの。

問四 [A]～[C]には「言葉」と「コトバ」のどちらが入りますか。それぞれ適切なものを書きなさい。

問五 ――線③「水俣病は、いわゆる『病』ではない」とありますが、筆者は「病」ではなくて何だと考えていますか。本文中からぬき出して答えなさい。

問六 ――線④「近代の闇、人間の愚かさ」とありますが、筆者はどのようなことを「闇」や「愚かさ」と言っているのですか。「いのち」という言葉を用いて説明しなさい。

問七 ――線⑤「これほど荘厳な詩をぼくはほかに知らない」とありますが、なぜ筆者はそのように思うのですか。次の中から適切なものを**二つ**選んで、記号で答えなさい。
ア 水俣病によって身体の自由を奪われたとよ子が、過酷《かこく》な現実に打ちのめされている母親に対して、さくらの花の美しさを訴える懸命《けんめい》さが伝わってくるから。
イ とよ子が構語障害をもちながらもわずか八歳にして人々を感動させる詩を発表したことで、この詩のもつ価値が増し、威厳《いげん》が備わったから。
ウ いままで詩を書いたことのなかったとよ子が、文学者である石牟礼道子に見出だされるほどの優れた詩人であったことを知り、この詩が立派なものであると思ったから。
エ 同じ病におかされていながらも、とよ子とその母親がさくらの花の美しさをたたえ合った様子を描いた詩が、筆者を圧倒《あっとう》するものであったから。
オ さくらの美しさを歌う詩は世の中にたくさんあるけれども、筆者はこれほど多くの表現技法を用いて人々の心をつかもうとしたさくらの詩をほかに知らなかったから。
カ わずか八歳のとよ子が発した、さくらの花の美しさを伝えようとする言葉から、「いのち」へのいつくしみを読み取ることができるから。

問八 ――線⑥「けっして朽ちることのない詩情」について次の問いに答えなさい。
(1) 「朽ちることのない」と同じ意味の言葉を、本文中から漢字二字でぬき出して答えなさい。
(2) とよ子の詩はなぜ「朽ちることのない」ものだといえるのですか。最も適切なものを次の中から選んで、記号で答えなさい。
ア 構語障害をもった人の作った詩は珍しく、詩から伝わってくる並々ならぬおもいが読者の心を打つから。
イ おもいを受け取った母親の中にとよ子の嘆きが受け継がれ、国や企業に責任を求め続けるきっかけとなったから。
ウ とよ子の言葉は、時代や環境が異なる人々にも、しみじみといとおしさや悲しみを届け続けるものだから。
エ ひとつの詩が本にまとめられて初めて、当時の悲惨な状《じょう》況《きょう》が時代を超えて世の中に残されることになったから。
オ さくらの花の美しさはいつの時代も変わらず、詩の中で人々に読み継がれて決して色あせることがないから。

……桜の時期になると、いつもそれを語らずにはいなかった母親も、娘と同じ病いで、去年の夏に死亡した。まだ原因も究明されぬ時期に（注5）みまかった娘は、八つばかりであった。村中の異変と、娘の病状に放心している母親の耳に、まわらなくなってしまった口でいう娘の声が、ふととどいた。極端《きょくたん》な「（注6）構語障害」のため、ききとりにくかったが、母親だけにききとれる言い方で、その子は縁側《えんがわ》にいざり出て、首をもたげ、唇《くちびる》を動かした。

なあかかしゃん
かかしゃん
しゃくらのはなの　咲《さ》いとるよう
美《いつく》しさよ　なあ
なあ　しゃくらのはなの
いつくしさよう
なあ　かかしゃん
しゃくらの　はなの

（『花をたてまつる』石牟礼道子）

この女の子は、溝口《みぞぐち》とよ子という。「なあ　かかしゃん」にはじまる、ここに八行で記された、さくらをめぐる、⑤これほど荘厳《そうごん》な詩をぼくはほかに知らない。このとき、八歳だったとよ子は、おそらく詩を書いたことなどなかった。だが、石牟礼は、彼女のなかに永遠の詩人の誕生《たんじょう》を見過ごさない。

今、ぼくたちが目にしているのは、石牟礼道子の文章だが、彼女自身の言葉というより、彼女に託《たく》された言葉だ。誰も詩を生み出したなどと感じていないところに生まれた、⑥けっして朽《く》ちることのない詩情だ。

書く人に託されているのは、誰も書かないような言葉を書き記すことだけではない。多くの人が見過ごして顧みない日常のなかに、意味の（注7）宝珠《ほうじゅ》を見つけることでもある。

（若松英輔《わかまつえいすけ》『読み終わらない本』による）

（注1）忙殺…非常に忙《いそが》しいこと。
（注2）隠蔽…真実をおおいかくすこと。
（注3）糾弾…罪状や責任をとがめること。
（注4）いまわ…死に際《ぎわ》。もはやこれまで、という状態。
（注5）みまかった…この世を去ったこと。
（注6）構語障害…声は出るが、はっきりと発音ができない障害のこと。
（注7）宝珠…宝とすべき珠《たま》。宝物のこと。

問一　Ⅰ・Ⅱに当てはまる最も適切な二字熟語を、それぞれ考えて書きなさい。

問二　〰〰線あ「分かちがたく」・〰〰線い「蝕んだ」の意味として、最も適切なものを後の中から選んで、それぞれ記号で答えなさい。

あ「分かちがたく」
ア　関わり合うことなく　　イ　理解しきれないまま
ウ　全く共感できずに　　エ　密接にむすびついて
オ　細かく分かれて

い「蝕んだ」
ア　癒《いや》して楽にした　　イ　じわじわ痛めつけた
ウ　ゆっくり養った　　エ　一気に攻撃《こうげき》した
オ　ないがしろにした

問三　――線①「記号としての言葉」・――線②「意味としてのコトバ」に当てはまるものとして、最も適切なものを次の中から選んで、それぞれ記号で答えなさい。

あるだろうか。作家でも詩人でもあった。彼女の作品としては、水俣《みなまた》病《びょう》の患者《かんじゃ》とその家族の嘆《なげ》きと叫《さけ》びを言葉にした『苦海浄土《くがいじょうど》　わが水俣病』が、もっともよく知られている。

③水俣病は、いわゆる「病」ではない。そもそも「水俣病」という表現自体が、この出来事の真実を(注2)隠蔽《いんぺい》しているともいえる。「水俣病」は、明らかな人災だからだ。

チッソという会社が、十年をはるかに超える歳月《さいげつ》、有害であることを知りつつ、有機水銀を含《ふく》んだ工場排水《はいすい》の放出を続け、それが海に流れ込《こ》み、そこに生きている生き物、魚や海老《えび》、蟹《かに》などに蓄積《ちくせき》され、それを日常的に——それも多く——食していた漁民たちの身体を㋑蝕《むしば》んだ。

水俣病は、神経を侵《おか》す。身体の自由が奪《うば》われるだけでなく、語ることのできなくなった人も少なくなかった。これまでいったい何人の人が水俣病に巻き込まれたのかは、今でも分からない。国が認めたのは二千数百人だが、この数字は、事実とは大きくかけ離れていて、現状を理解する上では何の役にも立たない。

訴訟《そしょう》が起こっても、国や企業《きぎょう》は、被害者《ひがいしゃ》の数をなるべく少なくしようとする。そこに民衆と企業、地方自治体、国との終わりのない「たたかい」が始まった。

終わりがない、というのはいっさいの解決を拒《こば》む、ということではない。何も語らないで亡《な》くなった人がいる以上、残されたぼくたちは、それをどんな形であれ「終わり」にすることは許されていない。

ここでいう「たたかい」というのは、必ずしも衝突《しょうとつ》を意味しない。二度と同じ過ちを犯《おか》すまいとする人間の欲望との「たたかい」にほかならない。

ある時期、科学の進歩、そして経済の発展に重きを置いた日本は、「いのち」の意味を見失った。「いのち」の重み、「いのち」の手応《てごた》え、「いのち」の交わりが、ぼくたちの日常生活を根底から支えていることを忘れた。

チッソが、猛毒《もうどく》だと分かっていて、有機水銀を海に続く川に排出したのは、その先に経済的な利益があったからで、それを実行した人々にとっては、自社の利益は、ある人々の「いのち」に勝《まさ》るものとして認識された。

『苦海浄土』には、こうした④近代の闇《やみ》、人間の愚《おろ》かさ、そして、苦しむ者の嘆きがありありと描《えが》き出されている。だが、もし、この作品が(注3)糾弾《きゅうだん》の文学に終わるものだとしたら、ここまで長く読み継《つ》がれることはなかったかもしれない。

それでもなお人々が、直視するのがためらわれるほどの悲惨《ひさん》な現実を受け止めながら、この本を読むのは、身体の自由を奪われた人々が発する無言の［C］に打たれるからだ。そこには、容易に言語化されることを拒むような「いのち」の訴《うった》えがある。

この本を、はじめて手にしたのは十六歳のときだった。でも、一応、読み終えることができたのは四十三歳のときだった。「一応」と書いたのは、それはどうにかページをめくり終えたというだけで、ほんとうの意味でこの本を「読み終える」ことはないように思うからだ。読むたびにこの作品が開いてくれる「意味」の世界はどんどん深く、広くなっていく。

分かったことよりも、分かり得ないことの方が鮮明《せんめい》になっていく。でも、分からない、そう感じるたびに、ここに刻まれた言葉は、ぼくの心に強く寄り添《そ》うようにも感じられる。彼女《かのじょ》に「(注4)いまわの花」と題するエッセイがある。さくらの花と水俣病患者をめぐる一文だ。

そこには次のような一節がある。

歌声のなくなった後も消えないということ。

オ　ボーイ・ソプラノへの愛着とそれを失う悲しみを抱えている朔の気持ちを、自分も理解できたということ。

問九　――線⑦「ありがとうね」とありますが、もし朔がこれに続けて真子に言葉をかけるとしたら、どのような言葉になると思いますか。想像して台詞《せりふ》の形で答えなさい。

三　次の文章を読んで、後の問いに答えなさい。

注意　。、「」などは一字に数えます。

言葉を書くのは「おもい」を表現するためで、記された言葉を読むのは「おもい」を受けとめるため、こう考えることができる。でも、「おもい」とはいったいなんだろう。ぼくたちは自分が何を「おもって」いるのか、ほんとうによく理解しているのだろうか。

「おもい」とひらがなで書いた。今度はこの文字を漢字にしてみると「おもい」と一言でいっても、異なる「おもい」があることに気が付く。これまで人はさまざまな文字を「おもう」と読んできた。

思う（ Ｉ ――頭で考える）
意う（注意――意思、あるいは意志をもって感じる）
憶う（記憶《きおく》――過去を今によみがえらせる）
想う（ Ⅱ ――見えないものを感じる）
忖う（忖度《そんたく》――相手の心を推《お》し量る）
懐う（懐古《かいこ》――懐《なつ》かしむ）
顧う（回顧《かいこ》――過去を顧《かえり》みる）
恋う（恋愛《れんあい》――何かを恋《こい》する）
惟う（思惟《しい》――人間を超《こ》えた存在をおもう）
念う（祈念《きねん》――言葉にならないおもいを宿す）

君が持っている辞書に載《の》っていないものもあるかもしれない。でも、これらはみんな「おもう」という言葉だ。それぞれがどんなことを意味しているのかは、括弧《かっこ》のなかの熟語を読めばいっそうよく分かる。

ここに挙げた十の「おもい」は、ばらばらに存在しているのではない。いつも㋐分かちがたく一つの「おもい」としてぼくたちのこころのなかにある。

それぞれの「おもい」を別な色だと考えると感じやすいかもしれない。色合いに差はあっても、誰《だれ》の心中にも「思い」だけでなく、「恋い」も「念い」もある。でも、あまりに日常に(注1)忙殺《ぼうさつ》されていると、「念い」の存在には気が付けない。

もう君は、「おもいを言葉にする」とは、いえない。でも、そもそも「おもい」は、①記号としての言葉という器《うつわ》を超えているのではないだろうか。

でも、「おもい」はいつも何らかの器を求めてくる。記号としての言葉からあふれでるもの、それらをすべて引き受けるのが②意味としてのコトバだ。

詩人や歌人たちは、このコトバのはたらきに気が付き、詩や歌を世に送り出している。目に映る文字は、目には見えない意味の世界への扉《とびら》に過ぎない。

真に「読む」という行為《こうい》が実現するとき、ぼくたちは Ａ という舟《ふね》に乗って Ｂ の世界へと旅をすることになる。

言葉ではけっして読むことができない文章に出会うこと、それが読書のもっとも豊かな、そしてもっとも大切な経験かもしれない。

君は、石牟礼道子《いしむれみちこ》（一九二七～二〇一八）という名前を聞いたことが

オ　もったいない

問四　――線③「ぽつりとこぼした朔くんが、のどにそっと手をやる」とありますが、ここには朔のどのような気持ちが表れていますか。最も適切なものを次の中から選んで、記号で答えなさい。

ア　自分のソプラノの声はかけがえのない大切なものであるため、学校の合唱団に所属してのどを使いすぎてしまうことのないように守りたいという気持ち。

イ　ソプラノの声を出すにはのどに負担がかかるものの、よりよい歌声を求めて何度も練習をしてしまい自分の声を傷つけてしまうことをやるせなく思う気持ち。

ウ　朔の中では自分の歌声に納得がいっていないものの、ソプラノの高い音域を出せるだけで合唱団の人たちから重宝される現状にいらだつ気持ち。

エ　朔は純粋《じゅんすい》に歌うことを楽しんでいるのに、周囲の人々はソプラノのもの珍《めずら》しさを素晴らしいとほめるばかりで、自分の歌声を快く思えない気持ち。

オ　自分の持つ伸《の》びやかなソプラノの声は成長と共に確実に失われるとわかっているものの、自分にとっては本当に特別なもので愛着を捨てきれない気持ち。

問五　――線④「大人っぽい雰囲気の子だなと思っていた」とありますが、朔が「大人っぽい雰囲気」を身につけた理由を、真子はどのように考えていますか。本文中からその理由になる部分を三十字以内でさがして、「～から。」につながる形ではじめと終わりの三字をぬき出して答えなさい。

問六　＝＝線ⓐ～ⓔの表現について説明したものとして、**適切でないもの**を次の中から一つ選んで、記号で答えなさい。

ア　＝＝線ⓐ「雨上がり独特の蒸し暑さと、ねっとりとした水たまりの香り」は、朔に何もしてあげられないことに対して、真子がもやもやとした思いを抱《かか》えている様子を感じさせる。

イ　＝＝線ⓑ「外灯のオレンジ色に照らされたブルーのランドセルは、鮮やかな夕焼け空みたいだった」という表現は、遠ざかる朔から目を離《はな》せないという真子の様子を感じさせる。

ウ　＝＝線ⓒ「冷たさで、目が覚めた」は、肌にはじけた水の冷たい感触《かんしょく》を通して、朔に伝えたかった言葉の糸口をようやく見つけられた真子の様子を表している。

エ　＝＝線ⓓ「喉を大きく広げて言った」は、真子が全身を使って、自分が本当に思っていることを一生懸命《けんめい》に伝えようとする様子を表している。

オ　＝＝線ⓔ「街灯のオレンジ色がとどかない暗がり」という表現は、朔の持つ心の闇《やみ》には自分の言葉が決して届かないことを、真子が残念に思う様子を表している。

問七　――線⑤「友だちを増やすみたいに、出会った言葉の数だけ、わたしの言葉が増えていく」とありますが、どのようなことですか。説明しなさい。

問八　――線⑥「わたしの言葉」とありますが、真子は朔にどのようなことを伝えようとしましたか。**適切でないもの**を次の中から一つ選んで、記号で答えなさい。

ア　歌声を皆に聞いてもらうことで、朔も自分の気持ちを誰かとわかち合うことができるのだということ。

イ　朔の歌声はデータに記録しておけば永遠に残り続けるため、自分の手元にあることと同じだということ。

ウ　歌声の消える悲しみと特別な歌声を大切に思う気持ちは、どちらも持っていてよいのだということ。

エ　朔のボーイ・ソプラノはとびきり美しかったという事実は、

返答に困《こま》ったわたしを見て、朔くんは肩《かた》をすくめてみせた。

⑥わたしの言葉が朔くんの中のどこに納《おさ》まったのか、わたしからはわからない。ただ、朔くんの中にちゃんと入っていったのだけは、なんとなくわかった。

それだけで、充分《じゅうぶん》だった。

「⑦ありがとうね」

そう言って、朔くんはわたしにもう一度手を振って、路地を歩いていった。

（額賀《ぬかが》　澪《みお》『ラベンダーとソプラノ』による）

（注1）朔ちゃん…ここでは朔が自分のことを「朔ちゃん」と呼んでいる。

（注2）バー…「半地下合唱団」が練習をしているお店のこと。

問一　——線①「この歌の背景をもっと知りたいな」とありますが、ここには真子のどのような思いが表れていますか。最も適切なものを次の中から選んで、記号で答えなさい。

ア　朔の美しい歌声にこめられた観客へのメッセージを理解したいという思い。

イ　朔の美しい歌声がどのような技術に支えられているのかを理解したいという思い。

ウ　朔の美しい歌声にこめられていた曲の物語や成り立ちを知りたいという思い。

エ　朔の美しい歌声が生み出すメロディーの複雑さをもっと知りたいという思い。

オ　朔の美しい歌声を支えてくれている家族のことをもっと知りたいという思い。

問二　——線②「力強く、澄んだ風に物語や想いがとけると、ラベンダーみたいな優しい香りがする」とありますが、これを説明したものとして最も適切なものを次の中から選んで、記号で答えなさい。

ア　誰も失敗をしないように皆《みな》で心を一つにすることで、鍛《きた》え上げられた歌声が美しく調和して元気のよい合唱が生まれるということ。

イ　歌の技術を磨《みが》き上げた一人ひとりが、豊かな個性を発揮することで、楽曲の持つ意外なよさが引き立って面白い合唱が生まれるということ。

ウ　作者が歌にこめたメッセージをメロディーに乗せると、思わず眠気《ねむけ》に襲《おそ》われてしまうほど心が穏《おだ》やかになるような合唱が生まれるということ。

エ　歌の持つメッセージを理解して、気持ちを歌声に乗せながらよいハーモニーをつくり上げることができたとき、心地よい合唱が生まれるということ。

オ　作者の意図を理解した上で、家族の愛情を美しい旋律《せんりつ》に乗せて歌うと、思いやりにあふれる温かな合唱が生まれるということ。

問三　〰〰線(あ)「見すえた」・〰〰線(い)「むなしい」の本文中の意味として、最も適切なものを後の中から選んで、それぞれ記号で答えなさい。

(あ)「見すえた」

ア　ふいにながめた　　イ　じっと見つめた

ウ　そっとにらみつけた　　エ　すっとあおぎ見た

オ　ぐっとのぞきこんだ

(い)「むなしい」

ア　こだわりがない　　イ　心苦しい

ウ　腹立たしい　　エ　意味がない

「あんまり意味なかったけどね。（注１）朔ちゃん、カルシウムを摂《と》らなくても発育いいみたいだから。成長期には勝てなかったね」

あははっと笑った朔くんが時計を確認《かくにん》し、「もう帰らないと。父さんと母さんに怒られる」と立ち上がった。わたしも、テーブル席におきっぱなしだったランドセルと傘《かさ》を取りに行く。

「それじゃあ、次の練習でね」

（注２）バーの明かりを消し、出入り口にカギをかけた朔くんが、わたしに手を振《ふ》って、帰っていく。

外《と》はすっかり夜だったけれど、雨は降《ふ》ってなかった。ⓐ雨上がり独《どく》特の蒸《む》し暑さと、ねっとりとした水たまりの香りが、あたりにただよっている。

朔くんの家は、路地の先。わたしの家は、商店街のメインストリートを抜《ぬ》けた先。ここで別れるのは、ごく自然のことだ。

朔くんの背中《せなか》が、小さくなっていく。ⓑ外灯のオレンジ色に照らされたブルーのランドセルは、鮮《あざ》やかな夕焼け空みたいだった。

「朔くん！」

叫《さけ》ぶと、朔くんは足を止めて、わたしを見た。次に何を言えばいいのかわからなくて、悪あがきをするように、わたしは朔くんのもとに走った。

水たまりに思い切り足をつっこんでしまって、ふくらはぎのあたりで冷たい水が弾《はじ》けた。

でも、そのⓒ冷たさで、目が覚めた気がする。

「いっぱい聴いてもらおうよ、夏祭りで」

朔くんに向かって身を乗り出し、ⓓ喉《のど》を大きく広げて言った。

「どうせ消えちゃう声だから大勢の人に聴かせたくないって気持ちと、消える前にみんなに聴いてほしいっていう気持ち、正反対だけど、裏《うら》と表でちゃんとつながってるんだと思うよ。だから、どっちも持っていいんだよ」

今日、保健室《ほけんしつ》で南《みなみ》先生に言われたこと。さっき亜矢《あや》さんに言われたこと。内容《ないよう》はちがうけれど、それぞれの話の欠片《かけら》が集まって、わたしの中で言葉になる。

ああ、そっか。自分の言葉って、こうやって増《ふ》えていくんだ。⑤友だちを増やすみたいに、出会った言葉の数だけ、わたしの言葉が増えていく。

「だから、夏祭りでいろんな人に朔くんの歌を聴いてもらおうよ。朔くんの寂《さび》しさを、いろんな人と共有すればいいんだよ。声変わりがきちゃっても、朔くんのソプラノがきれいだった事実は消えないんだから、みんなに覚えていてもらえばいい」

わたしだけじゃなくて、半地下合唱団のメンバーだけじゃなくて、夏祭りに来た大勢の人に。「もったいない」と思われるかもしれないけど、その裏には「柚原《ゆはら》朔のボーイ・ソプラノは素晴らしかった」という事実が、まちがいなく、あるのだから。

『もったいない』って言葉は、残念って気持ちもあるけど、なくなっちゃったものを愛《いと》しいなって思う気持ちの方が、大きいと思うんだ」

これは……そうだ、『あの素晴らしい愛をもう一度』の歌詞《かし》を見た奈津美《なつみ》さんが、こんな風に言っていたんだ。

「……それって、真子ちゃんも夏祭りのステージで一緒《いっしょ》に歌うってこと？」

ⓔ街灯のオレンジ色がとどかない暗がりで、朔くんが笑ったのがわかった。ほほえんだのか、苦笑いだったのか、薄暗《うすぐら》くて今ひとつわからなかった。

「うう、それは……」

「まあ、どっちでもいいけどさ」

そこから受け取った自分の感情《かんじょう》をのせる。
日々の練習で育てたハーモニーは、それらをとどけるための風のようなものだ。
②力強く、澄《す》んだ風に物語や想いがとけると、ラベンダーみたいな優《やさ》しい香りがする——小学一年生のわたしが、入学式で味わったのは、そんな瞬間《しゅんかん》だったのだと思う。
本来、そういうものだったはずなのに。合唱クラブの今の歌声には、香りなんてちっともにじんでいない。失敗しないように、先生や穂乃《ほの》花《か》に怒《おこ》られないように……そんなのばっかりだ。
「やっぱり、もったいないなって思っちゃう」
歌い終えた朔くんに、真っ先にそう伝えた。
「もったいない？」
「朔くんが合唱クラブにいてくれたらってことじゃなくて、朔くんがこんなにきれいなボーイ・ソプラノを持ってるのに、それを知らない人がいっぱいいるのが、もったいないって思って」
「でもさ、俺《おれ》のソプラノ、もうすぐ消えるんだよ」
わたしの目を㋐見すえたまま、朔くんはつぶやく。
「声変わりがきたら消えるの。小四の秋ぐらいからいきなり背《せ》がのび始めたし、いつ声変わりがきてもおかしくないんじゃないかな」
男子の声変わりが始まるのって、小学校高学年から中学生にかけてだっけ？　朔くんは背が高いし、まわりの子より早く声変わりするかもしれない。
そうなったらきっと、このボーイ・ソプラノは出せなくなる。
「俺は自分の歌声が好きだ。だから、馬鹿にされたらムカつくから学校では歌わない。嫌《いや》な思いをしてまで歌いたくないから、合唱クラブにも入らない。真子ちゃんがどう思おうと、ここで楽しく歌えれば、それでいい」
——それに。
③ぽつりとこぼした朔くんが、のどにそっと手をやる。どこまでも広がる、澄んだソプラノを響《ひび》かせる自分ののどを、優しくなでた。
「声変わりがきたらなくなるのに、㋑むなしいじゃん。大勢《おおぜい》の前で自《じ》慢《まん》げに歌って『きみの声は素晴《すば》らしいね』っていろんな人にほめてもらっても、コンクールで金賞《きんしょう》をもらっても、すぐに消えちゃうのにさ。そうなったらきっと、みんな『もったいない』って言うんだ」
「ちがうよ。わたし、そういうつもりで言ったんじゃ……」
「わかってるよ」
鍵盤《けんばん》をもう一度布《ぬの》でふいて、朔くんはピアノの蓋《ふた》を閉《し》める。
「自分が一番、声が消えるのを『もったいない』って思ってるんだって、わかってる」
朔くんのことは、はじめて会ったときから④大人っぽい雰囲気の子だなと思っていた。わたしが「ラベンダー色の似合《にあ》うお姉さん」に憧《あこが》れたように、朔くんも大人っぽい自分になりたくてそうなったんだと、ぼんやり思いこんでいた。
でも、そうじゃなくて。
大事なものがいつか消えてしまう未来をずっとずっと見つめていたから、ほかの子より一歩前を歩いているような大人びた雰囲気を、いつの間にか身にまとってしまったのかもしれない。
「魚住《うおずみ》のおっちゃんが『夏祭りで歌おう！』って言ったのに反対しなかったのも、消える前に誰《だれ》かに聴いてほしいなって思ったのかも。どうせ声変わりがきたら消えるんだから〜って軽く話してたくせに、いつの間にか、放したくなくなっちゃったんだよな」
「だから、牛乳《ぎゅうにゅう》飲むのやめたの？」
優里《ゆうり》の家に行ったとき、朔くんは牛乳を飲まなかった。半年前に飲むのをやめたって。

ア　おろおろ　イ　むしゃくしゃ　ウ　おどおど
エ　わくわく　オ　はらはら

4　――線②「銀の粒」とありますが、これは何をたとえていますか。文中から漢字一字でぬき出して答えなさい。

5　――線③「分からぬではない」とありますが、これはどのような意味ですか。最も適切なものを次の中から選んで、記号で答えなさい。
ア　とてもよく分かる　イ　少しは分かる
ウ　よく分からない　エ　全く分からない

6　[B]に当てはまる言葉として、最も適切なものを次の中から選んで、記号で答えなさい。
ア　落として　イ　あげて　ウ　引いて
エ　まいて　オ　早めて

7　「七夕」は秋の季語です。次の句の中で秋の季語をふくむものを一つ選んで、記号で答えなさい。
ア　雪だるま星のおしやべり《（おしゃべり）》ぺちやくちや《（ぺちゃくちゃ）》と（松本たかし）
イ　たんぽぽや日はいつまでも大空に（中村汀女《ていじょ》）
ウ　名月を取つ《（っ）》てくれろと泣く子かな（小林一茶《いっさ》）
エ　ひつ《（っ）》ぱれる糸まつ《（っ）》すぐや甲虫《かぶとむし》（高野素十《すじゅう》）
オ　じゃんけんで負けて蛍《ほたる》に生まれたの（池田澄子《すみこ》）

二

次の文章を読んで、後の問いに答えなさい。

注意　。、「」などは一字に数えます。

小学六年生の真子《まこ》は学校の合唱クラブに所属しているが、コンクールでの優勝を目指して厳しい練習を行うクラブの雰囲気《ふんいき》に違和感《いわかん》を抱《いだ》いていた。ある日、真子は地域のコーラス団体「半地下合唱団」に参加し、ソプラノ・パートを歌う少年・朔《はじめ》の美しい歌声に圧倒《あっとう》される。

追いかけても追いかけてもとどかない朔くんの声は、やはりとても魅力的《みりょくてき》だった。

And wherever I climb（わたしがどこへ登って行こうとも）
Far away and anywhere（遥《はる》か彼方《かなた》、どこにいたとしても）
You raise me high, beyond the sky（空よりも高く）
Through stormy night, lifting me above（嵐《あらし》の夜を越《こ》え、わたしを高みへ引き上げる）

Venite Spiritu et emitte caelitus（精霊《せいれい》よ来たりたまえ、天の御使《みつか》いを送りたまえ）
Venite Spiritu et emitte caelitus（精霊よ来たりたまえ、天の御使いを送りたまえ）
Venite Spiritu Venite Spiritus（精霊よ来たりたまえ、精霊よ来たりたまえ）
Far away, beyond the sky（遥か彼方、空よりも高く）

神様に感謝《かんしゃ》と祈《いの》りをささげる歌なのだと、日本語訳の意味を調べてわかった。①この歌の背景《はいけい》をもっと知りたいなとお母さんにタブレットを借りて調べていたら、「コンクールの歌のこと調べてるの？」と、かんちがいされた。

コンクールで歌う課題曲も自由曲も、こんな風に、曲にこめられた風景や物語を感じ取ることから、練習を始める。聴《き》いている人に自分の力やテクニックを見せつけるんじゃなくて、曲にこめられた物語と、

2024年度 横浜雙葉中学校

【国語】〈二期試験〉（五〇分）〈満点：一〇〇点〉

（。、「」などは一字に数えます。）

一　次のそれぞれの問いに答えなさい。

問一　次の――線の漢字をひらがなに、カタカナを漢字に直して答えなさい。送りがなが必要な場合は、ひらがなで書きなさい。

1　ご来光を拝む。
2　険しい山に立ち向かう。
3　強敵を相手に奮闘した。
4　破竹の勢いでつき進む。
5　ジシャクのＮ極とＳ極。
6　栄養分をオギナウ。
7　たんぽぽのワタゲを飛ばす。
8　ソシキの中心として活動する。

問二　次の文章を読んで、後の問いに答えなさい。

スマホの画面をのぞきながら足早に、夜道を家路につく。ふと見上げると、すばらしい輝《かがや》きの満月が浮《う》いていた。つい先日のことだ。現代社会は、夜空を見つめる機会をすっかり失わせてしまった。［Ⅰ］今夜ぐらい。七夕である。

芭蕉《ばしょう》は、［Ａ］から心待ちにしていたらしい。〈（注1）文月《ふみづき》や六日《むいか》も常の夜には似ず〉。『奥《おく》の細道』の長い道のりでは、暑さや雨に苦しんだ。旅を見まもる星たちは、対話を重ねる相手でもあったのだろう。

芭蕉が生きた時代とは異なって、新暦《しんれき》のいまの七夕は、天気には恵《めぐ》まれぬものと相場が決まっている。気象庁によれば、２０２０年までの過去30年で、７日が「晴れ」だったのは東京で23％しかない。織姫《おりひめ》と彦星《ひこぼし》は年１度の再会を無事に果たせるのか。①やきもきして当たり前なのである。

［Ⅱ］今年はいかに。きのう各地では梅雨の晴れ間が広がり、真夏の暑さとなった。一日早かった。きょうからは前線の活動が再び激しくなり、九州などは雨の予報となっている。

万葉集の名もなき歌人も、天を見上げて②銀の粒《つぶ》を恨《うら》めしげに眺《なが》めたのだろう。そして想像力をふくらませた。〈この夕《ゆうべ》降り来る雨は彦星のはや漕《こ》ぐ船の（注2）櫂《かい》の散りかも〉。銀河をこぎ渡《わた》る彦星の舟。そのときに飛び散るしぶきに、雨を例えた。

早く会いたいと、はやる彦星の気持ちは③分からぬではない。ただ、しばらく大雨はこりごりの地域もある。これ以上の災害が起こらぬよう、櫂をこぐスピードを少々［Ｂ］いただけると、ありがたい。

（朝日新聞「天声人語」による）

（注1）　文月…芭蕉の時代の暦《こよみ》で七月のこと。
（注2）　櫂…船をこぐための道具。

1　［Ⅰ］・［Ⅱ］に当てはまる言葉として、最も適切なものを次の中から選んで、それぞれ記号で答えなさい。
ア　また　　イ　ちょうど　　ウ　どうせ
エ　さて　　オ　せめて　　カ　いわゆる

2　［Ａ］に当てはまる言葉として、最も適切なものを次の中から選んで、記号で答えなさい。
ア　前月　　イ　前夜　　ウ　朝　　エ　前年　　オ　昼

3　――線①「やきもき」とありますが、これと最も近い意味をもつ語を次の中から選んで、記号で答えなさい。

2024年度

横浜雙葉中学校　▶解　答

※　編集上の都合により，２期試験の解説は省略させていただきました。

算　数　＜２期試験＞（50分）＜満点：100点＞

解　答

1 (1) ① $\frac{1}{50}$　② 7　(2) 48人 (3) 8回　(4) 36km　(5) 16通り　(6) 10cm　(7) 8：3　2 (1) **21番目**…61，**50番目**…149　(2)（例）1に4や2をたした数が並んでいるから。　(3) 25個　(4) 3825　3 (1) 右の図1　(2) 33600 cm^2　(3) ア，カ　(4) **図**…右の図2／**面積**…11520cm^2

図1

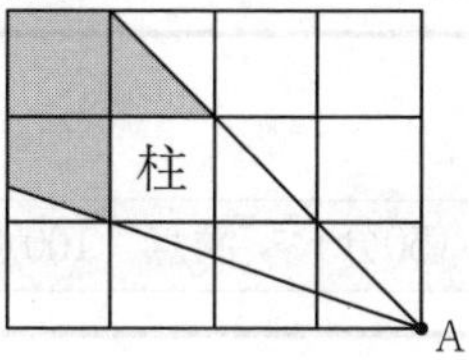

図2

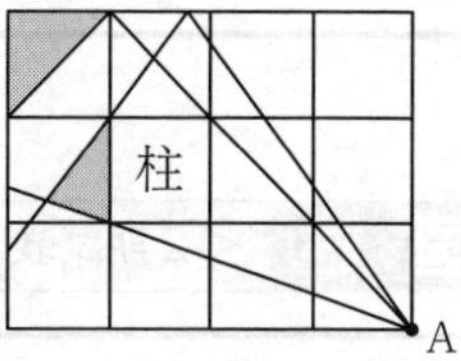

社　会　＜２期試験＞（40分）＜満点：80点＞

解　答

1 **問１**　吉野ヶ里遺跡　**問２**　前方後円墳　**問３**　遣隋使　**問４**（例）仏教をさかんにしてできるだけ多くの民衆の心からの協力を得て，大仏をつくること。　**問５**　ア　**問６**　平等院鳳凰堂　**問７**　ア　**問８**　ア　**問９**　書院造　**問10**　安土城　**問11**　飛脚　**問12**　エ　**問13**　八幡製鉄所　**問14**　8月6日　**問15**　ウ　**問16**　イ　2 **問１**　**１**　リアス　**２**　大分　**問２**　ア，カ　**問３**　**A**　四国　**B**　中国　**問４** (1) 赤潮　(2) **真珠**…ア　**わかめ類**…ウ　**問５**　イ　**問６**　**A**　和歌山県　**B**　長野県　**問７**　**X**　中国　**Y**　サウジアラビア　**問８**（例）A／地域クーポン券を発行して市民に配布し，その市の店で買い物ができるようにする。／市民にとって大都市に買い物に行くより地元で買い物をする方が利点があると考えられるから。また，店の売上減少を防ぐ役割もあり，地域経済が活性化されるから。（B／観光課などが協力して，瀬戸内海のクルーズなど船を使った新しい事業をたちあげる。／新しい顧客を得ることができれば市の魅力をアピールするチャンスが生まれ，観光業やサービス業で働く人々に広く経済効果がおよんで地域経済の活性化につながるから。）

3 **問１** (1) 1946年11月3日　(2) エ　**問２**　ア　**問３**　新橋　**問４**　板垣退助　**問５**　ア　**問６** (1) 法律　(2) 勤労の義務（働く義務）　**問７**　ウ，エ，オ　**問８**　**A**　エ　**B**　ウ　**問９**　ア，イ　**問10**　天皇　**問11**　ア

理　科　＜２期試験＞（40分）＜満点：80点＞

解　答

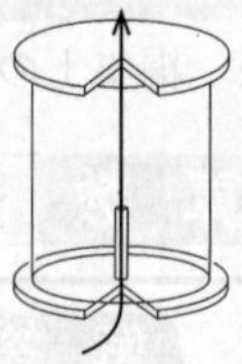

1 問１　(ウ)　問２　胚珠　問３　A　(イ)　B　(ウ)　C　(ア)　D　(イ)　E　(イ)　F　(イ)　G　(ウ)　問４　H　(イ)　I　(ク)　2 問１　記号…(う)　図…右の図　問２　記号…(あ)　理由…(エ)　問３　ア　酸素　イ　二酸化炭素　ウ　b　問４　7.5％　3 問１　(ア)　問２　(1)　(あ)　(2)　F　(3)　A　(4)　(イ)　問３　(1)　G　(2)　(ア)　(3)　(オ)　(4)　(ウ)　(5)　(ウ)　4 問１　25cm　問２　25cm　問３　12.5cm　問４　22.5cm　問５　24cm　問６　23cm　問７　23cm　問８　(イ)

国　語　＜２期試験＞（50分）＜満点：100点＞

解　答

一 問１　1　おが(む)　2　けわ(しい)　3　ふんとう　4　はちく　5～8　下記を参照のこと。　問２　1　Ⅰ　オ　Ⅱ　エ　2　イ　3　オ　4　雨　5　イ　6　ア　7　ウ　二 問１　ウ　問２　エ　問３　(あ)　イ　(い)　エ　問４　オ　問５　大事な～ていた(から。)　問６　オ　問７　(例)　人に接して共感し，親しみ合って友だちになるように，耳にして心に刻まれた言葉も，使うことで自分のものになっていくということ。　問８　イ　問９　(例)　もうすぐ声変わりで今の声は消えるんだから，人に聞かせてもむなしいと思っていたけれど，真子ちゃんが言うように，この声が消える前に大勢の前で歌って，今の声を覚えておいてもらえるのも，いいかもしれないね。　三 問１　Ⅰ　(例)　思考　Ⅱ　(例)　想像　問２　(あ)　エ　(い)　イ　問３　①　ウ　②　カ　問４　A　言葉　B　コトバ　C　コトバ　問５　人災　問６　(例)　科学の進歩や経済の発展，企業の利益に重きを置き，人々の日常生活を根底から支える自然も，人々のいのちも軽んじられたこと。　問７　ア，カ　問８　(1)　永遠　(2)　ウ

●漢字の書き取り

一 問１　5　磁石　6　補う　7　綿毛　8　組織

Memo

Memo

2023年度 横浜雙葉中学校

【算　数】 (50分) 〈満点：100点〉

1 次の問いに答えなさい。円周率は3.14とします。

(1) 次の $\square$ にあてはまる数を答えなさい。

① $77 \times 0.77 - 0.55 \times 55 + 11 \times 0.11 = \square$

② $\frac{8}{15} \times \left\{ 1\frac{1}{6} + 2\frac{2}{9} \div \left(\square - 2.5 \right) \right\} = 1\frac{1}{3}$

(2) 2人の代表者を決める選挙に葉子さんを含《ふく》めた10人が立候《こう》補しています。250人が一人1票を10人のうちだれかに投票するとき，1回の投票で葉子さんが必ず代表者に選ばれるためには何票以上必要ですか。

(3) 60との最大公約数が12で，28との最小公倍数が252である2桁《けた》の整数を求めなさい。

(4) ふたばさんは，3日かけて1冊の本を読み終えました。1日目は全体の $\frac{2}{5}$ を，2日目は残りの $\frac{5}{8}$ を，3日目は最後の18ページを読みました。この本は全部で何ページですか。

(5) 濃《のう》度が4％の食塩水が50g入っている容器Aと，濃度が10％の食塩水が290g入っている容器Bがあります。容器Aに入っている食塩水をすべて容器Bに移そうとしましたが，誤って何gかこぼしてしまいました。その後，容器Bに10gの食塩を加えると，濃度が12％になりました。こぼした食塩水は何gですか。

(6) 右の図は，１辺の長さが２cm の４つの正方形と２つの円を組み合わせたものです。色のついた部分の面積は何 cm^2 ですか。

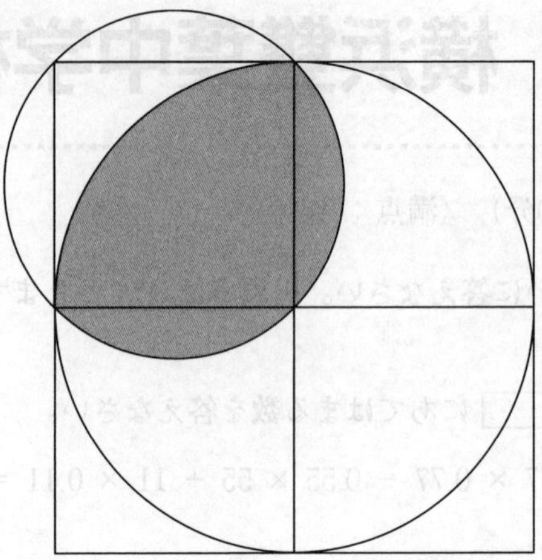

(7) １辺の長さが６cm の立方体を，右の図のように平面で切ったところ，一方の立体の体積が 171 cm^3 になりました。□ にあてはまる数を答えなさい。

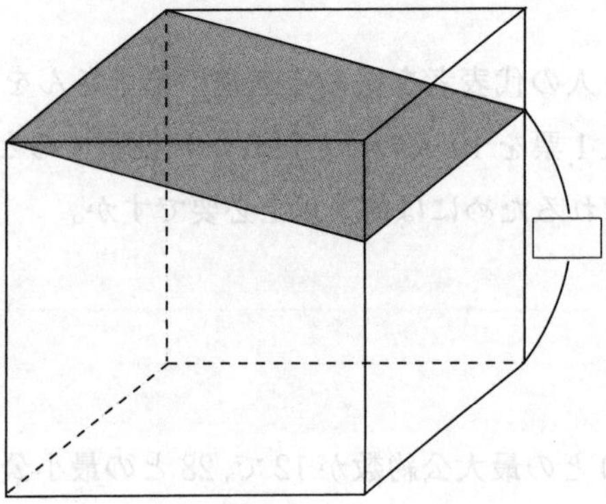

2 正五角形 ABCDE の辺の上を点Ｐと点Ｑが次の条件で動きます。

【条件】

・点Ｐと点Ｑは頂点Ａを同時に出発して，点Ｐは時計回りに，点Ｑは反時計回りに動き続けます。

・点Ｐは常に一定の速さで動き続け，１周するのに16秒かかります。

・点Ｑは１周する間は一定の速さで動きますが，１周するごとに速さが1.5倍になります。はじめの１周は36秒かかります。

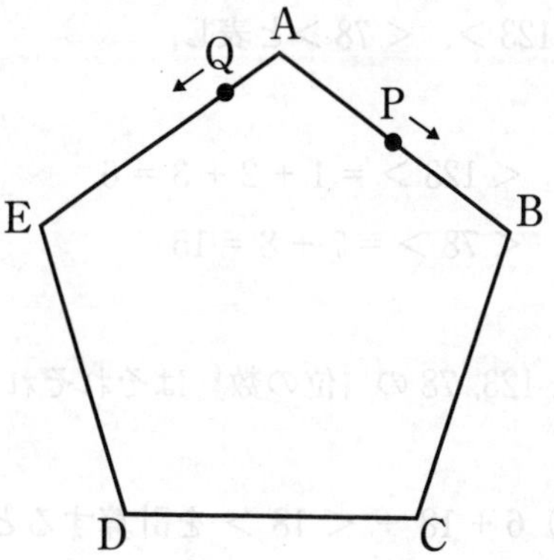

このとき，次の問いに答えなさい。

(1) 点Ｑの速さが点Ｐの速さよりも速くなるのは点Ｑが何周目のときからですか。

(2) 出発してから80秒後に点Ｑはどの頂点とどの頂点の間にありますか。

(3) 点Ｐと点Ｑが初めてすれ違《ちが》うのは出発してから何秒後ですか。途《と》中の式や考え方も書きなさい。

(4) 点Ｐと点Ｑが出発してから80秒間動き続けるとき，最後にすれ違うのは出発してから何秒後ですか。

3 ある整数を『もとの数』と呼び，『もとの数』の各位の数を足したものを『位の数』と呼ぶことにします。例えば，『もとの数』を123，78とするときの『位の数』をそれぞれ＜123＞，＜78＞と表し，

＜123＞＝1＋2＋3＝6
＜78＞＝7＋8＝15

で，123, 78の『位の数』はそれぞれ6，15となります。このとき，次の問いに答えなさい。

(1) 6＋18 ÷ ＜18＞を計算すると，いくつになりますか。

(2)『もとの数』を1から50までの3の倍数とするとき，『位の数』として考えられるものをすべて答えなさい。

(3) 2桁の『もとの数』と『位の数』は同じになることはありません。その理由を「十の位」，「一の位」という言葉をすべて使って説明しなさい。

(4)『もとの数』を9の倍数とするとき，『もとの数』を2で割ったものと，『位の数』とを足すと117になりました。『もとの数』として考えられるものをすべて答えなさい。

【社　会】（40分）〈満点：80点〉

1　人類の歴史の中で、日本をふくむ世界の国ぐには新たな関係を築くために、もしくは情報のやりとりや貿易のために、さまざまな使節団をたがいに送りあってきました。次のＡ～Ｊの文章は、そのような例について述べたものです。後の問いに答えなさい。

Ａ　中国の古い歴史の本には、３世紀ごろ、(あ)邪馬台国の女王の卑弥呼が中国の魏に使いを送り、倭の王であることを示す称号《しょうごう》とともに印や鏡などをあたえられたと記されています。

問１　下線部(あ)について、邪馬台国があった場所には、さまざまな説があります。そのなかの近畿地方とする説で、候補地の一つとされている遺跡を、次のア～エから一つ選び、記号で答えなさい。

ア　吉野ケ里遺跡　　イ　纒向遺跡　　ウ　三内丸山遺跡　　エ　登呂遺跡

Ｂ　(い)聖徳太子（厩戸王）は、おばが天皇の位につくと天皇の政治を助けました。そして、天皇中心の新しい国づくりを目ざしました。また聖徳太子は、７世紀のはじめに、中国（隋）に小野妹子を送り、中国の文化や政治のしくみを取り入れようとしました。この使節のことを遣隋使と呼びます。

問２　下線部(い)の聖徳太子の行ったこととして正しくないものを、次のア～エから一つ選び、記号で答えなさい。

ア　能力によって役人にとりたてる、冠位十二階を定めた。
イ　仏教を大切にして、法隆寺を建てた。
ウ　豪族の蘇我氏と協力して政治を行った。
エ　藤原京を完成させて、都にした。

Ｃ　朝廷は仏教の教えを正しく広めるために、中国のすぐれた僧を日本に招こうとしましたが、日本行きを希望する僧はいませんでした。そのようななか、中国で位の高い僧であった（　(う)　）は、意を決して日本の招きに応じました。しかし５回も失敗し、度《たび》重なる苦労で目が見えなくなってしまいました。最初の旅立ちから10年以上もたった753年に、（　(う)　）はついに日本にたどり着きました。

問３　空欄《くうらん》（　(う)　）にあてはまる人名を漢字で答えなさい。

D　平安京を都に定めてから100年ほどたったころには、㋓遣唐使が派遣されなくなりました。そして、それまでにもたらされた中国の文化を生かしながら、㋔日本風の文化が育ってきました。かな文字の発達もその一つの例と言えます。

問4　下線部㋓について、遣唐使の派遣を考えなおすことを提案した人物の名前を漢字で答えなさい。

問5　下線部㋔の日本風の文化について正しいものを、次のア～エから一つ選び、記号で答えなさい。

ア　ひら仮名《がな》は、真名《まな》（漢字）をくずしてつくられた。
イ　清少納言は、『源氏物語』を書いた。
ウ　十二単は、男性の正装である。
エ　浮世絵が生まれ、貴族の生活のようすがえがかれた。

E　13世紀になると、大陸ではモンゴルがまわりの国ぐにを征服《せいふく》して、大きな国をつくっていました。モンゴルは中国北部を征服すると、国の名前を「元」と改め、日本も元に従うようにと何度も使いを送ってきました。鎌倉幕府はこれをこばみ、九州の守りを固めさせました。そして、元軍が（　㋕　）年と1281年の二度にわたって、㋖大軍で日本をおそいました。

問6　空欄（　㋕　）にあてはまる数字を答えなさい。

問7　下線部㋖について、元軍が大軍でおそった場所を、次のア～エから一つ選び、記号で答えなさい。

ア　別府《べっぷ》湾　　イ　駿河《するが》湾　　ウ　博多《はかた》湾　　エ　鹿児島湾

F　15世紀はじめには、室町幕府の三代将軍であった㋗足利義満が中国の明に使いを送り、国交を開き、明との貿易をはじめました。この貿易によって、足利義満は大きな利益を得ました。

問8　下線部(く)の足利義満の活躍《かつやく》した室町時代の文化や生活について、正しくないものを、次のア～エから一つ選び、記号で答えなさい。

ア　雪舟は中国の明に渡って本格的な水墨画を学んだ。
イ　茶の湯や生け花などが生まれ、さかんになった。
ウ　うどん・とうふ・納豆《なっとう》・こんにゃくがひろまった。
エ　観阿弥・世阿弥親子が、歌舞伎をはじめた。

G　江戸幕府と朝鮮との交流では、(け)朝鮮からの使節団が、江戸で将軍と面会しました。この使節は、江戸時代を通じて12回も日本に来て、交流をはかりました。また、対馬藩は朝鮮の釜山《プサン》に船を送って、貿易を行いました。朝鮮からは生糸などを輸入し、日本からは（　A　）などを輸出しました。

問9　下線部(け)の使節団の名前を漢字で答えなさい。

問10　空欄（　A　）にあてはまるものとして、もっともふさわしいものを、次のア～エから一つ選び、記号で答えなさい。

ア　鉄　　イ　銀　　ウ　綿織物　　エ　麻

H　1853年、アメリカ合衆国の使節であるペリーが、日本の開国を求める大統領の手紙を持って、4せきの軍艦《ぐんかん》を率いて浦賀に来航しました。翌年の1854年に、ペリーは再び来航しました。アメリカの強い態度と武力をおそれた幕府は、(こ)要求を受け入れることを決め、日米和親条約を結んで、(さ)二つの港を開きました。

問11　下線部(こ)について、アメリカ合衆国が日本に要求してきた内容として正しくないものを、次のア～エから一つ選び、記号で答えなさい。

ア　日本が、アメリカ船に石炭をあたえること。
イ　日本が、難破したアメリカ船の乗員を保護すること。
ウ　日本が、クジラをとることをやめること。
エ　日本が、アメリカ船に食料・水をあたえること。

問12　下線部(さ)の二つの港の名前を、それぞれ漢字で答えなさい。

Ⅰ　1871年、㋛岩倉具視らを中心とする使節団がアメリカやヨーロッパに向けて出発しました。参加した人びとは、㋜欧米の近代的な政治・経済のしくみ、産業や文化について学び、帰国後、日本の近代化に取り組みました。

問13　下線部㋛の岩倉使節団に参加していた人物を、次のア～オから二人選び、記号で答えなさい。

ア　坂本龍馬　　イ　木戸孝允　　ウ　勝海舟　　エ　板垣退助
オ　大久保利通

問14　下線部㋜について、下のア・イ・ウ・エの資料は、岩倉具視の使節団からみた19世紀のイギリスのリヴァプール（ア・イ・ウ）とマンチェスター（エ）という二つの都市のようすを伝えた文章の一部です。使節団の人びとは、当時のイギリスの工業についてどのような特徴《とくちょう》があると、とらえていたと考えられますか。また、あなたがそのように考えた理由をこの4つの資料を使って答えなさい。

ア　……市のなかを遠くからながめたが、石炭のけむりがもうもうと、地上から100mくらい上空までおおい、空は晴れているのにいつも暗い。……市中の人びとはこの黒い空気の中で呼吸している。……だからここの人びとが死ぬまでの期間の平均は、上の方の人は35年、中くらいの人は23年、下の方の労働者たちはたった15年ということだ……。

イ　クレーンという重い荷物を運ぶ機械は、……西洋では港、造船所、工場、鉱山の入口など、すべての重い荷物を積み降ろしする場所で設置していないところはない、……最も必要な機械である。わが国日本は、……港で荷物を受け入れる設備がまったくととのっていない……。

ウ　（蒸気機関車や鉄道のレールなどをつくる）この工場の生産が盛《さか》んなのを見て、またその1年間の生産高を聞けば、誰でもがく然として、その盛大なことに驚《おどろ》くことだろう……。

エ　この市には工場が多く、特に綿糸や綿織物の生産はヨーロッパで他に肩をならべられるところはない。蒸気の力を使って動かしているので、市の全体に石炭のけむりが天をおおい、空気は真っ黒になっている。

久米邦武《くめくにたけ》編　『特命全権大使《とくめいぜんけんたいし》　米欧回覧実記《べいおうかいらんじっき》』

（注）意味が変わらないように言葉の一部を変えて、現代語訳しています。

J　㋝渋沢栄一は1920年代のなかごろ、移民の問題などをめぐって悪化していた日米関係の改善のために、力をつくしました。1927年にアメリカから人形が日本に贈《おく》られ、「青い目の人形」として話題になりました。日本からも渋沢栄一が中心となって「日本人形」をアメリカに贈り、これらは「人形使節」と呼ばれています。「青い目の人形」は、横浜雙葉中学校の近くにある博物館「横浜人形の家」などで見ることができます。

問15　下線部㋝の渋沢栄一が行ったこととして正しいものを、次のア～エから一つ選び、記号で答えなさい。

ア　外務大臣として治外法権を撤廃《てっぱい》させるなど、条約改正に力をつくした。
イ　日本で最初の銀行を設立し、500余りの会社の育成にたずさわった。
ウ　国際社会の平和と安全をめざす国際連盟の事務次長を務めた。
エ　『学問のすすめ』を書いて、多くの人びとに影響をあたえた。

2 ふたばさんの祖父母は、富山県に住んでいます。コロナ禍《か》でしばらく会えない日々が続いていたのですが、この夏休みは久しぶりに遊びにいくことができました。このことをきっかけに富山県に興味を持ったふたばさんは、夏休みの調べ学習のテーマに富山県を選び、さまざまな視点で調べることにしました。後の問いに答えなさい。

問１　ふたばさんは、富山市の気候の特徴を知るために、いくつかの都市と比べてみることにしました。次の表は、富山市のほか札幌市、横浜市、松本市、岡山市における、月別平均降水量と月別平均気温を示したものです。表中のア～オは、これらのいずれかの都市を表しています。富山市と岡山市を、ア～オから一つずつ選び、それぞれ記号で答えなさい。

		1月	2月	3月	4月	5月	6月	7月	8月	9月	10月	11月	12月
ア	降水量(mm)	64.7	64.7	139.5	143.1	152.6	188.8	182.5	139.0	241.5	140.4	107.6	66.4
	気温(℃)	6.1	6.7	9.7	14.5	18.8	21.8	25.6	27.0	23.7	18.5	13.4	8.7
イ	降水量(mm)	36.2	45.4	82.5	90.0	112.6	169.3	177.4	97.2	142.2	95.4	53.3	41.5
	気温(℃)	4.6	5.2	8.7	14.1	19.1	22.7	27.0	28.1	23.9	18.0	11.6	6.6
ウ	降水量(mm)	39.8	38.5	78.0	81.1	94.5	114.9	131.3	101.6	148.0	128.3	56.3	32.7
	気温(℃)	−0.3	0.6	4.6	10.8	16.5	20.2	24.2	25.1	20.4	13.9	7.8	2.5
エ	降水量(mm)	108.4	91.9	77.6	54.6	55.5	60.4	90.7	126.8	142.2	109.9	113.8	114.5
	気温(℃)	−3.2	−2.7	1.1	7.3	13.0	17.0	21.1	22.3	18.6	12.1	5.2	−0.9
オ	降水量(mm)	259.0	171.7	164.6	134.5	122.8	172.6	245.6	207.0	218.1	171.9	224.8	281.6
	気温(℃)	3.0	3.4	6.9	12.3	17.5	21.4	25.5	26.9	22.8	17.0	11.2	5.7

(注) 降水量と気温は、1991年から2020年までの平均の値。
気象庁ホームページより作成

問2　次の文章は、富山県の魚について、ふたばさんが書いたレポートの一部です。これを読んで、下の問いに答えなさい。

> 富山弁で「新鮮《しんせん》」を表す言葉は、「きときと」です。富山では、「富山湾の宝石」ともいわれるシロエビや、バイ貝、マダイなど、きときとな魚をたくさん食べることができました。3～5月にはホタルイカが海岸に打ち上げられるそうです。
>
> ◎なぜ富山湾では、自慢《じまん》の「きときと」な魚が獲《と》れるのか？
>
> ・(あ)3000m 級の立山連峰《れんぽう》から流れる雪解け水は有機物質を多くふくみ、海では魚のえさとなるプランクトンを培養《ばいよう》するから。
>
> ・水深 1000m にもおよぶ富山湾には、日本海を北上してくる(い)暖流の対馬海流、塩分の低い沿岸表層水、深さ 300m よりも下に位置する水温 1℃以下の海洋深層水などが混ざり合うことで、多くの魚がすむ環境《かんきょう》ができあがるから。

(1)　下線部(あ)について、立山連峰をふくむ山脈は、富山県、新潟県、岐阜県、長野県にまたがっています。この山脈の名前は何ですか。次のア～エから一つ選び、記号で答えなさい。

ア　木曽山脈　　イ　飛騨山脈　　ウ　越後山脈　　エ　赤石山脈

(2)　下線部(い)について、暖流と寒流がぶつかることで多くの魚が集まり、よい漁場となる場所を何とよびますか。漢字で答えなさい。

問３　富山県には、黒部ダムをはじめとして水力発電所が多くあります。次のグラフは、日本のエネルギー消費割合の移り変わりを示したものです。グラフ中のＡ～Ｅは、「原子力」、「石炭」、「石油」、「水力・再生可能エネルギー」、「天然ガス・都市ガス」のいずれかを示しています。次の問いに答えなさい。

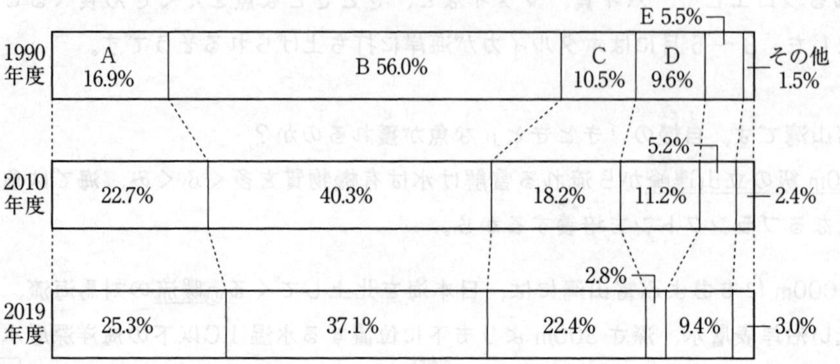

（注）国内供給ベース。「水力・再生可能エネルギー」は揚水式《ようすいしき》を除く。

『日本のすがた2022』より作成

(1)　グラフ中のＡ～Ｅが示すものの組み合わせとして、正しいものを次の表中のア～カから一つ選び、記号で答えなさい。

	A	B	C	D	E
ア	石油	石炭	水力・再生可能エネルギー	原子力	天然ガス・都市ガス
イ	石油	石炭	天然ガス・都市ガス	水力・再生可能エネルギー	原子力
ウ	石油	石炭	水力・再生可能エネルギー	天然ガス・都市ガス	原子力
エ	石炭	石油	原子力	天然ガス・都市ガス	水力・再生可能エネルギー
オ	石炭	石油	天然ガス・都市ガス	原子力	水力・再生可能エネルギー
カ	石炭	石油	原子力	水力・再生可能エネルギー	天然ガス・都市ガス

(2)　再生可能エネルギーの一つで、植物の一部や動物のふん尿《にょう》など生物から生まれた資源を使って生み出すエネルギーのことを何といいますか。解答欄にあうように、カタカナで答えなさい。

問４　富山県西部に位置する射水《いみず》市を通ると、パキスタン料理のお店をよく見かけました。ふたばさんは、海外に向けて中古車を販売《はんばい》するパキスタン人が多く住んでいるからであるという話を聞きました。彼《かれ》らのようなパキスタン人の多くが信仰《しんこう》するイスラム教の新しい礼拝所が、射水市では最近建てかえられました。イスラム教の礼拝所のことを何といいますか。カタカナで答えなさい。

問５　富山県北西部に位置する高岡市は、伝統工芸品の銅器づくりで知られています。日本三大仏の一つに数えられている「高岡大仏」も、伝統の銅器製造技術でつくられています。日本各地の伝統工芸品と、その伝統工芸品がつくられている県名との組み合わせのうち、正しくないものを次のア～エから一つ選び、記号で答えなさい。

ア　大分県　―　伊万里・有田焼　　　イ　秋田県　―　大館《おおだて》曲げわっぱ
ウ　石川県　―　輪島塗　　　エ　福井県　―　越前和紙

問６　富山県のほぼ真ん中を流れる神通川は、四大公害病がおきたことでも知られています。四大公害病や公害の対策について述べた文章として、正しいものを次のア～オから一つ選び、記号で答えなさい。

ア　四日市市では、工場から流された水銀が原因で、手足がしびれたり、目や耳が不自由になるなどの症状《しょうじょう》があらわれた。
イ　神通川流域では、工場から出された硫黄《いおう》酸化物が原因で、はげしいぜんそくの症状があらわれた。
ウ　1967年には、公害を防ぐための法律として、環境基本法が制定され、公害の種類や守るべき基準などが決められた。
エ　公害と認定されたのは、四大公害があった地域のみで、その他の地域では公害はおきていない。
オ　現在でも四大公害病による健康被害《ひがい》に苦しんでいる人が存在している。

問7　世界遺産に登録されている「白川郷・五箇山《ごかやま》の合掌《がっしょう》造り集落」のうち、五箇山は富山県に位置しています。下の地図は、日本の世界遺産の登録地のいくつかを示したものですが、このうち「富岡製糸場と絹産業遺産群」はどれですか。下の地図中のア～オから一つ選び、記号で答えなさい。

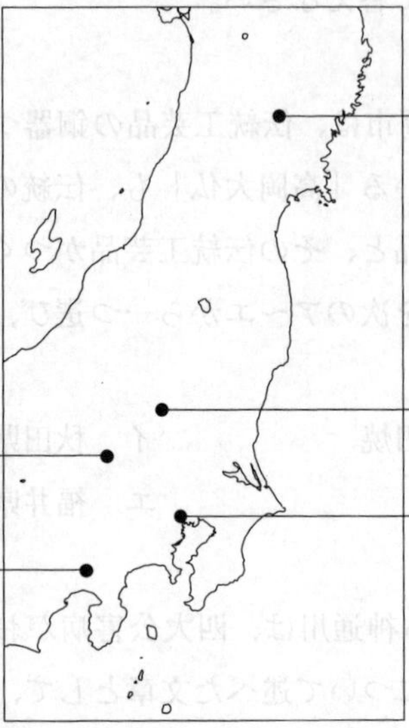

問8　ふたばさんが富山に行くのに乗った北陸新幹線は、2015年に金沢まで開業し、2024年には福井県敦賀《つるが》市まで伸《の》びる予定となっています。新幹線などの鉄道は、人を運ぶ旅客輸送機関として大きな役割を果たしています。次のグラフは、2018年度の旅客輸送における輸送量とエネルギー消費の割合を輸送機関別に示したものです。グラフ中のア～エは、航空、自動車、鉄道、旅客船のいずれかを表しています。このうち、鉄道を表しているものはどれですか。グラフ中のア～エから一つ選び、記号で答えなさい。

旅客輸送における輸送機関別輸送量（国内）とエネルギー消費割合（2018年度）

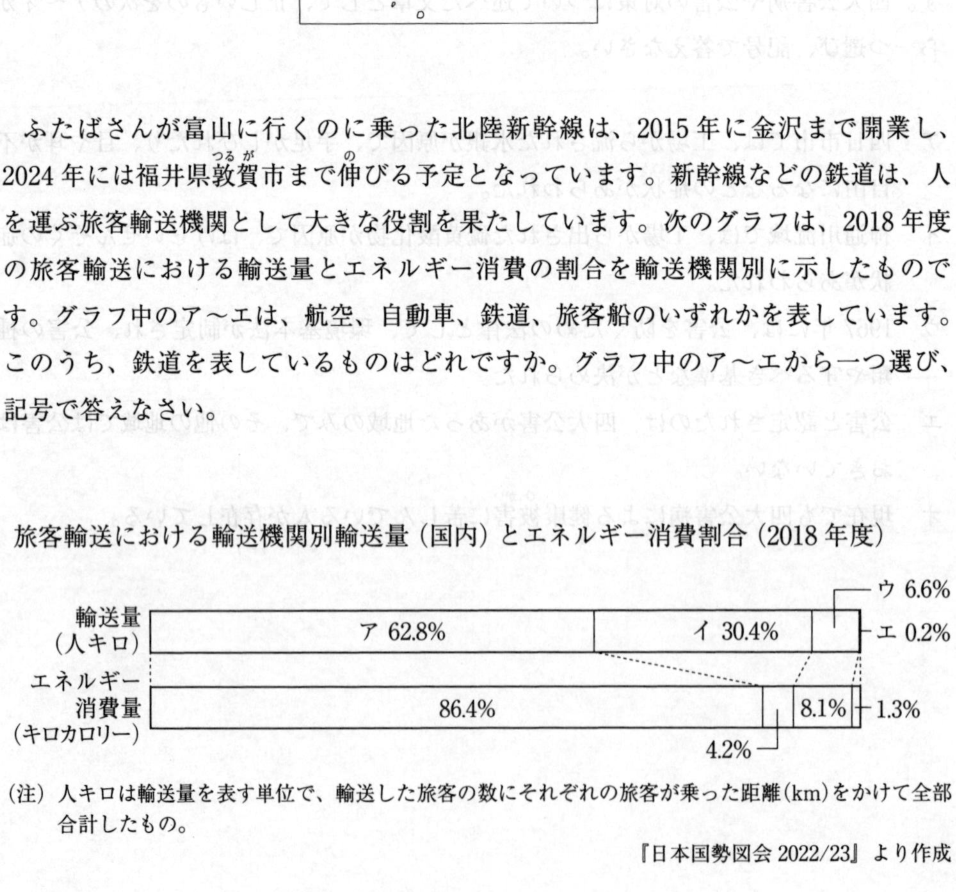

（注）人キロは輸送量を表す単位で、輸送した旅客の数にそれぞれの旅客が乗った距離(km)をかけて全部合計したもの。

『日本国勢図会 2022/23』より作成

問9　米づくりが有名な富山県の2018年における食料自給率（カロリーベース）は、約78%で、全国平均を大きく上回っています。食料自給率について、下の問いに答えなさい。

(1)　次のグラフは、日本の品目別食料自給率の移り変わりを示したもので、グラフ中のア～エは、野菜、魚介類、果実（果物）、小麦のいずれかを示しています。果実（果物）の食料自給率を示しているのは、グラフ中のア～エのうちどれですか。一つ選び、記号で答えなさい。

日本の品目別食料自給率の移り変わり

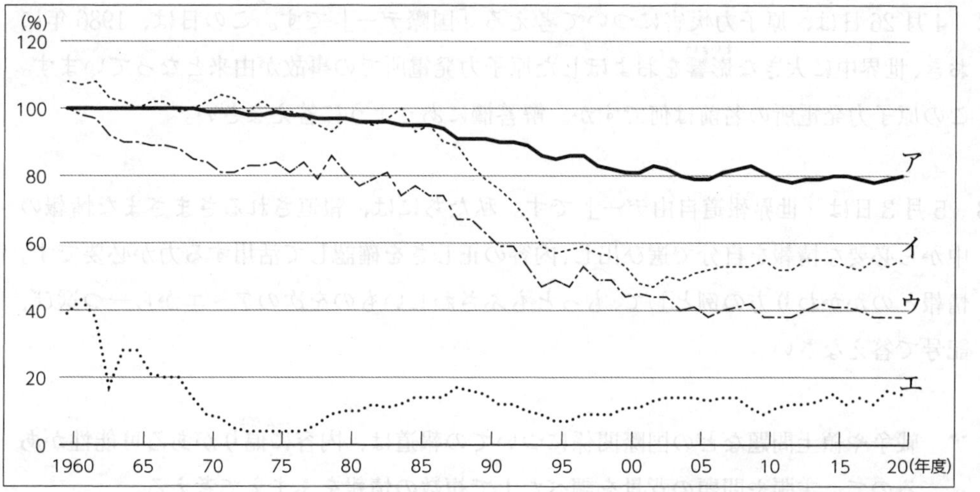

農林水産省ホームページより作成

(2)　日本の食料自給率を高めるために考えられていることをふたばさんが調べてみたところ、その一つに「海外に向けて農産物の輸出を拡大する」という取り組みがありました。この取り組みについて、食料自給率を高めることにつながると考えられる一方、うまくいかない場合もあるのではないかと、ふたばさんは考えました。下の図は、ふたばさんが考えたことをカードにまとめたものです。Aのカードにあてはまる文章を考えて、自分の言葉で答えなさい。

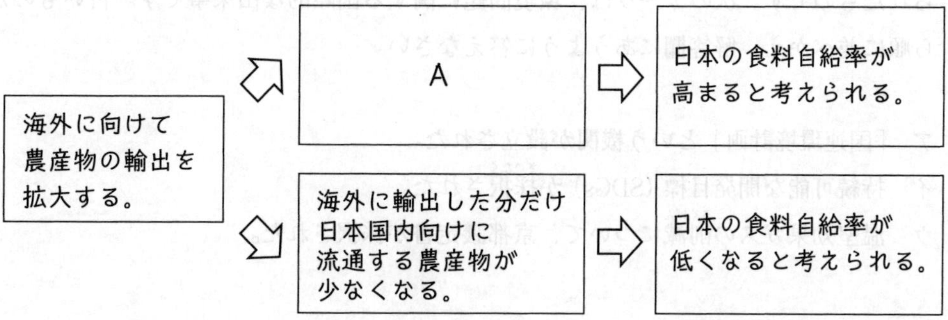

3 国際連合は、世界中のさまざまな問題について、呼びかけや問題解決の意識を高めるために、「国際デー」を定めています。後の問いに答えなさい。

問１「国際デー」は、国際連合の総会で加盟国によって提案され、決定されます。2022年１月時点での国際連合の加盟国数は何カ国ですか。次のア～オから一つ選び、記号で答えなさい。

ア　51カ国　　イ　99カ国　　ウ　185カ国　　エ　193カ国　　オ　205カ国

問２　４月26日は、原子力災害について考える「国際デー」です。この日は、1986年におき、世界中に大きな影響《えいきょう》をおよぼした原子力発電所での事故が由来となっています。この原子力発電所の名前は何ですか。解答欄にあうように答えなさい。

問３　５月３日は「世界報道自由デー」です。私たちには、報道されるさまざまな情報の中から必要な情報を自分で選び出し、内容の正しさを確認して活用する力が必要です。情報とのかかわり方の例として、もっともふさわしいものを次のア～エから一つ選び、記号で答えなさい。

ア　戦争や領土問題などの国際関係についての報道は、内容に偏《かたよ》りがある可能性があるので、主張や問題の背景を調べた上で複数の情報をふまえて考える。
イ　選挙の投票先を決めるときは、なるべく多くの情報を集めることが大切なので、情報の発信者の確認よりも、情報の量を優先する。
ウ　感染症についての情報は、つねに最新の情報が更新《こうしん》されるので、他のメディアではなくSNS上での情報のみを信用する。
エ　大災害がおきたときは、早く情報を伝える必要があるので、関連するすべての情報はなるべく多くの人に拡散する。

問４　６月５日の「世界環境デー」は、環境問題に関する国際会議の開催《かいさい》を記念して定められたものです。次のア～ウは、環境問題に関する国際的な出来事です。古いものから順に並べかえ、解答欄にあうように答えなさい。

ア「国連環境計画」という機関が設立された。
イ　持続可能な開発目標（SDGs）が採択《さいたく》された。
ウ　温室効果ガスの削減《さくげん》について、京都議定書が採択された。

問5　6月18日は「ヘイトスピーチと闘《たたか》う国際デー」です。ヘイトスピーチとは特定の人びとへの差別的言動のことで、日本では2016年にヘイトスピーチ解消法が成立しました。次の図は、法律ができるまでの流れを示しています。図のAには、それぞれの委員会で法律案に関係の深い人や専門家をまねいて意見をきく仕組みが入ります。図のAにあてはまる言葉を漢字で答えなさい。

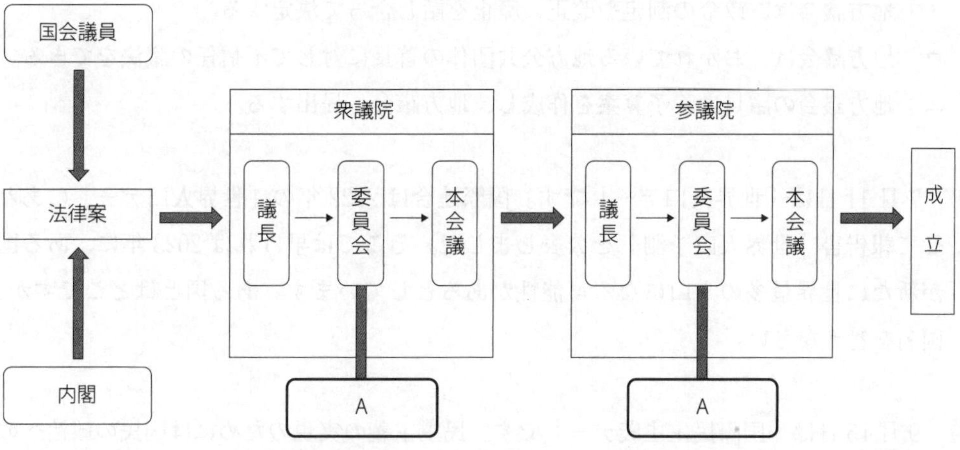

（注）参議院が先に話し合うこともある。Aは重要な法律案についてのみ開かれる。

問6　6月20日は「世界難民の日」です。次の説明を読み、空欄にあてはまる人数を、次のア～エから一つ選び、記号で答えなさい。

紛争《ふんそう》や内戦、迫害《はくがい》などで住む場所を追われた難民や国内避難民《ひなんみん》の数が史上初めて（　　　）を超えたことを、UNHCR（国連難民高等弁務官事務所）が2022年5月に発表した。この人数は、2022年2月下旬にロシアの軍事侵攻《しんこう》が始まり、そのために逃れざるを得なくなったウクライナの市民の人数を、2021年末時点の集計に足したものである。

ア　100万人　　イ　1000万人　　ウ　1億人　　エ　10億人

問7　6月30日は「議会制度の国際デー」です。日本の議会制度の一つに、地方議会があります。地方議会は、都道府県や市町村などの地方公共団体におかれる議会です。地方議会についての説明として正しいものを、次のア～エから一つ選び、記号で答えなさい。

ア　地方議会の議員には、30歳から立候補できるようになる。
イ　地方議会は、政令の制定や改正、廃止《はいし》を話し合って決定する。
ウ　地方議会は、おかれている地方公共団体の首長に対して不信任の議決をできる。
エ　地方議会の議員は、予算案を作成し、地方議会へ提出する。

問8　7月11日は「世界人口デー」です。国際連合は2022年の「世界人口デー」にあわせて報告書「世界人口予測」を公表しました。そこでは早ければ2023年に、ある国が新たに世界最多の人口になる可能性があるとしています。ある国とはどこですか。国名を答えなさい。

問9　9月15日は「国際民主主義デー」です。民主主義の実現のためには国民の政治への参加が重要です。日本における国民の政治参加についての説明として正しくないものを次のア～エから二つ選び、記号で答えなさい。

ア　国民は、選挙によって内閣総理大臣を直接選び、指名することができる。
イ　国民は、国民審査《しんさ》によって、すべての裁判所の裁判官が適しているかを判断できる。
ウ　国民は、自分が選挙権を持つ地方公共団体の首長や議員を辞めさせる請求《せいきゅう》ができる。
エ　国民は、憲法改正をするかどうかを国民投票によって最終的に決めることができる。

問10　9月26日は「核兵器の全面的廃絶のための国際デー」です。日本は国として、戦争と原爆《げんばく》の悲劇をくり返さないために「核兵器を持たず、作らず、持ち込ませず」と宣言しています。これを何といいますか。漢字で答えなさい。

問11　9月28日は「情報へのユニバーサル・アクセスのための国際デー」です。下の［グラフ1］はおもな国のインターネット利用率の移り変わりを、［グラフ2］は日本の年代別のインターネット利用率を示しています。二つのグラフから読みとることができる内容として正しいものを、次のア～オからすべて選び、記号で答えなさい。

［グラフ1］おもな国のインターネット利用率の移り変わり

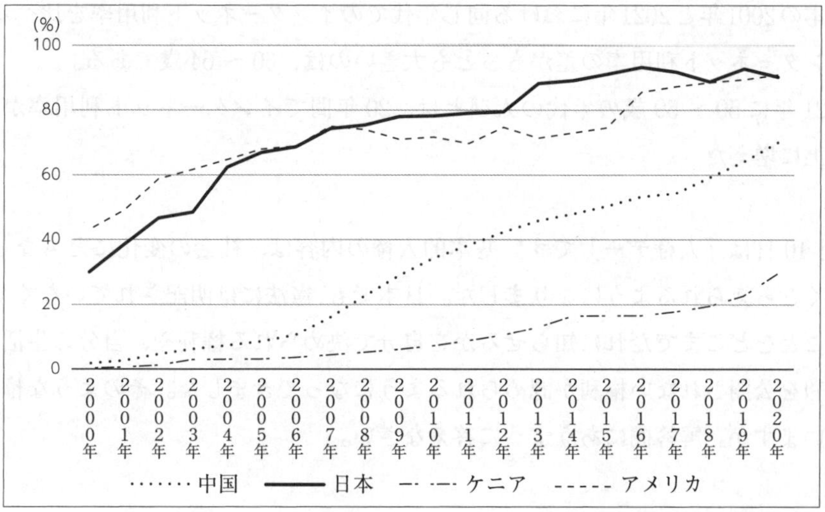

ITUホームページより作成

［グラフ2］日本の年代別のインターネット利用率

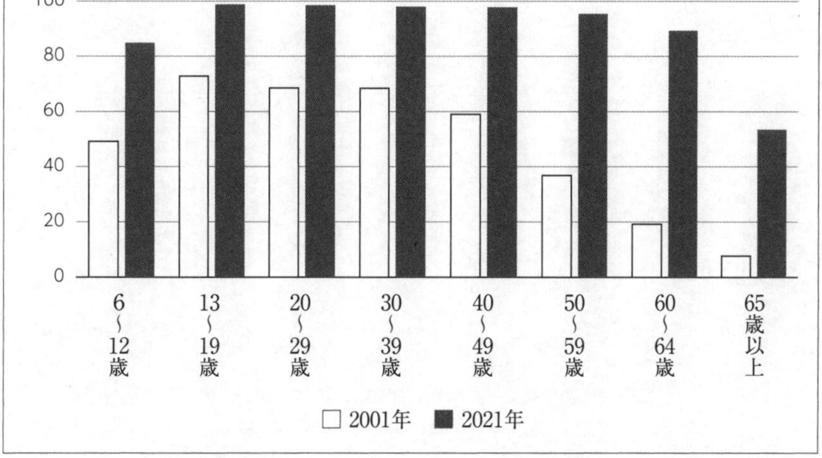

総務省ホームページより作成

ア　日本のインターネット利用率は、2010年代（2010年〜2019年）より2000年代（2000年〜2009年）の方が、利用率の増加の割合が大きい。

イ　2000年から2020年にかけて、インターネット利用率がもっとも増加した国は中国で、利用率は約7倍に増加した。

ウ　4カ国のうち、2020年のインターネット利用率がもっとも低い国の利用率は、2000年のインターネット利用率がもっとも高い国の利用率とほぼ同じである。

エ　日本の2001年と2021年における同じ年代でのインターネット利用率を比べると、インターネット利用率の差がもっとも大きいのは、60〜64歳である。

オ　2021年に50〜59歳の年代の人びとは、20年間でインターネット利用率が2倍以上に増えた。

問12　12月10日は「人権デー」です。基本的人権の内容は、社会の変化にともなって、より広くとらえられるようになりました。日本でも、憲法には明記されていなくても、自分のことをどこまでだれに知らせるかを自分で決められる権利や、自分の生活に関する情報を公開されない権利が認められるようになってきました。そのような権利を何といいますか。解答欄にあうように答えなさい。

問13　3月20日は「国際幸福デー」です。この日は、幸福が世界中の人びとの共通の目標であり、願望であることを認め、国の政策に反映されるべきものであるとして制定されました。日本でも生活保護の仕組みなど、国民の生活を最低限度守るための権利が認められており、日本国憲法第25条では、「（　　）で文化的な最低限度の生活を営む権利」を保障しています。空欄にあてはまる言葉を漢字で答えなさい。

【理　科】（40分）〈満点：80点〉

1　生物どうしの関係について述べた文章を読み、後の問いに答えなさい。

すべての生物は、①「食べる」「食べられる」の関係でつながっています。例えば、草原にはススキがたくさん育っていますが、このススキをトムソンガゼルが食べ、トムソンガゼルはチーターに食べられます。この「食べる」「食べられる」の関係によって、ススキがつくった②養分は、トムソンガゼルからチーターに取り入れられて移動します。トムソンガゼルのように植物を食べる動物のことを草食動物、チーターのように動物を食べる動物のことを肉食動物といいます。ある場所で、食べる生物と食べられる生物の数を比べると、食べられる生物の数が多いことがほとんどです。そのため、③「食べる」「食べられる」の関係にある生物A～Cについて、生物の数を四角の大きさで表すと、図1のようなピラミッドの形になります。

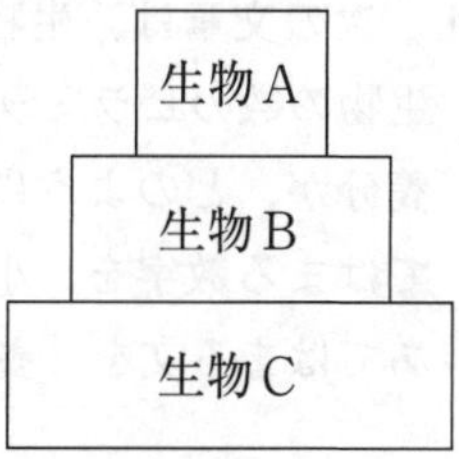

図1

問1　下線部①について、生物どうしの「食べる」「食べられる」の関係を何といいますか。

問2　下線部②について、ススキなどの植物はどのようにして養分をつくりますか。養分をつくるために必要なものを明らかにしながら、簡単に説明しなさい。

問3　下線部③について、次の問いに答えなさい。

(1) 次の森の中の生物（ア）～（ウ）、海の中の生物（エ）～（カ）は、図1のピラミッドの生物A～Cの関係にあります。生物A、生物Cにあてはまるものはどれですか。森の中の生物、海の中の生物の中からそれぞれ1つずつ選び、記号で答えなさい。

［森の中の生物］（ア）モグラ　（イ）フクロウ　（ウ）ミミズ
［海の中の生物］（エ）シャチ　（オ）プランクトン　（カ）エビ

(2) それぞれの生物はたがいにかかわり合っているので、ピラミッドの土台となっている生物の数が減ると、それを食べる生物の数も減ることになります。もし、図1のピラミッドの生物Bが異常に大量発生したとすると、この後、ほかの生物の数は一時的にどのようになることが予想されますか。生物Aと生物Cについて、次の(ア)～(ウ)からもっとも適切なものをそれぞれ1つずつ選び、記号で答えなさい。

〔生物A〕（ア）増えすぎた生物Bにより逆に生物Aが食べられ、生物Aの数は減る。
（イ）生物Aは生物Bをたくさん食べるので、生物Aの数は増える。
（ウ）生物Bが増えても生物Aの数は変わらない。

〔生物C〕（ア）多くの生物Bが生物Cを食べるので、生物Cの数は減る。
（イ）生物Bは仲間同士で食べ合うようになるので、生物Cの数は増える。
（ウ）生物Bが増えても生物Cの数は変わらない。

問4　次の文章は、生物どうしの「食べる」「食べられる」の関係による養分の移動と、生物の数のピラミッドとの関係を説明したものです。また、図2は、ある生物がもつ養分が、どのように使われているかを数字として表したグラフです。（　①　）にあてはまる数字を、小数第1位を四捨五入して整数で答えなさい。また、（　②　）にあてはまる文を「養分」という言葉を使って答えなさい。

植物がつくる養分は、植物が生きるために利用したり、植物が枯《か》れることで失われたりしますが、全体の65％は食べられて草食動物に移動します。植物から草食動物に移動した養分は、草食動物が生きるために利用したり、草食動物が死ぬことで失われたりしますが、移動した養分全体のうち56％は食べられて肉食動物に移動します。

つまり、植物がつくった養分を100としたとき、草食動物に食べられて移動した養分は65となり、肉食動物が草食動物を食べることによって、肉食動物へと移動した養分は（　①　）となります。生物どうしの「食べる」「食べられる」の関係による養分の移動と生物の数との関係を考えると、肉食動物の方が草食動物よりも（　②　）ので、ピラミッドの上の方にいる生物ほど、その数が少なくなります。

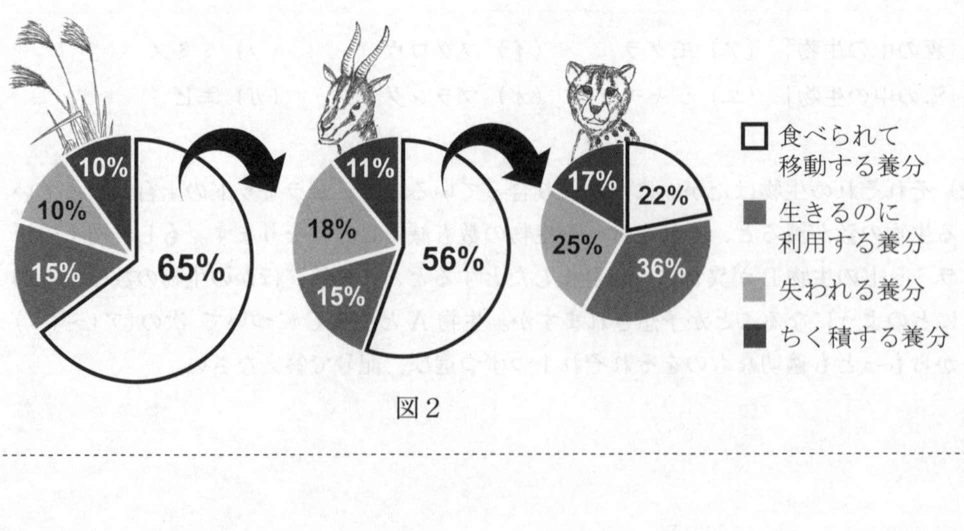

図2

2 プラスチックについて述べた文章を読み、後の問いに答えなさい。

プラスチックは炭素という成分がふくまれており、燃やすと①二酸化炭素を発生します。②プラスチックにふくまれる炭素の重さの割合（%）は、プラスチックを完全に燃やして炭素をすべて二酸化炭素に変化させ、その重さを測定して求めることができます。プラスチックごみの総量は日本全体で１年あたり約940万t（トン）で、リサイクルされるのはそのうち約25%※です。リサイクルされないプラスチックごみは、燃やしたり埋《う》め立てられたりして処分されることが多く、問題になっています。③プラスチックにはいろいろな種類があり、プラスチック製品の裏面には、図１のように記号で種類が示されていることがあります。表１は、身近な５種類のプラスチックについて、種類を表す記号と密度（$1\,cm^3$ あたりの重さ）を示したものです。

図１

（※平成30年　環境省『プラスチックを取り巻く国内外の状況』より）

表１　プラスチックの種類と密度

種類	ポリプロピレン	ポリエチレン	ポリスチレン	ポリ塩化ビニル	ポリエチレンテレフタラート
記号	PP	PE	PS	PVC	PET
密度 [g/cm^3]	0.90 ～ 0.91	0.92 ～ 0.97	1.05 ～ 1.07	1.20 ～ 1.60	1.34 ～ 1.39

問１　下線部①について、次の（ア）～（エ）の中で二酸化炭素の性質として正しいものには○、正しくないものには×を書きなさい。

（ア）ツンとした鼻をつくにおいがある。
（イ）水が入ったペットボトルに入れてふたをしてふると、ペットボトルがへこむ。
（ウ）試験管の中に入れて火をつけたマッチを近づけると、ポッと音を立てて燃える。
（エ）石灰水の入ったびんの中に入れてふたをしてふると、白くにごる。

問２　下線部②について、あるプラスチックA 20gを完全に燃やしたとき、発生した二酸化炭素の重さは55gでした。次の問いに答えなさい。ただし、炭素12gを完全に燃やすと二酸化炭素44gができることがわかっています。答えだけでなく途《と》中の計算も書き、割り切れないときは小数第１位を四捨五入して整数で答えなさい。

(1) 二酸化炭素55g中にふくまれる炭素の重さは何gですか。

(2) このプラスチックA 20g中の炭素の重さの割合は何%ですか。

(3) 日本全体での1年あたりのプラスチックごみの総量940万tのうち、25%をリサイクルすることで削減《さくげん》できる二酸化炭素は何万tになりますか。ただし、ここでいうリサイクルとはプラスチックを燃やさないことを意味し、リサイクル時には二酸化炭素は発生しないものとします。また、プラスチックごみの種類は全てプラスチックAであるとし、1,000kgを1tとします。

問3　下線部③について、次の[　　]は、プラスチックの種類を調べるための実験とその結果を示したものです。次の問いに答えなさい。

【実験】　形や大きさの異なるプラスチック片P, Q, Rを用意し、次の操作を行った。ただし、P, Q, Rはそれぞれ表1にあるプラスチックのどれかである。

操作1　電子てんびんを用いて、プラスチック片の重さを測定した。

操作2　図2のように、水を入れたメスシリンダーにプラスチック片を細い針金に取りつけて沈《しず》め、水面の目盛りを読み、増加した体積を測定した。

【結果】

	体積 [cm^3]	重さ [g]	密度 [g/cm^3]
P	15.4	14.3	0.93
Q	20.0	21.0	X
R	15.0	22.5	1.50

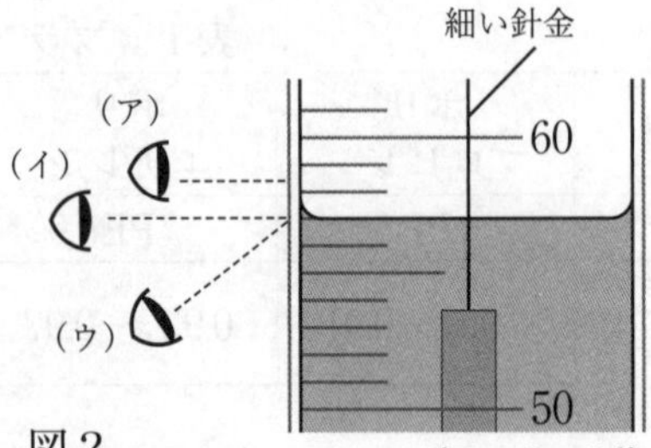

図2

(1) メスシリンダーの目盛りの読み方として正しいものを、図2の(ア)～(ウ)から1つ選び、記号で答えなさい。

(2)【結果】の表について、X にあてはまる密度は何g/cm^3ですか。割り切れないときは小数第3位を四捨五入して答えなさい。

(3) プラスチック片Qは、表1の中のどのプラスチックですか。表1の中の、プラスチックの種類を表す記号で答えなさい。

3 星の動きについて述べた文章を読み、後の問いに答えなさい。

夜に空を見上げると、①時間がたつにつれて星は動いて見えます。これは地球が北極と南極を結ぶ軸《じく》（地軸）を中心として、１日に一回転しているからです。図１は地球の１日の回転による星の動きのモデルを示したものです。また②同じ時間に観察しても、季節によって見える星は変化します。これは地球が１年かけて、太陽の周りを一回転しているからです。地軸の延長線上の北極点側にある北極星は、時間や日にちが変わっても動かず、高度も変わりません。図２は、星の高度を表した図です。③北極星の高度は、地球の緯度《いど》と同じ値になります。緯度とは、赤道を０度として、北極までと南極までをそれぞれ90度に分けたもので、地球上の位置を示す数値となります。例えば図３の（x）は日本の緯度を、(y）は北極点の緯度を示し、(y）は90度となります。北極星のこのような特徴《とくちょう》から、昔の人々は方角や自分のいる場所を知るために北極星を利用していました。

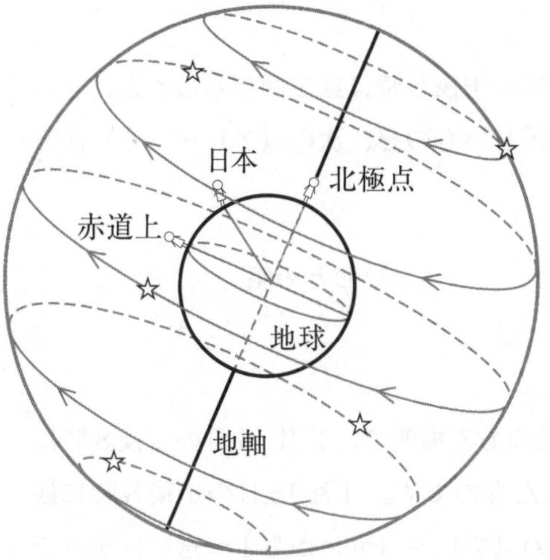

図１

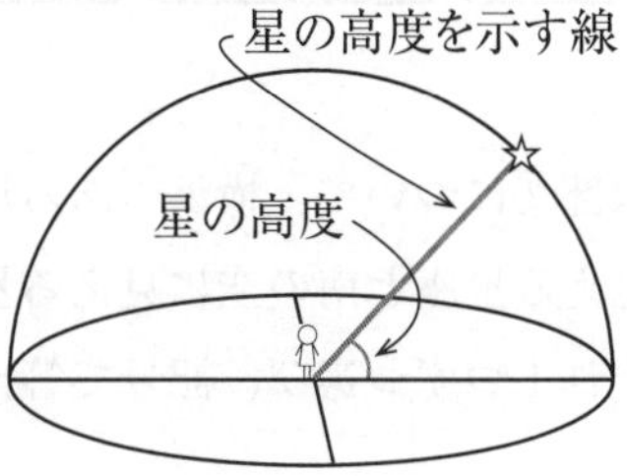

図２

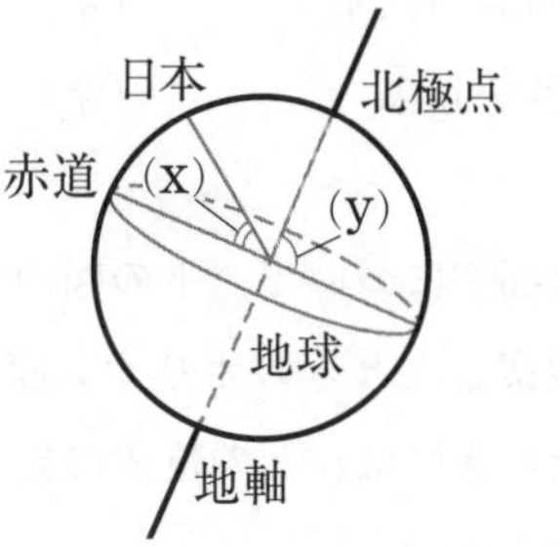

図３

問１　下線部①について、下の図は横浜のある場所でカメラを三脚《さんきゃく》に固定して、シャッターを１～２時間開放したままにして東西南北の空を撮影《さつえい》し、星の動いた跡《あと》が線となってあらわれたものです。東の空と南の空を撮影した写真は、どれですか。次の（ア）～（エ）からそれぞれ１つずつ選び、記号で答えなさい。

（ア）
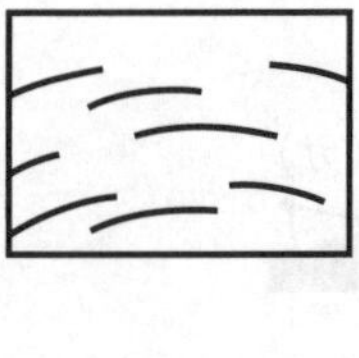

（イ）
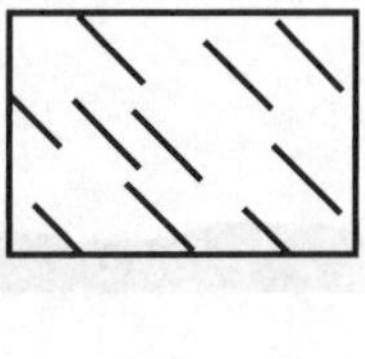

（ウ）

（エ）
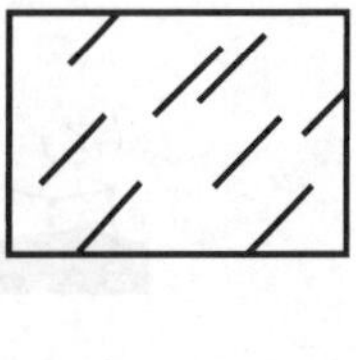

問２　問１の（イ）と（エ）の図について、星の動いた方向として正しい組み合わせを、次の（A）～（D）から１つ選び、記号で答えなさい。

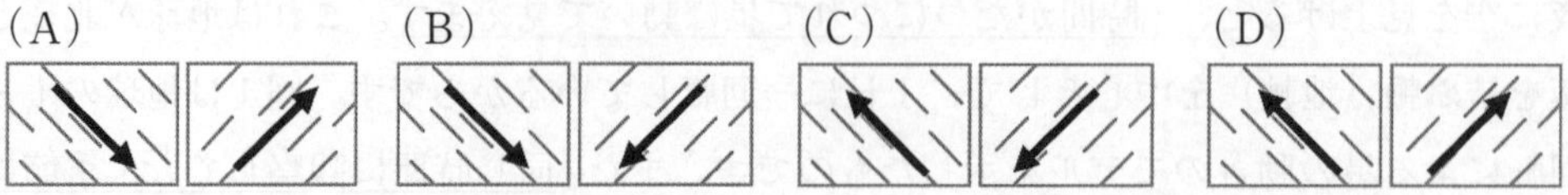

問３　赤道上のある地点と北極点で、問１と同じ方法で星を撮影したとき、赤道上の地点での東の空と、北極点の地平線近くの空では、どのような写真がとれますか。次の（ア）～（カ）からそれぞれ１つずつ選び、記号で答えなさい。

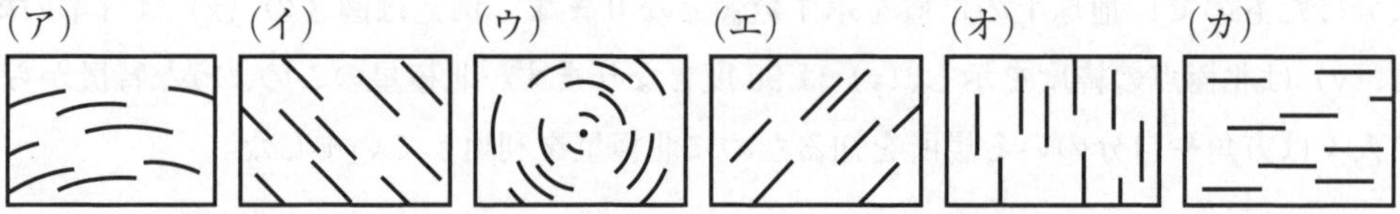

問４　下線部②について、横浜のある場所で夏の日の午後８時に星を観察したとき、北の空に見える星座と南の空に見える星座として正しいものを、次の（ア）～（オ）からそれぞれ１つずつ選び、記号で答えなさい。

（ア）おおいぬ座　　（イ）カシオペヤ座　　（ウ）おとめ座

（エ）さそり座　　（オ）ペガスス座

問５　下線部②について、下の図の □ は横浜のある場所で、２月15日の午後８時に星を観察したときのオリオン座の位置を示したものです。４月15日の午後８時に観察したときには、どの位置に見えますか。図の（ア）～（カ）から１つ選び、記号で答えなさい。

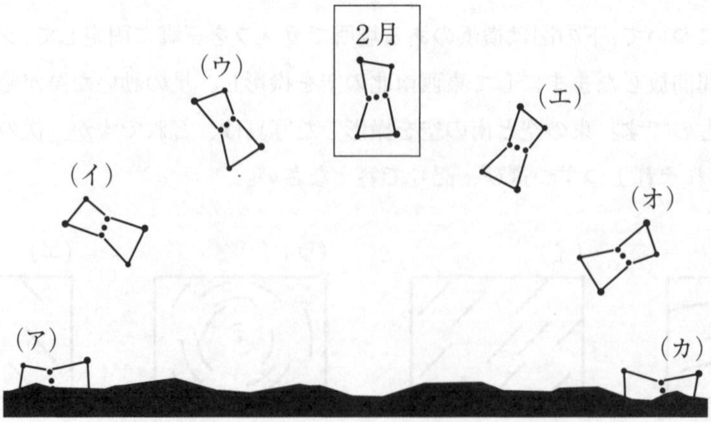

問6　下線部③について、図4は、地球上のA地点と北極点から見た、北極星の高度と緯度の関係を示したものです。次の問いに答えなさい。ただし、(1)～(3)の答えで図に書き込むものは、すべて解答用紙の同じ図に書き込みなさい。

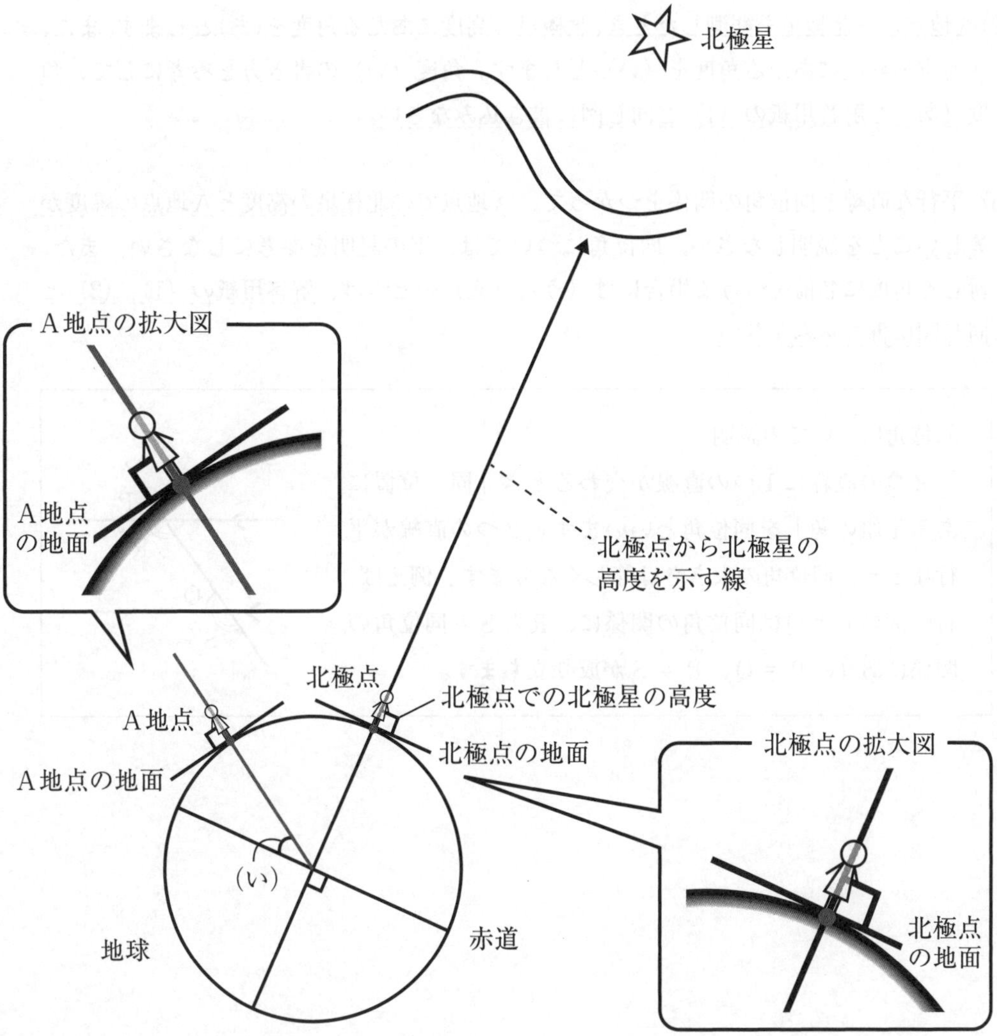

図4

(1) 地球上から北極星を見上げる場合、北極星は地球からとても離《はな》れているので、A地点から北極星の高度を示す線は、北極点から北極星の高度を示す線とほぼ平行になります。図4の「北極点から北極星の高度を示す線」を参考にして、A地点から北極星の高度を示す線を解答用紙の図に矢印で書き込みなさい。

(2) A地点から北極星を観測したとき、北極星の高度にあたる角度を(あ)とします。また、A地点の緯度にあたる角度を（い）とします。角度（い）の書き方を参考にして、角度（あ）を解答用紙の（1）と同じ図に書き込みなさい。

(3) 平行な直線と同位角の関係をつかって、A地点での北極星の高度とA地点の緯度が等しいことを説明しなさい。同位角については、下の説明を参考にしなさい。また、新しく角度に名前をつける場合には（う）、（え）…とつけ、解答用紙の（1）、（2）と同じ図に書き込みなさい。

同位角についての説明

２つの直線に１つの直線が交わるとき「同じ位置にある１組の角」を同位角といいます。２つの直線が平行なとき、同位角の大きさは等しくなります。例えば、右の図のＰとＱは同位角の関係に、ＲとＳも同位角の関係にあり、Ｐ＝Ｑ、Ｒ＝Ｓが成り立ちます。

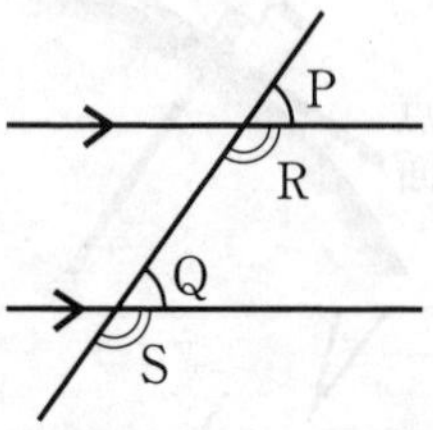

4 電熱線は電気が流れると熱を発生する性質をもち、調理用の加熱器具にも使われています。材質と太さが同じで、長さが異なる電熱線XとYを用意して水を温める実験をしました。後の問いに答えなさい。ただし、図の電熱線の長さは正確ではありません。また、電熱線によって発生した熱はすべて水の温度を上げるために使われたものとします。

【操作】

実験①～⑦のように、電池、電流計、電熱線X、Yをつなぎ、容器に入れた水を温めて2分ごとに4回温度をはかった。各容器にはあらかじめ20℃の同じ量の水が入っており、かき混ぜられて温度は均一である。電流計とは回路に流れている電気（電流）をはかるもので、図中ではⒶで示している。電流の単位はA（アンペア）で示される。

実験①

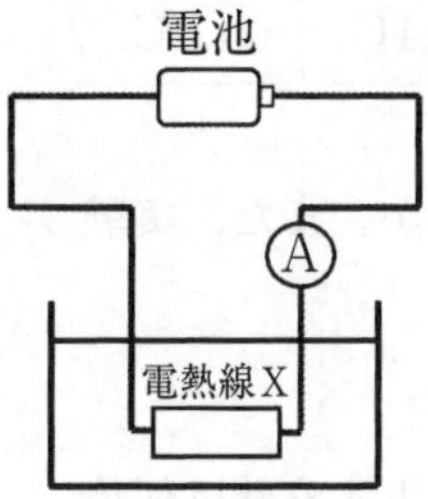

実験②

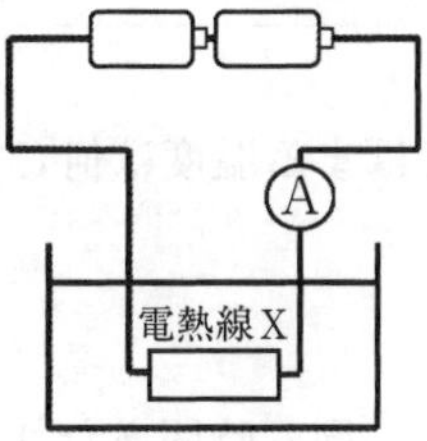

実験③

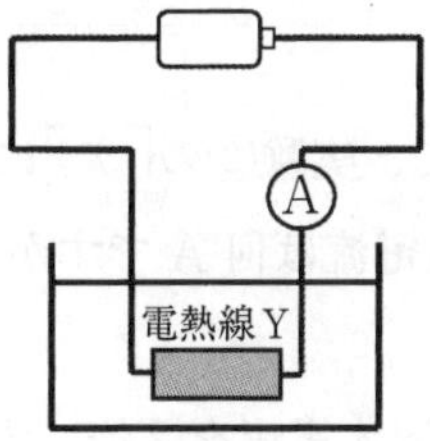

実験④

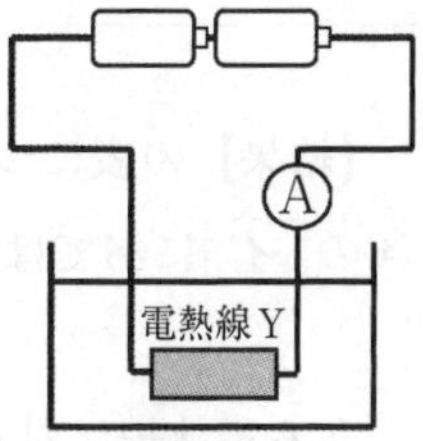

実験⑤

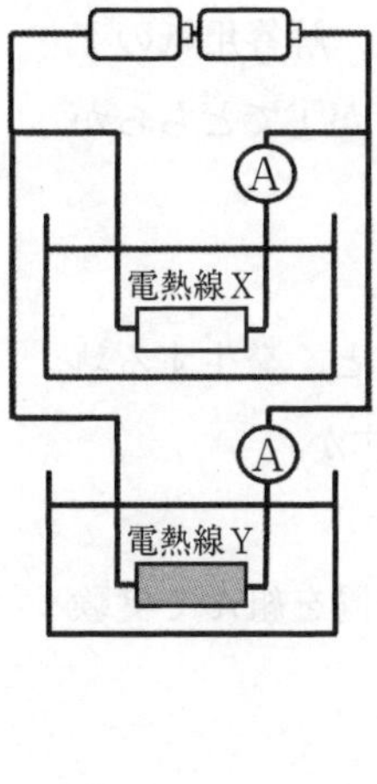

実験⑥

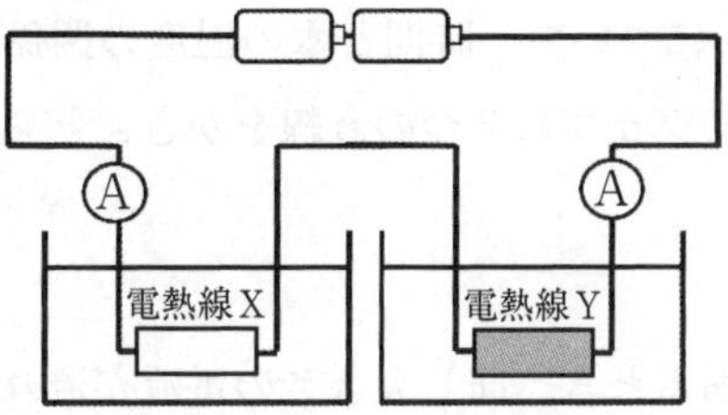

実験⑦

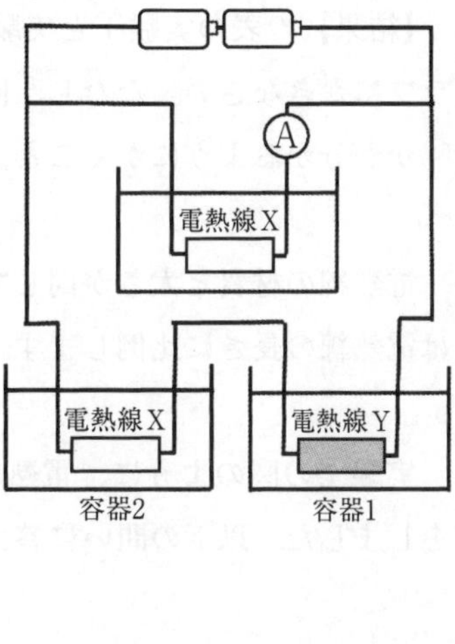

【結果】実験①〜⑥の電流計の値と水の温度変化

実験	電熱線	電池	電流	時間ごとの水の温度変化				
				0分	2分	4分	6分	8分
実験①	X	1個	15A	20.0℃	22.0℃	24.0℃	26.0℃	28.0℃
実験②	X	2個	30A	20.0℃	28.0℃	ア ℃	44.0℃	52.0℃
実験③	Y	1個	7.5A	20.0℃	21.0℃	22.0℃	23.0℃	24.0℃
実験④	Y	2個	イ A	20.0℃	24.0℃	28.0℃	32.0℃	36.0℃
実験⑤	X	2個	30A	20.0℃	28.0℃	36.0℃	44.0℃	52.0℃
	Y	2個	15A	20.0℃	24.0℃	28.0℃	32.0℃	36.0℃
実験⑥	X	2個	10A	20.0℃	20.9℃	21.8℃	22.7℃	23.6℃
	Y	2個	10A	20.0℃	21.8℃	23.6℃	25.4℃	27.1℃

問1 【結果】の表について、実験②の ア にあてはまる温度は何℃ですか。また、実験④の イ にあてはまる電流は何Aですか。

問2 ある電熱線に対し、流す電流を2倍にすると、同じ時間あたりに発生する熱は何倍になりますか。

問3 【結果】の表の実験①と実験④について、時間と水の温度の関係を、解答用紙のグラフにかきなさい。ただし、同じグラフに2つの直線をかき、どちらが①でどちらが④かが分かるようにかくこと。

問4 電熱線の材質と太さが同じであるとき、同じ大きさの電流が流れると、発生する熱は電熱線の長さに比例します。電熱線Yは、電熱線Xの何倍長いですか。

問5 実験⑦の図のように、電熱線Xを2つ、電熱線Yを1つ使って装置を組んで実験をしました。以下の問いに答えなさい。

(1) 実験⑦の電流計は何Aを示しますか。

(2) 電熱線Yを入れた容器1の水の温度は、2分後に何℃になりますか。

問八　――線⑤「これは知的な意味だけでなく、情緒的なかかわりにおいても当てはまる」とありますが、これについて次の問いに答えなさい。

（1）筆者はどのようなことが言いたいのですか。次の中から最も適切なものを選んで、記号で答えなさい。

ア　情報技術が発達した現代でも、心から真摯にかかわることができる人数には限りがあること。
イ　対面することが難しくても、コンピュータ上では新たにかかわりをもつことができること。
ウ　インターネットの普及によって、距離をこえて遠くの人とも交流することができること。
エ　人間の情報処理能力には限界があるため、友だちの顔や名前を記憶《きおく》するにも限界があること。
オ　メールなどを利用することによって、気軽にかかわることのできる人を飛躍的に増やせること。

（2）あなたは、筆者が言うような「情緒的なかかわり」を周囲の人たちとどのように築いてきましたか。あなたの体験を通して書きなさい。

問九　1～4の段落の内容や表現について説明したものとして、正しいものを三つ選んで、記号で答えなさい。

ア　1段落で物思いにふける筆者の様子は、研究の途中で帰国してしまうことに対する筆者の後悔《こうかい》が表れている。
イ　2段落では、研究者として膨大な情報に囲まれながらも、それらを信頼《しんらい》しきれない筆者の姿勢が示されている。
ウ　3段落の「フィルタリング」について、筆者は機械的に絞《しぼ》られた情報に価値があるとは限らないと考えている。
エ　3段落に述べられた「味わいたい。ゆっくり味わいたい」という心の叫びは、情報化社会への問題提起《ていき》でもある。
オ　4段落では、不安定で限界の多い人間だからこそ、挑戦《ちょうせん》し続ける姿勢をもつことが大切だと述べられている。
カ　4段落では、スポーツの世界新記録が、純粋《じゅんすい》な人間の運動神経や骨格の進化によるものではないと筆者は考えている。

問四　――線③「それに情報の価値など、そのときの自分の関心や、その前後に経験したり考えたりしたこととのつながりによって大きく変わる」とありますが、その具体例として**適切でないもの**を次の中から**二つ**選んで、記号で答えなさい。

ア　数多くの友人と話し合う機会を設けることによって、たくさんの情報を一度に得ることができた。
イ　幼い頃に読んだ本を読み返して、昔に読んだときには全く感じなかった深い味わいを知ることができた。
ウ　ふと目にした新聞記事を読んで、小さな頃から疑問に思っていたことについて考えるきっかけを得た。
エ　毎日のように報道されていた事件でも、新たな事件が起こるとニュースでとりあげられなくなった。
オ　自由研究に取り組んでいるときに、研究テーマに関係するニュースに自然と目が留まるようになった。
カ　ある本の一節に触《ふ》れたときに、今まで考えてもみなかった視点を与《あた》えられて夢中になって読み進めた。

問五　[Ⅰ]・[Ⅱ]に当てはまる言葉として最も適切なものを、それぞれ次の中から選んで記号で答えなさい。

ア　それとも　イ　かえって　ウ　でも　エ　そして　オ　もちろん

問六　[A]には同じ四字熟語が入ります。[A]に当てはまる最も適切なものを次の中から選んで、記号で答えなさい。

ア　馬耳東風　イ　本末転倒《てんとう》　ウ　一長一短　エ　疑心暗鬼《あんき》　オ　絶体絶命

問七　――線④「わたしたちはどこかで錯覚していないだろうか」とありますが、わたしたちは「何」を「どのように」錯覚しているのですか。わかりやすく説明しなさい。

問二　――線①「しょっちゅう止まる自分の手を許してやることにする」とありますが、筆者がそのように考えるのはなぜですか。その理由として最も適切なものを次の中から選んで、記号で答えなさい。

ア　できなかったことを反省して、自分の弱さを克服《こくふく》していくことが自身の成長につながると考えているから。
イ　米国での忙《いそが》しい日々の中では、ゆっくりと片付けをする時間も大切なのだと自分に言い聞かせているから。
ウ　行きそびれていた場所を訪れ、出会い損《そこ》ねた人と会うためには、改めて日程を整理することが大切だから。
エ　何を捨てて何を持ち帰るのかについては、日本に帰国する前でなければ落ち着いて考えられないことだから。
オ　荷物を効率的に整理することよりも、自分の過去や未来について考える時間の方が大切だと考えているから。

問三　――線②「ただの紙の山とその上に載ったインクの浸み、コンピュータ上の記号の集まりでしかない」とありますが、それはどのようなことですか。次の中から最も適切なものを選んで、記号で答えなさい。

ア　情報は自分の頭の中で理解しなければ、まったく価値を持たないものであるということ。
イ　情報を手に入れる手段を持っていたとしても、実際に入手しなければ意味がないということ。
ウ　情報はよりよいものを選び取ることが大切なのであり、質を見極めることが重要だということ。
エ　情報は紙に印刷して目にしない限り、自分の知識として定着したとはいえないということ。
オ　情報を自分のためだけではなく、社会のために有効活用することが大切なのだということ。

(注8)フィルタリング……不要なデータを取り除き、特定の条件に合うデータを取り出すこと。
(注9)強迫的……強い不安にかきたてられる様子。
(注10)情緒……喜びや、哀《かな》しみなどの心の動き。
(注11)メル友……「メール友達」の省略された形。電子メールのやりとりを通じてできた友人。
(注12)真摯……真面目でひたむきなこと。一生懸命《いっしょうけんめい》なこと。
(注13)洞察……物事を観察して、その本質を見《み》抜《ぬ》くこと。

問一 ～～線㋐「いやがおうにも」・㋑「広くならざるをえない」の本文中における意味として最も適切なものを、次の中から選んで記号で答えなさい。

㋐「いやがおうにも」
ア 自然に
イ むりやりに
ウ 細かいことまで
エ 嫌《いや》なことだからこそ
オ うんざりするほどに

㋑「広くならざるをえない」
ア 広くない
イ 広くする方がよい
ウ 広くなるのは仕方がない
エ 広くしてはならない
オ あえて広くしている

ているかもしれない。けれども水泳競技で明らかになったように、身につけるものの素材やデザインの進化によってもたらされた記録の更新も少なくない。もちろんそこには膨大なお金がつぎ込まれていて、出身国の経済レベルが記録更新《こうしん》の鍵《かぎ》を握《にぎ》る。

人間の身体は、たやすく進化などしない。脳ももちろん身体の一部である。脳の情報処理能力を一気に加速などできない。⑤これは知的な意味だけでなく、情緒《じょうちょ》(注10)的なかかわりにおいても当てはまる。インターネットやメールの急速な普及《ふきゅう》によって、いままでなら知り合うことが不可能だった人たちとも、距離《きょり》を越えて交友関係を広げることができる時代になった。けれども、自分がほんとうに心許せる友だちの数を一気にふやせるかといえば、けっしてそうではない。メル友(注11)なら何百人でもできるかもしれないが、心から真摯《しんし》(注12)に交流できる人の数は、いつでもせいぜい数人ではないだろうか。

また、人間の身体ほど安定性に欠け、限界の多いものもない。これもまた脳に当てはまる。記憶《きおく》力は当てにならず、認知《にんち》(注13)は先入観に拘束《こうそく》され、思考は感情に左右され、行動には無駄《むだ》が多い。ただ、だからこそ、機械にない複雑な思想や、深い洞察《どうさつ》が人間から生まれるのだともいえる。

医療《いりょう》においても、器材の技術革新に取り残され、やがて厄介《やっかい》者あつかいされるようになるのは、人間＝医療従事者たちかもしれない。それとも、人間＝患者《かんじゃ》・病者の側だろうか。社会や医療が、人間の限界を真正面から見つめ直し、生老病死の流れを受けとめつづけられるならば、そんな［A］も避《さ》けられるはずだが。

（宮地尚子《みやじなおこ》『傷を愛せるか』所収「捨てるものと残すもの」による）

(注1) 反芻……くり返し考え、よく味わうこと。
(注2) ガレージセール……不要になったものを、車庫や庭先で売ること。
(注3) 電子媒体……コンピュータでの情報処理や記録に使うもの。
(注4) ダウンロード……インターネットなどで、データを受信すること。
(注5) データベース……整理された情報の集まりのこと。
(注6) 学際的……研究が、複数の異なる領域にまたがっていること。
(注7) メルマガ……「メールマガジン」の省略された形。特定の読者に向けて、電子メールで定期的に情報を配信するもの。

それに、フィルターにかける情報の量が多ければ、フィルタリングだけで膨大《ぼうだい》な時間とエネルギーが取られる。［Ⅰ］、フィルタリングの喜びというものもないわけではない。不必要なものをどんどん捨てていく喜び。厳正な判断の結果残った、珠玉《しゅぎょく》の情報の集まり。［Ⅱ］だんだん疲《つか》れてくる。（注9）強迫《きょうはく》的になっている自分に気づく。手にしたものがつまらない情報だと、ほっとしてくる。だって捨てられるから。逆におもしろい情報があるとあせる。フィルタリングの動きが滞《とどこお》ってしまうから。ほんとうはおもしろい情報を探す作業のはずなのに、［A］だなあと思う。情報というのはそのうちの二割を利用できればいいのです、とどこかの本に書いてあった。たしかにそうかもしれない。

味わいたい。ゆっくり味わいたい。そう心が叫ぶ。

一行の文章ににじむ切実な思いや、雑誌のなにげない挿絵《さしえ》が放つ鋭《するど》いセンス、小さな写真にひそむ美しさにじっくりとふれ、ひたすら味わいたいと思う。本を二、三冊だけもって小さな島に出かけ、ひと夏ゆっくり過ごしたいと思う。ほんとうはのんびりしたいのに、せっかく米国にいるのだから、せっかくボストンにいるのだからと、そこでしか手に入れられない情報を集め、そこでしか会えない人に一生懸命《けんめい》会おうとする自分を、捨て去りたくなる。

せっかく、せっかく……、とがんばってしまうのは、わたしが貧乏《びんぼう》性だからなのか、それとも現代人の宿命なのか、はたまた研究者として当然あるべき勤勉の姿勢なのか。

［4］人間の脳の情報処理能力には限界がある。コンピュータの性能はどんどん上がるが、それと比例して脳の処理能力が上がっていくわけではない。というか、その速度や量はほとんど変わっていない。たしかに科学的な知識や技術が発展して、高い建物を建てたり、宇宙にロケットを飛ばすなど、人間のできることは飛躍《ひやく》的にふえた。けれども、それは個々の人間の脳が進化しているからではない。

でも、④わたしたちはどこかで錯覚《さっかく》していないだろうか。人間もどんどん進化し、機能が上がっていくのが当然だと。

夏は北京オリンピックをよく見ていたのだが、世界新記録が続出だった。どんどん速く、どんどん高く、どんどん強く……。そうやって記録が伸びていくのを見ていると、人間の身体能力も進化しているような認識に陥《おちい》る。金メダリストひとりが超人なのではなく、オリンピック出場選手の記録の水準全体が上がっていくから、なおさらだ。たしかに栄養の改善やトレーニング技法の発達によって、それぞれのスポーツに合うよう、人間（というより選手）の骨格や筋肉、運動神経は変化しれど、こんな内省の時間もたまには必要だと思い、①しょっちゅう止まる自分の手を許してやることにする。

2 物については現地調達主義が基本なので、それほど悩《なや》まない。捨てるか譲《ゆず》るか寄付するか、あるいはガレージセール(注2)で売っぱらってしまうかすればいい。問題は仕事関係の資料や本などである。買ってはおいたけど、まだ読み込《こ》めていない本、それどころかページさえ開いていない本もある。

論文については、いまや電子媒体《ばいたい》(注3)のものが主流だから、コンピュータにダウンロード(注4)しておけば済む。ただ、これも日本に帰ったらアクセスできないデータベース(注5)にいまのうちアクセスして、客員研究員の期限が切れる前に文献検索《ぶんけんけんさく》や必要なもののダウンロードをしておきたくなる。ダウンロードしてしまったら、いつでも読めるので安心して、結局大部分は読まないで過ぎてしまうことも目に見えているのだが。なにを隠《かく》そう、七年前に所属大学が変わったときにもってきた資料の多くが、いまだにダンボール箱から出されることなく研究室の本棚《ほんだな》の最下段に眠《ねむ》っているくらいだ。その研究室も、もはや本棚からあふれるほど本がふえてしまった。

それでも、買って研究室に置いておいたら、またはダウンロードしておいたら、その内容が自分のものになったような気になる。自分の頭の中でいったん処理しない限り、それらはほんとうは、②ただの紙の山とその上に載《の》ったインクの浸《し》み、コンピュータ上の記号の集まりでしかないのだが。

3 それにしても世の中には情報が多すぎるぞ、と思う。わたしの場合、学際的(注6)な研究だからどうしても守備範囲《はんい》が(い)広くならざるをえない。そのことは覚悟《かくご》している。でも目を通しておいたほうがよさそうな専門雑誌、新聞、一般雑誌、書籍《しょせき》、ウェブサイト、メルマガ(注7)、映画、テレビ番組などをリスト化するだけで、めまいがする。すべてに目を通すことは不可能である。

情報が多いということは、うまくフィルタリング(注8)をすれば、より質の高い情報ばかりが手に入れられるはずということである。それは理屈《りくつ》の上では正しい。でも機械的な自動フィルタリングでは、なかなかよいものは選べない。③それに情報の価値など、そのときの自分の関心や、その前後に経験したり考えたりしたこととのつながりによって大きく変わる。些《さ》細《さい》なこと、つまらない情報でも、ある瞬間《しゅんかん》には思考の呼び水になったり、感性のツボを刺激《しげき》してくれたり、目からウロコ体験のきっかけになる。

問九 ――線A「ふてくされ声」・B「ふてくされた態度」とありますが、それぞれ「清田」のどのような感情があらわれていますか。最も適切なものを次の中から一つずつ選んで、記号で答えなさい。

ア きどる　イ ひるむ　ウ いじける　エ てれる　オ あやぶむ　カ すねる

問十 「卓也」と「清田」は、この後、どのような関係になっていくと考えられますか。――線⑥「放っといてくれよ。オレの勝手だろ!」という部分から読み取ることができる清田の気持ちをふまえて、自分の考えを書きなさい。

三

次の文章は、大学の研究者である筆者が、アメリカの大学での研究生活を終えるころに書いた文章です。この文章を読んで、後の問いに答えなさい。なお、設問の関係で段落に1～4の番号をつけています。

注意。、「」などは一字に数えます。

1 一年の米国滞在《たいざい》も終わりに近づき、荷造りのときが来た。なにを捨てて、なにをもって帰るかを決めなくてはいけない。帰るまでに、あとなにをして、だれと会って、なにを調べて、なにを手に入れておくかを整理しなくてはいけない。

手元にあるものを見直してみる。この一年間で集めたさまざまな資料。それらにふれると関連して、訪《おとず》れた場所や出会った人たち、感じたこと、考えたことなどが、つぎつぎとよみがえってくる。この一年間、自分がなにをしてきたのかを(あ)いやがおうにも振《ふ》り返ることになる。

手元にはないけれど、日本に帰ってから必要になりそうなものはなにかも考える。行きたかったけれど行けなかった場所や、日程が合わなかったりして出会い損《そこ》ねた人たち、考えたほうがいいのに考えずにきてしまったことなどに思いをはせる。この一年間、自分がなにをしないできたのか、そしてこれから自分がなにをすることになりそうか、をも考えさせられる。

そうやって荷造りは、過ぎた時間を反芻《はんすう》(注1)し、来たる時間を想像する作業となる。要領よく片づけを終えてしまいたいけ

問七　――線④「卓也は胸の辺りがざわざわするような気分になった」とありますが、なぜ卓也はこのような気持ちになったのですか。**適切でないもの**を次の中から一つ選んで、記号で答えなさい。

ア　清田の詩を読み、班ノートすら書いてこないと思っていた清田が先生に褒められるような詩を書いていたので、意外に感じたから。

イ　詩を読んだことで、見たことのない清田の意外な一面を発見し、清田を分かったつもりになっていた自分に気づいたから。

ウ　詩の中に、ふだんの清田からは想像もつかないような言葉が多く使われていて、違う清田を見ているようで落ち着かなかったから。

エ　詩の中の言葉の選び方や、清田が書く字を見て、乱暴でけんか早い清田からはかけ離《はな》れた大人びた一面を感じて驚いたから。

オ　清田の詩の中に、卓也に対抗する気持ちが強く表れていて、これからもう二人では野球はできなくなると思いとまどったから。

問八　――線⑤「山口の詩の〈宙ぶらりん〉も、清田の〈ひとりぼっち〉も、言葉は違うが、突き詰めていくと結局は一緒になるんだ、分かるか？」とありますが、先生はどのようなことが言いたかったのですか。文中からその答えに当たる部分を三十字以内でさがして、「～ということ。」につながる形で最初と最後の三字をぬき出して答えなさい。

〔　　　　　　　　〕ということ。

問四　[A] に入る最も適切な言葉を、「卓也」の詩の中からぬき出して答えなさい。

問五　――線②「清田はしっかり卓也の球を受けてくれるが、ひと言も口を開かなかった」とありますが、ここから読み取れる「清田」の様子はどのようなものですか。それを説明した次の文の [I] と [II] に当てはまるものの組み合わせとして最も適切なものを、あとのア～オの中から選んで、記号で答えなさい。

清田は、[I] が、卓也に対して [II] 様子である。

ア〔 I　球だけでなく卓也の詩の言葉も受け止めた　II　まだ素直《すなお》に心を開けない 〕
イ〔 I　卓也とキャッチボールをすることは好きだ　II　無関心をつらぬいている 〕
ウ〔 I　卓也の詩に対して関心を示していない　II　対抗心をむき出しにしている 〕
エ〔 I　卓也と野球以外でも行動を共にしたい　II　自分の思いを言葉にできない 〕
オ〔 I　野球では卓也にかなわないと思っている　II　詩を書くことでは負けたくない 〕

問六　――線③「清田の詩は、同じ言葉とフレーズの繰り返しで、どの連もたった一行が違うだけだ」とありますが、これについて次の問いに答えなさい。

(1) [3] の連の中から他の連と違う一行をぬき出して答えなさい。

(2) [3] の連は「清田」のどのような気持ちを表していますか。前の二つの連と比べて、わかりやすく説明しなさい。

(い)「感極まり」
ア　あまりの恥ずかしさに震《ふる》えて
イ　怒《いか》りがおさえきれなくなり
ウ　この上もなく感動して
エ　大人げなく酔《よ》いしれて
オ　深い悲しみがあふれだして

問二　――線①「こんな気分は初めてだった」とありますが、どのような気分ですか。最も適切なものを次の中から選んで、記号で答えなさい。

ア　面倒に感じていた班ノートを終わらせたあとのけだるい気持ち。
イ　いやなことを言葉で吐《は》き出して店番を好きになれたうれしい気持ち。
ウ　野球以上に楽しいと思えることを見つけることができた喜び。
エ　自分の感情を苦労しながら言葉で表すことができたという喜び。
オ　志水先生に苦労して作った詩を褒めてもらえてほこらしい気持ち。

問三　「卓也」の詩の※の部分で、「卓也」が表したかったのはどのようなことですか。最も適切なものを次の中から選んで、記号で答えなさい。

ア　売り物の花で遊んでいるところを女の子に見られたことへの気まずさ。
イ　ふだんの自分とは違う自分を知人に見られたことに対する恥ずかしさ。
ウ　店番をしている姿を近所の人に笑われてしまったことに対する怒り。
エ　本当は花が好きだと言うことを知り合いに知られてしまった悲しみ。
オ　同級生がわざわざ自分に会いに来てくれたことに対するうれしさ。

「⑥放っといてくれよ。オレの勝手だろ！」

志水先生はポケットのハンカチで、涙と鼻水を拭《ぬぐ》うと、

「詩は、全部を本当の言葉で書かなくてもいいんだぞ。清田が詩らしくなる嘘の言葉を、辞書から拾って書いたとしても、言葉を選ぶという時点で、清田の心が映されているんだ。だから、嘘の言葉はないんだ。ひとりぼっちという言葉はありふれた言葉だけど、ひとりぼっちという言葉と爆弾がくっつくことによって、清田の心になるんだ」

卓也には志水先生の言っていることが難しくて、よく理解できなかったが、嘘の言葉も本当の言葉になることがあるのだということを、先生は言っているのだと思った。

「この間の山口の詩の〈宙ぶらりん〉という言葉は、イヤな店番とむすびついて詩になったし、清田の〈ひとりぼっち〉は爆弾や殴るという暴力的な気分と合わさって、詩になっている。二人とも、知らず知らずに自分自身の本当の心を書いているんだよ」

（ねじめ正一《しょういち》『泣き虫先生』による）

（注1）ホームルーム……担任の先生とクラスの生徒が、連絡事項《れんらくじこう》などを確認する時間。

問一 〜〜〜線（あ）「念を押す」・（い）「感極まり」の文中の意味として、最も適切なものを次の中から選んで、それぞれ記号で答えなさい。

（あ）「念を押す」

ア 相手を淡々《たんたん》とさとす
イ 相手に厳しく強要する
ウ 相手を優しくなだめる
エ 相手の耳元でささやく
オ 相手に十分に確かめる

「どこがよかったか、言ってみろ」

「どこがって言われても……んっと、〈ひとりぼっち〉の繰り返しが、読んでて気持ちよかったです。それに、なんだかヘンな気持ちになりました」

「そうだよな。先生もそうなったよ。⑤山口の詩の〈宙ぶらりん〉も、清田の〈ひとりぼっち〉も、言葉は違うが、突《つ》き詰《つ》めていくと結局は一緒になるんだ、分かるか？」

「いや……分かりません」

「清田はどうだ？」

そう言っている志水先生の目に、もう涙がたまっている。

清田は、卓也に自分の詩を読まれることを嫌《いや》がっていた割には、Bふてくされた態度を取りながらも、おとなしく二人のやり取りを聞いていたが、

「先生、なんでオレの詩で涙なんか出すんですか。やめてくださいよ」

と、志水先生に絡《から》んでくる。

「いいじゃないか、涙出したって。詩に清田の心が見えて、自然と泣けてくるんだから、仕様がないじゃないか」

「大人の男が、それも先生が生徒の詩を読んで泣くなんて、カッコ悪いですよ」

清田がどこまでも志水先生に絡むのは、いい詩だと褒められたことに照れているからだ。

「でも、清田さあ、ぼくも、この詩、いい詩だと思う。だって、読んでて、清田のことちょっと分かった気がした」

と、卓也が言う。

「山口、詩でオレのことが分かるの？　詩らしい言葉を辞書から拾ってきて、並べただけだよ。オレの心から出てきた言葉じゃなくて、嘘《うそ》の言葉ばっかりで書いているだけだよ。それを真面目くさって読んじゃってさあ」

「そうなの？　嘘なの？」

「そうだよ」

「じゃあ、班ノート、書かなきゃいいじゃないか。その方が清田らしいよ」

卓也は思っていたことを、清田にぶつけた。

2

ひとりぼっち
ひとりぼっち
人を殴《なぐ》りたいほど
みんなもひとりぼっちなのを
わかっているから
オレはひとりぼっちを
辛抱できる

3

ひとりぼっち
ひとりぼっち
月がひと間《ま》を照らして
みんなもひとりぼっちなのを
わかっているから
オレはひとりぼっちを
辛抱できる

清田が班ノートを書いてきたのは、意外だった。卓也は漠然《ばくぜん》と、清田が班ノートをずっと書いてこないと思っていたからだ。それに、中学生とは思えないくらいのきれいな大人びた字を、清田が書くことにも驚《おどろ》いた。

卓也は声には出さず、目で追いながら清田の詩を読んだ。

③清田の詩は、同じ言葉とフレーズの繰り返しで、どの連もたった一行が違うだけだ。それに乱暴でけんか早い清田が、〈ひとりぼっち〉や〈辛抱〉という言葉を使っていることが不思議で、④卓也は胸の辺りがざわざわするような気分になった。

「どうだ、山口。清田の詩もいいだろ」

「はい。よかったです」

ろうか。それとも、書くことがないと言って、ずっと班ノートを書かずに、志水先生に抵抗《ていこう》するのだろうか。

「……、班ノートからこんないい詩が生まれるとは思っていませんでした。みなさん、班ノートを書くのが面倒《めんどう》くさいと思わず、これからも、正直に書いてください」

志水先生はズボンのポケットからハンカチを取り出し、涙を拭《ぬぐ》った。

その日の野球部の練習は声出しだけではなく、キャッチボールもさせてもらえた。②清田はしっかり卓也の球を受けてくれるが、ひと言も口を開かなかった。

それからしばらく経って、放課後、また、卓也と清田の二人が残された。

「山口、今日、清田も班ノートにいい詩を書いてきたんだよ」

「先生、わざわざ、山口に見せることないじゃないか！」

「誰でも読んでいい班ノートだから、一番最初に、山口に読ませたいんだ。山口、読んでみろ」

「やめろよ」と言う、清田をしり目に、志水先生が清田のページを開いて、卓也に班ノートを渡した。角ばったきれいな字がきちょうめんに並んでいる。

「ひとりぼっち」

1

ひとりぼっち
ひとりぼっち
爆弾《ばくだん》かかえて
みんなもひとりぼっちなのを
わかっているから
オレはひとりぼっちを
辛抱《しんぼう》できる

店じゅう水であふれ
いくらもがいても
出られなくて
あっぷあっぷと、
ぼくは水の中でも
宙ぶらりん

黒板いっぱいに卓也の詩が書かれた。

タイミングよく、ホームルームのあとの一時間目の授業は、国語である。

「これは立派な詩だ。いい詩だ」

志水先生は声を震《ふる》わせて、同じセリフを繰《く》り返し、目には涙が光っている。

「みんな、この詩を小さな声で、各自、読んでみてください。〈花屋〉の言葉でクラスの誰《だれ》が書いた詩か、大体みんな分かるだろうけど、そんなことはどうでもよろしい。この詩には、家が花屋であっても花屋でなくても、どんな子にも共有できる恥《は》ずかしい、寂《さび》しい、いやだ……逃《に》げ出したい……それから、あとどんな感情があるかなあ……まあ、そういうマイナスの気持ちが、表現されています。そして、そういう気持ちを〈 A 〉という言葉で表したのが素晴《すば》らしい。〈中途半端《ちゅうとはんぱ》〉という言い方もあるが、それだと普通《ふつう》なんだ。〈 A 〉という言葉を発見したことで、この文章が詩になり、全体が光り出したのです」

志水先生は、自分の言葉に㋑感極《きわ》まり、涙を流している。泣いている先生を見て、クスクス笑っている生徒も何人かいるが、クラスのほとんどの子が、卓也の詩だと気づいていて、卓也の方に視線を向けてくるから恥ずかしくてしょうがない。

「志水先生、もういいから、やめてよ。黒板消して、早く教科書にいって！」

と、心の中で叫《さけ》び続ける。さっきの褒められたうれしい気分など吹《ふ》っ飛んで、とても顔が上げられない。

卓也は顔を伏《ふ》せたまま、2列先の清田を見ると、清田は、肘《ひじ》をついた手に頬《ほお》をのせて、窓の外の遠くをじっと見ていた。

こういう教室の空気を、清田はどう思っているのだろう。班ノートでも、卓也に対する対抗心《たいこうしん》をむき出しにしてくるのだ褒《ほ》められたことがうれしかった。卓也は自分の席に戻《もど》りながら、昨日、班ノートを書き終えた後と同じ、妙《みょう》に豊かな気分になっている。

席に着いて前を見ると、志水先生が卓也の詩を、黒板に書き始めている。

「宙ぶらりん」

ぼくの家は花屋
町の小さな花屋
店番していると
子どもでもない
中学生でもない
おとなでもない
なんでもない
何だかわけのわからない
宙ぶらりんのぼくがいる

※
でも、同級生の女の子が
お母さんと花を買いにくると
宙ぶらりんのひもが
ぷつんととつぜん切れて
宙ぶらりんのぼくは
どさっと花の上に落とされる

きれいな花の上に落ちても
花の水がひっくり返り

二　次の文章を読んで、後の問いに答えなさい。

注意　。、「」などは一字に数えます。

中学一年生の山口卓也《たくや》は地元では有名な野球少年であったが、家業の花屋の仕事を手伝わなければならなかった。野球部に入ると、遠方から転校してきた清《きよ》田《た》力《りき》とバッテリー（ピッチャーとキャッチャーのコンビ）を組むことになり、いったんは打ち解けたものの、清田は卓也に対してそっけない態度をとりつづけていた。ある日、二人は担任の志水《しみず》先生に呼び出され、今日あった出来事や感想などをつづる「班ノート」を必ず書くようにうながされた。

そうだ、イヤな店番のことを書こうと思った。でも、言葉が出てこない、出てこない。出てこない、と焦《あせ》って、イライラしている内に、店番のイヤな気分が、ちょっとずつ言葉になって出てき始めた。ひとつずつ書きつづっていくと、班ノートを2ページも使っていた。

みんなが書いている文章とはずいぶんと違《ちが》うと思ったが、野球で得られる充実《じゅうじつ》感とは別の感情が、卓也を満たしていた。

①こんな気分は初めてだった。

翌日の朝のホームルーム(注1)の後、卓也は志水先生に班ノートを渡《わた》した。

「おお、山口、本当に書いてきたんだ。これは驚《おどろ》きだな。清田はどうだ？」

教室の後ろの席に座《すわ》っている清田に向かって、志水先生が声を掛《か》ける。

「書いてません」

清田は相変わらずのAふてくされ声で答える。

「でも、必ず書いてこいよ、いいな」

志水先生が(あ)念を押《お》すが、清田はそれには答えない。志水先生はそれ以上言わずに、卓也の班ノートを開くと、卓也の書いた文章を目で追っている。読み終えて頭を上げた志水先生の目には涙《なみだ》がいっぱいたまっていた。

「山口、これは詩だよ。まさしく詩だ。いい詩だよ」

先生に「いい詩だ」「いい詩だ」と言われても、何が「いい詩」なのか卓也には分からないが、とにかく、「いい詩だ」と

3　次の（1）・（2）の中心の□に一字の漢字を当てはめると、例のように□の漢字の音読みと訓読みを使った二字熟語が二つできます。それぞれの□に当てはまる漢字を書きなさい。

例　真□夜　　真昼《まひる》　昼夜《ちゅうや》　➡　答え　昼

（1）身□所　　（2）開□見

4　次の（1）・（2）の熟語を別の言い方で表現したものを、ア～カの中から一つ選んで、それぞれ記号で答えなさい。

（1）反省　　（2）製作

ア　こしらえる　　イ　まとまる　　ウ　あらわす　　エ　まとう　　オ　つまびらかにする　　カ　ふりかえる

1　――線①「『蜂』の右側の『夆』は、『峰』『鋒』などにも含まれる形」とありますが、次の（1）・（2）の各文の□には、「『蜂』の右側の『夆』」のように、共通した部分をもつ漢字が入ります。□に当てはまる漢字の共通する部分を、それぞれ例にならって書きなさい。

例　けんかの□裁をする　（仲）
山の□腹で休む　（中）　➡　答え　中
主君に□誠を誓《ちか》う　（忠）

（1）雑誌を□行する
政治の根□をゆるがす出来事
海□に波が打ち寄せる

（2）復習は勉強の□本だ
周囲の□待にこたえる
運動会に世界の国□をかざる

2　――線②「訓読みがない漢字」を次の中から一つ選んで、記号で答えなさい。

ア　茶　　イ　記　　ウ　永　　エ　曲　　オ　野

問二　次の文章を読んで、後の問いに答えなさい。

(注1)『広辞苑《こうじえん》』でミツバチを調べると、「ミツバチ科ミツバチ属の蜂《はち》の総称」。漢字では「蜜蜂《みつばち》」と書くのは言うまでもありません。①「蜂」の右側の「夆」は、「峰《ほう》」「鋒《ほう》」などにも含《ふく》まれる形。「峰」は、山のてっぺんのとがった部分。「鋒」は「きっさき」と訓読みして、刃物《はもの》のとがった先端《せんたん》を指します。とすれば、「蜂」に含まれる「夆」は、『広辞苑』のイラストでもわかる、あのお尻《しり》の先のとがった毒針を表すと考えて間違《まちが》いないでしょう。

一方の「蜜」は、「密」の「山」を「虫」に置き換《か》えた形。そこで、本来は巣に密に蓄《たくわ》えられたハチミツを指す、と考える説が優勢です。

ところで、「蜂」を「はち」と読むのは訓読みで、音読みでは「ほう」と読みます。それに対して、「蜜」を「みつ」と読むのは音読みで、この漢字には訓読みがありません。

音読みとは、昔の中国語の発音が日本語風に変化したもの。訓読みとは、漢字の意味を日本語に翻訳《ほんやく》したものです。つまり、一般《いっぱん》的には、②訓読みがない漢字には、その意味に相当する適切な日本語が存在しない、ということになります。

(『図書』(岩波書店)二〇二二年四月所収、円満字《えんまんじ》二郎《じろう》「四月、花が咲《さ》けば心も浮《う》き立つ」による)

みつばち【蜜蜂】

(働き蜂)

(注1)『広辞苑』……国語辞典の名前。

2023年度 横浜雙葉中学校

【国　語】〈五〇分〉〈満点：一〇〇点〉

（。、「　」などは一字に数えます。）

一　次のそれぞれの問いに答えなさい。

問一　次の――線の漢字をひらがなに、カタカナを漢字に直して答えなさい。送りがなが必要な場合は、ひらがなで書きなさい。

1　都市部だけが人口カタになっている。

2　学校のシュエイさんにあいさつをする。

3　すいかはセイカに旬《しゅん》を迎《むか》える。

4　電子マネーでケッサイする。

5　責任をオウ立場になる。

6　白い服に赤いスカーフがよく映える。

7　子どもたちが一目散に校庭に走り出した。

8　真相が白日の下《もと》にさらされる。

2023年度

横浜雙葉中学校 ▶解説と解答

算　数 （50分）<満点：100点>

解　答

1 (1) ① 30.25　② $4\frac{1}{6}$　(2) 84票以上　(3) 36　(4) 80ページ　(5) 12.5 g　(6) 4.28cm^2　(7) 3.5　2 (1) 4周目のときから　(2) 頂点Eと頂点Dの間　(3) $11\frac{1}{13}$秒後　(4) 77.6秒後　3 (1) 8　(2) 3, 6, 9, 12　(3) （例） 解説を参照のこと。　(4) 198, 216

解　説

1 四則計算, 計算のくふう, 逆算, 条件の整理, 素数の性質, 相当算, 濃度《のうど》, 面積, 体積

(1) ① $77\times0.77-0.55\times55+11\times0.11=11\times7\times0.11\times7-0.11\times5\times11\times5+11\times0.11=49\times11\times0.11-25\times11\times0.11+1\times11\times0.11=(49-25+1)\times11\times0.11=25\times1.21=30.25$　② $\frac{8}{15}\times\left\{1\frac{1}{6}+2\frac{2}{9}\div(\square-2.5)\right\}=1\frac{1}{3}$より, $1\frac{1}{6}+2\frac{2}{9}\div(\square-2.5)=1\frac{1}{3}\div\frac{8}{15}=\frac{4}{3}\times\frac{15}{8}=\frac{5}{2}$, $2\frac{2}{9}\div(\square-2.5)=\frac{5}{2}-1\frac{1}{6}=\frac{15}{6}-\frac{7}{6}=\frac{8}{6}=\frac{4}{3}$, $\square-2.5=2\frac{2}{9}\div\frac{4}{3}=\frac{20}{9}\times\frac{3}{4}=\frac{5}{3}$　よって, $\square=\frac{5}{3}+2.5=\frac{5}{3}+\frac{5}{2}=\frac{10}{6}+\frac{15}{6}=\frac{25}{6}=4\frac{1}{6}$

(2) 2人の代表者を決める選挙では, 250÷3＝83余り1より, 3位の人がとる票数は最も多くて83票とわかる。よって, 83＋1＝84(票)以上とれば必ず代表者に選ばれる。

(3) それぞれの整数を素数の積の形で表して考える。求める整数をAとすると, Aと60の最大公約数が12だから, 下の図1のように, $A=2\times2\times3\times\square$と表すことができる(ただし, □には5の倍数以外の数が入る)。さらに, Aと28の最小公倍数が252なので, 下の図2より, □には3が入ることがわかる。よって, $A=2\times2\times3\times3=36$と求められる。

図1

$A=2\times2\times3\times\square$
$60=2\times2\times3\times5$
$12=2\times2\times3$

図2

$A=2\times2\times3\times\square$
$28=2\times2\quad\times7$
$252=2\times2\times3\times3\times7$

図3

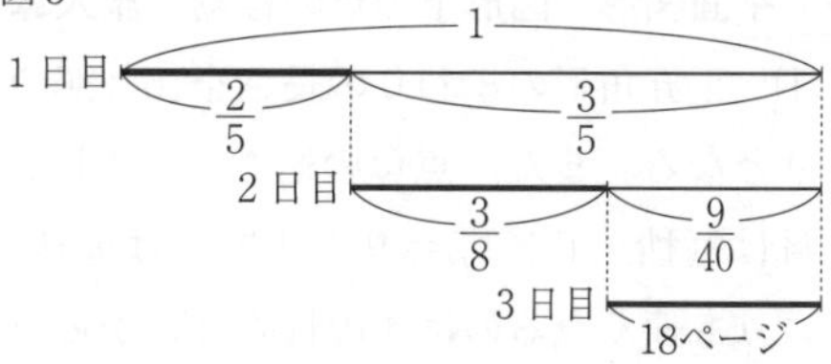

(4) 全体のページ数を1とすると, 1日目に読んだページ数は, $1\times\frac{2}{5}=\frac{2}{5}$だから, その残りは, $1-\frac{2}{5}=\frac{3}{5}$となる。すると, 2日目に読んだページ数は, $\frac{3}{5}\times\frac{5}{8}=\frac{3}{8}$となるので, その残りは, $\frac{3}{5}-\frac{3}{8}=\frac{9}{40}$とわかる。よって, 上の図3のように表すことができ, $\frac{9}{40}$が18ページにあたるから, (全体のページ数)$\times\frac{9}{40}=18$(ページ)と表すことができる。したがって, 全体のページ数は, $18\div\frac{9}{40}=80$(ページ)と求められる。

(5) 容器Aから容器Bに移した食塩水の重さを□gとすると，下の図4のように表すことができる(ただし，最後に加えた10gの食塩は，濃度100％の食塩水10gとしている)。図4で，色のついた部分の面積は，混ぜた食塩水(および食塩)に含《ふく》まれている食塩の重さを表し，太線で囲んだ部分の面積は，できた食塩水に含まれている食塩の重さを表しており，これらの面積は等しい。よって，アとイの面積の和は，ウの面積の和と等しくなる。また，イの面積は，290×(0.12−0.1)＝5.8(g)，ウの面積は，10×(1−0.12)＝8.8(g)にあたるので，アの面積は，8.8−5.8＝3(g)と求められる。したがって，□＝3÷(0.12−0.04)＝37.5(g)なので，容器Aからこぼした食塩水の重さは，50−37.5＝12.5(g)とわかる。

図4

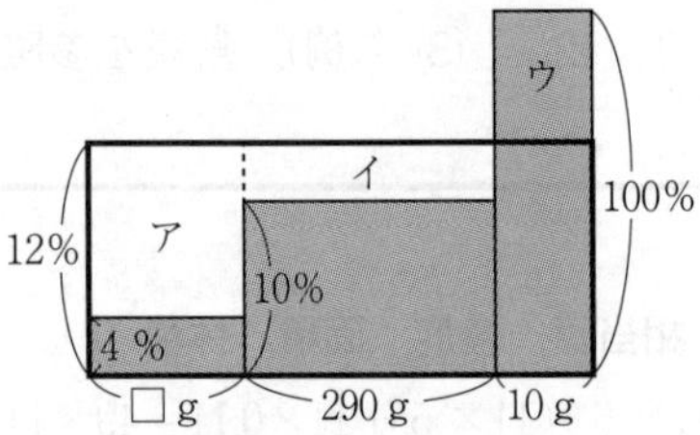

図5

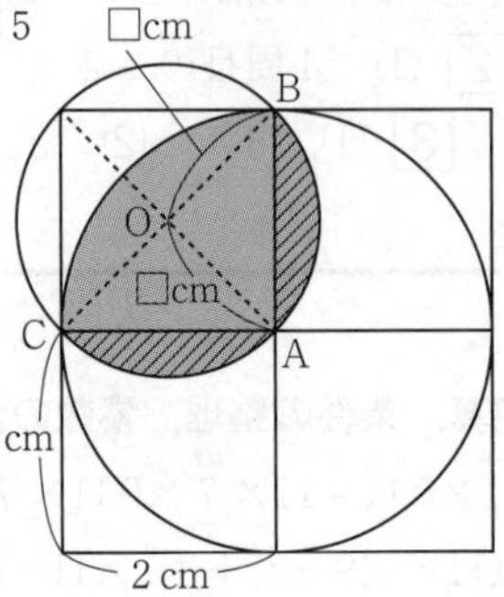

図6

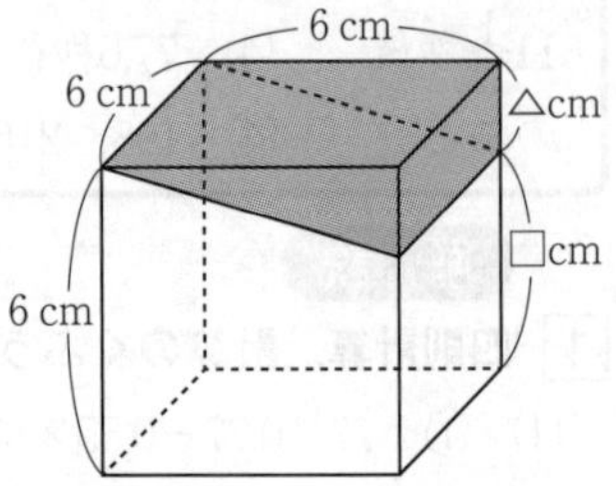

(6) 上の図5で，1辺の長さが2cmの正方形の面積は，2×2＝4(cm^2)だから，三角形OABの面積は，4÷4＝1(cm^2)となる。よって，小さい円の半径を□cmとすると，□×□÷2＝1(cm^2)と表すことができるので，□×□＝1×2＝2(cm^2)とわかる。したがって，おうぎ形OABの面積は，□×□×3.14×$\frac{1}{4}$＝2×3.14×$\frac{1}{4}$＝0.5×3.14＝1.57(cm^2)だから，斜線《しゃせん》部分1か所の面積は，1.57−1＝0.57(cm^2)と求められる。さらに，おうぎ形ABCの面積は，2×2×3.14×$\frac{1}{4}$＝3.14(cm^2)なので，色のついた部分の面積は，3.14＋0.57×2＝4.28(cm^2)とわかる。

(7) 上の図6で，立方体の体積は，6×6×6＝216(cm^3)だから，一方の立体の体積が171cm^3になるとき，もう一方の立体の体積は，216−171＝45(cm^3)となる。よって，色のついた部分の三角柱の体積が45cm^3なので，この三角柱の底面積は，45÷6＝7.5(cm^2)とわかる。したがって，△にあてはまる数は，7.5×2÷6＝2.5だから，□にあてはまる数は，6−2.5＝3.5と求められる。

2 平面図形—図形上の点の移動，旅人算

(1) 正五角形のまわりの長さを16と36の最小公倍数の144とすると，点Pの速さは毎秒，144÷16＝9となる。また，点Qの速さは，1周目は毎秒，144÷36＝4，2周目は毎秒，4×1.5＝6，3周目は毎秒，6×1.5＝9，4周目は毎秒，9×1.5＝13.5となる。よって，点Qの速さが点Pの速さよりも速くなるのは4周目のときからである。

(2) 点Qが1周するのにかかる時間は，1周目は36秒，2周目は，144÷6＝24(秒)，3周目は，144÷9＝16(秒)なので，出発してから80秒後は，4周目に入ってから，80−(36＋24＋16)＝4(秒後)である。このとき，点Qは頂点Aから，13.5×4＝54進んでいる。また，正五角形の1辺の長さは，144÷5＝28.8である。よって，54÷28.8＝1余り25.2より，このとき点Qは頂点Eから25.2進んだ位置，つまり，頂点Eと頂点Dの間にある。

(3) 点Pと点Qが初めてすれ違《ちが》うのは，1周目に点Pと点Qが合わせて144進んだときである。よって，出発してから，$144\div(9+4)=\frac{144}{13}=11\frac{1}{13}$(秒後)とわかる。

(4)　出発してから80秒後には，点Pは，$80\div16=5$(周)して頂点Aにいる。よって，出発してから80秒後のようすを，(2)で求めた点Qの位置とともに図に表すと，右のようになる。最後にすれ違うのは，この状態の，$(28.8+25.2)\div(9+13.5)=2.4$(秒前)なので，出発してから，$80-2.4=77.6$(秒後)である。

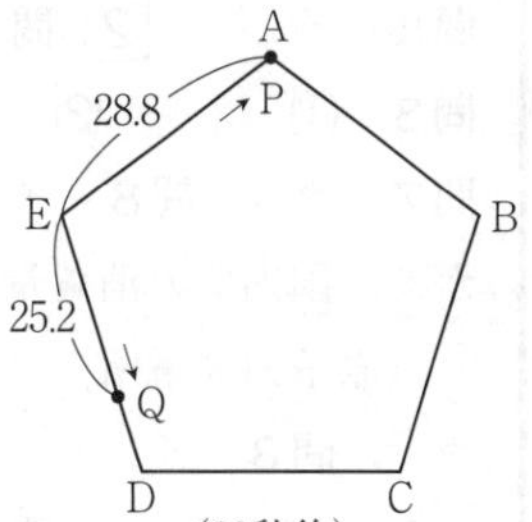

(80秒後)

3　約束記号，整数の性質

(1)　$\langle 18\rangle=1+8=9$より，$6+18\div\langle 18\rangle=6+18\div9=8$となる。

(2)　1から50までの3の倍数について位の数を求めると，右の図1のようになる。よって，位の数として考えられる数は，3，6，9，12の4個である。

図1

もとの数	3	6	9	12	15	18	21	24	27	30	33	36	39	42	45	48
位の数	3	6	9	3	6	9	3	6	9	3	6	9	12	6	9	12

(3)　2桁《けた》の数の十の位の数字をA，一の位の数字をBとすると，もとの数は$(10\times A+B)$，位の数は$(A+B)$と表すことができる。これが同じになるとすると，$10\times A+B=A+B$より，$10\times A-A=B-B$，$9\times A=0$，$A=0$となる。これは，もとの数が2桁であることと合わないので，2桁のもとの数と位の数が同じになることはない。

(4)　9の倍数であるもとの数をX，位の数をYとすると，$\frac{X}{2}+Y=117$と表すことができる。ここで，Yは整数だから，$\frac{X}{2}$も整数になる。つまり，Xは9の倍数でも2の倍数でもあるので，Xは18の倍数とわかる。そこで，$X=18\times Z$(ただし，Zは整数)とすると，$\frac{18\times Z}{2}+Y=117$より，$9\times Z+Y=117$となる。また，もとの数は，$117\times2=234$以下，つまり，3桁以下だから，$Y$は，$9+9+9=27$以下になる。よって，考えられる$Z$と$Y$の組は右の図2のようになる。$Z=12$とすると，$X=18\times12=216$，$Y=2+1+6=9$となるので，図2と合う。また，$Z=11$とすると，$X=18\times11=198$，$Y=1+9+8=18$となるから，図2と合う。さらに，$Z=10$とすると，$X=18\times10=180$，$Y=1+8+0=9$となるので，図2と合わない。したがって，もとの数として考えられるのは198と216である。

図2

Z	12	11	10
Y	9	18	27

社　会　(40分)＜満点：80点＞

解　答

1　**問1**　イ　**問2**　エ　**問3**　鑑真　**問4**　菅原道真　**問5**　ア　**問6**　1274　**問7**　ウ　**問8**　エ　**問9**　通信使(朝鮮通信使)　**問10**　イ　**問11**　ウ　**問12**　下田，函館(箱館)　**問13**　イ，オ　**問14**　**特徴**…(例)　機械を用いた生産のしくみや生産高の多さに驚くとともに，蒸気機関の燃料である石炭の使用にともなうけむりによる空気の汚れなど，環境面での問題にも着目している。　**理由**…(例)　クレーンに代表される機械を用いた近代的な生産のしくみに感心し，工業生産の生産高について「誰でもがく然として，その盛大なことに驚く」と記している。一方で，「石炭のけむりが空をおおい，空気は真っ黒になっている」「市中の人びとはこの黒い空気の中で呼吸している」として，住民の寿命の短い点にも着目している。

問15 イ　[2] **問1** **富山市**…オ　**岡山市**…イ　**問2** (1) イ　(2) 潮目(潮境)
問3 (1) オ　(2) バイオマス(エネルギー)　**問4** モスク　**問5** ア　**問6** オ
問7 ウ　**問8** イ　**問9** (1) ウ　(2) (例) 生産量が増えることで農産物の価格が下がり，国内での消費量も増える。　[3] **問1** エ　**問2** チェルノブイリ(チョルノービリ)(原子力発電所)　**問3** ア　**問4** ア→ウ→イ　**問5** 公聴会　**問6** ウ　**問7** ウ　**問8** インド　**問9** ア，イ　**問10** 非核三原則　**問11** ア，エ　**問12** プライバシー(の権利)　**問13** 健康

解　説

[1] 外交をテーマとした歴史総合問題

問1　イの纏向《まきむく》遺跡(奈良県)は邪馬台国《やまたいこく》が近畿地方にあったとする説の根拠《こんきょ》の１つとしてあげられている遺跡で，そのうちの箸墓《はしはか》古墳は前方後円墳で卑弥呼《ひみこ》の墓とする説もある。なお，アの吉野ケ里遺跡(佐賀県)は弥生時代中期の環濠《かんごう》集落跡，ウの三内丸山遺跡(青森県)は縄文時代前～中期の大型集落跡，エの登呂《とろ》遺跡(静岡県)は弥生時代後期の集落跡である。

問2　694年に藤原京(奈良県)に遷都《せんと》(都を遷《うつ》すこと)したのは持統天皇なので，エが正しくない。

問3　８世紀半ば，唐(中国)の高僧鑑真《がんじん》が日本側の招きに応じ，苦労の末に来日をはたした。鑑真は都の奈良に唐招提寺《とうしょうだいじ》を建てるとともに，東大寺に戒壇《かいだん》を設け，日本の僧たちに戒律(僧が守るべききまり)をさずけるなど，日本の仏教発展のために力をつくした。

問4　894年，数十年ぶりに遣唐使が派遣されることになり，菅原道真《すがわらのみちざね》が遣唐大使に任命されたが，道真は航海が危険であることや，唐の国内が乱れていることなどを理由に派遣の中止を朝廷に提言し，これが認められ，遣唐使が停止されることとなった。なお，唐は907年に滅《ほろ》んでいる。

問5　ア　平安時代半ばには，日本の生活や風土にあった国風文化が栄え，真名《まな》(漢字)をもとにつくられた仮名《かな》文字(カタカナ，ひらがな)が広まった。　イ　長編小説『源氏物語』を著したのは紫式部《むらさきしきぶ》で，清少納言《せいしょうなごん》は随筆『枕草子《まくらのそうし》』の著者として知られる人物である。　ウ　平安時代の貴族の服装(正装)は，男子は衣冠《いかん》・束帯《そくたい》，女子は十二単《じゅうにひとえ》(女房装束《にょうぼうしょうぞく》)であった。　エ　浮世《うきよ》絵《え》が生まれたのは江戸時代である。なお，貴族の生活のようすは絵巻物などにえがかれた。

問6　1274年(文永の役)と1281年(弘安の役)の２度にわたる元軍の襲来《しゅうらい》は，合わせて元寇《げんこう》とよばれる。

問7　元軍が襲来したのは九州地方北部なので，ウがあてはまる。なお，博多湾沿岸には，文永の役のあと，元軍の再度の襲来に備えて鎌倉幕府がつくらせた石塁《せきるい》(防塁)の一部が残っている。

問8　観阿弥《かんあみ》・世阿弥《ぜあみ》父子は能を大成した人物であるから，エが正しくない。なお，歌舞伎《かぶき》は安土桃山時代に出雲《いずも》の阿国《おくに》とよばれる女性が始めた歌舞伎踊《おど》りに起源を持つ芸能で，江戸時代に演劇として完成した。

問9　江戸時代，対馬《つしま》藩(長崎県)の宗氏を通じて朝鮮(李氏朝鮮)との国交が開かれ，ほぼ将軍の代がわりごとに江戸に通信使(朝鮮通信使)が派遣された。

問10　戦国時代に対馬を支配した宗氏は，朝鮮と交易を行っていた。江戸時代に対馬藩となってからは，釜山《プサン》に置かれた倭館《わかん》で交易が行われた。朝鮮からは中国産の生糸や絹織物などが輸出され，対馬藩は銀や硫黄《いおう》などを輸出した。

問11　19世紀になり，アメリカが日本に開国を求めるようになった理由の1つに，当時，アメリカは太平洋で捕鯨《ほげい》をさかんに行っており，捕鯨船の寄港地として日本の港を必要としたという点があった。江戸時代，日本でも各地の近海で捕鯨が行われていたが，アメリカが日本に捕鯨の中止を求めることはなかったので，ウが正しくない。

問12　1854年，江戸幕府はペリーとの間で日米和親条約を結び，函館(箱館，北海道)，下田(静岡県)の2港を開き，アメリカ船に水や食料，燃料などを提供することなどを認めた。

問13　1871年，明治新政府は岩倉具視《ともみ》を大使(団長)，大久保利通《としみち》，木戸孝允《たかよし》，伊藤博文らを副使とする使節団を欧米諸国に派遣した(岩倉使節団)。使節団の目的は江戸幕府が結んだ不平等条約の改正のための予備交渉《こうしょう》を行うことであったが，交渉は不調に終わったため，一行は約2年にわたり欧米諸国を回り，各国の政治制度や産業・経済などを視察した。

問14　ア～エの資料からは，使節団がクレーンなどの機械を用いた大規模な生産のしくみや，工業生産高の多さに驚《おどろ》いていることがわかる。その一方で，蒸気機関が石炭を燃料としていることから，石炭のけむりが市中の空をおおっていることや，悪い空気の中で呼吸している市中の人々の寿命が短いことなどにふれており，環境《かんきょう》面での不安を気にかけていることもうかがえる。

問15　渋沢栄一は明治時代に日本で最初の銀行である第一国立銀行を設立したほか，多くの銀行や企業の設立・経営に関わったため，「日本資本主義の父」ともよばれる。よって，イがあてはまる。なお，アは陸奥宗光《むつむねみつ》，ウは新渡戸稲造《にとべいなぞう》，エは福沢諭吉《ゆきち》が行ったことである。また，2024年度から新しく発行される一万円札の肖像《しょうぞう》は，これまでの福沢諭吉から渋沢栄一に変わる。

2　富山県の自然環境と産業を中心とした地理総合問題

問1　夏の降水量が多いアは太平洋側の気候に属する横浜市(神奈川県)，冬の気温が低いエは亜《あ》寒帯の気候に属する札幌市(北海道)，冬の降水量が多いオは日本海側の気候に属する富山市と判断できる。残る2つのうち，1・2月の気温が4～5℃前後であるイは岡山市，0℃前後であるウは松本市(長野県)である。岡山市は瀬戸内の気候，松本市は中央高地(内陸性)の気候に属し，どちらも1年を通して降水量が少ない。

問2　(1)　本州中央部には飛騨《ひだ》山脈(北アルプス)，木曽山脈(中央アルプス)，赤石山脈(南アルプス)が北西から順に並んでおり，合わせて「日本アルプス」とよばれる。立山連峰《れんぽう》は飛騨山脈にふくまれており，飛騨山脈は富山県，新潟県，岐阜県，長野県にまたがっている。なお，越後山脈は新潟県，福島県，群馬県にまたがっている。　(2)　暖流と寒流がぶつかる海域は潮目(潮境)とよばれる。えさとなるプランクトンが多く発生することから魚が多く集まり，好漁場となる。日本近海では，北上する暖流の日本海流(黒潮)と南下する寒流の千島海流(親潮)がぶつかる三陸沖付近が潮目として知られている。

問3　(1)　グラフ中のDは，2019年度の割合が2010年度と比べて急激に低下しているので，「原子力」とわかる。2011年の東日本大震災時に起こった福島第一原子力発電所の爆発事故を受け，全国の原子力発電所がいったん操業停止となったことから，原子力の割合は激減した。Eは，2019年度の割合が1割弱なので，「水力・再生可能エネルギー」である。よって，オが正しい組み合わせと判断できる。　(2)　再生可能エネルギーは，自然の力で回復し半永久的にくり返し使えるエネルギーのことで，太陽光，水力，バイオマス，風力，地熱などがあてはまる。バイオマスは生物起源のエネルギー源のことで，トウモロコシやサトウキビを発酵《はっこう》させることで得られるバイオマスエタノールや，動物のふん尿《にょう》から得られるメタンガスなどが知られている。

問4　イスラム教の礼拝施設をモスクという。イスラム教徒はモスクなどで1日5回，聖地メッカ(サウジアラビア)に向かって礼拝する。なお，イスラム教は偶像崇拝《ぐうぞうすうはい》を禁じているため，キリスト教の教会や仏教の寺院などとは異なり，モスクには礼拝の対象となるような像や絵画は置かれていない。

問5　伊万里《いまり》焼と有田焼は佐賀県を代表する伝統的工芸品なので，アが正しくない。

問6　ア，イ　四大公害病は，有機水銀を原因とする水俣《みなまた》病(熊本県水俣市周辺)，新潟水俣病(新潟県阿賀野《あがの》川流域)，カドミウムを原因とするイタイイタイ病(富山県神通《じんずう》川流域)，亜硫酸《ありゅうさん》ガス(二酸化硫黄)を原因とする四日市ぜんそく(三重県四日市市)で，いずれもおもに高度経済成長期(1950年代後半～1970年代初め)に発生した。　ウ「環境基本法」ではなく「公害対策基本法」が正しい。なお，環境基本法(1993年)は公害対策基本法を発展させる形で制定された。　エ　大気汚染《おせん》，水質汚濁《おだく》，土壌《どじょう》汚染，騒音《そうおん》，振動《しんどう》，地盤沈下《じばんちんか》，悪臭《あくしゅう》を典型7公害といい，四大公害病の原因となった大気汚染や水質汚濁もふくめ，各地で公害が起きている。オ　四大公害病については，現在も健康被害に苦しむ人々がおり，さらに未認定患者による訴訟《そしょう》なども起こされているので，正しい。

問7　地図中のアは岩手県にある「平泉—仏国土(浄土《じょうど》)を表す建築・庭園及《およ》び考古学的遺跡群—」，イは栃木県にある「日光の社寺」，ウは群馬県にある「富岡製糸場と絹産業遺産群」，エは東京都にある国立西洋美術館の本館(「ル・コルビュジエの建築作品—近代建築運動への顕著《けんちょ》な貢献《こうけん》—」の構成資産)，オは静岡県・山梨県にある「富士山—信仰の対象と芸術の源泉」で，いずれもユネスコ(国連教育科学文化機関)の世界文化遺産に登録されている。

問8　グラフ中のアは自動車，イは鉄道，ウは航空，エは旅客船である。鉄道は，輸送量に対してエネルギー消費量が少なく，環境にかける負担が自動車や航空機に比べてはるかに小さい。

問9　(1)　グラフ中のアは野菜，イは魚介類，ウは果実(果物)，エは小麦である。果実は1980年代以降，海外から輸入される量や種類が大きく増えたことから自給率が急激に下がり，近年は40%前後を推移している。　(2)　海外に輸出される農産物の量が増えれば，生産量が増えるので価格も下がるはずである。そうすると，国内での需要《じゅよう》が増えて消費量の増加につながり，結果的に食料自給率の上昇をもたらすと考えられる。

3　さまざまな「国際デー」を題材とした公民総合問題

問1　国際連合は1945年10月，51カ国を原加盟国として正式に発足した。その後，加盟国が増え続け，2022年の時点で193カ国が加盟している。

問2　1986年4月，ソビエト連邦(ソ連)の構成国であるウクライナにあったチェルノブイリ原子力発電所で，水蒸気爆発や火災などの大規模な事故が発生した。多数の死傷者が出たほか，大量の放射性物質が拡散したことで周辺地域の住民が移住せざるをえなくなった。放射性物質はヨーロッパをはじめとして世界中に拡散し，日本でも観測された。なお，「チェルノブイリ」はロシア語による読み方であるため，2022年2月のロシアによるウクライナ侵攻以後はウクライナ語による読み方である「チョルノービリ」が用いられており，日本でも外務省が「チョルノービリ」を正式な呼称として採用している。

問3　ア　情報とのかかわり方として正しい。　イ　情報は，量よりも確かさや発信者の信頼性などのほうが大切である。　ウ　誰もが情報を発信できるSNS上の情報には不正確なものも多く，それだけに頼るのは危険である。　エ　情報を伝えるさいには，早さだけでなく，正確さに注意する必要がある。

問4　アの国連環境計画(UNEP《ユネップ》)は，1972年に開かれた国連人間環境会議での提言をもとに創設された国連の機関。イの持続可能な開発目標(SDGs)は，2015年に国連総会で採択《さいたく》された2030年までに達成すべき国際目標。ウの京都議定書は，1997年に京都で開かれた気候変動枠組《わくぐみ》条約第３回締約《ていやく》国会議(COP3)で採択されたものである。

問5　国会において，議案はまず委員会で審議・採決されたあと，本会議に送られる。委員会では，専門家や利害関係者などの意見を聞くために，公聴会が開かれることがある。なお，予算の審議や新たな予算をともなう議案の審議のさいには，公聴会は必ず開かれることになっている。

問6　2022年５月，UNHCR(国連難民高等弁務官事務所)は難民の数が１億人を超《こ》えたと発表した。

問7　ア　地方議会議員の被選挙権は満25歳以上である。　イ「政令」ではなく「条例」が正しい。政令は，法律を実施するため，内閣が憲法と法律の範囲《はんい》内で定める細かい規則である。
ウ　地方議会は首長に対して不信任の議決をできるので，正しい。なお，議決には，総議員の３分の２以上の議員が出席した上で，その４分の３以上の議員が賛成することが必要である。　エ　地方公共団体の予算案は，首長が作成し，議会に提出する。

問8　国際連合は，2023年中に，インドが中国をぬいて人口世界一になる見込みであることを発表した。

問9　ア　内閣総理大臣は，国会が国会議員の中からこれを指名し，天皇が任命するので，正しくない。　イ　国民審査の対象となるのは最高裁判所裁判官だけなので，正しくない。　ウ　地方政治においては，直接請求《せいきゅう》権の１つとして，住民には首長や議員の解職請求(リコール)を行う権利が認められている。よって，正しい。　エ　憲法改正は，両議院がそれぞれ総議員の３分の２以上の賛成で可決した場合に国会がこれを発議し，国民投票で過半数の賛成が得られれば成立する。よって，正しい。

問10「核兵器を持たず，つくらず，持ち込ませず」という日本政府の核兵器に関する基本方針を非核三原則という。1967年の国会答弁で佐藤栄作首相が表明したのが始まりで，1971年には衆議院本会議において決議が採択され，以後，日本政府の核兵器に関する基本方針となっている。

問11　ア［グラフ１］で，日本は2010年代にはおよそ80％から90％に，2000年代にはおよそ50％から80％に増えているので，正しい。　イ［グラフ１］で，2000年から2020年にかけて，中国はおよそ，70÷２＝35(倍)になっているので，正しくない。　ウ［グラフ１］で，2020年に最も低い国はケニアで30％前後，2000年に最も高い国はアメリカで45％前後となっているので，正しくない。　エ［グラフ２］で，2001年と2021年の差が最も大きいのは60～64歳(70％ほど増加)なので，正しい。　オ　2021年に50～59歳の年代の人びとは，2001年には30～39歳であった。［グラフ２］で，2021年の50～59歳は約95％，2001年の30～39歳は約70％であり，20年間で２倍までは増えていないので，正しくない。

問12　他人に知られたくない個人的な秘密を守る権利を「プライバシーの権利」という。日本国憲法の条文には直接明記されていないが，新しい人権として，環境権(良好な環境で生活を営む権利)や知る権利(情報の公開を求める権利)などとともに主張されている。

問13　日本国憲法第25条１項が定める「健康で文化的な最低限度の生活を営む権利」は，生存権とよばれる。社会権の基盤となる重要な権利である。

理　科　（40分）＜満点：80点＞

解　答

1 **問１**　食物連鎖　**問２**　（例）　二酸化炭素と水を原料に，光のエネルギーを利用して，光合成を行って養分をつくる。　**問３**　(1)　**森の生物Ａ**…(イ)　**森の生物Ｃ**…(ウ)　**海の生物Ａ**…(エ)　**海の生物Ｃ**…(オ)　(2)　**生物Ａ**…(イ)　**生物Ｃ**…(ア)　**問４**　①　36　②　（例）　移動した養分が少ない　**2** **問１**　(ア)　×　(イ)　○　(ウ)　×　(エ)　○　**問２**　(1)　15 g　(2)　75％　(3)　646.25万 t　**問３**　(1)　(イ)　(2)　1.05 g/cm³　(3)　PS　**3** **問１**　**東**…(エ)　**南**…(ア)　**問２**　(A)　**問３**　**赤道**…(オ)　**北極点**…(カ)　**問４**　**北**…(イ)　**南**…(エ)　**問５**　(オ)　**問６**　**図**…下の図Ⅰ／**(3)の説明**…（例）　Ａ地点から北極星の高度を示す直線と，北極点から北極星の高度を示す直線は平行なので，同位角である(う)と(え)の大きさは等しい。また，(あ)＝90－(う)，(い)＝90－(え)である。よって，(あ)＝(い)となる。　**4** **問１**　**ア**　36.0℃　**イ**　15A　**問２**　４倍　**問３**　下の図Ⅱ　**問４**　２倍　**問５**　(1)　30A　(2)　21.8℃

図Ⅰ

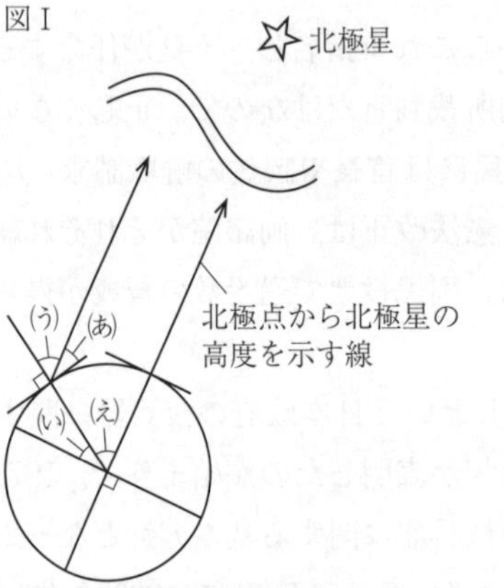

図Ⅱ

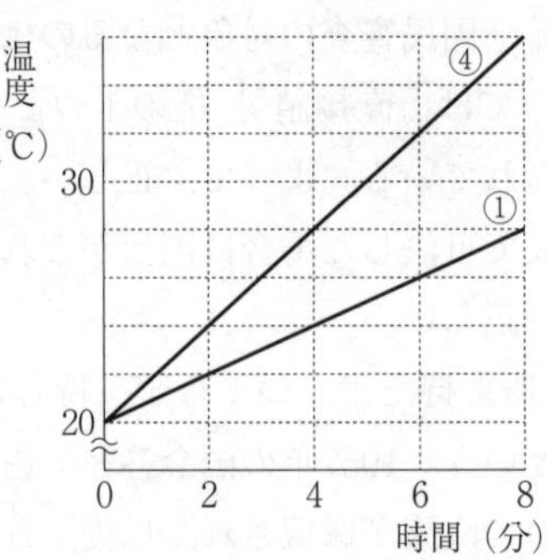

解　説

1 **生物どうしの関係についての問題**

問１　植物は自分で養分をつくり出すことができるが，動物は自分で養分をつくり出せない。そのため，ほかの生物から養分を取り入れなければ生きていけず，草食動物は植物を食べることにより，肉食動物は草食動物を食べることにより，直接・間接的に植物がつくった養分を取り入れて生きている。このように，生物どうしが「食べる」「食べられる」の関係で鎖《くさり》のようにつながっていることを，食物連《れん》鎖《さ》という。

問２　植物は，体内にある葉緑体で光のエネルギーを利用して，気孔《きこう》から取り入れた二酸化炭素と根から吸収した水を材料に，養分(デンプン)をつくり出している。このはたらきを光合成といい，このとき酸素もつくり出されて放出される。

問3　(1)　森の中で，フクロウ(生物A)はモグラ(生物B)を食べ，モグラはミミズ(生物C)を食べる。また，海の中で，シャチ(生物A)はエビ(生物B)を食べ，エビはプランクトン(生物C)を食べる。　(2)　生物Bが増えると，生物Aはえさが増えるため一時的に増え，生物Cは捕食《ほしょく》者が増えるため一時的に減る。

問4　①　草食動物に移動した養分の65のうち，56％が肉食動物に移動するので，65×0.56＝36.4より，肉食動物へと移動した養分は36となる。　②　食べられて移動することによって養分が100→65→36と減っていくので，養分が多いほど生物の数が多いと考えられるので，生物の数は植物→草食動物→肉食動物と減っていく。

2 プラスチックについての問題

問1　(ア)　二酸化炭素は無色透明《とうめい》・無臭《むしゅう》の気体である。　(イ)　二酸化炭素は水に少し溶《と》けるので，水が入ったペットボトルに二酸化炭素を入れてふたをしてふると，その一部が水に溶け込《こ》み，ペットボトル内の気圧が下がるので，ペットボトルがへこむ。　(ウ)　二酸化炭素は空気より重く，燃える性質がないので，二酸化炭素を試験管の中に入れて火をつけたマッチを近づけても，二酸化炭素が燃えることはない。　(エ)　石灰水は水酸化カルシウムの水溶液《すいようえき》で，石灰水の入ったびんの中に二酸化炭素を入れてふたをしてふると，水酸化カルシウムと二酸化炭素が反応して，水に溶けにくい炭酸カルシウムができ，その粒《つぶ》が液に広がるために白くにごる。

問2　(1)　二酸化炭素44gにふくまれる炭素が12gなので，二酸化炭素55gにふくまれる炭素は，$12\times\frac{55}{44}=15$(g)となる。　(2)　(1)より，プラスチックA20g中の炭素の重さが15gなので，その割合は，15÷20×100＝75(％)と求められる。　(3)　リサイクルするプラスチックAは，940万×0.25＝235万(t)であり，プラスチックA20gを完全に燃やすと二酸化炭素が55g発生するので，削減《さくげん》できる二酸化炭素は，235万×$\frac{55}{20}$＝646.25万(t)となる。

問3　(1)　メスシリンダーの目盛りを読むときは，メスシリンダーを水平な台の上に置き，液面のへこんだ部分と目の高さをあわせ，真横から水平に読む。このとき，最小目盛りの10分の1まで目分量で読みとる。　(2)　密度は，(重さ)÷(体積)で求められるので，21.0÷20.0＝1.05(g/cm^3)となる。　(3)　密度が1.05g/cm^3なので，表1よりPS(ポリスチレン)となる。

3 星の動きについての問題

問1　(ウ)は北の空で，地球が西から東に自転しているため，星は北極星を中心に反時計回りの円をえがくように動いて見える。また，南の空では，星は東の地平線から右上方向にのぼり，南の空を通って，西の地平線(右下方向)に沈《しず》む。よって，(ア)は南の空，(イ)は西の空，(エ)は東の空になる。

問2　問1で述べたように，東の空の星は右上方向に動き，西の空の星は右下方向に動くので，(A)が正しい。

問3　図1で，赤道上にいる人が東の空を見ると，星が東の地平線から垂直にのぼって真上に向かうので，(オ)が選べる。また，北極点にいる人が地平線近くの空を見ると，星が右方向に水平に動くので，(カ)がふさわしい。

問4　夏の日の午後8時ころ，北の空にはカシオペヤ座や北斗《ほくと》七星，北極星などが見え，南の空にはさそり座などが見える。なお，おおいぬ座は冬，おとめ座は春，ペガスス座は秋の代表的な星座である。

問5　地球が太陽の周りを1年に1回公転しているため，同じ時刻に見える星や星座の方向は1か月あたりおよそ，360÷12＝30(度)ずつ西へずれていく。4月15日は2月15日の2か月後なので，図のオリオン座は2月の位置から，30×2＝60(度)西に動いた(オ)の位置に見える。

問6　⑴　北極星は非常に遠くにあるので，A地点から北極星の高度を示す線は，北極点から北極星の高度を示す線と平行になるようにかく。　⑵　A地点では，北極星の高度にあたる角度は，地平線とA地点から北極星の高度を示す線との間の角度となる。　⑶　解答の図Iで，⑴で述べたように，A地点から北極星の高度を示す直線と，北極点から北極星の高度を示す直線は平行である。すると，同位角である(う)と(え)の大きさは等しくなる。また，(あ)＝90－(う)，(い)＝90－(え)と表せる。以上より，(あ)＝(い)となる。

4　電熱線の発熱についての問題

問1　**ア**　実験②では，2分間で温度が，28.0－20.0＝8.0(℃)上昇《じょうしょう》しているので，4分後の温度は，28.0＋8.0＝36.0(℃)となる。　**イ**　実験④の時間ごとの水の温度変化が実験⑤のYと同じなので，15Aとわかる。

問2　実験②で電熱線Xに流れている電流は，実験①で電熱線Xに流れている電流の，30÷15＝2(倍)である。また，2分間で上昇する温度は，実験①は，22.0－20.0＝2.0(℃)，実験②は8.0℃であり，実験②は実験①の，8.0÷2.0＝4(倍)になっている。したがって，ある電熱線に対し，流す電流を2倍にすると，同じ時間あたりに発生する熱は4倍になる。なお，実験③と実験④などを比べても，同じ結果が得られる。

問3　実験①のグラフは，はじめの温度が20.0℃で，2分間の温度上昇が2.0℃になるように直線を引く。また，実験④のグラフは，はじめの温度が20.0℃で，2分間の温度上昇が4.0℃になるように直線を引く。

問4　実験④で電熱線Yに流れている電流は，実験①で電熱線Xに流れている電流と同じ15Aである。また，2分間で上昇する温度は，実験①は2.0℃，実験④は，24.0－20.0＝4.0(℃)であり，実験④は実験①の，4.0÷2.0＝2(倍)になっている。発生する熱は電熱線の長さに比例すると述べられているので，電熱線Yは電熱線Xの2倍の長さとわかる。

問5　⑴　実験⑦では，電熱線Xと，電熱線Xが電熱線Yと直列つなぎになった部分が，直列につながった2個の電池と並列につながっている。したがって，電流計は実験②と同様に30Aを示す。⑵　電熱線Xが電熱線Yと直列つなぎになった部分は，実験⑥と同様に，直列につながった2個の電池につながっている。よって，電熱線Yを入れた容器1の2分後の水の温度は，実験⑥で電熱線Yを入れた容器と同様に21.8℃になる。

国語　(50分)＜満点：100点＞

解答

一　**問1**　**1～5**　下記を参照のこと。　**6**　は(える)　**7**　いちもくさん　**8**　はくじつ　**問2**　**1**　⑴　干　⑵　其　**2**　ア　**3**　⑴　近　⑵　花　**4**　⑴　カ　⑵　ア　二　**問1**　㋐　オ　㋑　ウ　**問2**　エ　**問3**　イ　**問4**　宙ぶらりん　**問5**　ア　**問6**　⑴　月がひと間を照らして　⑵　(例)　あふれそうな他者への暴力的な感情をしずめ，自分の孤独な心と，月の光のように静かに向かい合う気持ち。　**問7**　オ　**問8**　二人と～ている(ということ。)　**問9**　A　カ　B　エ　**問10**　(例)　悪ぶった清田が卓也に「オレの勝手だろ！」と返したのは，卓也と同様，自分の心を言葉にできた満足感を知っているからなので，たがいに心を開いて親しくなるだろうと予想できる。　**三**　**問1**　(あ)　イ　(い)　ウ　**問2**　オ　**問3**　ア　**問4**　ア，エ　**問5**　Ⅰ　オ　Ⅱ　ウ　**問6**　イ　**問7**　(例)　人間の身体能力を，どんどん進化して機能が上がっていくのが当然だと錯覚している。　**問8**　⑴　ア　⑵　(例)　私には心の許せる友だちが二人おり，この人間関係は，保育園のころからいっしょに遊んだりけんかをしたりしたことで築かれたと思う。　**問9**　ウ，エ，カ

●漢字の書き取り

一　問1　1　過多　2　守衛　3　盛夏　4　決済　5　負う

解説

一　漢字の書き取りと読み，漢字のつくり，音読みと訓読み，熟語の完成，類義語の知識

問1　1　多過ぎるようす。　2　施設などの警備を仕事とする人。　3　夏の最も暑い時期。　4　商品やサービスなどに対して代金の支払いを済《す》ませること。　5　音読みは「フ」で，「負担」などの熟語がある。訓読みにはほかに「ま(ける)」などがある。　6　音読みは「エイ」で，「映画」などの熟語がある。訓読みにはほかに「うつ(る)」などがある。　7　わき目もふらず懸命《けんめい》に走るようす。　8　「白日」は，“照り輝《かがや》く太陽”“真昼”という意味。「白日の下《もと》にさらす」は，明るい太陽の下に引きずり出すことから，隠《かく》されていたものごとを広く公表する意味で使う。

問2　1　⑴　順に「刊」「幹」「岸」が入る。　⑵　順に「基」「期」「旗」が入る。　2　ア　音読みしかない漢字で，「チャ」「サ」という読みがあり，「茶色」「茶道」などの熟語がある。　イ　音読みは「キ」で，「記入」などの熟語がある。訓読みは「しる(す)」。　ウ　音読みは「エイ」で，「永遠」などの熟語がある。訓読みは「なが(い)」。　エ　音読みは「キョク」で，「曲線」などの熟語がある。訓読みは「ま(がる)」。　オ　音読みは「ヤ」で，「野菜」などの熟語がある。訓読みは「の」。　3　⑴　「近」を入れると，「身近」「近所」となる。　⑵　「花」を入れると，「開花」「花見」となる。　4　⑴　「反省」は，自分の過去の行いをふりかえり，批判を加えること。　⑵　「製作」は，ものをこしらえること。

二　出典はねじめ正一《しょういち》の『泣き虫先生』による。野球部でバッテリーを組んでいる卓也《たくや》と清田《きよた》に志《し》水《みず》先生が「班ノート」の課題を出し，二人が自分の心と向き合うようすが描《えが》かれている。

問1　(あ)　「念を押《お》す」は“よく確かめる”という意味なので，オがよい。　(い)　「感極まる」は“たいへん感動する”という意味なので，ウがあてはまる。

問2　前に「店番のイヤな気分が，ちょっとずつ言葉になって出てき始めた」，「野球で得られる充実《じゅうじつ》感とは別の感情が，卓也を満たしていた」とあるので，エが選べる。

問3　後で志水先生が「この詩には～恥《は》ずかしい，寂《さび》しい，いやだ……逃《に》げ出したい～そういうマイナスの気持ちが，表現されています」と言っているので，「恥ずかしさ」とあるイがふさわしい。

問4　直前に「〈中途半端《ちゅうとはんぱ》〉という言い方もあるが，それだと普通《ふつう》なんだ」とあるので，「中途半

端」であることを表す「宙ぶらりん」がぬき出せる。

問5　卓也の詩をきっかけに「清田も班ノートにいい詩を書いてきた」ことと，それが「しばらく経って」からであったことより，アが合う。

問6　(1)　各連の3行目がそれぞれ違《ちが》っている。　(2)　第1連の「爆弾《ばくだん》かかえて」と第2連の「人を殴《なぐ》りたいほど」は，暴力的な気分を表している。これに対して，第3連の「月がひと間を照らして」は，孤独《こどく》をかかえた静かな心を表している。これらの内容を，「人の心には暴力的な感情だけでなく，孤独を見つめて耐《た》える心があると知った清田が，自身の孤独と向き合う静かな気持ち」のようにまとめる。

問7　各連とも，後ろの4行に「みんなもひとりぼっちなのを／わかっているから／オレはひとりぼっちを／辛抱《しんぼう》できる」とある。清田は他者の孤独に思いをはせて自分も孤独にたえているのだから，オの「卓也に対抗《たいこう》する気持ち」はふさわしくない。

問8　本文の最後で，志水先生が傍線《ぼうせん》⑤の「山口の詩の〈宙ぶらりん〉」と「清田の〈ひとりぼっち〉」に再びふれ，「二人とも，知らず知らずに自分自身の本当の心を書いている」と言っているので，この部分がぬき出せる。

問9　「ふてくされる」は，“不満な気持ちで投げやりな態度や反抗的な態度をとる”ことを表す。
A　続く部分に「志水先生が念を押すが，清田はそれには答えない」とあるように，清田は志水先生に対して反抗的な態度をとっているので，“素直《すなお》に人に従わず，わざと逆らった態度をとる”ことを表す「すねる」が合う。　**B**　少し後に「清田がどこまでも志水先生に絡《から》むのは，いい詩だと褒《ほ》められたことに照れているからだ」とあるように，ここでの「ふてくされた態度」は，「てれる」感情を隠すためのものである。

問10　卓也から「じゃあ，班ノート，書かなきゃいいじゃないか」と言われた清田は，「オレの勝手だろ！」と答えている。売り言葉に買い言葉で“じゃあ，書かない”と言わなかったことから，清田も卓也と同じように，詩を書いたことで自分の心を見つめて言葉にでき，満足感を味わったのだろうと推測できる。また，卓也が「思っていたこと」を清田に率直《そっちょく》に「ぶつけた」ことも要点である。卓也と清田は，どちらも自分の心に向き合って詩を書き，たがいに気持ちをぶつけあったのだから，この後，打ち解けて親しくなっていくと考えられる。

三　**出典は宮地尚子《みやじなおこ》の『傷を愛せるか』所収の「捨てるものと残すもの」による。**大学の研究者である筆者が，世の中の情報の多さや人間の処理能力の限界などについて考えている。

問1　(あ)「いやがおうにも」は，不承知か承知かにかかわらずそうなるようす。　(い)「～ざるをえない」は，“～しないわけにはいかない”という意味。

問2　直前に「そうやって荷造りは，過ぎた時間を反芻《はんすう》し，来たる時間を想像する作業となる。要領よく片づけを終えてしまいたいけれど，こんな内省の時間もたまには必要だと思い」とあるので，この内容をわかりやすく言い換《か》えているオが選べる。なお，「内省」は，心の中で深く自分を反省すること。

問3　前に「自分の頭の中でいったん処理しない限り」とあるので，「自分の頭の中で理解しなければ」とあるアがふさわしい。

問4　具体例としては，「そのときの自分の関心や，その前後に経験したり考えたりしたこととのつながり」のあるものが適切である。アは「情報」，エは「事件」に対して受け身の態度で接しているだけなので，適切でない。

問5　Ⅰ，Ⅱ　空欄《くうらん》Ⅰ，Ⅱをふくむ段落では，「フィルタリング」について，「喜びというものもないわけではない」が「だんだん疲《つか》れてくる」と述べられている。よって，“言うまでもなく”という意味の「もちろん」を空欄Ⅰ，前のことがらに対して後のことがらが対立する関係にあることを表す「でも」を空欄Ⅱに入れて，「フィルタリング」の長所を部分的に認めつつも短所を強く主張する流れにするのがよい。

問6　一つ目の空欄Aの前で述べられている，「ほんとうはおもしろい情報を探す作業のはず」なのに「おもしろい情報があるとあせる」という状況《じょうきょう》には，“根本的で重要なことと，ささいでつまらないことを取り違えること”を表すイの「本末転倒《てんとう》」があてはまる。二つ目の空欄Aの前で述べられている，「医療《いりょう》」において「人間＝医療従事者たち」や「人間＝患者《かんじゃ》・病者」が「厄介《やっかい》者あつかいされる」ような状況も，「本末転倒」といえる。なお，アの「馬耳《ばじ》東風」は，人の意見や批評を聞かず，聞き流すこと。ウの「一長一短」は，よいところもあれば，悪いところもあるということ。エの「疑心暗鬼」は，疑う心が起こると，何でもないことまでも疑わしく恐《おそ》ろしく感じるようす。オの「絶体絶命」は，どうにも逃《のが》れることができない，差し迫《せま》った状態にあること。

問7　「錯覚《さっかく》」の内容は，直後で「人間もどんどん進化し，機能が上がっていくのが当然だと」と述べられている。また，この「進化」について，二つ後の段落で「人間の身体は，たやすく進化などしない」と述べられている。これらをもとに，「人間の身体の能力を，進化して機能が上がっていくのが当然だというように錯覚している」のようにまとめる。

問8　⑴　傍線⑤については，続く部分で具体的に説明されている。「インターネットやメールの急速な普及《ふきゅう》」により「距離《きょり》を越《こ》えて交友関係を広げることができる時代になった」が，「心から真《しん》摯《し》に交流できる人の数は，いつでもせいぜい数人ではないだろうか」と述べられているので，アが選べる。　⑵　同じクラスや習い事などで長く時間を共有することは，「情緒《じょうちょ》的なかかわり」を築くことにつながると考えられる。よって，「小学校の同級生と，アニメの話がきっかけで仲良くなりました。今は将来のことも語り合える大事な友だちです」，「私の欠点を注意してくれたクラスメートが，今では私の一番の友人になっている。このように，本音を言うことで築ける関係もあると思う」のようにまとめる。

問9　ア　第1段落で，筆者の「後悔《こうかい》」は語られていない。　イ　第2段落では，筆者が情報を「信頼《しんらい》しきれない」ことではなく，「処理」しきれないことについて語られている。　ウ　第3段落の「でも機械的な自動フィルタリングでは，なかなかよいものは選べない」などと合う。　エ　第3段落の「味わいたい。ゆっくり味わいたい」は，第4段落の「でも，わたしたちはどこかで錯覚していないだろうか」という問題提起につながっているといえるので，正しい。　オ　第4段落で筆者は，「人間もどんどん進化し，機能が上がっていくのが当然だ」という考え方は「錯覚」だと述べているので，「挑戦《ちょうせん》し続ける姿勢をもつことが大切だ」という考え方にも疑《うたが》いを持っていると考えられる。　カ　第4段落の「けれども水泳競技で明らかになったように～出身国の経済レベルが記録更新《こうしん》の鍵《かぎ》を握《にぎ》る」と合う。

Dr.福井の 入試に勝つ！ 脳とからだのウルトラ科学

寝る直前の30分が勝負！

みんなは，寝る前の30分間をどうやって過ごしているかな？　おそらく，その日の勉強が終わって，くつろいでいることだろう。たとえばテレビを見たりゲームをしたり——。ところが，脳の働きから見ると，それは効率的な勉強方法ではないんだ！

実は，キミたちが眠っている間に，脳は強力な接着剤を使って海馬《かいば》(脳の，知識をためる倉庫みたいな部分）に知識をくっつけているんだ。忘れないようにするためにね。もちろん，昼間に覚えたことも少しくっつけるが，やはり夜——それも“寝る前”に覚えたことを海馬にたくさんくっつける。寝ている間は外からの情報が入ってこないので，それだけ覚えたことが定着しやすい。

もうわかるね。寝る前の30分間は，とにかく勉強しまくること！　そうすれば，効率よく覚えられて，知識量がグーンと増えるってわけ。

では，その30分間に何を勉強すべきか？　気をつけたいのは，初めて取り組む問題はダメだし，予習もダメ。そんなことをしても，たった30分間ではたいした量は覚えられない。

寝る前の30分間は，とにかく「復習」だ。ベストなのは，少し忘れかかったところを復習すること。たとえば，前日の勉強でなかなか解けなかった問題や，１週間前に勉強したところとかね。一度勉強したところだから，短い時間で多くのことをスムーズに覚えられる。そして，30分間の勉強が終わったら，さっさとふとんに入ろう！

ちなみに，寝る前に覚えると忘れにくいことを初めて発表したのは，アメリカのジェンキンスとダレンバッハという２人の学者だ。

Dr.福井(福井《ふくい》一成《かずしげ》)…医学博士。開成中・高から東大・文Ⅱに入学後，再受験して翌年東大・理Ⅲに合格。同大医学部卒。さまざまな勉強法や脳科学に関する著書多数。

Memo

Memo

2022年度　横浜雙葉中学校

〔電　話〕　(045) 641－1004
〔所在地〕　〒231－8653　神奈川県横浜市中区山手町88
〔交　通〕　JR根岸線 ―「石川町駅」より徒歩13分
みなとみらい線 ―「元町・中華街駅」より徒歩6分

【算　数】 (50分)〈満点：100点〉

1 次の問いに答えなさい。円周率は3.14とします。

(1) 次の $\square$ にあてはまる数を答えなさい。

① $17-\left\{23+78\div13-\left(8\times3-4\right)\right\}\div3=\square$

② $2\times\left\{1\frac{1}{3}+\left(\frac{1}{4}-0.125\right)\div\square\times1\frac{3}{5}\right\}-1.5=3\frac{1}{6}$

(2) 子どもたちにリンゴを配ります。6個ずつ配ると11個余り，8個ずつ配ると1個ももらえなかった人が5人と，5個しかもらえなかった人が1人いました。このとき，リンゴの個数は何個ですか。

(3) 姉と妹がそれぞれ持っている鉛《えん》筆の本数の比は7：3ですが，姉が妹に14本あげると，2人の持っている鉛筆の本数の比は7：5になります。姉と妹が持っている鉛筆を合わせると全部で何本ですか。

(4) 777777……のように，7が50個続く50けたの整数があります。この数を74で割って商を一の位まで求めたとき，あまりの数はいくつですか。

(5) 乗った人がA地点からB地点まで進むのに150秒かかる「動く歩道」があります。葉子さんがA地点で「動く歩道」に乗るのと同時に，花子さんがB地点からA地点にむけて隣《となり》の道を分速48mの速さで歩き始めたところ，2人は60秒後にすれ違《ちが》いました。「動く歩道」は分速何mで運転されていますか。

(6) 右の図は，正方形と正五角形を組み合わせたものです。㋐ の角の大きさは何度ですか。

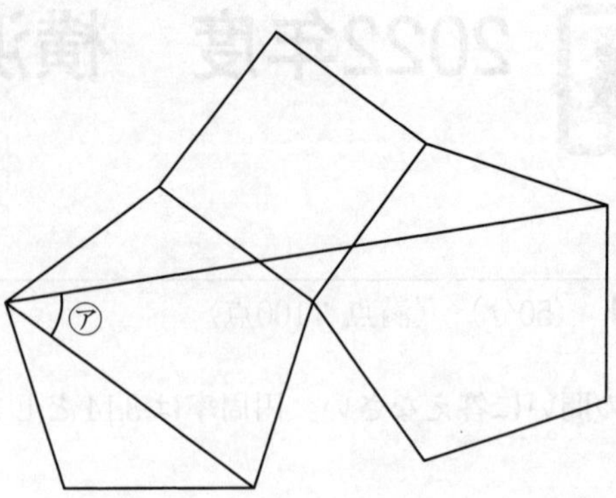

(7) 正三角形 ABC を，下の図の位置から線の上をすべらないように矢印の方向に回転させます。辺 AB が上の段の直線に重なるまで回転させるとき，点Aが動く道のりは何 cm ですか。

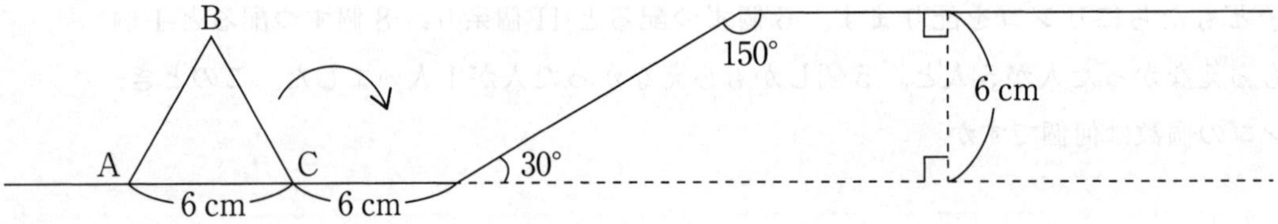

2 下の＜図１＞のように大きい直方体から小さい直方体を切り取った形の水そうに，底面が正方形の鉄の四角柱が立ててあります。この水そうの排《はい》水せんを閉めた状態で，毎分３Lの割合で水を入れました。＜図２＞は，水を入れ始めてからの時間と水そうが満水になるまでの水の深さの関係を表したグラフです。

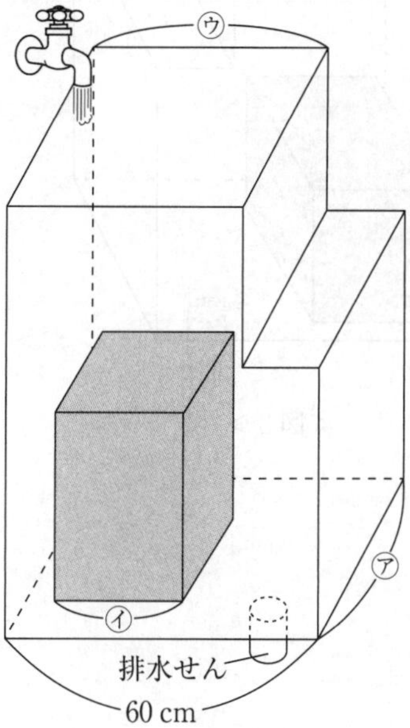

＜図１＞

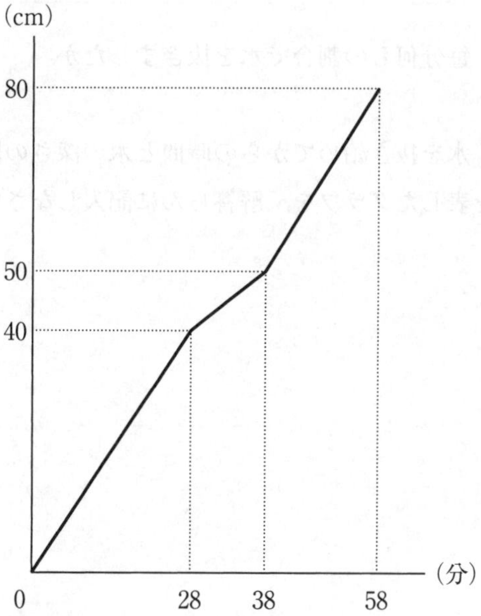

＜図２＞

このとき次の問いに答えなさい。

(1) ＜図１＞の㋐，㋑，㋒の長さは，それぞれ何 cm ですか。

(2) 水の深さが 70 cm となったのは，水を入れ始めてから何分何秒後ですか。途《と》中の式や考え方も書きなさい。

次に，＜図３＞のように四角柱を横にして水そうを満水にしてから，一定の割合で排水せんから水を抜《ぬ》いたところ，水を抜き始めてから87分で水そうが空になりました。

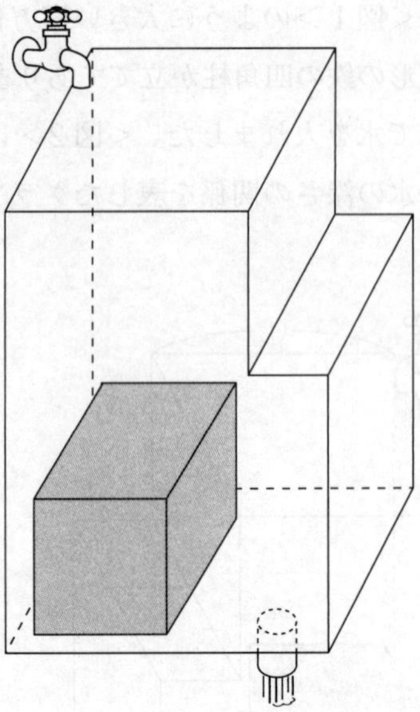

＜図３＞

(3) ①　毎分何Ｌの割合で水を抜きましたか。

②　水を抜き始めてからの時間と水の深さの関係を表したグラフを，解答らんに記入しなさい。

3 1，3，5，7，9 の５枚のカードから，何枚かを選び，並べて整数を作ります。次の問いに答えなさい。

(1) ２枚を選び，並べて２けたの整数を作った後，カードを元に戻《もど》してからもう一度２枚を選び，並べて２けたの整数を作ります。

① 作った２つの整数の和が次の数になるとき，作った整数の組み合わせとして考えられるものをすべて答えなさい。ただし，作った２つの整数の順番は考えないものとします。

（ア） 48　　　（イ） 154

② 和が 100 になるような２つの整数の組み合わせはありません。なぜそのような組み合わせがないのか，その理由を「奇《き》数」「偶《ぐう》数」「くり上がり」という言葉をすべて使って説明しなさい。

(2) ３枚を選び，並べて３けたの整数を作ります。

① 作ることができる数の中で，３の倍数は全部で何個ありますか。

② 作ることができる数をすべて加えると，いくつになりますか。

(3) ５枚すべてを選び，並べて５けたの整数を作った後，もう一度５枚すべてを選び，並べて５けたの整数を作ります。作った２つの整数の和を求めたところ，174506 となりました。作った２つの整数を小さい順に答えなさい。

【社　会】（40分）〈満点：80点〉

1　人類の歴史のなかで、人びとは権力を持つ者や強い力を持つ者に抵抗《ていこう》したり、権力を持つ者がおこなうことに対して、反対意見を主張したりしてきました。そして、そのような出来事は、歴史学者によって研究の対象とされるほかにも、私たちの身近にある新聞、テレビ、小説、漫画《まんが》、映画などのなかで、えがかれてきたり、伝えられてきたりしました。次のＡ～Ｉの文章は、そのような例について述べたものです。後の問いに答えなさい。

Ａ　奈良時代から平安時代にかけて、朝廷は東北地方で支配地域を広げようとしていました。そこに住む人びとのなかには、朝廷に対して抵抗する人もいました。アテルイは戦いのじょうずな人物で、その抵抗の先頭に立ちました。朝廷は坂上田村麻呂《さかのうえのたむらまろ》という人物を(あ)征夷大将軍に任命し、(い)東北地方に派遣し、アテルイたちをうちやぶりました。小説家の高橋克彦《たかはしかつひこ》さんの『火怨《かえん》　北の耀星《ようせい》アテルイ』という作品のなかで、アテルイの戦いが感動的にえがかれています。

問１　下線部(あ)について、次のア～エは各時代に征夷大将軍に任命された人物です。ア～エの人物を征夷大将軍であった時代が古いものから順に並べ、解答欄《らん》にあてはまるように記号で答えなさい。

ア　徳川吉宗　　　イ　徳川家光　　　ウ　源頼朝　　　エ　足利義満

問２　下線部(い)について、東北地方にある三内丸山遺跡の場所を下の地図中のア～オから一つ選び、記号で答えなさい。

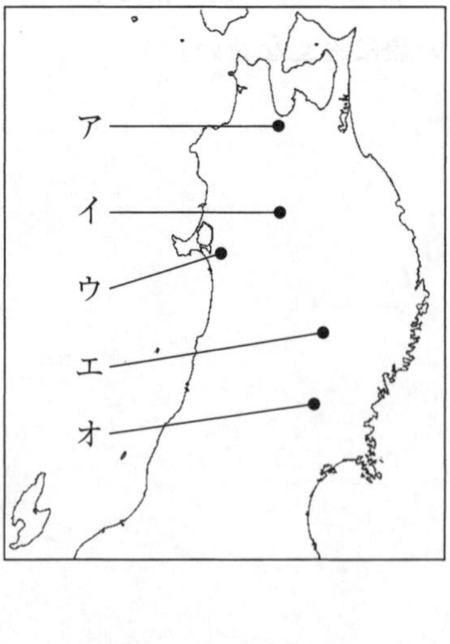

B「この世をば　我が世とぞ思う　望月《もちづき》の欠けたることも　なしと思えば」という和歌をよんだ(　う　)は、11世紀のはじめごろ、娘をつぎつぎと(え)天皇の后《きさき》にして大きな権力を持ちました。ある日、彼の行列に対して、飛礫《つぶて》(石)が飛んできたことがありました。飛礫を投げたのは僧たちでした。歴史学者の網野《あみの》善彦《よしひこ》さんは、『異形《いぎょう》の王権』という本のなかで、これは権力を持つ者に対する人びとの反発が、飛礫を通して表現されたものであると述べています。

問3　空欄(　う　)にあてはまる人物の名前を漢字で答えなさい。

問4　下線部(え)について、奈良時代の天皇である聖武天皇が東大寺の大仏づくりを進めていたころ、人びとを率いて大仏づくりに協力した僧がいました。その僧は農民に仏教の教えを説き、道路、橋、ため池などをつくって農民の暮らしを助けていた人物です。この僧の名前を漢字で答えなさい。

C　室町時代の後半から、村の人たちは自分たちの生活を守るために団結し、強い力を持つ者に抵抗することもありました。例えば山城国(京都府)の南部では、(　お　)のあとに、村の人びとが団結して、周辺で戦いを続けていた大名に軍を引きあげさせました。映画監督の黒澤明《くろさわあきら》さんが製作した『七人の侍』にも、村をおそう強い敵から自分たちを守るために、同じように団結し抵抗する様子がえがかれています。

問5　空欄(　お　)には、足利義政のあとつぎをめぐり起きた戦いの名前が入ります。空欄(　お　)にあてはまる言葉を答えなさい。

D　(　か　)年、九州で(き)キリスト教の信者を含む百姓たちが、藩によるきびしい年貢の取り立てとキリスト教の取りしまりに対して、武力をもって立ち上がりました。幕府は大軍を派遣《はけん》してこれをおさえました。漫画家の白土三平《しらとさんぺい》さんの『カムイ伝』は、差別された人びとが生きる世界をえがいた作品です。登場人物の一人は、罪人を処刑するという差別されていた仕事についていました。彼は、キリスト教徒である妻と娘とともにこの戦いに参加しました。「差別される仕事につく者」と「キリスト教の信者」という江戸時代の弱者を、えがいています。

問6　空欄(　か　)にあてはまる数字を答えなさい。

問7　下線部(き)について、1549年に日本にキリスト教を伝えた宣教師が、最初にやってきた場所はどこですか。この場所のある現在の都道府県名を漢字で答えなさい。

E　江戸時代後半の天保の大ききんの時、(く)大塩平八郎は、役人たちを批判し、大阪で幕府に対して反乱を起こしました。結局、この反乱は失敗しますが、事件のうわさは各地に広がり、あとに続こうとする人びとも現れました。文豪《ぶんごう》の森鷗外《もりおうがい》も小説の『大塩平八郎』でこの反乱のことをえがいています。

問８　下線部(く)について、下の文章は、大塩平八郎が反乱の時に、農民にあてて書いた文章の一部です。文章全体の内容をふまえて、空欄（　Ｘ　）にあてはまるものとして、もっともふさわしいものを、下のア～エから一つ選び、記号で答えなさい。

> このごろは米の値段はますます高くなっているのに、大阪の町の責任者や役人たちは、（　Ｘ　）、自分勝手な政治をおこなっている。‥‥今回、ともに立ち上がってくれる者たちと語り合って、しもじもの一般の人たちを悩ませ、苦しめる役人たちをまず退治し、続いて、思いあがっている大阪の金持ちの町人たちを、こらしめようと思う。
>
> そして、彼らが穴蔵にたくわえていた金貨、銀貨、銭や屋敷《やしき》に隠《かく》していた米を、みんなに分配しようと思うので、大阪周辺に住む農民のうち、田畑を持たない者、たとえ持っていても、家族を養えないほど貧しい者は、この金と米を渡すので、いつでも大阪市内で騒動《そうどう》が起こったと聞きつけたら、遠くに住んでいても、少しでも早く大阪に向かってかけつけなさい。‥‥
>
> 天保八年‥‥
>
> 大阪周辺の村の庄屋、年寄、百姓と小百姓たちへ
>
> （注）意味が変わらないようにしながら言葉の一部を変えて現代語にしてあります。

ア　神や仏に対して信仰《しんこう》する気持ちを忘れ

イ　主君である将軍に対する忠誠《ちゅうせい》の気持ちを忘れ

ウ　人びとや世の中を思いやる気持ちを忘れ

エ　世の中の戦いをなくし平和を守る気持ちを忘れ

問９　下線部(く)について、あなたは大塩平八郎の行動をどのように考えますか。私たちの生きている現在の社会と江戸時代の社会について、共通する点と異なる点をそれぞれあげ、それらをふまえながら、大塩平八郎の行動についてのあなたの意見を述べなさい。

F　明治時代前半、(け)まゆや米などの価格が下がり、農村では農民たちが苦しい生活を強《し》いられました。1884年、埼玉県の秩父地方の農民3000人余りが、「借金のしはらいを延期すること、村にはらう税金を安くすること」などを求めて、役所や高利貸しをおそい、その周辺を占領《せんりょう》しました。この事件を秩父事件と呼びます。この事件をえがいた神《こう》山征《やませい》二郎《じろう》監督の『草の乱』という映画があります。

問10　下線部(け)について、まゆからつくられる生糸や絹織物の説明として正しいものを次のア～エから一つ選び、記号で答えなさい。

ア　室町時代には、朝鮮半島から初めて生糸のつくり方が伝わった。
イ　江戸時代には、長崎で生糸が外国から輸入されていた。
ウ　江戸時代には、絹織物が全国に広がり農民たちが日常的に着ていた。
エ　明治時代には、製鉄業がさかんになり、生糸の生産が減っていった。

G　明治時代になり、(こ)身分制度が改められてからも、社会のなかでの差別は残りました。差別された人びとは、それと戦うために全国水平社という団体をつくり、差別をなくす運動に立ち上がりました。このことは、小説家の住井《すみい》すゑ《すえ》さんの『橋のない川』という作品にもえがかれています。

問11　下線部(こ)について、身分制度が改められた結果、士族は全人口のどのくらいの割合を占《し》めていましたか。次のア～エからもっともふさわしいものを一つ選び、記号で答えなさい。

ア　5.5％　　イ　15.5％　　ウ　25.5％　　エ　35.5％

H　1995年、沖縄の県民による(さ)アメリカ軍の基地に反対する大規模な抗議運動が起こりました。これは、アメリカ軍兵士の犯罪がきっかけでした。事件に対する反感に加え、アメリカ軍が日米間で結ばれた取り決めを理由に容疑者の身柄《みがら》の引き渡しを拒否《きょひ》したため、基地に反対する感情が高まりました。この事件を含めた沖縄の人びとの苦難の歴史は、歴史学者の新崎盛暉《あらさきもりてる》さんの『沖縄現代史』という本に書かれています。

問12　下線部㋚に関する以下の文章の空欄（　Y　）にあてはまるものを下のア～エから一つ選び、記号で答えなさい。

> 沖縄県の人びとは、第二次世界大戦の終わりごろに、沖縄に上陸したアメリカ軍と日本軍のはげしい戦いで大きな被害《ひがい》をうけました。戦後、日本が独立した後も、沖縄ではアメリカの占領が長く続きました。その後、1972年に沖縄は日本に返還《へんかん》されましたが、県内には今でも広い基地が残されています。日本全体の米軍専用施設の面積の約（　Y　）を沖縄の米軍専用施設が占めています。

ア　3割　　　イ　5割　　　ウ　7割　　　エ　9割

Ⅰ　近年もさまざまな抵抗がおこなわれています。㋛香港では、人びとが中国政府による支配が強められていると訴《うった》え、大規模なデモを起こしました。また2021年になると、東南アジアの（　㋜　）では、軍が武力で政権を奪《うば》ったことに対して、人びとが、はげしいデモを起こしました。これらの出来事は、新聞やテレビなどのニュースで大きく報道されました。

問13　下線部㋛について、香港の場所を下の地図中のア～オから一つ選び、記号で答えなさい。

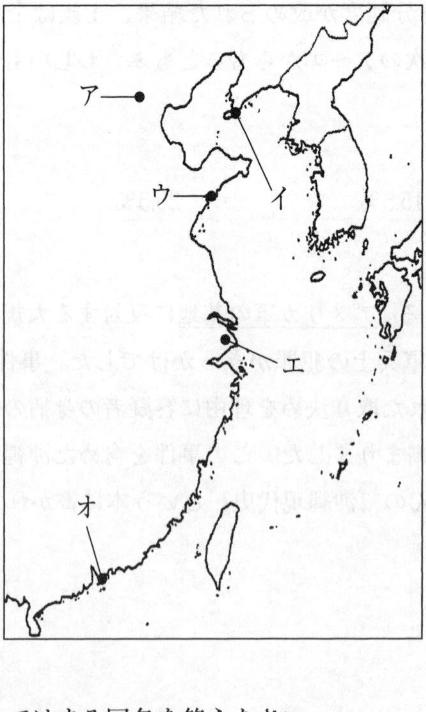

問14　空欄（　㋜　）にあてはまる国名を答えなさい。

2 「水」は私たちの生活に欠かすことができないものです。人間は、「水」とともに暮らしを営み、産業を発展させてきました。これについて後の問いに答えなさい。

問１　日本は降水量が多い国ですが、地域によって、年間の降水量や、降水量が多い時期は異なります。次のア～ウのグラフは、宮城県、秋田県、長野県のいずれかの県庁所在地の年降水量と月別降水量を示しています。ア～ウから宮城県の県庁所在地を示すものを選び、記号で答えなさい。また、その都市名を解答欄にあうように漢字で答えなさい。

ア

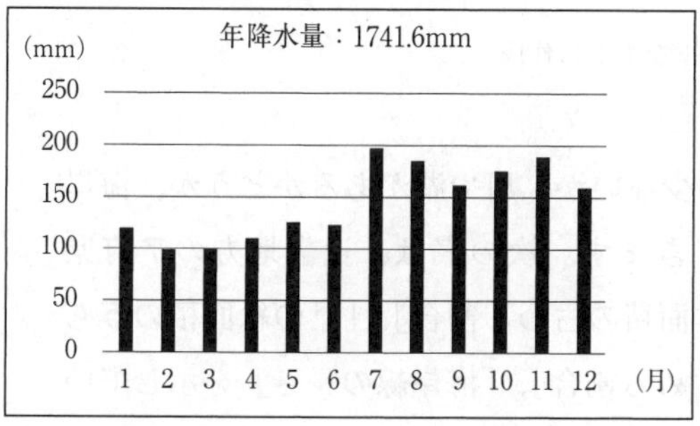

イ

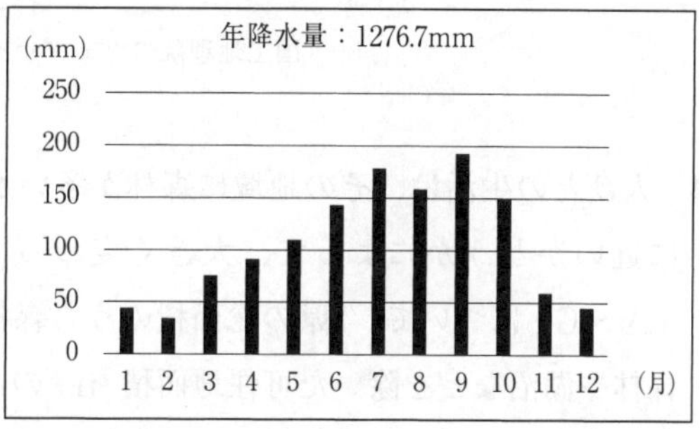

ウ

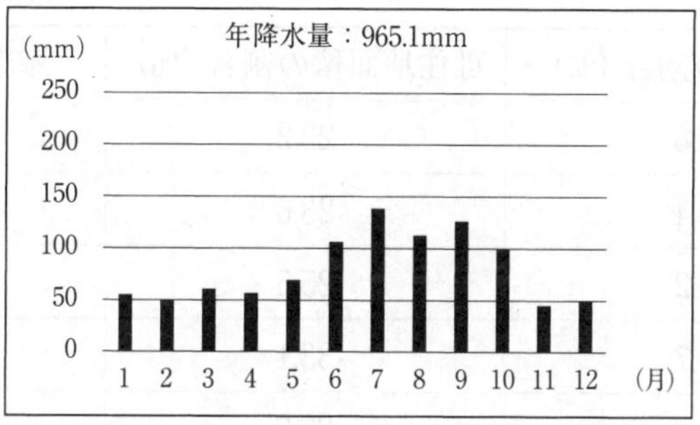

気象庁ホームページのデータより作成、1991年～2020年の平年値

問２　沖縄県の周辺には、さんご礁《しょう》に囲まれた美しい海が広がっており、毎年多くの観光客が訪れます。しかし近年、海水温が上がっていることなどが原因で、さんごに共生する藻《も》が減少し、さんごの骨格が透《す》けて見える現象がひろがっています。この現象が続くとさんごは死んでしまいます。この現象は何と呼ばれますか。解答欄にあうように漢字で答えなさい。

問3　人びとは、川の近くで農業を営んだり集落を築くなど、川と密接に結びつきながら生活してきました。下の地図中の①、②の川の名前を、漢字で答えなさい。

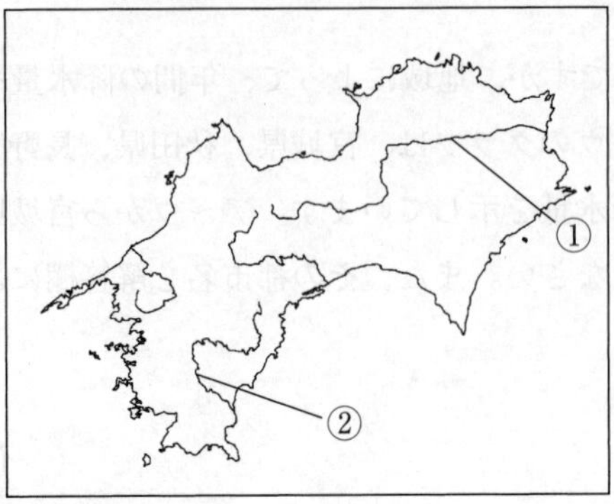

国土地理院のウェブサイトをもとに作成

問4　人びとの生活は、その地域に森林が多いか少ないか、川や湖があるかどうか、海岸に近いかどうかによって、大きく変わってきます。次の表は、近畿地方の７府県（A～G）について、「県の総面積のうち森林面積の占める割合」、「県の総面積のうち森林や湖沼《こしょう》などを除いた可住地面積（注）の占める割合」、「海岸線の長さ」を示しています。表中のE、Fにあてはまる府県の名前を、それぞれ漢字で答えなさい。

	森林面積の割合（%）	可住地面積の割合（%）	海岸線の長さ（m）
A	76.8	23.2	―
B	76.4	23.6	651,425
C	74.2	25.5	315,235
D	66.7	33.1	850,499
E	64.3	35.7	1,140,150
F	50.5	32.5	―
G	30.1	69.8	240,551

政府統計の総合窓口 e-Stat「統計でみる都道府県のすがた 2021」、
環境省ホームページ「環境統計集（平成 29 年版）」より作成

（注）　可住地面積とは、総面積から林野面積（森林面積と森林以外の草生地面積を含む）と主要湖沼面積を差し引いた面積をさします。

問5　水が豊富な日本では、水田での米づくりがさかんです。米づくりには、一年を通じてさまざまな作業があります。下の図は、東北地方のある地域における米づくりのおもな作業のおおよその時期を示しています。これを見て、次の問いに答えなさい。

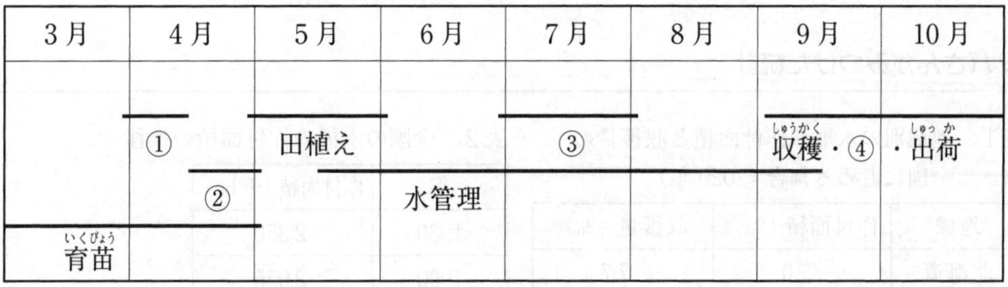

(1)　図中の①～④は、次のア～エのいずれかの作業を示しています。①～④の作業として最も適当なものを、ア～エから一つずつ選び、記号で答えなさい。

ア　代かき　　　イ　中ぼし　　　ウ　田起こし　　　エ　もみすり

(2)　図中の「水管理」は、田にはる水の量を調整する作業です。米づくりにおいては、田植えから収穫《しゅうかく》まで細やかな水管理が必要です。田植えの直後の時期には水を深くはることが多いですが、これにはどのような目的がありますか。説明しなさい。

問６　学校の授業で米づくりの様子について勉強したフタバさんは、日本の米づくりの現状に関心を持ち、米に関する表１～表４の統計をみつけて、統計からわかることを後に示すようなメモにまとめました。フタバさんのメモのア～エより、この統計から直接読み取れる内容として正しいものを一つ選び、記号で答えなさい。

フタバさんがみつけた統計

表１　地域別の水稲《すいとう》の作付面積と収穫量の全国に占める割合（2020年）

地域	作付面積（％）	収穫量（％）
北海道	7.0	7.7
東　北	26.1	28.8
北　陸	14.1	14.6
関東・東山	18.4	18.6
東　海	6.3	5.7
近　畿	6.9	6.4
中　国	6.9	6.3
四　国	3.2	2.9
九　州	10.8	9.0
沖　縄	0.0	0.0
全　国	100	100

（注）沖縄の作付面積は0.7千ha、収穫量は２千tですが、計算上、割合は0.0％となっています。

表２　全国の水稲の作付面積の推移

年	作付面積（千ha）
1980	2,350
1990	2,055
2000	1,763
2010	1,625
2020	1,462

表３　農業総産出額の推移

年	農業総産出額（億円）
1980	102,625
2000	91,295
2019	88,938

表４　米の輸入量の推移

年度	米の輸入量（千t）
1990	50
2000	879
2010	831
2019（概算値）	870

表１～表４　『日本国勢図会 2021/22』より作成

フタバさんのメモ

ア　2020年の同じ面積あたりの水稲収穫量を比べると、北海道や東北地方は、四国や九州に比べて多いことがわかる。

イ　1980年から2020年の間に水稲を栽培《さいばい》する農家の数が減少したことがわかる。

ウ　1990年から2019年の間に農産物の輸入量に占める米の割合が増加したことがわかる。

エ　1980年から2019年の間に農業総産出額に占める米の割合が下がっていることがわかる。

問７　日本はたくさんの農畜産物《のうちくさんぶつ》を外国から輸入しており、外国では、それらの農畜産物を生産するために大量の水を使用しています。このことから、日本は外国から形を変えて水を輸入している、と考えることができます。これについて、次の問いに答えなさい。

(1)　日本のように食料を輸入している国において、もしその輸入食料を自国で生産するとしたらどの程度の水が必要かを推定したものを、（　　　）ウォーターとよびます。空欄にあてはまる語をカタカナで答えなさい。

(2)　下の表は、鶏肉《けいにく》（とりにく）、牛肉、大豆について、「その農畜産物を１トン生産するとしたら必要になる水の量」と、「2020年における、その農畜産物のおもな輸入相手国」を示しています。表中のＡ～Ｃには、鶏肉、牛肉、大豆のいずれかが入ります。Ａ～Ｃに入る農畜産物の正しい組み合わせを、下のア～カから一つ選び、記号で答えなさい。

農畜産物	必要な水の量	おもな輸入相手国
A	20,600 ㎥	①オーストラリア 43.8%　②アメリカ 42.5%　③カナダ 6.3%
B	4,500 ㎥	①ブラジル 74.2%　②タイ 23.1%　③アメリカ 2.3%
C	2,500 ㎥	①アメリカ 75.1%　②ブラジル 14.2%　③カナダ 9.9%

環境省ホームページ、『日本国勢図会 2021/22』より作成

ア　Ａ　鶏肉　Ｂ　牛肉　Ｃ　大豆
イ　Ａ　鶏肉　Ｂ　大豆　Ｃ　牛肉
ウ　Ａ　牛肉　Ｂ　鶏肉　Ｃ　大豆
エ　Ａ　牛肉　Ｂ　大豆　Ｃ　鶏肉
オ　Ａ　大豆　Ｂ　鶏肉　Ｃ　牛肉
カ　Ａ　大豆　Ｂ　牛肉　Ｃ　鶏肉

問８　周囲を海に囲まれている日本では漁業がさかんで、地域によって特色ある魚介《ぎょかい》類が水揚《みずあ》げされます。下のグラフは、地図中のア～オのいずれかの漁港の2019年における水揚げ量の品目別割合を示しています。どの漁港の水揚げ量の品目別割合を示しているか、地図中のア～オより一つ選び、記号で答えなさい。

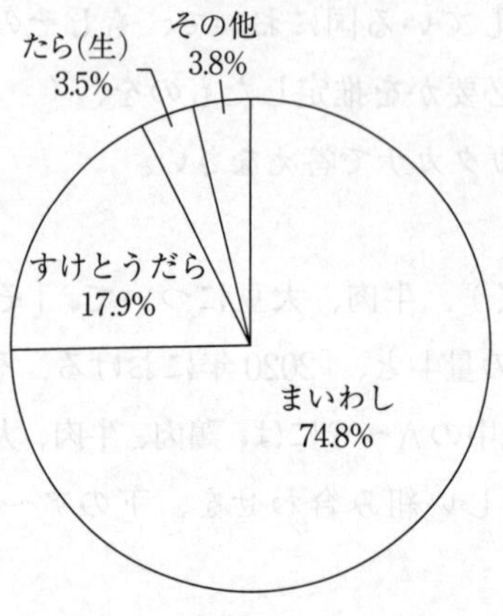

政府統計の総合窓口e-Stat「水産物流通調査」より作成

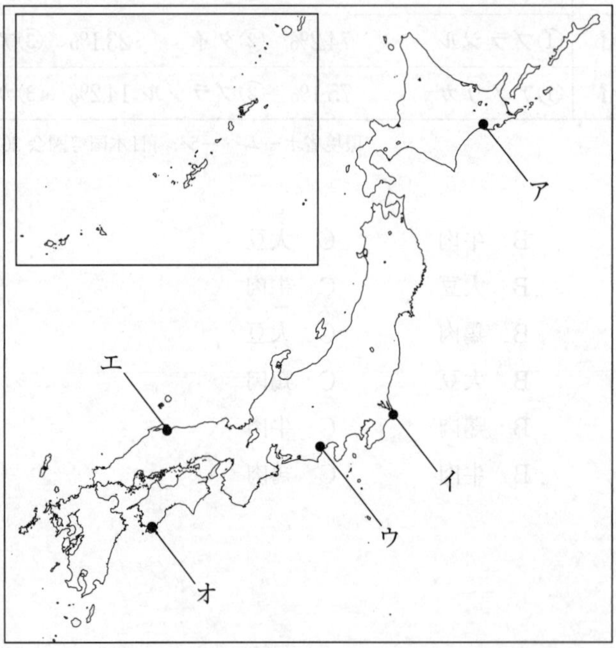

問9　日本はまわりを海に囲まれている島国なので、輸入品や輸出品は、船や航空機を使って運ばれます。これに関して、次の問いに答えなさい。

(1)　船や鉄道、トラックで品物を輸送するときには、大きさが世界共通で定められている大型の四角い容器を使うことがあります。このような容器を、何とよびますか。

(2)　下のグラフは2020年における「港・空港別の貿易額の内訳」を示しており、グラフ中のA～Cは成田国際空港、横浜港、名古屋港のいずれかです。また、下の表は2020年における「港・空港別のおもな輸出品と、その輸出品が輸出総額に占める割合」を示しており、表中のX～Zも、成田国際空港、横浜港、名古屋港のいずれかです。成田国際空港を示すものを、グラフ中のA～C、表中のX～Zよりそれぞれ一つ選び、記号で答えなさい。

［グラフ］　港・空港別の貿易額の内訳（2020年）

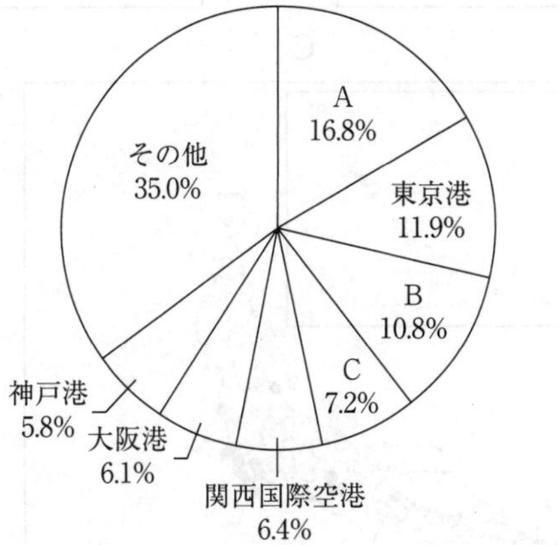

［表］港・空港別のおもな輸出品と、その輸出品が輸出総額に占める割合（2020年）

X		Y		Z	
自動車	24.6%	自動車	15.9%	半導体等製造装置	8.4%
自動車部品	16.6%	プラスチック	4.7%	金（非貨幣《かへい》用）	7.6%
内燃機関	4.1%	内燃機関	4.4%	科学光学機器	5.5%
電気計測機器	3.4%	自動車部品	4.3%	電気計測機器	3.8%
金属加工機械	3.2%	ポンプ・遠心分離機《えんしんぶんりき》	2.9%	集積回路	3.8%

『日本国勢図会 2021/22』より作成

問10　発電でも、たくさんの水を使用します。下の図のA～Cは、日本のおもな水力発電所、火力発電所、原子力発電所の分布を示しています。A～Cの正しい組み合わせを、後のア～カから一つ選び、記号で答えなさい。

A

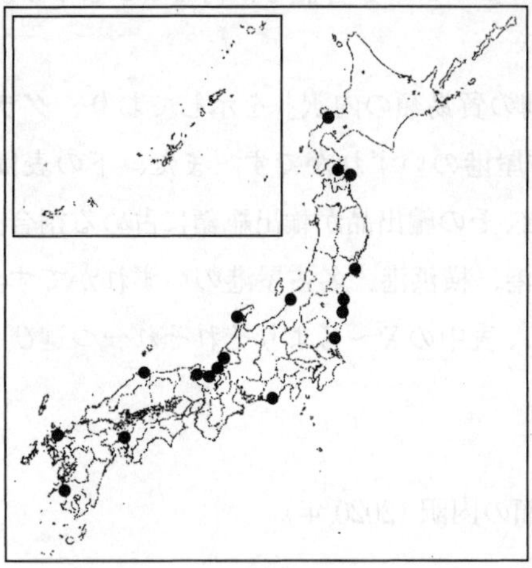

B

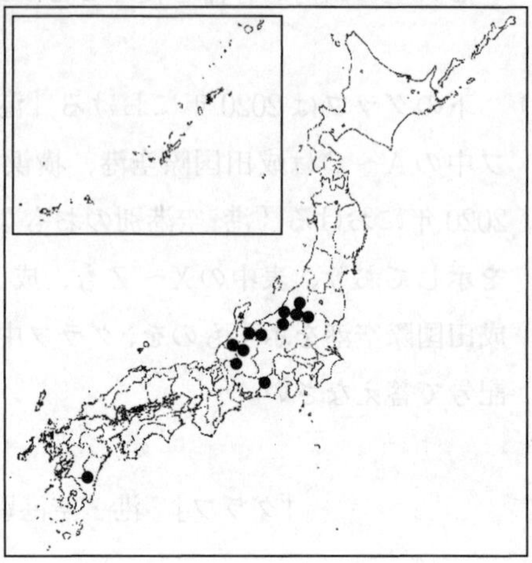

C

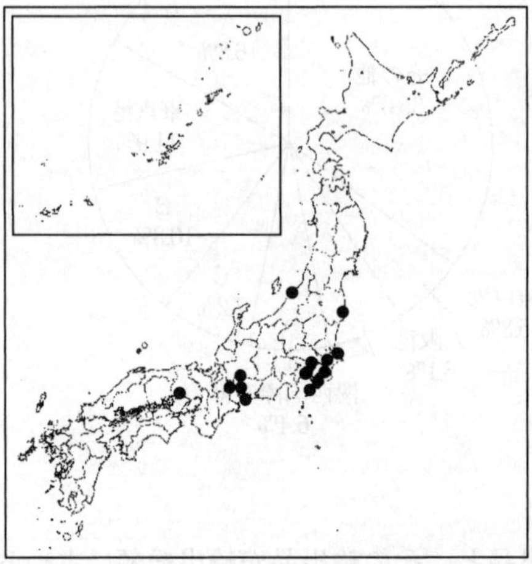

(注)　原子力発電所にはすでに廃炉《はいろ》になったものも含まれています。

『データでみる県勢』第30版より作成

ア	A　水力発電所	B　火力発電所	C　原子力発電所
イ	A　水力発電所	B　原子力発電所	C　火力発電所
ウ	A　火力発電所	B　水力発電所	C　原子力発電所
エ	A　火力発電所	B　原子力発電所	C　水力発電所
オ	A　原子力発電所	B　水力発電所	C　火力発電所
カ	A　原子力発電所	B　火力発電所	C　水力発電所

問11　水は、時に大きな災害をもたらします。これについて、次の問いに答えなさい。

(1)　近年、日本各地で豪雨《ごうう》による水害や土砂《どしゃ》災害が起きていることから、次々と発生する発達した雨雲が列をなし、ほぼ同じ場所に数時間にわたって停滞《ていたい》したり、次々に通過したりして激しい降雨をもたらす自然現象が注目されるようになりました。このような激しい降雨をもたらす、長さ50～300km、幅《はば》20～50km程度の帯状の雨域は何とよばれますか。解答欄にあうように漢字で答えなさい。

(2)　災害対策基本法が改正され、2021年5月から新たな避難《ひなん》情報を用いて住民に避難をよびかけることになりました。5段階に設定された警戒《けいかい》レベルのうち「避難指示」が出された際に住民が取るべき行動を、国はどのように説明していますか。次のア～エからもっともふさわしいものを一つ選び、記号で答えなさい。

ア　災害の危険性のある区域や避難場所、避難経路など避難に関する指示を確認する。
イ　高齢者《こうれいしゃ》や障がいのある人など避難に時間がかかる可能性がある住民は、安全な場所へ避難する。
ウ　対象地域の住民は全員、速《すみ》やかに、安全な場所へ避難する。
エ　すでに災害が発生していたり、発生直前で命が危険な状況《じょうきょう》なので、消防署などから出される避難の指示を待つ。

3　日本の省庁について、後の問いに答えなさい。

問1　法務省について、次の問いに答えなさい。

(1)　法務省の役割の一つに、国民の人権を守ることがあります。人権について、日本国憲法第11条では「国民は、すべての基本的人権の享有《きょうゆう》を妨《さまた》げられない。この憲法が国民に保障する基本的人権は、侵《おか》すことのできない（　1　）の権利として、現在及《およ》び（　2　）の国民に与《あた》へられる。」と定められています。空欄（　1　）（　2　）にあてはまる語をそれぞれ漢字で答えなさい。

(2)　法務省では、裁判員制度に関する広報活動を進めています。裁判員裁判が行われる裁判所を下のア～オから一つ選び、記号で答えなさい。

ア　簡易裁判所　　イ　地方裁判所　　ウ　家庭裁判所
エ　高等裁判所　　オ　最高裁判所

問2　外務省について、次の問いに答えなさい。

(1)　外務省は外交に関する仕事をになっています。国際連合の本部には日本の政府代表部がおかれ、国連大使のほか、多くの外務省の職員が働いています。国際連合の本部のある都市を下の地図中のア～カから一つ選び、記号で答えなさい。

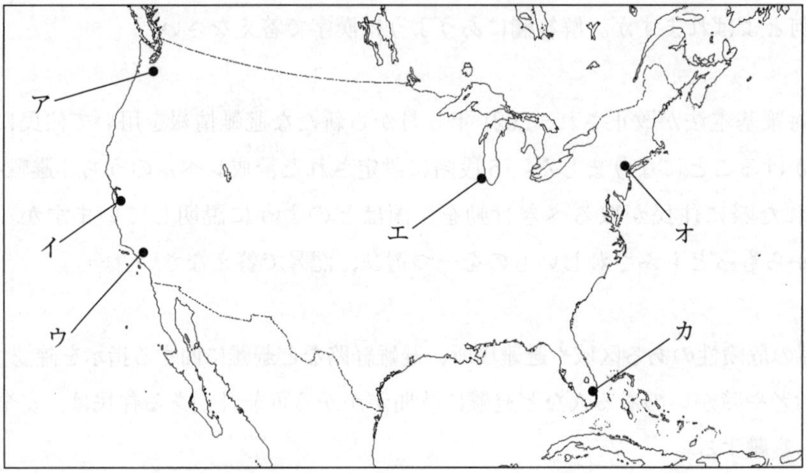

(2)　外務省は国が外国と条約を結ぶときに大きな役割をにないます。下の図は日本国憲法で定められている、条約が結ばれるまでの通常の手続きについてまとめたものです。図中のＡ～Ｃにあてはまる語の組み合わせとして正しいものを、後のア～カから一つ選び、記号で答えなさい。

A	→	B	→	C
条約を承認する		条約を締結《ていけつ》する		条約を公布する

ア　Ａ　国会　　Ｂ　内閣　　Ｃ　天皇
イ　Ａ　国会　　Ｂ　天皇　　Ｃ　内閣
ウ　Ａ　内閣　　Ｂ　国会　　Ｃ　天皇
エ　Ａ　内閣　　Ｂ　天皇　　Ｃ　国会
オ　Ａ　天皇　　Ｂ　国会　　Ｃ　内閣
カ　Ａ　天皇　　Ｂ　内閣　　Ｃ　国会

問3　財務省は国の予算に関する仕事をになっています。次のア～オは、日本の一般会計予算が成立するまでに行われることがらを説明しています。予算の成立までの流れを正しい順に並べかえ、解答欄にあうように記号で答えなさい。

ア　内閣が予算案を作成する。
イ　各省庁が一年間に必要な金額を算出し、財務省へ提出する。
ウ　国会で審議《しんぎ》が行われ、予算案が可決される。
エ　内閣が国会へ予算案を提出する。
オ　財務省が各省庁から提出された金額や内容について調べ、結果を内閣へ報告する。

問4　文部科学省について、次の問いに答えなさい。

(1)　文部科学省に所属する文化庁の仕事の一つに、世界遺産に登録するための手続きを行うことがあります。各国から推薦《すいせん》された世界遺産候補は、国際記念物遺跡会議（ICOMOS《イコモス》）や国際自然保護連合（IUCN）という機関の審査を経て、（　　　）の世界遺産委員会で登録が決定されます。空欄にあてはまる国際連合の機関名をカタカナで答えなさい。

(2)　日本では世界文化遺産については文化庁、世界自然遺産については環境省や林野庁が中心となって、世界遺産の登録への推薦などを行っています。2021年7月に世界自然遺産への登録が決定した「奄美大島《あまみおおしま》、徳之島《とくのしま》、沖縄島北部及び西表島《いりおもてじま》」は、この地域にしか住まない生きものや、絶滅が心配される生きものが住み、豊かな（　　　）性を守るために重要な地域であることが評価されました。空欄にあてはまる語を漢字4文字で答えなさい。

問5　厚生労働省が中心となって行っている仕事の説明として、正しいものを、ア～オからすべて選び、記号で答えなさい。

ア　介護施設《しせつ》の設置を支援《しえん》し、高齢者が安心して介護を受けることができるようにする。
イ　幼稚園《ようちえん》、小学校、中学校の制度や教育内容を整え、子育てを支援する。
ウ　より速い通信のしくみである「5G」を整備し、日本全国での普及《ふきゅう》を支援する。
エ　空港や港で、入国者の入国の目的などを確認し、審査する。
オ　感染症《かんせんしょう》の流行を防ぐため、病気の種類や流行時期を予測し、予防接種の制度を整える。

問6　経済産業省は、貿易のしくみやルールづくりにたずさわっています。2021年1月、日本と、ある国との間で新たな経済連携《れんけい》協定が発効しました。これはこの国がEUから正式に離脱《りだつ》したことが影響《えいきょう》しています。ある国の国名を答えなさい。

問7　国土交通省は、全国の地方自治体と協力して、今後起こるかもしれない自然災害の被害《ひがい》の大きさや範囲《はんい》、避難場所などが示されている地図の作成を進めています。このような地図を何といいますか。カタカナで答えなさい。

問8　環境省は環境庁として発足《ほっそく》し、公害などの問題に取り組んできました。環境庁の発足当時に社会問題となっていた四大公害病のうち、水俣病や新潟水俣病の原因となった物質の名前を答えなさい。

問9　防衛省には、自衛隊がおかれています。後に自衛隊となる警察予備隊がつくられた年に起き、警察予備隊の発足のきっかけとなった戦争は何ですか。その戦争の名前を答えなさい。

問10　総務省の統計局では国が作成・公表している膨大《ぼうだい》な量の統計データをインターネット上で提供しており、統計データを使う人のための学びのサイトも作成しています。下の表は、その学びのサイトのなかで総務省が複数のグラフの種類と特徴《とくちょう》をまとめている表の一部です。

　表をみると、円グラフと帯グラフの説明が似ていますが、円グラフに比べ、帯グラフを使用することがより適切なのは、どのようなデータを説明する場面だと考えられますか。文章で具体例をあげながら説明しなさい。

[表]

棒グラフ	棒の高さで、量の大小を比較《ひかく》する。
折れ線グラフ	量が増えているか減っているか、変化の方向をみる。
円グラフ	全体のなかでの構成比をみる。
帯グラフ	構成比を比較する。

総務省統計局ホームページ「なるほど統計学園」より作成

問11　日本の行政の組織には省のほかに内閣府もあり、内閣府に所属する組織の一つに消費者庁があります。現在、消費者庁はエシカル消費の普及《ふきゅう》にも力を入れています。エシカル消費とは、人、社会、地域、環境に配慮《はいりょ》した消費のことです。エシカル消費にあたるような例を一つあげ、その例がどのように人、社会、地域、環境に配慮しているか、具体的に文章で説明しなさい。

【理　科】（40分）〈満点：80点〉

1　次の文章は、おとなの心臓と胎児《たいじ》（母親の体内での子）の心臓について説明したものです。下の文章を読んで、後の問いに答えなさい。

図１はヒトのおとなの心臓のつくりを表しています。心臓は心筋という筋肉でできていて、血管がつながったＡ～Ｄの４つの部屋から成り立っています。部屋と部屋をつなぐ部分や部屋と一部の血管をつなぐ部分には、弁という特別なはたらきをするものがついています。部屋Ｂと部屋Ｃの周りの筋肉の厚みを比べると、部屋Ｂの周りの筋肉の厚みの方がうすくなっています。図２は、図１から心臓につながっている血管を除いて、おとなと胎児の心臓の４つの部屋のつながり方がわかるようにしたものです。左側がおとなの心臓で、右側が胎児の心臓です。おとなの心臓と胎児の心臓を比べると、胎児の心臓には部屋Ａと部屋Ｄを分ける壁《かべ》に穴が開いていて、２つの部屋はつながっていることがわかります。これは胎児が羊水中にいるときは、肺で呼吸をすることができないので、心臓から肺へ出る血液を少なくするためです。この穴は生後数日で自然に閉じて、２つの部屋は独立した部屋となります。

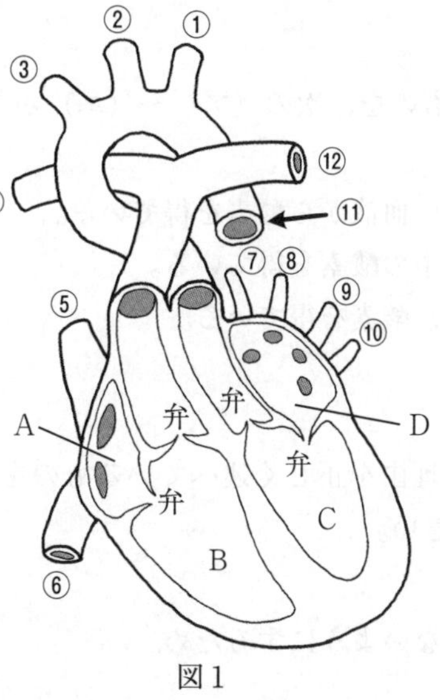

図１

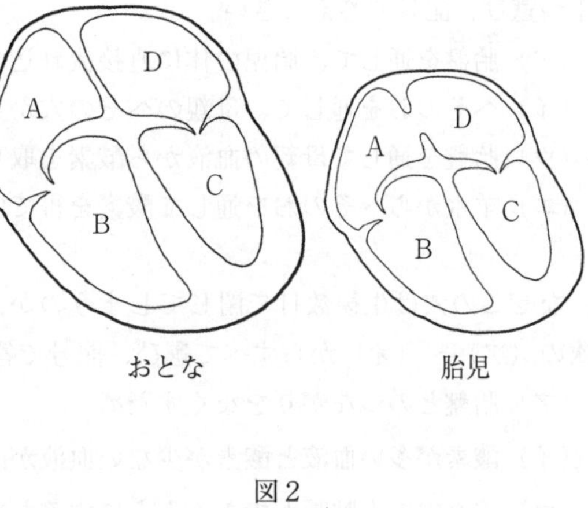

図２

図１は血管とそれぞれの部屋のつながりがわかるように、強調して描《か》かれています。①～⑫は血管を表しています。

問１　弁のはたらきは何ですか。簡単に説明しなさい。

問２　全身から心臓にもどってくる、酸素のもっとも少ない血液は、どの血管を通って心臓にもどってきますか。血管①～⑫からすべて選び、番号で答えなさい。

問３　肺から心臓にもどってくる血液は、どの血管を通って心臓にもどってきますか。血管①～⑫からすべて選び、番号で答えなさい。

問４　酸素のもっとも少ない血液は、どの血管を通って心臓から出ていきますか。血管①～⑫からすべて選び、番号で答えなさい。

問５　下線部のように、部屋Ｂの周りの筋肉の厚みが部屋Ｃに比べてうすい理由を簡単に説明しなさい。

問６　胎児のときだけ部屋Ａと部屋Ｄを分ける壁に穴が開いているのは、心臓から肺に流れ出す血液を少なくするためです。

(1) 胎児の心臓内での血液の流れについて、もっとも正しく述べているものを、次の（ア）～（カ）から１つ選び、記号で答えなさい。

（ア）Ａ　⇒　Ｂ　⇒　Ｃ　　（イ）Ａ　⇒　Ｃ　⇒　Ｄ

（ウ）Ａ　⇒　Ｄ　⇒　Ｃ　　（エ）Ｄ　⇒　Ａ　⇒　Ｂ

（オ）Ｄ　⇒　Ｃ　⇒　Ｂ　　（カ）Ｄ　⇒　Ｂ　⇒　Ｃ

(2) 胎児が必要な酸素を得る方法を正しく述べているものを、次の（ア）～（エ）から１つ選び、記号で答えなさい。

（ア）胎盤《たいばん》を通して、胎児の体に直接流れ込む母親の血液から酸素を得ている。

（イ）へそのおを通して、母親のへその穴から空気中の酸素を得ている。

（ウ）胎盤を通して母親の血液から酸素を取り出し、酸素を得ている。

（エ）羊水からへそのおを通して酸素を得ている。

(3) なぜこの穴は生後数日で閉じてしまうのか、その理由を正しく述べているものを、次の（ア）～（オ）からすべて選び、記号で答えなさい。

（ア）胎盤とのつながりをなくすため。

（イ）酸素が多い血液と酸素が少ない血液が混ざらないようにするため。

（ウ）羊水中でも呼吸ができるようにするため。

（エ）羊水が血液に混じるのを防ぐため。

（オ）肺で呼吸をするようになるため。

2 気体について、後の問いに答えなさい。

５種類の気体①～⑤が管のついたボンベにそれぞれ入っています。気体①～⑤はアンモニア、水素、酸素、ちっ素、二酸化炭素のどれか１種類です。気体①～⑤を区別するために【実験１】～【実験４】を行い、結果は下の表のようになりました。

【実験１】 それぞれのボンベの管の先に石けん水をつけ、シャボン玉を作ることができるかを試してみた。シャボン玉ができた場合は空気中でどのようになるかを観察した。図１はシャボン玉ができたときのようすを示した。

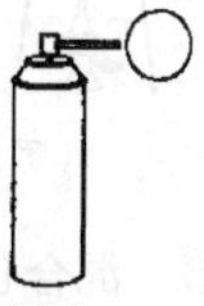

図１

＜結果＞

できたシャボン玉が空気中で浮《う》いた気体	①
できたシャボン玉が空気中で浮かび上がらなかった気体	②　③　④
シャボン玉を作るのが困難だった気体	⑤

【実験２】 同じ大きさの別々のペットボトルにそれぞれ水を３分の１ずつ入れ、気体①～⑤をペットボトルに別々に入れ満たした。その後、ふたを閉め、それぞれのペットボトルをよくふった。

＜結果＞

ペットボトルにほとんど変化が見られなかった気体	①　③　④
ペットボトルがへこんだ気体	②　⑤

【実験３】 ①～⑤の気体のにおいを注意してかいだ。

＜結果＞

鼻をつくにおいのあった気体	⑤
鼻をつくにおいがなかった気体	①　②　③　④

【実験４】 ①～⑤の気体をそれぞれ試験管に入れ、火のついた線香を各試験管に入れた。

＜結果＞

線香の火が消えた気体	②　③　⑤
線香の火がよく燃えた気体	④
ポッという音を出して瞬間《しゅんかん》的に燃えた気体	①

問１　【実験１】～【実験４】の結果から、気体①～⑤の名前をそれぞれ答えなさい。

問２　気体①を実験室で作る器具の組み合わせとして正しいものを、次の（ア）～（オ）から１つ選び、記号で答えなさい。

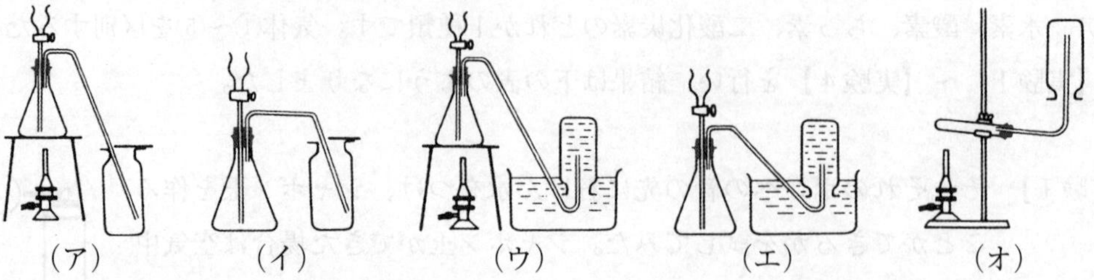

問３　混合した気体の性質を調べるために次の実験A、実験Bを行いました。

集気びんに体積比で二酸化炭素 50%と酸素 50%を混ぜ、その中に火のついたろうそくを入れ燃え方を観察した（実験Aとする）。比較《ひかく》のために、集気びんに空気を入れ、その中に火のついたろうそくを入れ、ろうそくの火がどのようになるか観察した（実験Bとする）。実験AとBのろうそくの燃え方を比較したとき、正しいものを、次の（ア）～（エ）から１つ選び、記号で答えなさい。

（ア）実験Aは実験Bのときよりも弱く長い間燃える。

（イ）実験Aと実験Bは同じように燃える。

（ウ）実験Aの方が実験Bよりはげしく燃える。

（エ）実験Aではすぐに消えてしまう。

問４　下の表はいろいろな気体の密度をまとめたものです。密度とは、温度などを同じ条件にして、気体１L当たりの重さ（g）を表したものです。また、比重とは空気の密度を１としたときに、ほかの気体の密度が空気の何倍かを表したものです。つまり比重が 2.00 であれば同じ体積でその気体が空気の２倍の重さであるということになります。下の表を使って後の問に答えなさい。

気体	密度（g/L）	比重	気体	密度（g/L）	比重
空気	1.29	1	ヘリウム	0.18	0.14
アルゴン	1.78	1.38	水素	0.09	0.07
アンモニア	0.77	0.60	ちっ素	1.25	0.97
一酸化炭素	1.25	0.97	二酸化いおう	2.93	2.26
酸素	1.43	1.11	二酸化炭素	1.98	（ア）
オゾン	2.14	1.66	ネオン	0.90	0.70
エチレン	1.26	0.97	塩化水素	1.64	1.27

理科年表 2021（丸善）より作成

(1) 表の中の気体の中で、同じ体積当たり、一番重い気体の名前を書きなさい。

(2) 二酸化炭素の比重（表の中のア）を求めなさい。ただし、解答らんには、計算式も書きなさい。また、答えは小数第３位を四捨五入して答えなさい。

(3) 体積比で水素 50%と二酸化炭素 50%を混ぜ合わせた気体の密度（g/L）を求めなさい。ただし、解答らんには、計算式も書きなさい。また、答えは小数第３位を四捨五入して答えなさい。

3 日本の地震《じしん》について、先生と生徒の会話を読み、後の問いに答えなさい。

先　生：日本では多くの地震が起きてきました。1995年に起きた兵庫県南部地震では、大きな被害《ひがい》が出ました。被害を防ぐためには地震のことを知らなければなりませんね。疑問や気づいたことを言ってください。

生徒１：地震はどうして起こるのですか？

先　生：兵庫県南部地震では地層のくいちがいである（ア）で起こりました。①(ア）に大きな力が加わると地面が動き、そのときのゆれが地震となりました。

生徒２：以前地震が起きたときに気づいたのですが、地震の初めは小さいゆれがあり、そのあと大きなゆれがありました。

先　生：そうですね。初めの小さいゆれを引き起こす波をＰ波といい、伝わる速度が速い波です。後から来る速度の遅い波はＳ波といいます。Ｐ波が来てからＳ波が来るまでのゆれを②初期微動《しょきびどう》といい、これが長いほど地震が起きた場所が（イ）ということがわかっています。

生徒１：教科書に地震で家具がたおれた写真がのっていました。

先　生：家具がたおれることを防ぐため、さまざまな工夫がされています。建物と地面の間にゴムなどで作られた建築材料を入れてゆれが伝わりにくいようにした（ウ）構造という仕組みを取り入れたマンションや病院も多くあります。

生徒２：別の写真では、地震の後で地中より水がふき出し、マンホールが地表につき出していました。

先　生：③液状化現象といい地下水を含んだ砂の層がゆれにより水に浮いたようになります。その後砂が沈《しず》み、砂の間にあった地下水がおし出され地表に水がふき出します。そのとき地中にうめられている水道管が地表に浮いてくることもあります。

問１　（ア)、(ウ）に当てはまる語句を書きなさい。また、(イ）に当てはまる語句を次の（ａ)、(ｂ）から１つ選び、記号で答えなさい。

（ａ）近い　　　（ｂ）遠い

問２　下線部①のように（ア）に大きな力が加わると地面が動きます。加わる力の向きを示した矢印と地震後の地層のずれを以下に示しました。力の向きとずれの組み合わせとして正しいものを次の（ａ）～（ｄ）から２つ選び、記号で答えなさい。

（ａ）
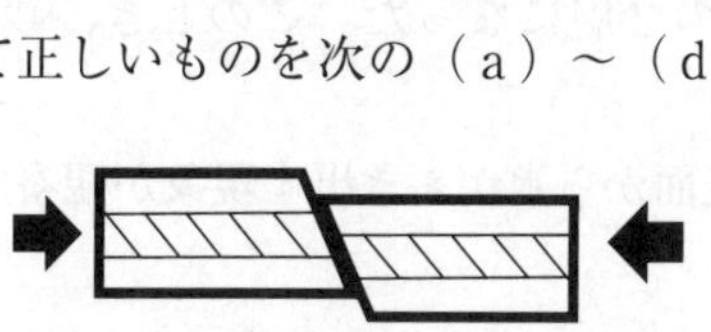

（ｂ）
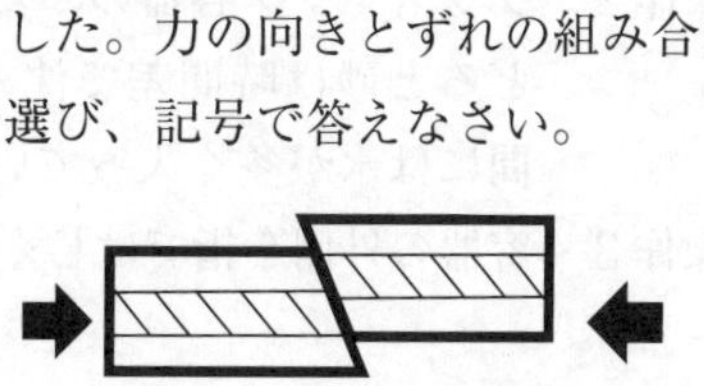

（ｃ）
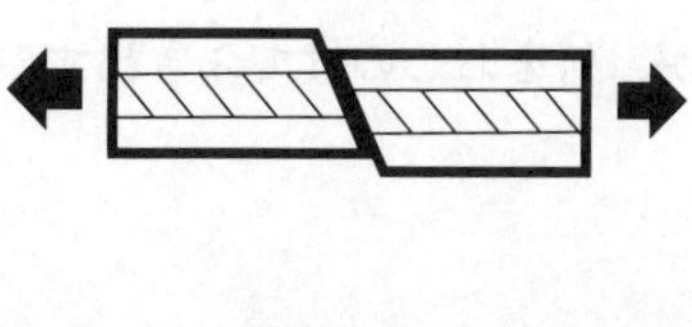

（ｄ）
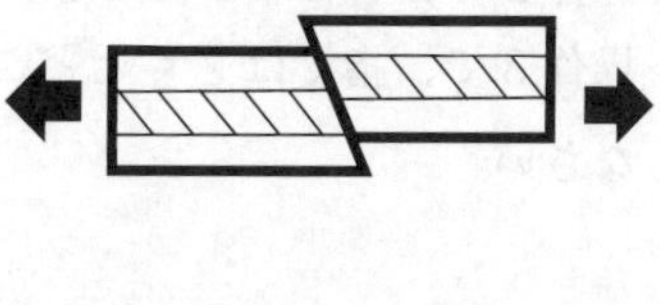

問３　ある地震について、Ａ～Ｃの地点での地面のゆれを地震計（地震を記録する装置）で記録したものを図１に示します。地震のゆれが大きいほど地震計のゆれはばが大きくなります。また、下線部②の初期微動が図１の２つの直線の間の部分となります。

(1) ゆれが起きた地中の場所（震源《しんげん》）からＡまでの距離は、Ｃまでの距離の何倍ですか。次の（ａ）～（ｅ）から１つ選び、記号で答えなさい。

（ａ）　2倍　（ｂ）　2.5倍　（ｃ）　3倍　（ｄ）　3.5倍　（ｅ）　4倍

(2) 図１のTの時刻はいつですか。例を参考に答えなさい。例：５時26分15秒

(3) 図１より、ゆれが発生した時刻はいつですか。(2) と同じように答えなさい。

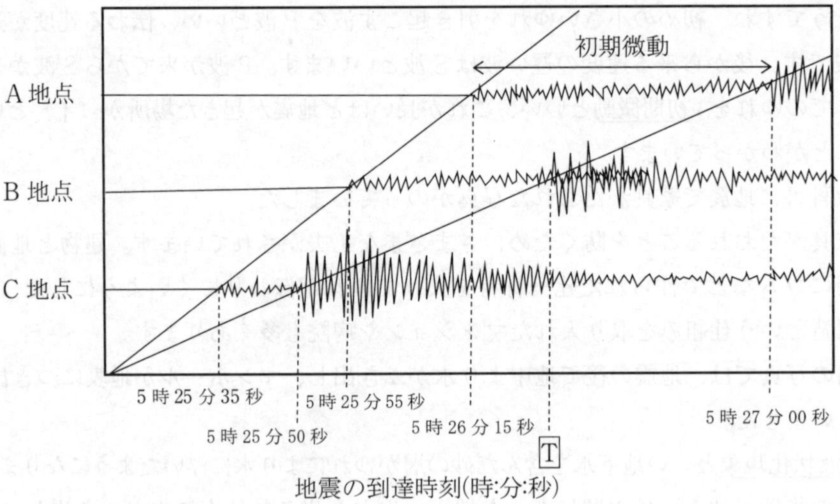

図１　地震計の記録

問４　下線部③の液状化現象を理解するため以下のような実験をしました。後の問いに答えなさい。

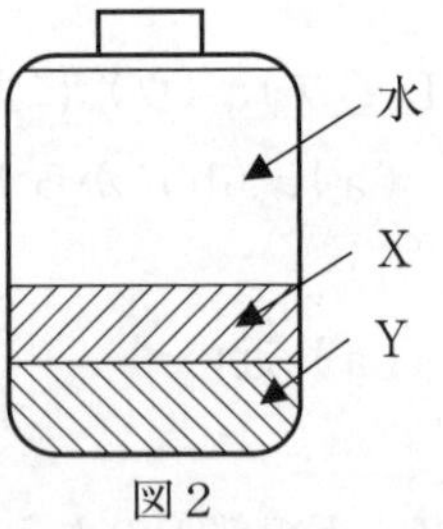

図２

【実験】

操作１　同じ量のどろと砂をプラスチックの容器に入れ、水をいっぱいまで加えた。

操作２　プラスチック容器のふたをし、よくふり混ぜた後、静かにしばらくおくと、どろと砂は時間差で沈み、ＸとＹの２層になった。このとき、砂同士の間には水が多く入っていた。（図２）

操作３　容器の外側を指ではじくと、Ｘ層の表面から水がふき出す現象が観察できた。

(1)　操作２で２層となったとき、Ｘの層はどろと砂のどちらですか。

(2)　操作３で、指ではじくとどこにあった水が、何をおしのけてふき出すのか説明しなさい。

4 軽いたわむことのない棒におもりをつけてゆらし、おもりの重さ、おもりの中心から支点までの長さ、初めにおもりのついた棒を傾《かたむ》ける角度をそれぞれ変えて、振《ふ》り子《こ》が１回往復《おうふく》するのにかかる時間を測定しました。ただし、おもりをそっとはなして振り子をゆらし始めることとします。測定結果のメモをもとに、後の問いに答えなさい。

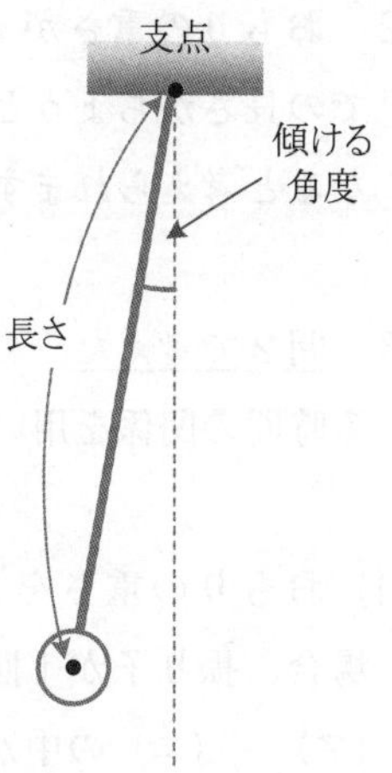

【測定１】

おもりの中心から支点までの長さを100cmにして、おもりの重さと傾ける角度を変えて測定する。ただし、どのおもりの大きさも同じとします。

【測定２】

おもりの重さを100gにして、おもりの中心から支点までの長さと傾ける角度を変えて測定する。

【測定結果のメモ】

《測定１の結果》

初めに棒を傾ける角度が３度のとき

おもりの重さ（g）	50	100	150	200	250
往復の時間（秒）	2.0	2.0	2.0	2.0	2.0

初めに棒を傾ける角度が６度のとき

おもりの重さ（g）	50	100	150	200	250
往復の時間（秒）	2.0	2.0	2.0	2.0	2.0

初めに棒を傾ける角度が９度のとき

おもりの重さ（g）	50	100	150	200	250
往復の時間（秒）	2.0	2.0	2.0	2.0	2.0

《測定２の結果》

初めに棒を傾ける角度が３度のとき

長さ（cm）	50	100	150	200	250	300	350	400
往復の時間（秒）	1.4	2.0	2.5	2.8	3.2	3.5	3.8	4.0

初めに棒を傾ける角度が６度のとき

長さ（cm）	50	100	150	200	250	300	350	400
往復の時間（秒）	1.4	2.0	2.5	2.8	3.2	3.5	3.8	4.0

初めに棒を傾ける角度が９度のとき

長さ（cm）	50	100	150	200	250	300	350	400
往復の時間（秒）	1.4	2.0	2.5	2.8	3.2	3.5	3.8	4.0

問１　【測定１】の結果から、振り子が１回往復するのにかかる時間について２つのことがわかりました。解答らんの「振り子が１回往復するのにかかる時間は、」に続けて、わかった内容を書きなさい。ただし、それぞれの文章には、「初めに棒を傾ける角度」・「おもりの重さ」・「中心から支点までの長さ」のどれか２つを必ず用いることとします。

問２　おもりの重さが100gのとき、50cmと200cmのように、おもりの中心から支点までの長さがちょうど４倍になると、振り子が１回往復するのにかかる時間は何倍長くなると考えられますか。

問３　問２で考えた、おもりの中心から支点までの長さと振り子が１回往復するのにかかる時間の関係を用いて、次の問いに答えなさい。

(1) おもりの重さを200gにしておもりの中心から支点までの長さを600cmにした場合、振り子が１回往復するのにかかる時間は何秒であると考えられますか。次の（ア）～（エ）の中からもっとも適切なものを１つ選び、記号で答えなさい。

（ア）4.6秒　（イ）5.0秒　（ウ）5.4秒　（エ）5.8秒

(2) おもりの重さを100gにして振り子が１回往復するのにかかる時間が１秒の振り子を作るには、おもりの中心から支点までの長さを何cmにすればよいと考えられますか。次の（ア）～（エ）の中からもっとも適切なものを１つ選び、記号で答えなさい。

（ア）13cm　（イ）18cm　（ウ）25cm　（エ）36cm

問４　おもりの中心から支点までの長さと、初めにおもりのついた棒を傾ける角度を一定にした場合、おもりの重さと、おもりの中心が支点の真下を初めて通過するときの速さにはどんな関係があると考えられますか。おもりの重さと速さの関係を正しく述べているものを、次の（ア）～（ウ）から１つ選び、記号で答えなさい。

（ア）おもりの重さが重くなると、通過するときの速さは速くなる。
（イ）おもりの重さが軽くなると、通過するときの速さは速くなる。
（ウ）おもりの重さを変えても、通過するときの速さは変わらない。

問５　おもりの中心から支点までの長さと、おもりの重さを一定にした場合、初めにおもりのついた棒を傾ける角度と、おもりの中心が支点の真下を初めて通過するときの速さにはどんな関係があると考えられますか。棒を傾ける角度と速さの関係を正しく述べているものを、次の（ア）～（ウ）から１つ選び、記号で答えなさい。

（ア）棒を傾ける角度が大きくなると、通過するときの速さは速くなる。
（イ）棒を傾ける角度が小さくなると、通過するときの速さは速くなる。
（ウ）棒を傾ける角度の大きさを変えても、通過するときの速さは変わらない。

(2) コロナ禍で英国の人々が立ち上がったのはなぜですか。人々が立ち上がった理由を、このときの状況をふまえてわかりやすく説明しなさい。

問七 ――線⑥「この『読めなさ』」とはどのようなことですか。本文中より二十字以内でぬき出して答えなさい。

問八 ――線⑦「利他とは、私たちが思うよりも、もっとずっと受け身なことなのかもしれません」とありますが、なぜですか。その理由として最も適切なものを、次の中から選んで記号で答えなさい。

ア 相手の反応にかかわらず、相手のためになると信じるしかないから。
イ 利他とは、惜《お》しみなく相手の知識を自分に与《あた》えてもらうことになるから。
ウ 自分は相手と対等な立場であることを、わかってもらう必要があるから。
エ 相手と自分とは違う存在なのに、自分を理解してほしいと考えがちだから。
オ 相手の気持ちを尊重するためには、他者に耳を傾ける以外に方法がないから。

問九 ――線⑧「『他者の発見』は『自分の変化』の裏返しにほかなりません」とありますが、それについてあなたはどのように考えますか。あなたの体験を通して書きなさい。

問四　――線③「情けは人のためならず」という言葉の意味として最も適切なものを、次の中から選んで記号で答えなさい。

ア　人を助けて救済すると、かえって自分のためにならない。
イ　人に情けをかけて助けることは、相手のためにならない。
ウ　人に親切にしておけば、いずれ自分にもよい報《むく》いがある。
エ　人に親切にすることは、かえって相手を傷つけることになる。
オ　人に情け深く接することは、いつか必ず相手のためになる。

問五　――線④「むしろそれは他者を支配しないための想像力を用意してくれているようにも思います」とありますが、「他者を支配しないための想像力」とはどのようなことですか。その説明として適切なものを次の中から二つ選んで、記号で答えなさい。

ア　相手が喜ぶ顔を見るために自分のできることを精一杯《せいいっぱい》行うこと。
イ　どんなに相手が喜ぶだろうと想像しながら積極的に行動すること。
ウ　相手の状況が自分の行動によってどのように改善するかを思い描《えが》くこと。
エ　自分が相手を傷つけるような思い違いをしているのではないかと疑うこと。
オ　自分の行為が本当に喜んでもらえるのかどうか立ち止まって考えること。
カ　どのような困難にあっても夢は必ずかなうと自分を信じて行動すること。

問六　――線⑤「どうなるか分からないけど、それでもやってみる。ブレイディみかこは、コロナ禍の英国ブライトンで彼女が目にした光景について語っています」とありますが、これについて次の（1）・（2）に答えなさい。

（1）「どうなるか分からないけど、それでもやってみる」とありますが、「どうなるか分からない」と考えられるのはどのようなことですか。本文中では「『個人情報が悪用される』かもしれないこと」が例にあがっていますが、それ以外の例を解答欄《らん》の「～かもしれないこと。」という言葉に続くように、自分で考えて答えなさい。

(注11) ケア……注意すること。世話すること。介護すること。
(注12) 潜在……表面に現れないで内にひそんで存在すること。

問一 ――線①「利他的」とありますが、これは本文中の「利 A 的」と反対の意味の言葉です。 A に当てはまる漢字一字を答えなさい。

問二 ――線②「重要なのは、それが『私の思い』でしかないことです」とありますが、「私の」に傍点《ぼうてん》を付けて強調しているのはなぜですか。その理由として最も適切なものを次の中から選んで、記号で答えなさい。

ア 自分のためではなく、純粋《じゅんすい》に相手のためを思う気持ちを抱《いだ》くことが大切であることを強調するため。
イ 相手のためを思った行為でも、それが独りよがりなものにすぎない可能性があることを強調するため。
ウ どんなに相手のためを願ってする行為だとしても、最後は自分のためになるということを強調するため。
エ 自分の思うように物事を進めていこうとする気持ち自体が、そもそも間違《まちが》っていることを強調するため。
オ 結果は分からないけれどもやってみるという姿勢を持てるかどうかは、自分次第《しだい》であると強調するため。

問三 〰〰線(あ)「利になるだろう」・(い)「喜ぶはずだ」・(う)「喜ぶべきだ」とありますが、このような表現の変化によって、筆者はどのようなことを表そうとしていますか。その説明をした次の文の Ⅰ ・ Ⅱ に当てはまる最も適切なものを、後のア～カの中からそれぞれ一つずつ選んで、記号で答えなさい。

はじめは、自分の行為が相手にどう受け取られるかを Ⅰ するだけであったが、徐々《じょじょ》に相手に「こう思ってほしい」と、自分の気持ちを Ⅱ する様子を表している。

〔ア 強要　イ 予知　ウ 解放　エ 確信　オ 願望　カ 推測〕

は考えています。

ただし、この場合のケアとは、必ずしも「介助《かいじょ》」や「介護」のような特殊《とくしゅ》な行為である必要はありません。むしろ、「こちらには見えていない部分がこの人にはあるんだ」という距離《きょり》と敬意を持って他者を気づかうこと、という意味でのケアです。

耳を傾け、そして拾うことです。

ケアが他者への気づかいであるかぎり、そこは必ず、意外性があります。自分の計画どおりに進む利他は押しつけに傾きがちですが、ケアとしての利他は、大小さまざまなよき計画外の出来事へと開かれている。この意味で、よき利他には、必ずこの「他者の発見」があります。

さらに考えを進めてみるならば、よき利他には必ず「自分が変わること」が含まれている、ということになるでしょう。相手と関わる前と関わった後で自分がまったく変わっていなければ、その利他は一方的である可能性が高い。⑧「他者の発見」は「自分の変化」の裏返しにほかなりません。

（伊藤亜紗《いとうあさ》・中島岳志《なかじまたけし》・若松英輔《わかまつえいすけ》・國分功一郎《こくぶんこういちろう》・磯﨑憲一郎《いそざきけんいちろう》『「利他」とは何か』所収、
伊藤亜紗「「うつわ」的利他――ケアの現場から」による）

（注1）ハリファックス……アメリカの人類学者・僧侶《そうりょ》・社会活動家。『Compassion《コンパッション》』の著者。
（注2）警鐘……よくないことが起こると予告し警戒をうながすもの。
（注3）自己陶酔……自分の行動や容姿にうっとりして酔《よ》いしれること。
（注4）アタリ……フランスの経済学者・思想家。
（注5）扶助……力を添《そ》えて助けること。
（注6）ブレイディみかこ……イギリス在住の保育士・ライター。
（注7）ロックダウン……感染症《かんせんしょう》や暴動などの事態が発生した際、被害《ひがい》拡大を防ぐために外出などの行動を制限する措置《そち》。
（注8）アナキズム……他者を従わせる権力などを否定し、何にも縛《しば》られない個人の自由が最も尊いと考える思想。
（注9）レベッカ・ソルニット……アメリカの作家・歴史家。
（注10）ユートピア……空想された理想的な社会。

政府などの上からのコントロールが働いていない状況《じょうきょう》下で、相互扶助のために立ち上がるという側面もある。コロナ禍において、とりあえず自分にできることをしようと立ち上がった人は、日本においても多かったように思います。

(注9)レベッカ・ソルニットの「災害(注10)ユートピア」という言葉があります。これは、地震《じしん》や洪水《こうずい》など危機に見舞《みま》われた状況のなかで、人々が利 A 的になるどころか、むしろ見知らぬ人のために行動するユートピア的な状況を指した言葉です。

このようなことが起こるひとつのポイントは、非常時の混乱した状況のなかで、平常時のシステムが機能不全になり、さらに状況が刻々と変化するなかで、自分の行為の結果が予測できなくなることにあるのではないかと思います。どうなるか分からないけど、それでもやってみる。混乱のなかでこそ純粋《じゅんすい》な利他が生まれるようにみえる背景には、⑥この「読めなさ」がありそうです。

(注11)ケアすることとしての利他

他方で平常時は、こうした災害時に比べると、行為の結果が予測しやすいものになります。少なくとも、平時の私たちは、自分の行為の結果は予測できるという前提で生きています。

でも、だからこそ「こうだろう」が「こうであるはずだ」に変わりやすい。実際には相手は別のことを思っているかもしれないし、いまは相手のためになっていても、一〇年後、二〇年後にはそうではないかもしれない。

にもかかわらず、どうしても私たちは「予測できる」という前提で相手と関わってしまいがちです。「思い」が「支配」になりやすいのです。利他的な行動をとるときには、とくにそのことに気をつける必要があります。

そのためにできることは、相手の言葉や反応に対して、真摯《しんし》に耳を傾け、「聞く」こと以外にないでしょう。知ったつもりにならないこと。自分との違《ちが》いを意識すること。⑦利他とは、私たちが思うよりも、もっとずっと受け身なことなのかもしれません。

さきほど、信頼《しんらい》は、相手が想定外の行動をとるかもしれないという前提に立っている、と指摘《してき》しました。「聞く」とは、この想定できていなかった相手の行動が秘《ひ》めている、積極的な可能性を引き出すことでもあります。「思っていたのと違った」ではなく、「そんなやり方もあるのか」と、むしろこちらの評価軸《じく》がずれるような経験。

他者(注12)の潜在《せんざい》的な可能性に耳を傾けることである、という意味で、利他の本質は他者をケアすることなのではないか、と私つまり、利他の大原則は、「自分の行為《こうい》の結果はコントロールできない」ということなのではないかと思います。やってみて、相手が実際にどう思うかは分からない。分からないけど、それでもやってみる。この不確実性を意識していない利他は、押《お》しつけであり、ひどい場合には暴力になります。

「自分の行為の結果はコントロールできない」とは、別の言い方をすれば、「見返りは期待できない」ということです。「自分がこれをしてあげるんだから相手は喜ぶはずだ」という押しつけが始まるとき、人は利他を自己犠牲《ぎせい》ととらえており、その見返りを相手に求めていることになります。

私たちのなかにもつい芽生えてしまいがちな、見返りを求める心。先述の(注1)ハリファックスは、(注2)警鐘《けいしょう》を鳴らします。「自分自身を、他者を助け問題を解決する救済者と見なすと、気づかぬうちに権力志向、うぬぼれ、(注3)自己陶酔《とうすい》へと傾《かたむ》きかねません」(『Compassion《コンパッション》』)。

(注4)アタリの言う合理的利他主義や、③「情けは人のためならず」の発想は、他人に利することがめぐりめぐって自分にかえってくると考える点で、他者の支配につながる危険をはらんでいます。ポイントはおそらく、「めぐりめぐって」というところでしょう。めぐりめぐっていく過程で、私の「思い」が「予測できなさ」に吸収されるならば、④むしろそれは他者を支配しないための想像力を用意してくれているようにも思います。

コロナ禍《か》のなかでの相互《そうご》扶助《ふじょ》(注5)

⑤どうなるか分からないけど、それでもやってみる。(注6)ブレイディみかこは、コロナ禍の英国ブライトンで彼女《かのじょ》が目にした光景について語っています(ブレイディみかこ×栗原康《くりはらやすし》「コロナ禍と〝クソどうでもいい仕事〟について」、「文學界《ぶんがくかい》」二〇二〇年一〇月号)。

ブレイディによれば、町が(注7)ロックダウンしているさなか、一人暮らしのお年寄りや自主隔離《かくり》に入った人に食料品を届けるネットワークをつくるために、自分の連絡《れんらく》先を書いた手づくりのチラシを自宅の壁《かべ》に貼《は》ったり、隣人《りんじん》のポストに入れて回ったりしていた人がいたそうです。普通ならば「個人情報が悪用されるのではないか」などと警戒《けいかい》するところですが、そうではなく、とりあえずできることをやろうと動き出した人がいた。

ブレイディは、これは一種の(注8)アナキズムだと言います。アナキズムというと一切合切《いっさいがっさい》破壊《はかい》するというイメージがありますが、なんで自分だけこうなんだろう？

小さいころはふしぎだったし、さびしかった。いつも自分だけおいてけぼりをくっている気がして。

でも、ひとつひとつ年をとるうちに、わたしはそんな自分になれていったんだと思う。そうしていったんなれてしまうと、なわの外側には、外側にしかない平和があった。風香《ふうか》ちゃんの言うとおり。

むりして内側へ入りこもうとしなければ、なわに当たって痛《いた》い思いもしない。なわをふんずけて、みんなからせめられることもない。びくびくしながら他人の足に合わせなくても、自分のペースを守っていられる。

それに、なわの外側は、とても静かだ。

自分がしゃべらないぶん、ここにいると、いろんな音がよくきこえる。

みんなの一語一句。笑い声。どなり声。あいづち。ささやき。ため息。したうち。すすり泣き。

しゃべらないぶん、わたしは熱心に耳をすました。みんなの音をひとつひとつひろいあつめて、ひそかにおもしろがっていた。

（『あしたのことば』所収、森絵都《もりえと》「風と雨」による）

三 次の文章を読んで、後の問いに答えなさい。

注意 。、「」などは一字に数えます。

利他の大原則

①利他的な行動には、本質的に、「これをしてあげたら相手にとって利になるだろう」という、「私の思い」が含《ふく》まれています。

②重要なのは、それが「私の思い」でしかないことです。

思いは思い込《こ》みです。そう願うことは自由ですが、相手が実際に同じように思っているかどうかは分からない。「これをしてあげたら相手にとって㋐利になるだろう」が「これをしてあげるんだから相手は㋑喜ぶはずだ」に変わり、さらには「相手は㋒喜ぶべきだ」になるとき、利他の心は、容易に相手を支配することにつながってしまいます。

エ「ターちゃん」は謡曲を通して昔の日本語の発音を研究し、かつての日本語の発音を時代をこえて完全に再現していたから。
オ「ターちゃん」の謡曲は、いまの日本語とは違《ちが》う昔の日本語の音の世界を、再現しているようにきこえたから。

問七 次の一文は本文の【あ】～【お】のどこに入りますか。最も適切な箇所《かしょ》を選んで、記号で答えなさい。

そう気づくなり、ぐん、と耳の穴《あな》のおくゆきが広がった気がした。

問八 ――線④「作戦どおり」とありますが、ここでいう「作戦」とはどのようなものですか。本文中の言葉を使って説明しなさい。

問九 瑠雨は風香の話を聞き、どのような勘違《かんちが》いをしていたと考えられますか。次のように説明する際、［ア］～［エ］に当てはまる語を文中から**それぞれ漢字二字**でぬき出しなさい。

［ア］の視点で書かれた［Ⅰ］から［イ］の視点で書かれた［Ⅱ］になると、「瑠雨ちゃん」が「ターちゃん」と会うまで、［ウ］を［エ］と勘違いしていたことがわかる。

問十 ――線⑤「――感動、しました」とありますが、瑠雨はなぜ謡曲をきいて感動したのですか。わかりやすく説明しなさい。その際、［Ⅰ］・［Ⅱ］にいたる前の部分である次の文章を読んで、瑠雨の変化をふまえて答えなさい。

> 三つだったか、四つだったか、ものごころがついたときからそうだった。みんなとしゃべる。言葉をかわす。だれもがふつうにやっていることが、わたしにはできない。心のなかではいろいろしゃべっているのに、どうしても口から出てこない。

問三　〰〰線(あ)～(お)を説明したものとして**適切でないもの**を次の中から**二つ**選んで、記号で答えなさい。

ア　〰〰線(あ)は、「瑠雨ちゃん」の驚《おどろ》いた気持ちが、言葉ではなく目の動きに宿っていることを表現している。

イ　〰〰線(い)は、「瑠雨ちゃん」のまつげの動きによって、その時「わたし」が感じた気まずさを表現している。

ウ　〰〰線(う)は、クラスの子と親しくなりたいと思っていた「瑠雨ちゃん」の喜びを、まばたきの多さで表現している。

エ　〰〰線(え)は、まつげの動きが止まるのと同時に、「瑠雨ちゃん」の感情もなくなったことを表現している。

オ　〰〰線(お)は、いきなり始まった「わたし」との会話の中で、「瑠雨ちゃん」が心を決めたことを表現している。

問四　[1] にあてはまる「わたし」の台詞《せりふ》として、最も適切なものを次の中から選んで、記号で答えなさい。

ア　「急にさそって、おこってるの!?」

イ　「まさか、謡曲きいてくれるの!?」

ウ　「おじいちゃんのこと、知ってるの!?」

エ　「家にさそったこと、よろこんでいるの!?」

オ　「ターちゃんに『へた』って言ってくれるの!?」

問五　――線②「コレハナニ?」とありますが、ここから読み取れる「わたし」の気持ちはどのようなものですか。わかりやすく説明しなさい。

問六　――線③「むかしの音をよみがえらせるってことなんだ――」とありますが、なぜ「わたし」はそのように感じたのですか。その理由として最も適切なものを次の中から選んで、記号で答えなさい。

ア　「ターちゃん」の言葉づかいは年齢《ねんれい》を重ねているために古めかしく、昔の人と会話しているように感じられたから。

イ　「ターちゃん」の声量はあまりにも大きく、まぼろしの生き物の鳴き声を再現したかのようにきこえたから。

ウ　「ターちゃん」の歌を毒キノコのポスターなど独特な物に囲まれてきくと、現実離《ばな》れしたメロディーにきこえたから。

みんなとわたしをへだてるなわ。おじいちゃんの自由ほんぽうな歌声が、なわをけちらしてくれたのかな。

（『あしたのことば』所収、森絵都《もりえと》「風と雨」による）

（注1）ヘビメタ……「ヘビーメタル」という音楽のジャンルの一つ。激しい演奏や奇抜《きばつ》な服装が特徴的《とくちょうてき》である。

（注2）大黒さま……七福神の「大黒天」のこと。日本ではおだやかに笑うふくよかな老人の姿で描《えが》かれることが多い。

（注3）一角獣……ヨーロッパの想像上の動物。馬の体で、頭に一本のねじれた角を持つ。ユニコーン。

（注4）節……ここではリズムのこと。

問一 [A]～[C] に当てはまる四字熟語を次の中から選んで、それぞれ漢字に直して答えなさい。

〔いしんでんしん　いちねんほっき　いっきょいちどう　いちじつせんしゅう　いっせきにちょう〕

問二 ——線①「今の距離だと、瑠雨ちゃんの耳にきこえているものが、わたしにはきこえない」とありますが、どういうことですか。最も適切なものを次の中から選んで、記号で答えなさい。

ア 「瑠雨ちゃん」はあまりしゃべらない代わりに特別な耳を持っていると思っている「わたし」だが、今の関係では「特別な耳」についてきくこともできないということ。

イ ほとんどしゃべらない「瑠雨ちゃん」には誰《だれ》も近寄らないため、おしゃべりでにぎやかに過ごしている「わたし」も今さら近づくことはできないということ。

ウ 今の「わたし」の家からは「瑠雨ちゃん」がいつもきいている音がきこえないので、仲良くなるためにも「瑠雨ちゃん」の家の近くに引っ越《こ》したいということ。

エ 「瑠雨ちゃん」は誰とも話さずにきくことの特別な練習を積んできたため、ふつうの生活をしてきた「わたし」にはきこえないような音も感知できるということ。

オ あまりしゃべらない「瑠雨ちゃん」の持つ「ヒミツ」の力を知るために、「ターちゃん」の教えに従って「わたし」も表面上は仲良くする必要があるということ。

ああ、おもしろい。すごいのをひろった。

生まれてはじめての耳ざわりに、わたしはすっかりとりこになった。

こんな音があったなんて。

こんなうたがあったなんて。

大発見。人がむかしのうたをうたうっていうのは、③むかしの音をよみがえらせるってことなんだ——。

帰り道は雨がふっていた。【　お　】

わたしは雨の音が好き。たぶん、この世にある音のなかで一番。

それは、たぶん、わたしの名前に「雨」が入ってるからだと思う。

風香《ふうか》ちゃんの名前には「風」が入っている。

雨と風。

だからってわけじゃないけど、風香ちゃんとは、むりしなくてもいっしょにいられそうな気がする。

「瑠雨《るう》ちゃん、ほんとありがとね。④作戦どおりってわけにはいかなかったけど……っていうか大失敗だったけど、わたし、ターちゃんのあんなよろこんだ顔、はじめて見た。いいもん見たって気がしたよ。自分のうたをあんなに一生懸命《いっしょうけんめい》きいてもらったの、きっとターちゃん、はじめてだったんだよね」

傘《かさ》をかしてくれた上に、とちゅうまで送るとついてきてくれた風香ちゃん。

風香ちゃんがうれしそうなのは、おじいちゃんがよろこんでたからだけじゃなくて、きっと、わたしがしゃべったからだろう。

⑤——感動、しました。

気がつくと、口からこぼれていた。

自分でも、ええっ!? とおどろいた。

家族以外のまえで、あんなふうに、ぽろっと言葉が出てくるなんて。

お面とか、外国の人形とか、ふしぎなものだらけだったおじいちゃんの部屋。でも、あそこにはなわがなかった気がする。

きいたことのない音。

②コレハナニ？

まるでまぼろしの生きものがとつじょ出現《しゅつげん》したみたいだった。まぼろしの生きもののまぼろしの遠吠《とおぼ》え。そのきみょうな音ははげしく高まったり、うらがえったり、かすれたり、うんと低くなったりと、ちっともじっとしていない。とらえどころがない。

わたしは負けじと追いかけた。えたいの知れないこの音はなんなのか。お経《きょう》？　おまじない？　ちがう――耳のおくになにかがひっついた。(注4)節《ふし》。そうだ。全体をつらぬくメロディはないけど、この音には、どうやら節がある。

節だけじゃない。じっと耳をすましているうちに、また新しい発見があった。言葉もある。そう、言葉。おじいちゃんはただガーガー吠えてるだけじゃなく、言葉を語っているんだ。そう気づいたとたん、まぼろしの生きもののまぼろしの遠吠えが、ちゃんと人間のうたにきこえてきた。

最初からうたにきこえなかったのは、おじいちゃんがおそろしくオンチだからってだけじゃなく、たぶん、そこで語られているのがむかしの言葉だからだ。「若菜《わかな》つむ」とか、「なお消えがたき」とか、「雪の下なる」とか。おじいちゃんのうたに出てくるのは、百人一首にあるような言葉ばかり。ってことは――。

これは、むかしの人がつくった、むかしのうたなんだ。【　え　】

わたしはむちゅうで音をひろった。遠い時代からやってきた、とびきりレアな言葉たち。いまの日本語よりもやわらかくて、耳がほっくりする感じ。

その言葉たちは、ゆったりとした節にのって、わたしが見たことのない世界を物語っている。

「山もかすみて」

「白雪の」

「消えしあとこそ」

「いかなる人にて」

「なにごとにて」

「あらおそろしのことを」

大声をひびかせる風香《ふうか》ちゃんに続いて家のドアをくぐると、広い土間にはかいわれ大根のプランターがあって、玄関《げんかん》のかべには〈世界の毒《どく》きのこ88選〉という特大ポスターがはられていた。迫力《はくりょく》のある毒きのこのイラストつき。【 あ 】

「瑠雨《るう》ちゃん、えんりょしないで入って、入って。ターちゃん、きっと舞《ま》いあがってるよ」

風香ちゃんが言って、どしどし階段《かいだん》をかけのぼっていった。

ゆっくりあとを追いながら、わたしはヘビメタ(注1)のおじいちゃんと対面する心のじゅんびをととのえた。革《かわ》ジャンなのかな。長髪《ちょうはつ》なのかな。バンダナまいてるのかな。声は出なくても、ちゃんと心のなかで「はじめまして」って言おう。

でも、いざ対面のときがくると、わたしはすっかりあっけにとられてしまい、心のなかまで「……」になってしまった。

満面の笑《え》みでむかえてくれたおじいちゃんが、あんまり想像《そうぞう》とちがってたから。

第一印象《いんしょう》は、「宝船《たからぶね》にのった大黒《だいこく》さま(注2)」。顔がまるまるしていてつややかで、いかにもおだやかそうに目がたれている。長髪なんかじゃないし、バンダナもまいてない。どうどうとはげていた。【 い 】

この人が、洋曲を?

わたしのおどろきがさめないうちに、

「ほほう、あんたがうわさの瑠雨ちゃんかい。こんなジジイの洋曲をきいてくれるたぁ、いやはや、かたじけない」

江戸《えど》っ子《こ》みたいなしゃべりかたでおじいちゃんが言って、さっそくうたいだそうとし、「待った!」と風香ちゃんに止められた。

「お客さんに、ざぶとん」

風香ちゃんが出してくれたざぶとんはゼブラ柄《がら》だった。わたしたちのむかいにすわったおじいちゃんは、やまぶき色のセーターの上から木彫《きぼ》りの首かざり(注3)(一角獣《いっかくじゅう》?)をたらしていた。部屋の角にある仏壇《ぶつだん》には赤いドレスを着たおばあさんの写真があった。ふしぎな世界にいるみたいだった。

「ごほ、ごほ。んんっ。では……」

そうして、おじいちゃんの洋曲がはじまった——ううん、ぜんぜん洋曲じゃなかった!【 う 】

わたしは耳をうたぐった。

洋曲どころか、それは音楽でさえなかった。

じゃうか。

「わかった。いいよ、いいよ。ごめんね」

人にしつこくしないこと。最近それを心がけているわたしは、いさぎよく引きさがることにした。

「ダメもとで言ってみたんだけど、やっぱり、へんだよね。わすれて、おじいちゃんの謡曲《ようきょく》のことは」

おろかな作戦を立ててしまった。そう思ったらむしょうにはずかしくなって、耳までじわっと熱くなった。

赤い顔をふせ、瑠雨《るう》ちゃんから逃《に》げるように足をふみだす。

そのわたしをなにかが引きとめた。

せなかのあたりに、へんな感触《かんしょく》。ふりむくと、瑠雨ちゃんの細っこい指が、わたしのスウェットのわきばらのあたりをつまんでいた。

「瑠雨ちゃん……？」

瑠雨ちゃんの顔をのぞきこみ、あれっと思った。

（え）長いまつげが動きを止めている。あいかわらずこまった顔をしているけど、（お）その目はめずらしくわたしをまっすぐに見つめて、なにかをうったえかけている。

十秒くらい目と目を見合わせてから、わたしは「ええっ」とのけぞった。

「　1　」

瑠雨ちゃんがこくっとうなずいた。

Ⅱ

風香《ふうか》ちゃんの家はなだらかな坂の上にあった。坂のとちゅうから水の音がきこえてきて、のぼりきったら、川が見えた。

その川の手前に古い家と新しい家が交互《こうご》みたいにならんでいて、風香ちゃんの家は古いほうだった。

レンガ色の屋根がしぶい木造《もくぞう》の一軒家《いっけんや》。

「ただいま！　ターちゃん、瑠雨ちゃんが洋曲きにきてくれたよーっ」

五時限目のあと、音楽室から教室へ移動《いどう》しているときだった。

瑠雨ちゃんはしゃべらないけど、うたう。授業中にみんなで「まっかな秋」を合唱していたとき、瑠雨ちゃんの口がうっすら動いているのを見たわたしは、その新しい発見にこうふんして、いますぐ作戦を決行したくなってしまったのだった。

早まったかな、と思ったときには、おそかった。

ろうかのとちゅうで立ちどまった瑠雨《るう》ちゃんは、(あ)ぽかんとした目でわたしをながめ、せいだいにまつげをふるわせた。

「ええっと……あ、あのね、じつは、瑠雨ちゃんにお願いがあって」

いまさらあとへは引けない。わたしは気合いを入れて続けた。

「できれば、瑠雨ちゃんに、ターちゃん……うちのおじいちゃんの謡曲《ようきょく》をきいてもらいたいの」

しーん。

瑠雨ちゃんの(い)まつげがはためく音がきこえてきそうな静けさ。

「話せば長くなるんだけどね、うちのおじいちゃん、町内会の謡曲愛好会に入ってて、毎日、うちでも大声で練習してるの。それがとんでもなくへたくそで、うるさくて、わたしもママもほんっと参ってるの。公害レベルでひどいの。なのに、本人は謡曲の才能《さいのう》があるってかんちがいしてて、やればのびるって言いはるの。ないないってわたしとママがいくら言っても、おまえらになにがわかるんだって、ぜんぜんきいてくれないの。で、よかったら、瑠雨ちゃんの天才の……じゃなくて、その、客観的《きゃっかんてき》な耳でおじいちゃんの謡曲をきいてもらって、感想を教えてもらえたらって……」

ターちゃんの謡曲。マジでこまっているせいか、しゃべりだしたら止まらなくなって、わたしはひと息にまくしたてた。

「瑠雨ちゃんの意見だったら、ターちゃんもすなおにきいて、目をさましてくれるかもしれないし」

瑠雨ちゃんをうちにまねいたら、一気に距離がちぢまって、ぐんと仲よくなれるかもしれない。ついでに、瑠雨ちゃんがターちゃんの謡曲を「才能なし」って判定《はんてい》してくれて、ターちゃんが自信をなくしてうたわなくなったら、 C だ。

そんなよくばりな作戦だったのだけど、瑠雨ちゃんの(う)まばたきはいっこうにおさまるところをしらない。

その正直なこまり顔をながめているうちに、わたしの頭はどんどん冷えていった。

「やっぱり、むりか。それもそうか。しゃべったこともない（いつも相手から一方的にしゃべりかけてくるだけの）クラスメイトから、きゅうに遊びにこいとか、おじいちゃんの謡曲をきけとか言われたら、瑠雨ちゃんじゃなくてもだまりこんの好奇心《こうきしん》はむくむくふくらんで、とうとう、このすごいヒミツをだまっていられず、ターちゃんにだけうちあけた。

「ね、ターちゃん。しゃべらない瑠雨ちゃんは、もしかしたら、きくことの達人なのかも」

すると、ターちゃんはまたさらにすごいことを教えてくれた。

「べつだん、たまげた話じゃあないさ。目の不自由な人が、とくべつな聴力《ちょうりょく》をもってるってのは、ざらにあるこった。瑠雨《るう》ちゃんは、しゃべるのがにがてなぶん、人とはちがう耳をもってるのかもしんねぇな」

「えーっ」

わたしはたまげた。そして、シビれた。

「人とはちがう耳って、どんな？　もしかして、天才ってこと？　瑠雨ちゃんはきくことの天才なの？」

わたしがぐいぐいせまると、ターちゃんは「さぁな」と鼻の頭をかいた。

「おいらにきくより、瑠雨ちゃんにきいてみな」

「だって、瑠雨ちゃん、しゃべってくんないし」

「真の友ってのは、しゃべらなくたって通じあえるもんだ。［B］ってやつよ」

「真の友っていうか、まだわたしたち、ともだちなのかもわかんないし。少なくとも、瑠雨ちゃんわたしのこと、ともだちと思ってないだろうな」

「じゃ、まずは仲よくなるこった」

ずいぶんザツなアドバイスだけど、ターちゃんの言うことは一理あった。

瑠雨ちゃんのことをもっと知りたい。クラスのだれも知らないヒミツにせまりたい。そのためには、まずはもっと瑠雨ちゃんに近づくことだ。①今の距離《きょり》だと、瑠雨ちゃんの耳にきこえているものが、わたしにはきこえない。

そこで、わたしは作戦をねった。

「瑠雨ちゃん」

思いきって、さそった。

「今日、うちに遊びにこない？」

4　詩の［A］の部分に使われている表現の特徴《とくちょう》について、最も適切なものを次の中から選んで、記号で答えなさい。
ア　倒置《とうち》法　　イ　呼びかけ　　ウ　省略　　エ　擬人《ぎじん》法　　オ　体言止め

5　［c］にあてはまる語として、最も適切なものを次の中から選んで、記号で答えなさい。
ア　道　　イ　障子《しょうじ》　　ウ　床《ゆか》　　エ　窓　　オ　壁《かべ》

6　——線③「いったい『どこへ』帰るのか」とありますが、花たちはどこへ帰るとあなたは考えますか。あなたの言葉で答えなさい。

二

次の［Ⅰ］・［Ⅱ］は、同じ本から取り上げた文章です。以下の文章を読んで、後の問いに答えなさい。

注意　。、「」などは一字に数えます。

〔小学五年生の「風香《ふうか》」は、人前で話しをしない同じクラスの女の子「瑠雨《るう》」に興味を持った。「風香」は謡曲《ようきょく》（伝統芸能である能の声楽部分）を歌うことが趣味《しゅみ》の祖父（「ターちゃん」）に、「瑠雨」のことを話すようになる。〕

［Ⅰ］

瑠雨ちゃんはとくべつな耳をもってるってこと？

意外な発見をしたその日から、わたしが瑠雨ちゃんを見る目は変わった。

瑠雨ちゃんはただのしゃべらない子じゃないのかもしれない。瑠雨ちゃんの口は、この世のなににもきょうみがなさそうに閉じたままだけど、そのぶん、瑠雨ちゃんの耳はいつも全開で世界を感じているのかもしれない。年中無休でいろんな音をすいこんでいるのかもしれない。わたしたちにはきこえないものも、瑠雨ちゃんの耳にはきこえているのかもしれない。

瑠雨ちゃんの［A］（ときどき、動きを止めて、じっとなにかを見つめていたりする）に目をこらすほどに、わたしそれぞれ自分の時間を守って「帰って」行くとなると、これは問題である。「帰る」というが、③いったい「どこへ」帰るのか、それが書かれていないからだ。説明してほしいと思う人は多いだろう。もし散文なら、その場所を書き忘れることはないからだ。ここでいつも散文しか読まない人は「詩はいやだ、わからない」と拒否《きょひ》反応を示す。まちがいなく、そうなると思う。でも、実は、花たちが、帰って行くという視点、感じ方。それがこの詩のおもしろさなのだ。命なのだ。

（「ひらく④」（エイアンドエフ）二〇二〇年十一月所収、荒川洋治《あらかわようじ》「文章という文明」による）

（注）散文……詩や短歌とは異なり、型にとらわれない通常の文章。

1　――線①「かよわい」とありますが、これは「弱い」の上に「か」がついてできた言葉です。これと同じように「か」をつけて意味をなす言葉を次の中から一つ選んで、記号で答えなさい。

ア　太い　　イ　細い　　ウ　強い　　エ　長い　　オ　短い

2　――線②「はかない」について、「はかない」の「ない」と同じ働きをしているものを次の中から一つ選んで、記号で答えなさい。

ア　持っていたはずのかぎがない。
イ　かぎの置き場所を私はしらない。
ウ　落とし物をした自分がなさけない。
エ　それはわらえない話だ。
オ　今年の冬はさむくないから大丈夫だ。

3　[a] [b] にあてはまる語を、詩の中からぬき出して答えなさい。

問二　次の文章は、詩人である三好達治《みよしたつじ》の「かよわい花」という詩と、その詩についての鑑賞《かんしょう》文です。これを読んで、後の問いに答えなさい。

「かよわい花」

①かよわい花です
もろげな花です
②はかない花の命です
朝さく花の朝がほ《（お）》は
昼にはしぼんでしまひ《（い）》ます
昼さく花の昼がほ《（お）》は
[a]しぼんでしまひ《（い）》ます
夕方に咲《さ》く夕がほ《（お）》は
[b]にはしぼんでしまひ《（い）》ます

[A]
みんな短い命です
けれども時間を守ります
さう《（そう）》してさつ《（っ）》さと帰ります
どこかへ帰つ《（っ）》てしまひ《（い）》ます

たった一三行しかない、短い作品だが、散文（注）だけを読む人には、わかりづらいかもしれない。「みんな短い命です」までは、意味の上では散文で書いても同じだから、そのまま受けとめるはず。ところが「けれども」以降が、[c]となる。花たちが、

二〇二二年度
横浜雙葉中学校

【国語】（五〇分）〈満点：一〇〇点〉

（。、「」などは一字に数えます。）

一 次のそれぞれの問いに答えなさい。

問一 次の――線の漢字をひらがなに、カタカナを漢字に直して答えなさい。送りがなが必要な場合は、ひらがなで書きなさい。

1 友人の車に便乗する。

2 全力で試合に臨む。

3 いつも座右の銘《めい》を大切に生きよう。

4 年長者を敬う心を育てる。

5 カッコたる意志をつらぬく。

6 新型客船が明日シュウコウする。

7 学校でマジメに勉強する。

8 お殿様《とのさま》は豪華《ごうか》な城をキズイタ。

2022年度

横浜雙葉中学校 ▶解説と解答

算 数 （50分）＜満点：100点＞

解 答

1 (1) ① 14 ② $\frac{1}{5}$ (2) 173個 (3) 120本 (4) 3 (5) 分速32m (6) 45度 (7) 50.24cm **2** (1) ㋐ 50cm ㋑ 30cm ㋒ 40cm (2) 51分20秒後 (3) ① 毎分２Ｌ ② 解説の図Ⅲを参照のこと。 **3** (1) ① ㋐ 13と35，17と31 ㋑ 57と97，59と95，75と79 ② （例） 解説を参照のこと。 (2) ① 24個 ② 33300 (3) 79135と95371

解 説

1 **四則計算，逆算，差集め算，倍数算，周期算，速さと比，角度，図形の移動，長さ**

(1) ① $17-\{23+78\div13-(8\times3-4)\}\div3=17-\{23+6-(24-4)\}\div3=17-(29-20)\div3=17-9\div3=17-3=14$ ② $\frac{1}{4}-0.125=\frac{1}{4}-\frac{1}{8}=\frac{2}{8}-\frac{1}{8}=\frac{1}{8}$より，$2\times\left(1\frac{1}{3}+\frac{1}{8}\div\square\times1\frac{3}{5}\right)-1.5=3\frac{1}{6}$，$2\times\left(1\frac{1}{3}+\frac{1}{8}\div\square\times1\frac{3}{5}\right)=3\frac{1}{6}+1.5=\frac{19}{6}+\frac{3}{2}=\frac{19}{6}+\frac{9}{6}=\frac{28}{6}=\frac{14}{3}$，$1\frac{1}{3}+\frac{1}{8}\div\square\times1\frac{3}{5}=\frac{14}{3}\div2=\frac{14}{3}\times\frac{1}{2}=\frac{7}{3}$，$\frac{1}{8}\div\square\times1\frac{3}{5}=\frac{7}{3}-1\frac{1}{3}=\frac{7}{3}-\frac{4}{3}=\frac{3}{3}=1$，$\frac{1}{8}\div\square=1\div1\frac{3}{5}=1\div\frac{8}{5}=1\times\frac{5}{8}=\frac{5}{8}$ よって，$\square=\frac{1}{8}\div\frac{5}{8}=\frac{1}{8}\times\frac{8}{5}=\frac{1}{5}$

(2) 全員に６個ずつ配ると11個余り，全員に８個ずつ配るには，８×５＋(８－５)×１＝43(個)不足しているので，右の図１のようにまとめることができる。図１より，全員に６個ずつ配るのに必要な個数と，全員に８個ずつ配るのに必要な個数の差は，11＋43＝54(個)であり，これは，８－６＝２(個)の差が子どもの数だけ集まったものだから，子どもの数は，54÷２＝27(人)と求められる。よって，リンゴの数は，６×27＋11＝173(個)である。

図１

６個，…，６個 → 11個余る
８個，…，８個 → 43個不足

(3) 姉が妹にあげる前とあげた後で，２人が持っている本数の和は変わらない。そこで，あげる前とあげた後の本数の比の和をそろえると，右上の図２のようになる。図２で，そろえた比の，42－35＝７にあたる本数が14本だから，１にあたる本数は，14÷７＝２(本)となり，２人が持っている本数の和は，２×60＝120(本)と求められる。

図２

	姉	妹	姉	妹
あげる前	7	3	42	18
	和10	→×６→	和60	
あげた後	7	5	35	25
	和12	→×５→	和60	

(4) 筆算をすると右の図３のようになり，商は，50－１＝49(けた)で，{1，0，5}の３個のくり返しとわかる。そして，49÷３＝16あまり１より，商の一の位は１になる。さらに，図３の筆算では，商に１を立て

図３

```
        1 0 5 / 1 0 5 /…/ 1 0 5 / 1
7 4 ) 7 / 7 7 7 / 7 7 7 /…/ 7 7 7 / 7
      7 / 4
        3 7 7
        3 7 0
          7   7
          7   4
              3 7 7
              3 7 0
                  7
```

たときのあまりが，77−74＝3になる。よって，商を一の位まで求めたときのあまりは3である。

(5)　2人がすれ違《ちが》った地点をCとする。葉子さんは，A地点からC地点まで進むのに60秒かかるので，C地点からB地点まで進むのに，150−60＝90(秒)かかる。よって，AC間とCB間の距離《きょり》の比は，60：90＝2：3とわかる。また，花子さんが60秒(＝1分)で進んだ距離は，48×1＝48(m)である。よって，右の図4のように表すことができ，葉子さん(動く歩道)は90秒で48m動くので，動く歩道の速さは分速，$48\div\frac{90}{60}=32$(m)と求められる。

図4
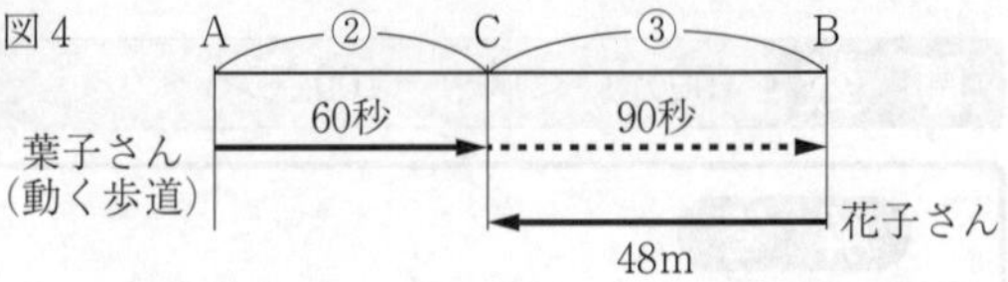

(6)　下の図5で，太線で囲んだ図形は直線Lを軸《じく》として線対称《せんたいしょう》だから，かげをつけた三角形は直角二等辺三角形である。また，ABとCDは平行なので，㋐の角の大きさは，直角二等辺三角形の直線以外の角の大きさと等しく45度とわかる。

図5
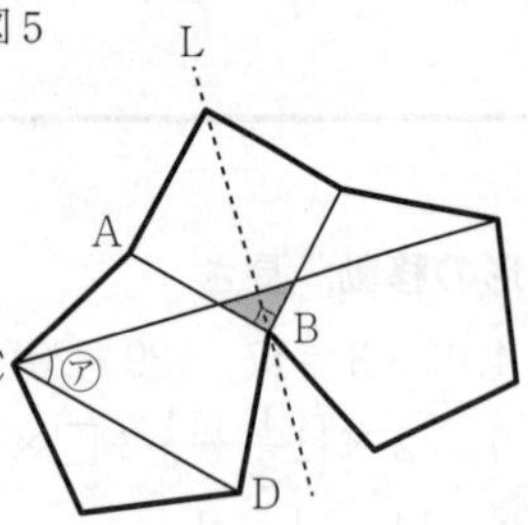

図6
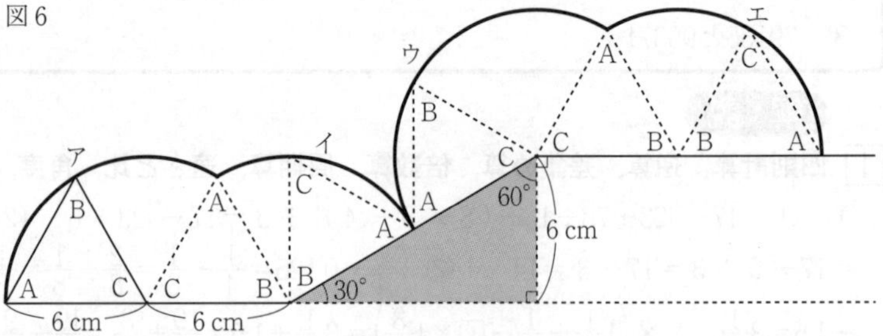

(7)　上の図6で，かげをつけた三角形は正三角形を半分にした形の三角形だから，ななめの辺の長さは6cmのちょうど2倍になる。よって，辺ABが上の段の直線に重なるまで正三角形ABCを回転させると，点Aは太線部分を動く。ここで，アとエの部分の中心角は，180−60＝120(度)，イの部分の中心角は，180−(60＋30)＝90(度)，ウの部分の中心角は，360−(60＋90＋60)＝150(度)だから，中心角の合計は，120×2＋90＋150＝480(度)とわかる。したがって，点Aが動く道のりは，$6\times2\times3.14\times\frac{480}{360}=16\times3.14=50.24$(cm)と求められる。

2　グラフ—水の深さと体積

(1)　問題文中の図1，図2より，右の図Iのように表すことができ，A→B→Cの順に水が入る。Bの部分に水が入った時間は，38−28＝10(分)なので，Bの部分の容積は，3×1000×10＝30000(cm^3)となり，Bの部分の底面積は，30000÷(50−40)＝3000(cm^2)と求められる。よって，㋐は，3000÷60＝50(cm)である。また，Aの部分の容積は，3×1000×28＝84000(cm^3)だから，Aの部分の底面積は，84000÷40＝2100(cm^2)であり，四角柱の底面積は，3000−2100＝900(cm^2)となる。すると，900＝30×30より，㋑は30(cm)とわかる。さらに，Cの部分に水が入った時間は，58−38＝20(分)なので，Cの部分の容積は，3×1000×20＝60000(cm^3)となり，Cの部分の底面積は，60000÷(80−50)＝2000(cm^2)とわかる。したがって，㋒は，2000÷50＝40(cm)と求められる。

図I
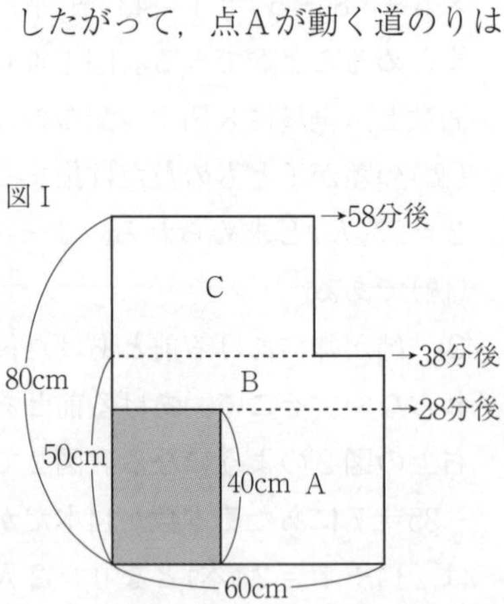

(2)　図2より，Cの部分では，1分間に，(80−50)÷20＝1.5(cm)の割合で水面が上がったから，

70−50＝20(cm)上がるのにかかった時間は，$20\div1.5=13\frac{1}{3}$(分)とわかる。よって，水の深さが70cmになったのは，水を入れ始めてから，$38+13\frac{1}{3}=51\frac{1}{3}$(分後)である。これは，$60\times\frac{1}{3}=20$(秒)より，51分20秒後となる。

(3)　①　問題文中の図３のように四角柱の向きを変えても，満水のときの水そう内の水の体積は変わらない。また，水を入れたときと抜《ぬ》いたときにかかった時間の比は，58：87＝２：３である。よって，１分間に入れた水と抜いた水の割合の比は，$\frac{1}{2}:\frac{1}{3}=3:2$なので，水を抜いたときの割合は毎分，$3\times\frac{2}{3}=2$(Ｌ)と求められる。　②　水を抜いたときには，下の図ⅡのＤ→Ｅ→Ｆの順に水が抜けている。Ｄの部分の容積は図ⅠのＣの部分の容積と等しく60000cm^3だから，Ｄの部分の水が抜けるのにかかった時間は，60000÷(２×1000)＝30(分)とわかる。また，Ｅの部分の容積は，3000×(50−30)＝60000(cm^3)なので，Ｅの部分の水が抜けるのにかかった時間も30分である。さらに，Ｆの部分の水が抜けたのは，水を抜き始めてから87分後である。よって，グラフは下の図Ⅲのようになる。

図Ⅱ

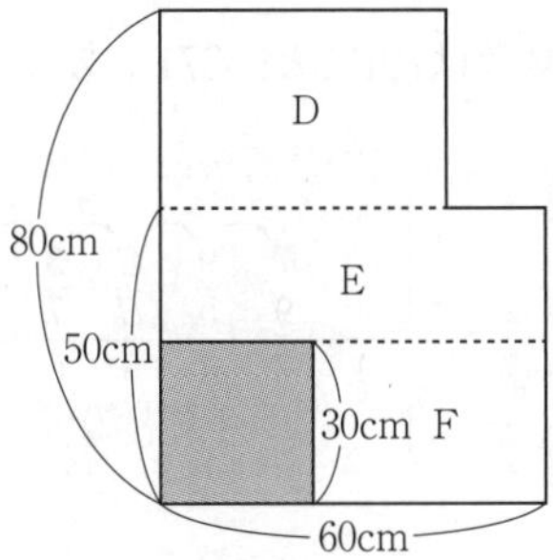

図Ⅲ

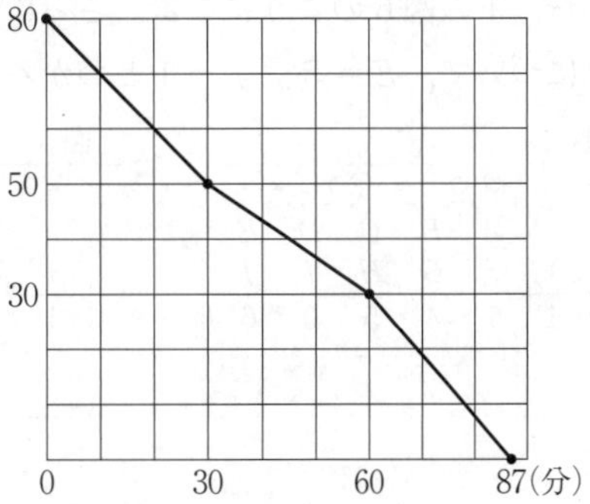

3　条件の整理，場合の数

図１

PQ
$+RS$
４８

図２

TU
＋　VW
１５４

図３

KL
＋　MN
１００

(1)　①　(ア)　右の図１で，$P+R$は，$Q+S$からくり上がりがない場合には４であり，$Q+S$からくり上がりがある場合には，４−１＝３である。また，５枚のカードはすべて奇数《きすう》なので，そのうちの２枚の数の和は必ず偶数《ぐうすう》になる。よって，$P+R=4$なので，PとRの組は(１，３)とわかり，$Q+S$からくり上がりはない。すると，$Q+S=8$なので，考えられるQとSの組は(１，７)または(３，５)となる。さらに，PとQは，５枚のカードから同時に選ぶので，別の数になる(RとSも同様)。したがって，作った整数の組み合わせとして考えられるものは，13と35，17と31の２通りとなる。　(イ)　上の図２で，＿の理由から，$T+V=14$となるので，考えられるTとVの組は(５，９)または(７，７)となる。すると，$U+W=14$となるから，考えられるUとWの組も(５，９)または(７，７)となる。さらに，TとU，VとWは，(ア)のPとQと同様に，それぞれ別の数になる。よって，作った整数の組み合わせとして考えられるものは，57と97，59と95，75と79の３通りとなる。　②　右上の図３で，$L+N$の一の位は０だから，$L+N$の十の位は１であり，筆算の十の位にはくり上がりが１ある。すると，$K+M=10-1=9$となるが，９は奇数であり，＿の理由があるので，図３のようになる２つの整数の組み合わせはない。

(2) ① 3の倍数は各位の数の和が3の倍数になるので，考えられる3枚の組み合わせは，(1，3，5)，(1，5，9)，(3，5，7)，(5，7，9)の4通りある。そして，どの場合も，3枚を並べてできる3けたの整数は，3×2×1＝6(個)ずつある。よって，3の倍数は全部で，6×4＝24(個)できる。　② 百の位が1のとき，十の位には残りの4通り，一の位には残りの3通りのカードを並べることができるから，百の位が1の整数は全部で，4×3＝12(個)できる。同様に，百の位が3，5，7，9の整数も12個ずつできるから，百の位だけの和は，(1＋3＋5＋7＋9)×12＝300となる。さらに，十の位だけの和，一の位だけの和も，百の位だけの和と同様に，それぞれ300になる。よって，作ることができるすべての整数の和は，300×100＋300×10＋300×1＝300×(100＋10＋1)＝33300と求められる。

(3) 下の図4で，各位だけの和は必ず偶数になり，くり上がる場合は1だけくり上がるから，○印のところではくり上がっており，×印のところではくり上がっていない。よって，各位の数として考えられる組み合わせはかっこ内のようになる。A＝7，F＝9とすると，千の位について，B＝9，G＝5と決まるので，下の図5のようになる。すると，十の位について，D＝3，I＝7と決まるから，下の図6のようになる。さらに，図6の百の位について，C＝1，H＝3となるので，一の位について，E＝5，J＝1とわかる。つまり，作った整数は79135と95371である。

図4

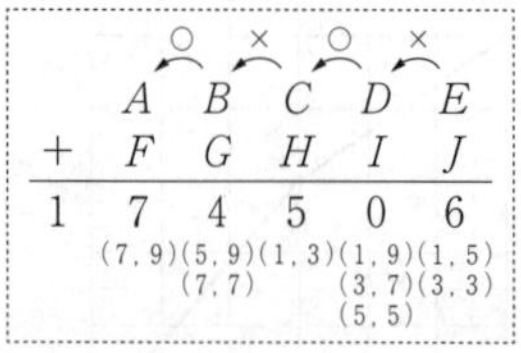

図5

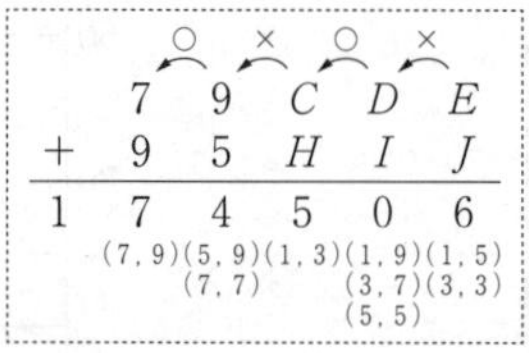

図6

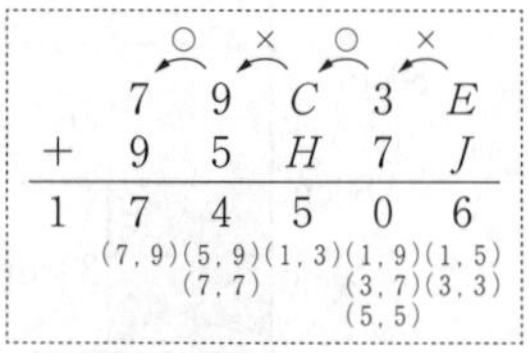

社 会　(40分) ＜満点：80点＞

解 答

1 **問1** ウ→エ→イ→ア　**問2** ア　**問3** 藤原道長　**問4** 行基　**問5** 応仁の乱　**問6** 1637　**問7** 鹿児島県　**問8** ウ　**問9** **共通する点**…(例) 人々の間に貧富の差があること。／**異なる点**…(例) 江戸時代の民衆には参政権がなかったこと。／**あなたの意見**…(例) 当時は参政権がなく，貧しい人たちが困っていても役人には対応してもらえなかったので，大塩平八郎の行動は理解できる。　**問10** イ　**問11** ア　**問12** ウ　**問13** オ　**問14** ミャンマー　**2** **問1** イ，仙台(市)　**問2** 白化(現象)　**問3** ① 吉野川　② 四万十川　**問4** **E** 三重県　**F** 滋賀県　**問5** (1) ① ウ　② ア　③ イ　④ エ　(2) (例) 夜間や早朝の低温から苗を守る。　**問6** ア　**問7** (1) バーチャル　(2) ウ　**問8** ア　**問9** (1) コンテナ　(2) **グラフのA～Cより**…A　**表のX～Zより**…Z　**問10** オ　**問11** (1) 線状降水(帯)　(2) ウ　**3** **問1** (1) **1** 永久　**2** 将来　(2) イ　**問2** (1) オ　(2) ア　**問3** イ→オ→ア→エ→ウ　**問4** (1) ユネスコ　(2) 生物多様　**問5** ア，オ　**問6** イギリス　**問7** ハザードマップ　**問8** 有機水銀(メチル水銀)　**問9** 朝鮮戦争　**問10** (例) たとえば，日本のエネルギー源別の発電量の割合を説明するグラフは，諸外国と比較する場合や年度ごとの推移を示す場合は帯グラフのほうがよい。　**問11**　(例)　地産地消／地域の経済の活性化につながるし，生産物の輸送などに使うエネルギーを減らすことになるので，環境保護にも貢献できる。

解　説

1　権力に対する抵抗《ていこう》や反抗を題材とした歴史についての問題

問1　アは江戸幕府の第8代将軍，イは江戸幕府の第3代将軍，ウは鎌倉幕府の初代将軍，エは室町幕府の第3代将軍なので，時代が古い順にウ→エ→イ→アとなる。

問2　地図中のアに位置する三内丸山遺跡は，青森県で発見された日本最大級の縄文時代の遺跡である。最大で500人前後が住んでいたと考えられている集落跡《あと》で，大型掘立《ほったて》柱建物跡や大型竪穴《たてあな》住居跡などが発掘《はっくつ》されているほか，クリやマメなどを栽培《さいばい》していたことが確認されている。この遺跡をふくめた北海道と青森・岩手・秋田3県の縄文時代の遺跡は，「北海道・北東北の縄文遺跡群」としてユネスコ(国連教育科学文化機関)の世界文化遺産に登録されている。

問3　平安時代，藤原氏は自分の娘を天皇の后《きさき》とし，生まれた子(孫)を天皇に即位《そくい》させるなどして天皇家との関係を深め，天皇が幼少のときは摂政《せっしょう》，成人後は関白となって，政治の実権をにぎった。これを摂関政治といい，11世紀前半の藤原道長・頼通《よりみち》父子のときにその全盛期を迎《むか》えた。「この世をば～」の短歌は，道長が3人目の娘を天皇の后にしたことを祝う席でよんだもので，「望月(満月)に欠けたところがないように，この世のすべてが自分の思い通りになって満足だ」という，道長の得意な気持ちが表れているとされている。

問4　奈良時代，僧の行基は各地をまわり，民衆に仏の教えを説くとともに，人びとを指導して橋や用水路などをつくった。当時，寺院や僧は国の管理下に置かれていたため，行基の活動はこれを破るものとして弾圧を受けたが，東大寺(奈良県)の大仏づくりが決まると，朝廷は民衆への影響力が大きい行基に寄付集めなどを行わせた。その後，行基は最高僧位である大僧正《だいそうじょう》に任じられた。

問5　1467年，室町幕府の第8代将軍足利義政の跡継ぎをめぐる争いに，守護大名であった細川氏と山名氏の対立などがからんで応仁の乱が起こった。戦いは，諸国の守護大名が東西両軍に分かれ，京都を中心に11年も続いたため，京都の町はすっかり荒れはててしまった。

問6　1637年，領主の圧政やキリシタン(キリスト教信者)への弾圧に苦しめられた島原地方(長崎県)と天草地方(熊本県)の農民たちは，天草四郎をかしらとして一揆《いっき》を起こした。一揆軍は原城跡(長崎県)に立てこもって徹底《てってい》的に抗戦したが，江戸幕府は大軍を動員し，約4か月かけてようやくこれをしずめた。これを島原・天草一揆(島原の乱)といい，一揆後，参加者は死刑にされたが，幕府の受けた衝撃《しょうげき》は大きく，鎖国を行う直接的なきっかけとなった。

問7　1549年，スペイン人のイエズス会宣教師フランシスコ＝ザビエルが鹿児島に来航し，日本に初めてキリスト教を伝えた。

問8　大塩平八郎は，「しもじもの一般の人たち」のために反乱を起こしたのだから，「人びとや世の中」とあるウが選べる。

問9　現代と江戸時代を比べると，人々の間に貧富の差があることなどが共通している一方で，現代において国民に保障されている参政権が江戸時代の民衆にはないことなどが異なっている。こうした点をふまえると，現代のような言論での主張のほうが望ましいものの，大塩平八郎の行動を，現代の考え方から単純に批判することはできないといえる。

問10 ア　養蚕の技術は，古墳時代に中国・朝鮮から日本に渡った渡来人が，機織《はたお》り，須恵器《すえき》，漢字，儒教《じゅきょう》などの技術や文化とともに伝えた。　イ　生糸は長い間，中国との貿易において，日本の重要な輸入品であった。江戸時代に長崎で行われていた清(中国)との貿易においても同様であった。　ウ　江戸時代，農民たちが日常的に着ていたのは綿や麻などでできた衣服であり，絹の着物はぜいたく品として規制されることが多かった。　エ　江戸時代に各地で生糸や絹織物の生産がさかんになっていったこともあり，幕末に始まった諸外国との貿易では生糸が日本の最大の輸出品となった。こうした傾向《けいこう》は明治時代以降も続き，生糸を生産する製糸業は日本の基幹産業となっていった。

問11 江戸時代末期には人口の８割以上を農民が占《し》めており，武士の割合は５％前後であった。したがって，明治時代初期に士族が全人口に占める割合もその程度であった。

問12 沖縄県のアメリカ軍基地の面積は，日本国内にあるアメリカ軍基地の総面積の約70%を占めているので，ウが選べる。

問13 香港《ホンコン》は中国南部(地図中のオ)に位置する。なお，アは北京《ペキン》，イは大連《ターリエン》，ウは青島《チンタオ》，エは上《シャン》海《ハイ》である。

問14 2021年，東南アジアのミャンマーで国軍によるクーデターが発生し，民主的な政権が倒された。その後，国軍による民主派への激しい弾圧が行われ，国際的に非難されている。

2 水を題材とした地理についての問題

問１ 冬の降水量(降雪量)が多いアは日本海側の気候に属する秋田市，年間降水量が少ないウは中央高地(内陸性)の気候に属する長野市と判断できる。残るイが宮城県仙台市で，仙台市は夏の降水量が多く冬に晴天が続く太平洋側の気候の特色を示すが，ほかの太平洋側の地域よりも年間降水量は少ない。

問２ サンゴの体内には褐虫藻《かっちゅうそう》という植物プランクトンが共生しており，サンゴは褐虫藻が光合成によってつくり出した養分を利用して成長する。海水温が高くなると，褐虫藻がサンゴの体内から出ていってしまい，透明《とうめい》なサンゴの体を通して白い骨格がすけて見えるようになる。これを白化現象といい，この状態が長く続くと，サンゴは成長のための養分が不足して死んでしまう。

問３ ①は吉野川で，四国地方をおおむね東へ向かって流れ，徳島市で紀伊水道(太平洋)に注ぐ。「四国三郎」の別名を持ち，讃岐《さぬき》平野(香川県)をかんがいする香川用水の水源でもある。②は四万十川で，高知県西部をおおむね南へ向かって流れ，土佐湾(太平洋)に注ぐ。四国地方で最長の河川で，本流に大規模なダムがなく豊かな自然が残ることから「日本最後の清流」とよばれている。

問４ **E**　海岸線が最も長いので，リアス海岸が発達している志摩《しま》半島のある三重県と判断できる。**F**　海岸線の長さがゼロなので，内陸県である。近畿地方の内陸県は奈良県と滋賀県で，森林面積の割合は，紀伊山地の山々が広がる奈良県は高く，琵琶湖が県の面積の約６分の１を占める滋賀県は低いと考えられるので，Ａが奈良県，Ｆが滋賀県となる。　なお，Ｂは和歌山県，Ｃは京都府，Ｄは兵庫県，Ｇは大阪府である。

問５ (1)　稲作のおもな作業としては，春に育苗と並行して，田を耕す「田起こし」，田に水を入れてかき混ぜる「代かき」を行い，初夏に「田植え」を行う。その後は，田を乾燥《かんそう》させる「中干《なかぼ》し」や草取りなどを行い，秋に「稲刈《か》り」や「脱穀《だっこく》」(稲穂からもみをはずすこと)などの収穫《しゅうかく》作業を行い,「乾燥」や「もみすり」(もみ殻を取り除いて玄米にすること)などの作業を経て,出荷にいたる。 (2) 田植えの直後の時期には,夜や朝方に低温になることが多く,苗の成長のさまたげになりやすい。そうした事態を防ぐため,この時期には田に水を深くはることが多い。これは,温まりにくく冷めにくい水の性質を利用したくふうである。そのほかに,雑草を生きにくくするなどの理由も考えられる。

問6 表1で,(収穫量)÷(作付面積)の値を求めると,作付面積あたりの収穫量,つまり,同じ面積あたりの収穫量が多いか少ないかがわかる(全国平均は1となる)。同じ面積あたりの収穫量は,値が1より大きくなる北海道や東北は全国平均より多いが,値が1より小さくなる四国や九州は全国平均より少ない。よって,アが正しい。なお,イの農家の数は,表1～表4からはわからない。また,ウは農産物の輸入量,エは米の産出額が表1～表4からはわからないので,どちらも判断できない。

問7 (1) 農産物の生産や家畜の飼育には多くの水が消費されており,日本は小麦・大豆・とうもろこしなどの穀物や肉類を大量に輸入しているため,多くの水も間接的に輸入していることになる。このようなとらえ方を「バーチャルウォーター(仮想水)」という。 (2) 家畜を飼育するためには大量の飼料が必要であり,大豆やとうもろこしなどの飼料作物を生産するためには特に多くの水が必要とされるから,一般の農作物よりも肉類を輸入するほうが,バーチャルウォーターは多くなる。また,牛肉のほうが鶏肉よりも同じ重さあたりの価格が高いのは,飼料をより多く必要とするためだと考えられる。したがって,「必要な水の量」が最も多いAは牛肉,最も少ないCは大豆,残ったBは鶏肉と判断できる。

問8 すけとうだらやたらは寒冷な海に分布しているので,アの釧路《くしろ》港(北海道)と判断できる。なお,イの銚子《ちょうし》港(千葉県)ではまいわしやさば,ウの焼津《やいづ》港(静岡県)ではかつおやまぐろ,エの境港(鳥取県)ではさば,まいわし,あじ,オの土佐清水港(高知県)ではかつおの割合が,それぞれ高くなっている。

問9 (1) 貨物用の大型の四角い容器をコンテナという。特に海外との貿易では,コンテナ専用船で物資が運ばれることが多く,港でコンテナごと鉄道やトラックに積み替えられて運ばれる。

(2) 成田国際空港(千葉県)は港・空港別の貿易額で全国第1位が続いているので,グラフ中のAが選べる。また,表であげられている輸出品目のうち,自動車は自動車専用船(自動車運搬《うんぱん》船)で運ばれ,自動車部品や内燃機関は重いため貨物船で運ばれる。一方,集積回路(IC)などの半導体(電子部品)関連や科学光学機器などは,小型・軽量のわりに高価で,製品価格に占める輸送費の割合が低く,飛行機を使って輸送しても十分採算がとれるため,空港での輸出入品目の上位を占めることが多い。よって,成田国際空港はZと判断できる。同港は金が輸出品目の上位となることも特徴《とくちょう》である。なお,BとXは名古屋港(愛知県),CとYは横浜港(神奈川県)。

問10 A,C 火力発電は石油・石炭・天然ガスなどを燃料にしており,そのほとんどを外国から船で輸入している。また,冷却《れいきゃく》水として海水を大量に必要とする。さらに,大消費地に近いほうが,送電時の電力の損失を少なくできる。このため,火力発電所は大都市に近い臨海部につくられることが多い。原子力発電所も,海水を冷却水として用いるため臨海部(日本の場合)につくられるが,大都市から離れたところに分布している。よって,Aが原子力発電所,Cが火力発電所と判断できる。原子力発電所は,福井県の若狭《わかさ》湾沿岸に集中していることも参考になる。 B 水力発電所は，ふつう大きなダムをつくって発電を行うので，山間部に分布している。

問11 (1) 次々と発生する積乱雲が列のように並び，数時間にわたってほぼ同じ地域を通過・停滞《ていたい》することによって生じる，大量の雨が降る地域を線状降水帯という。日本では1990年代以降，各地で観測されるようになっており，水害や土砂崩《くず》れなどの災害を引き起こしている。 (2) 5段階の警戒《けいかい》レベルのポイントは，レベル1が「心構えを高める」，レベル2が「避難《ひなん》行動を確認する」，レベル3が「高齢《こうれい》者等，避難に時間を要する人は避難を開始する」，レベル4が「全員が避難する」，レベル5が「すでに災害が発生・切迫している状況」である。したがって，アはレベル2，イはレベル3，ウはレベル4，エはレベル5にあたり，「避難指示」はレベル4で出される。

3 日本の省庁を題材とした問題

問1 (1) 1，2 日本国憲法はその第11条で，基本的人権について「侵《おか》すことのできない永久の権利として，現在及《およ》び将来の国民に与《あた》えられる」と規定している。 (2) 殺人などの重大な刑事事件の第一審(地方裁判所)については，有権者の中から抽選《ちゅうせん》と面接で選ばれた者が裁判員として審理に加わる裁判員裁判が行われる。

問2 (1) 国際連合本部はアメリカ(合衆国)のニューヨーク(地図中のオ)におかれている。ニューヨークはアメリカ東海岸にある同国最大の都市で，世界経済の中心地でもある。 (2) 条約は内閣が締結《ていけつ》し，事前にもしくは事後に，国会の承認(批准《ひじゅん》)が必要である。また，成立した条約は，天皇により公布される。したがって，アが正しい。

問3 予算は，まず各省庁が次年度に必要な金額を算出し，財務省に提出する→財務省が各省庁から提出された原案をくわしく調べる→財務省の報告にもとづき，内閣が予算案を作成し，国会に提出する→国会で審議が行われ，採決の結果，可決されれば成立する。

問4 (1) 世界遺産委員会はユネスコ(国連教育科学文化機関)に属している。 (2) 2021年，「奄美《あまみ》大島，徳之島《とくのしま》，沖縄島北部及び西表《いりおもて》島」が世界自然遺産に登録された。常緑広葉樹に覆《おお》われた自然豊かなこの地域は，大陸や日本列島のほかの島々と非常に長い期間，切り離された状態にあったことから，この地域にしか住まない「固有種」や，「絶滅危惧《ぜつめつきぐ》種」に指定されている生き物も数多く生息しており，その豊かな生物多様性を守るために重要な地域であることが評価された。

問5 厚生労働省は国民の健康の維持《いじ》，医療《いりょう》，福祉《ふくし》，雇用《こよう》，労働などに関する業務を担当する行政機関なので，アとオがあてはまる，なお，イは文部科学省，ウは総務省，エは法務省の外局である出入国在留管理庁が担当している。

問6 イギリスでは2016年に国民投票が行われ，2019年にEU(ヨーロッパ連合)から離脱《りだつ》することになっていたが，議会での合意が得られなかったため何度か延期され，2020年に離脱した。なお，日本はEUとの間で経済連携《れんけい》協定(EPA)を結んでいるが，イギリスがEUから離脱したことを受け，イギリスとも新たに結んだ。

問7 国や地方公共団体が作成する，今後起こるかもしれない自然災害の被害《ひがい》予測や避難場所などを示した地図を，ハザードマップという。火山の噴火《ふんか》や津波，洪水《こうずい》，土砂崩れなどに備えたものが，各地でつくられている。

問8 四大公害病は，有機水銀(メチル水銀)を原因とする水俣《みなまた》病(熊本県水俣市周辺)，第二水俣病(新潟県阿賀野《あがの》川流域)，カドミウムを原因とするイタイイタイ病(富山県神通《じんずう》川流域)，亜硫酸《ありゅうさん》ガスを原因とする四日市ぜんそく(三重県四日市市)で，いずれもおもに高度経済成長期(1950年代後半～1970年代初め）に発生した。

問9　1950年に朝鮮戦争が始まると，日本に駐留《ちゅうりゅう》していたアメリカ軍が国連軍の主力として韓国を支援するために出撃。その間の日本国内の治安を守るためとして，GHQ（連合国軍最高司令官総司令部）の指示により警察予備隊が創設された。警察予備隊は1952年に保安隊，1954年に自衛隊に改編され，現在にいたっている。

問10　帯グラフは円グラフに比べ，複数のことがらを比較《ひかく》したり推移をみたりするのに適している。解答例のほかにも，以下のような具体例があげられる。たとえば，農産物の全国生産量に占める都道府県別の割合を説明するグラフは，今年度の構成比を示す場合は円グラフでよいが，年度ごとの推移を示す場合は帯グラフのほうがよい。

問11　たとえば，地元で生産された農産物などを地元で消費する「地産地消」は，地域経済の活性化につながるだけでなく，輸送のために余分なエネルギーを使わないことから環境《かんきょう》にも配慮《はいりょ》した消費の方法といえる。また，発展途上国の産品を適正な価格で購入《こうにゅう》する「フェアトレード」は，生産者の生活を支えるとともに，生産地の地域や社会の発展に貢献《こうけん》できる方法である。あるいは，賞味期限の迫《せま》った食品を優先して買うことなども，「食品ロス」の削減《さくげん》につながるという点でエシカル消費といえる。

理　科　（40分）＜満点：80点＞

解　答

[1] **問1**　（例）　血液の逆流を防ぎ，つねに一定の向きに血液を流すはたらき。　**問2**　⑤，⑥　**問3**　⑦，⑧，⑨，⑩　**問4**　④，⑫　**問5**　（例）　部屋Bが血液を肺に送り出すときには，部屋Cが血液を全身に送り出すときほど高い圧力を必要としないから。　**問6**　(1)　(ウ)　(2)　(ウ)　(3)　(イ)，(オ)　[2] **問1**　**気体①**…水素　**気体②**…二酸化炭素　**気体③**…ちっ素　**気体④**…酸素　**気体⑤**…アンモニア　**問2**　(エ)　**問3**　(ウ)　**問4**　(1)　二酸化いおう　(2)　1.53　(3)　1.04　[3] **問1**　**ア**　断層　**イ**　(b)　**ウ**　免震　**問2**　(b)，(c)　**問3**　(1)　(c)　(2)　5時26分25秒　(3)　5時25分15秒　**問4**　(1)　どろ　(2)　（例）　Y層の砂どうしの間に入っていた水が，X層のどろをおしのけてふき出す。

[4] **問1**　（例）　（振り子が1回往復するのにかかる時間は，）おもりの中心から支点までの長さと初めに棒を傾ける角度が一定ならば，おもりの重さには関係しない。／（振り子が1回往復するのにかかる時間は，）おもりの中心から支点までの長さとおもりの重さが一定ならば，初めに棒を傾ける角度には関係しない。　**問2**　2倍　**問3**　(1)　(イ)　(2)　(ウ)　**問4**　(ウ)　**問5**　(ア)

解　説

[1] ヒトの心臓のつくりとはたらきについての問題

問1　ヒトの体内で，弁は血液の逆流を防ぎ，血液がつねに一定の向きに流れるようにはたらいている。心臓のほかに，心臓にもどる血液が流れる静脈にも弁がある。

問2～問4　図1で，血液は全身⇒大静脈（血管⑤，血管⑥）⇒右心房《ぼう》（部屋A）⇒右心室（部屋B）⇒

肺動脈（血管④，血管⑫）⇒肺⇒肺静脈（血管⑦～血管⑩）⇒左心房（部屋Ｄ）⇒左心室（部屋Ｃ）⇒大動脈（血管①～血管③，血管⑪）⇒全身の順に流れる。問２は大静脈，問３は肺静脈，問４は肺動脈にあたる。

問５　左心室が全身に血液を送り出すときには高い圧力を必要とするが，右心室が肺に血液を送り出すときには左心室ほど高い圧力を必要としない。そのため，右心室の周りの筋肉の厚みは左心室に比べてうすい。

問６　⑴　胎児《たいじ》のときだけ部屋Ａと部屋Ｄを分ける壁《かべ》に穴が開いているのは，心臓から肺に流れ出す血液を少なくするためだと説明されている。また，心臓から肺に流れ出す血液は，右心室（部屋Ｂ）から送り出される。したがって，胎児の血液は，全身⇒大静脈⇒右心房（部屋Ａ）⇒穴⇒左心房（部屋Ｄ）⇒左心室（部屋Ｃ）⇒大動脈⇒全身の順に流れると考えられる。　⑵　母親の子宮の壁には胎盤《ばん》があり，胎児は胎盤とへそのおでつながり，胎盤で母親側から胎児の血液中にわたされた酸素や栄養を，へそのおを通して体内に取り込《こ》んでいる。このとき，母親の血液と胎児の血液が混ざり合うことはない。また，胎児の体内で発生した不要物は，へそのおを通して運ばれ，胎盤で母親側にわたされる。　⑶　胎児が生まれ出てくると，産声をあげると同時に肺呼吸を開始する。すると，右心房には酸素の少ない血液が，左心房には酸素の多い血液が流れるようになり，これらが混ざらないように，生後数日で２つの心房を分ける壁に開いていた穴は閉じていく。

2　気体の判別と性質についての問題

問１　実験３より，気体⑤はアンモニアとわかる。また，実験４より，気体①は水素，気体④は助燃性のある酸素とわかる。さらに，実験２は気体が水にとけやすいかどうかを調べる実験で，ペットボトルがへこんだ気体は水にとけやすいので，気体②は水に少しとける二酸化炭素と判断できる。残った気体③はちっ素である。なお，実験１は気体の重さを調べる実験で，アンモニアでシャボン玉を作るのが困難だったのは，ボンベの管の先から出たアンモニアが石けん水にとけてしまうからである。

問２　水素を発生させるには，三角フラスコにアルミニウムや亜鉛《あえん》，鉄などの金属を入れておき，コックつきろうと管でうすい塩酸を加えるとよい。このとき，加熱の必要はない。また，水素は水にとけにくいので，気体を水と置き換《か》える水上置換《ちかん》法で集める。したがって，㈡が正しい。

問３　空気中の酸素の割合は約21％である。気体中の酸素の割合が高いほどものはよく燃えるので，酸素の割合を50％にした実験Ａの方が，空気を用いた実験Ｂよりもはげしく燃える。

問４　⑴　表の中で同じ体積当たりの重さが一番重いのは，密度が一番大きい二酸化いおうである。⑵　1.98÷1.29＝1.534…より，二酸化炭素の密度は空気の約1.53倍なので，二酸化炭素の比重は1.53である。　⑶　体積比で50％ずつ混ぜ合わせるので，0.5Ｌずつ混ぜ合わせて１Ｌとしたときの重さを求めればよい。よって，0.09×0.5＋1.98×0.5＝1.035より，混ぜ合わせた気体の密度は1.04となる。

3　地震《じしん》についての問題

問１　ア　地層の両側から大きな力がはたらき，その力にたえ切れなくなると，地層が断ち切られてずれることがある。このような地層のずれ（くいちがい）を断層という。　イ　Ｐ波の伝わる速度は速く，Ｓ波の伝わる速度は遅《おそ》いので，震源（地震が起きた場所）から遠い地点ほど，Ｐ波が届いてからＳ波が届くまでの時間，つまり初期微動継続《びどうけいぞく》時間（初期微動が続く時間）が長くなる。　ウ建物と地面(基礎《きそ》部分)の間にゆれを伝えにくい建築材料を入れた構造を，免震構造という。

問2　地層が左右からおされる向きに大きな力を受けると，(b)のように断層の面の上側の層が下側の層よりも上方にずれる断層が生じる。このような断層を逆断層という。また，地層が左右に引っ張られる向きに大きな力を受けると，(c)のように断層の面の上側の層が下側の層よりも下方にずれる断層が生じる。このような断層を正断層という。

問3　(1)　図1で，初期微動継続時間は，A地点が，5時27分00秒－5時26分15秒＝45秒，C地点が，5時25分50秒－5時25分35秒＝15秒となっている。震源からの距離《きょり》と初期微動継続時間は比例するので，震源からA地点までの距離はC地点までの距離の，45÷15＝3(倍)である。　(2)　P波が到着《とうちゃく》した時刻の差は，A地点とB地点で，5時26分15秒－5時25分55秒－20秒，B地点とC地点で，5時25分55秒－5時25分35秒＝20秒となっているので，P波がB地点に到着した時刻は，P波がA地点とC地点に到着した時刻の平均と等しい。これはS波についても同様なので，[T]は，(5時25分50秒＋5時27分00秒)÷2＝5時26分25秒と求められる。　(3)　P波がC地点とA地点に到着した時刻の差は，5時26分15秒－5時25分35秒＝40秒なので，P波がC地点からA地点までの距離，つまり，P波が震源からC地点までの距離の，3－1＝2(倍)の距離を進むのにかかる時間は40秒とわかる。よって，P波が震源からC地点まで進むのにかかった時間は，40÷2＝20(秒)なので，ゆれが発生した時刻は，5時25分35秒－20秒＝5時25分15秒である。

問4　(1)　粒《つぶ》の小さいどろの方が砂よりゆっくり沈《しず》むので，X層はどろ，Y層は砂となる。　(2)　Y層の砂には，水が多くふくまれている。そのため，容器の外側を指ではじくと，Y層の砂がさらに沈み，砂どうしの間に入っていた水がX層のどろをおしのけてふき出す。

[4] 振《ふ》り子の動きについての問題

問1　測定1の結果より，おもりの中心から支点までの長さ(以下，振り子の長さという)が100cmのときには，初めに棒を傾《かたむ》ける角度やおもりの重さを変えても，振り子が1回往復するのにかかる時間(以下，周期という)が2.0秒になることがわかる。したがって，周期は初めに棒を傾ける角度やおもりの重さには関係しないといえる。

問2　測定2の結果で，振り子の長さが50cmから200cmになると，周期は，2.8÷1.4＝2(倍)長くなっている。また，振り子の長さが100cmから400cmになると，周期は，4.0÷2.0＝2(倍)長くなっている。よって，振り子の長さがちょうど4倍になると，周期は2倍長くなると考えられる。

問3　(1)　振り子の長さが，600÷4＝150(cm)の場合の周期は2.5秒なので，振り子の長さが600cmの場合の周期は，2.5×2＝5.0(秒)となる。　(2)　振り子の長さが100cmの場合の周期は2.0秒なので，周期をその$\frac{1}{2}$倍の1秒にするには，振り子の長さを，100×$\frac{1}{4}$＝25(cm)にすればよい。

問4　振り子の長さを一定にした場合，おもりの重さを変えても周期は変わらない。また，初めに棒を傾ける角度を一定にした場合，おもりが往復する道のりも変わらない。したがって，おもりは同じ時間で同じ道のりを移動するので，おもりの中心が支点の真下を初めて通過するときの速さも変わらない。

問5　振り子の長さを一定にした場合，初めに棒を傾ける角度を変えても周期は変わらない。一方，初めに棒を傾ける角度を大きくすると，おもりが往復する道のりは長くなる。よって，初めに棒を傾ける角度を大きくすると，おもりの中心が支点の真下を初めて通過するときの速さは速くなる。

国語 （50分）＜満点：100点＞

解答

一 問1 1 びんじょう 2 のぞ(む) 3 ざゆう 4 うやま(う) 5～8 下記を参照のこと。 問2 1 イ 2 ウ 3 a 夕方 b 朝 4 エ 5 オ 6 (例) 自然界の命のじゅんかん。 二 問1 A 一挙一動 B 以心伝心 C 一石二鳥 問2 ア 問3 ウ，エ 問4 イ 問5 (例) 初めて聞いたえたいの知れない音について，もっと知りたいという気持ち。 問6 オ 問7 え 問8 (例) 瑠雨にターちゃんの謡曲を聞かせて「才能なし」と言ってもらい，自信をなくしたターちゃんが謡曲をやめるという作戦。 問9 ア 風香 イ 瑠雨 ウ 謡曲 エ 洋曲 問10 (例) 今まで瑠雨は周囲と自分の間にへだてを感じていたが，そのへだてをけちらす力強さで，ターちゃんが謡曲というおもしろい音を届けてくれたから。 三 問1 己 問2 イ 問3 Ⅰ カ Ⅱ ア 問4 ウ 問5 エ，オ 問6 ⑴ (例) 同じ考えの人びとが現れ，ネットワークができる(かもしれないこと。) ⑵ (例) 政府などの上からのコントロールが働いていないため，近所どうしで助け合う必要があると考えたから。 問7 自分の行為の結果が予測できなくなること 問8 オ 問9 (例) ふだんはなんとなく苦手にしているクラスメートの文章をたまたま読み，その子の思いがけない一面を知った。また，このできごとをきっかけとして，自分の先入観の強さを自覚した。

●漢字の書き取り

一 問1 5 確固 6 就航 7 真面目 8 築いた

解説

一 漢字の読みと書き取り，詩と鑑賞《かんしょう》文

問1 1 ほかの人の乗り物に，ついでに乗せてもらうこと。 2 音読みは「リン」で，「臨時」などの熟語がある。 3 身近な所。「座右の銘《めい》」は，いつも心にとめて戒《いまし》めとする格言。 4 音読みは「ケイ」で，「敬意」などの熟語がある。 5 信念などがしっかりしていて動かないようす。 6 できあがった船や飛行機などが，初めて海や空へ出ていくこと。 7 いいかげんなところがなく，誠実なこと。 8 音読みは「チク」で，「建築」などの熟語がある。

問2 1 「か」は接頭辞で，「か弱い」，「か細い」のように形容詞の前につく。「か弱い」は，いかにも弱々しいようす。「か細い」は，いかにも細く弱々しいようす。 2 「はかない」とウの「なさけない」の「ない」は，形容詞の一部である。なお，アは，存在しないことを表す形容詞。イ，エは動詞を打ち消す助動詞で，「ぬ」と置きかえられる。オは，形容詞を打ち消す形式形容詞である。 3 a，b 四行目～九行目では，「朝がほ《(お)》」，「昼がほ」，「夕がほ」が順にさいたりしぼんだりするようすが描《えが》かれていると考えられるので，aには「夕方」，bには「朝」が入る。 4 「花」が「時間を守ります」，「帰ります」というのだから，人間でないものを人間にたとえて言い表す「擬人《ぎじん》法」である。なお，アの「倒置《とうち》法」は，“暑いなあ，今日は”のように，通常と語順を逆にすること。イの「呼びかけ」は，“おーい，海よ！”のように，相手に呼びかけること。ウの「省略」は，“あの角を曲がれば駅が…”のように，言葉を省略すること。オの「体言止め」

は，“夜空にいっぱいの星”のように，文や行の末尾を体言(名詞)で止める技法。　**5**「『けれども』以降」を読んだときに「詩はいやだ，わからない」と思わせるものなので，立ちふさがるものを表す「壁《かべ》」がよい。　**6**「朝がほ」などの花はふつう，一度しぼむと二度と開かなくなる。このようすが「帰る」という言葉で表現されているので，「その場所」とは，人間もふくめ，生き物が「命」を終えて帰っていくところといえる。解答例のほかにも，“次の命を育む土の中”，“地球の命のサイクル”，“生態系”，“大地”などがあげられる。

二 **出典は森絵都《もりえと》の『あしたのことば』所収の「風と雨」による。**しゃべらない瑠雨《るう》と仲よくなりたい風香《ふうか》は，ターちゃん(祖父)の謡曲《ようきょく》をきいてもらうという名目で瑠雨を自宅にまねく。

問1　**A**　瑠雨への好奇《こうき》心をふくらませた風香が「目をこらす」対象なので，“一つ一つの動作”という意味の「一挙一動」が合う。なお，「目をこらす」は，“じっと見つめる”という意味。

B　直前に「しゃべらなくたって通じあえる」とあるので，無言のうちに心が通じ合うことを表す「以心伝心」がよい。　**C**　風香は瑠雨を「うちにまねいたら」，瑠雨と「ぐんと仲よくなれるかもしれない」し，ついでに「ターちゃんが自信をなくしてうたわなくな」るかもしれないと期待している。よって，ひとつの行為《こうい》でふたつの利益を得ることのたとえである「一石二鳥」がふさわしい。　なお，「一念発起《いちねんほっき》」は，あることを成しとげようと強く決心すること。「一日千秋」は，一日が千年にも感じられるほど待ち遠しいこと。

問2　直前に「ヒミツにせまりたい。そのためには，まずはもっと瑠雨ちゃんに近づくことだ」とあるように，瑠雨の「とくべつな耳」に関する「ヒミツ」を知るには，瑠雨との人間関係をもっと深める必要があると風香は思っている。よって，アが選べる。

問3　波線㋒の直後に，「その正直なこまり顔」とあるので，「喜び」とあるウは合わない。また，波線㋓に続く波線㋔の部分に，瑠雨の目が「なにかをうったえかけている」とあるので，「感情もなくなった」とあるエもふさわしくない。

問4　少し前に「わすれて，おじいちゃんの謡曲のことは」とあり，空らん１の前後に「わたしは『ええっ』とのけぞった」，「瑠雨ちゃんがこくっとうなずいた」とある。瑠雨を自宅にまねいてターちゃんの謡曲を聞いてもらうという「作戦」をあきらめていた風香は，それが思いがけず実現することになっておどろいたのだから，イが合う。

問5　ターちゃんの謡曲をきいた瑠雨は，「洋曲どころか，それは音楽でさえなかった」とおどろき，「えたいの知れないこの音はなんなのか」と，音を「負けじと追いかけ」ている。よって，「今まで聞いたことのない音におどろき，その音についてもっと知りたいという気持ち」のようにまとめればよい。

問6　瑠雨は，謡曲で語られている「むかしの言葉」は「いまの日本語よりもやわらか」いと感じ，ターちゃんの謡曲が「むかしの音をよみがえらせ」たことに感動しているので，オがあてはまる。

問7　もどす一文に「そう気づくなり」とあることから，直前には瑠雨が発見したことがらが書かれていると推測できる。よって，「これは，むかしの人がつくった，むかしのうたなんだ」の直後の「え」に入れると，発見により瑠雨の謡曲に対する興味がより一層深まる流れになり，文意が通る。

問8　「作戦」については，風香が瑠雨を自宅にまねいている場面からわかる。瑠雨にターちゃんの謡曲をきかせて「才能なし」と言ってもらい，自信をなくしたターちゃんが謡曲をやめるという作戦である。

問9　ア，イ　Ⅰは二行目に「わたしが瑠雨ちゃんを見る目は変わった」とあることから「風香」，Ⅱは傍線《ぼうせん》③の四行後に「わたしの名前に『雨』が入ってる」とあるため，「瑠雨」の視点で書かれていることがわかる。　**ウ，エ**　Ⅱの初めの部分で，瑠雨の視点において「洋曲」と表記されていることから，瑠雨は，風香からターちゃんが「謡曲」をうたうと聞き，同音の「洋曲」と思いこんでいたことがわかる。これが「勘違《かんちが》い」の内容である。

問10「むりして内側へ入りこもうとしなければ，なわに当たって痛い思いもしない」などから，瑠雨の言う「なわ」は，大なわとびのものとわかる。本文の最後にあるように，瑠雨にとってこの「なわ」は「みんなとわたしをへだてる」もので，瑠雨はいつも「なわの外側」にいるようにしていたが，「おじいちゃんの自由ほんぽうな歌声がなわをけちらしてくれた」ため，感動したのだと考えられる。よって，「今まで瑠雨は周囲と自分の間にへだてを感じていたが，それをふき飛ばすいきおいで，自由ほんぽうなターちゃんの歌声が，謡曲という初めての音にふれさせてくれたから」のようにまとめる。

三　出典は伊藤亜紗《いとうあさ》編の『「利他」とは何か』所収の「『うつわ』的利他—ケアの現場から（伊藤亜紗著）」による。利他について，非常時の例などと共に説明している。

問1　「利他」は，他人に利益を与《あた》えること。対義語の「利己《りこ》」は，自己の利益を求めること。

問2　直後の段落で，利他的な行動にふくまれる「相手にとって利になるだろう」という思いが，「相手は喜ぶはずだ」や「相手は喜ぶべきだ」といった独りよがりなものになる可能性について指《し》摘《てき》されている。よって，イが選べる。

問3　Ⅰ，Ⅱ　波線(あ)の「だろう」は推測，波線(い)の「はず」は確信，波線(う)の「べき」は当然や義務を表すので，Ⅰには「推測」，Ⅱには「強要」が入る。

問4　「情けは人のためならず」は，“人に情けをかけておけばめぐりめぐって自分によい報《むく》いがある”という意味。

問5　傍線④の「他者を支配しないための想像力」とは，はじめの部分をふまえると，自分の利他的な行動が「相手を支配することにつながって」いるのではないかと疑う想像力なので，自分や自分の行為を疑っているエとオが合う。

問6　(1)「どうなるか分からない」とは，“成功するか失敗するか，結果が予測できない”ということ。成功する場合の例としては，解答例のほか，「協力者が現れるかもしれないこと」などもよい。失敗する場合の例としては，「信用されず，だれも連絡《れんらく》してこないかもしれないこと」，「ポストにチラシを勝手に入れるなと文句を言われるかもしれないこと」などがあげられる。　(2)人々が立ち上がった理由については，傍線⑤をふくむ章の後半で説明されている。解答例のほか，「政府や公的な組織からの支援《しえん》が届かない状況《じょうきょう》では，近所どうしで助け合う必要があると思ったから」や，「平常時のシステムが働かなかったため，見返りなど期待しない純粋《じゅんすい》に利他的な行動に出られたから」などもよい。

問7「この」とあるので，前の部分に注目する。傍線⑥の「読む」は“将来のことを推測する”という意味なので，二文前の「自分の行為の結果が予測できなくなること」がぬき出せる。

問8　前の部分に「相手の言葉や反応に対して，真摯《しんし》に耳を傾《かたむ》け，『聞く』こと以外にない」とあるので，「他者に耳を傾ける」とあるオがふさわしい。

問9　ここでの「裏返し」は“同じことがらを逆の面から言う”という意味なので，「他者の発見」と「自分の変化」が同時に起こった体験を書けばよい。たとえば，“クラスメートの思いがけない面を知って，先入観でものを見ていた自分に気づいた”といった体験や，“自分の働きかけに友人が期待と異なる反応を見せたとき，自分でも意外なほど動揺《どうよう》した”といった体験などについて，そのときの状況を説明しつつ記述すればよい。

Memo

2021年度　横浜雙葉中学校

〔電　話〕　(045) 641－１００４
〔所在地〕　〒231－8653　神奈川県横浜市中区山手町88
〔交　通〕　JR根岸線 ―「石川町駅」より徒歩13分
みなとみらい線 ―「元町・中華街駅」より徒歩６分

【算　数】（50分）〈満点：100点〉

1 次の問いに答えなさい。

(1) 次の □ にあてはまる数を答えなさい。

① $(168+235) \div \{3+4\times(96-89)\} = \square$

② $5-\left\{4-\left(\frac{4}{5}-\frac{3}{16}\right)\div\square+\frac{1}{6}\right\}=1\frac{8}{15}$

(2) Ａ君とＢ君でカードを余りなく分けました。Ａ君は全体の $\frac{2}{5}$ を，Ｂ君は全体の $\frac{2}{3}$ より６枚少なく取りました。Ａ君は何枚カードを取りましたか。

(3) ある水そうに水を入れていっぱいにするのに，水道管Ａと水道管Ｂを使うと45分，水道管Ａ，水道管Ｃ，水道管Ｄを使うと18分，水道管Ｂ，水道管Ｃ，水道管Ｄを使うと20分かかります。この水そうを水道管Ａだけを使っていっぱいにすると何分かかりますか。ただし，水道管Ａ，Ｂ，Ｃ，Ｄから入る水の量はそれぞれ一定であるとします。

(4) 右の図のように，等間隔《かく》に150個のご石を並べて正六角形を２つ作ります。

内側の正六角形の１つの辺に使うご石の数が外側の正六角形の１つの辺に使うご石の数より１つ少ないとき，外側の正六角形の１つの辺にはいくつのご石が並びますか。

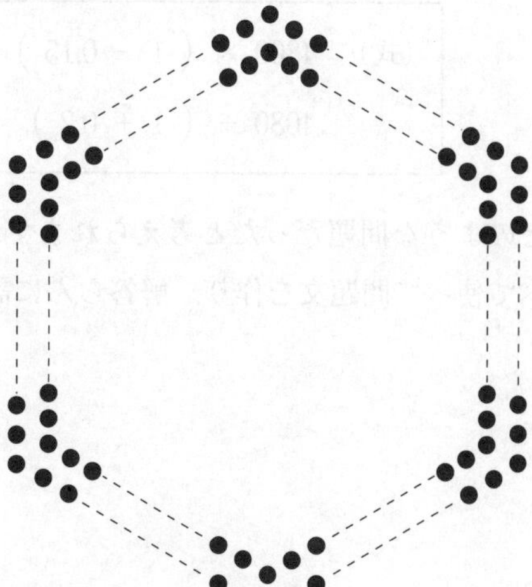

(5) 立方体のさいころを投げて，出た面を表，出た面と向かい合った面を裏とします。さいころの表の目と，その裏の目の和は必ず7になっています。いくつかのさいころを同時に投げたところ，表の目の和は23になり，裏の目の和とは4だけ差がありました。このとき，表の目が3のさいころは最大で何個あると考えられますか。

(6) 下の＜図1＞のように，高さが10 cmの直方体と，高さが15 cmで底面が直角二等辺三角形の三角柱を組み合わせた立体があります。この立体と底面が合同で体積が同じ立体を作ったところ，＜図2＞のように高さが12 cmになりました。＜図1＞の(あ)と(い)の長さの比を求めなさい。

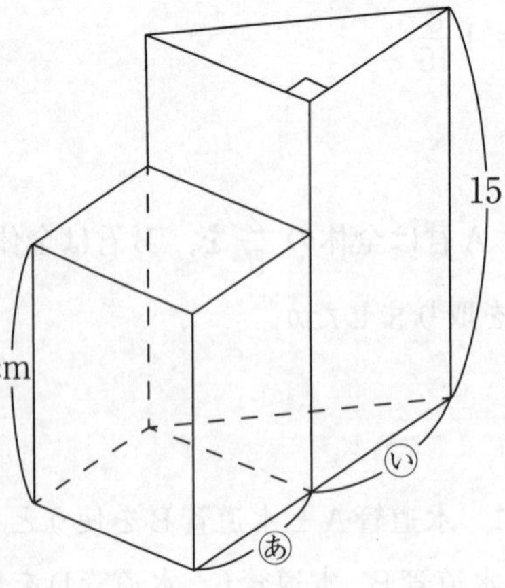

＜図1＞

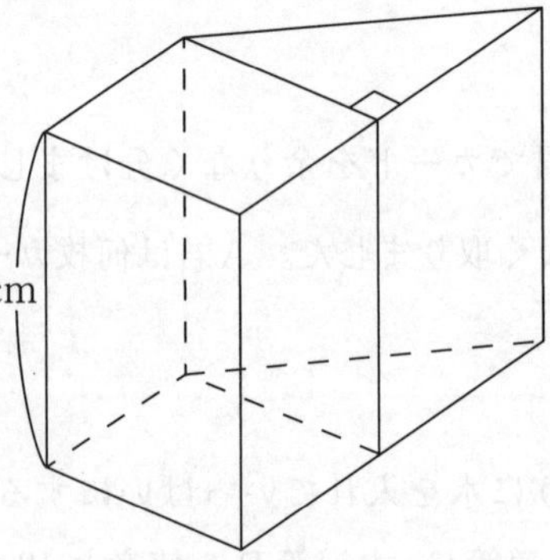

＜図2＞

(7) 葉子さんが割合の文章題の答えを，下のような式で出しました。

(式) 4800 × (1 − 0.15) = 4080	
4080 ÷ (1 + 0.2) = 3400	答え：3400円

どのような問題だったと考えられますか。「定価」「仕入れ値」「利益」という言葉をすべて使って問題文を作り，解答らんに記入しなさい。

2　1から105までの整数について，次のルールにしたがって操作を行います。

＜ルール＞

①　整数を1つ選び，その数を x とします。

②　x を次の場合に分けて，計算します。

A：x が35以下のときは，x を3倍した数から2を引きます。

B：x が36以上70以下のときは，x を3倍した数から106を引きます。

C：x が71以上のときは，x を3倍した数から210を引きます。

③　計算結果を新しい x に置きかえます。

④　計算結果が元の整数と同じ数になるまで②と③をくり返します。

例えば，最初に x を10とすると，次のように数が変化し，6回目の操作で元の整数10に戻《もど》ります。

例　10 $\xrightarrow{A}$ 28 $\xrightarrow{A}$ 82 $\xrightarrow{C}$ 36 $\xrightarrow{B}$ 2 $\xrightarrow{A}$ 4 $\xrightarrow{A}$ 10

このとき，次の問いに答えなさい。

(1)　次の数はどのように変化して元の整数に戻りますか。上の例にしたがって解答らんに記入しなさい。

①　14　　　②　25　　　③　100

(2)　1回の操作で元の数と同じになる整数をすべて求めなさい。

(3)　3回目の操作で32になるとき，元の整数はいくつですか。

(4)　ある整数を選んでルールにしたがって操作したところ，1回目にA，2回目にCの操作を行い，その後も何度か操作をくり返して，最後はBの操作に続いてAの操作を行って元の整数に戻りました。最初に選んだ整数はいくつですか。途《と》中の式や考え方も書きなさい。

3 ＜図１＞のように辺ABと辺ADの長さの比が２：３，㋐と㋑の角度の比が２：１で，面積が60 cm^{2}の平行四辺形ABCDがあります。

この辺上を，点Pが頂点Bを出発して，B→C→D→Aと移動します。点Pは一定の速さでしばらく進んでから，途中で速さを$\frac{1}{2}$倍に変えて，そのままの速さで進みます。

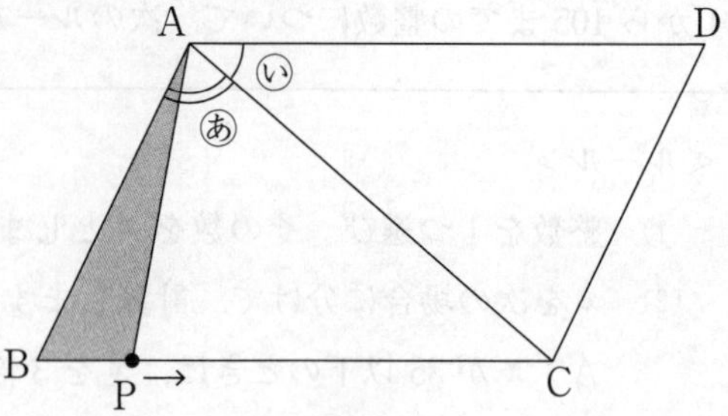

＜図１＞

このとき，点PがBを出発してからDに到《とう》着するまでの時間と，三角形PABの面積との関係を表したものが＜図２＞のグラフです。

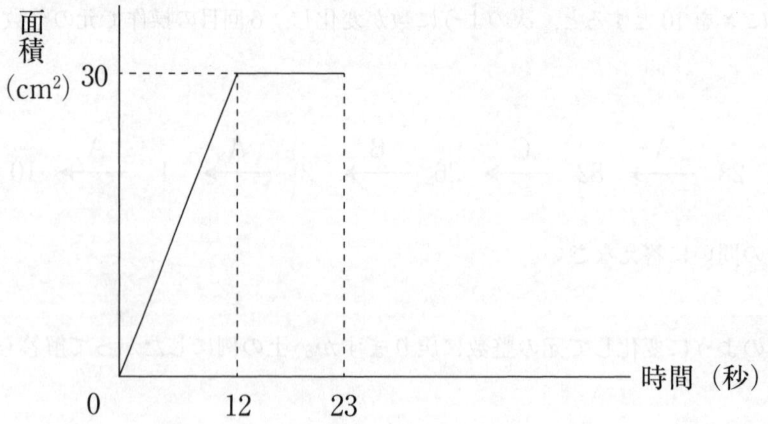

＜図２＞

次の問いに答えなさい。

(1) 点Pの速さが$\frac{1}{2}$倍になったのは，点PがBを出発してから何秒後ですか。

(2) 点PがAに到着したのは，点PがBを出発してから何秒後ですか。

(3) 点PがBを出発してから30秒後の三角形PABの面積を求めなさい。

(4) ＜図３＞のように点ＰがＢを出発してから何秒後かに，○印をつけた３つの角度がすべて同じ大きさになりました。

① 点ＰがＢを出発してから何秒後ですか。途中の式や考え方も書きなさい。

② ＡＢ：ＡＣを最も簡単な整数の比で答えなさい。

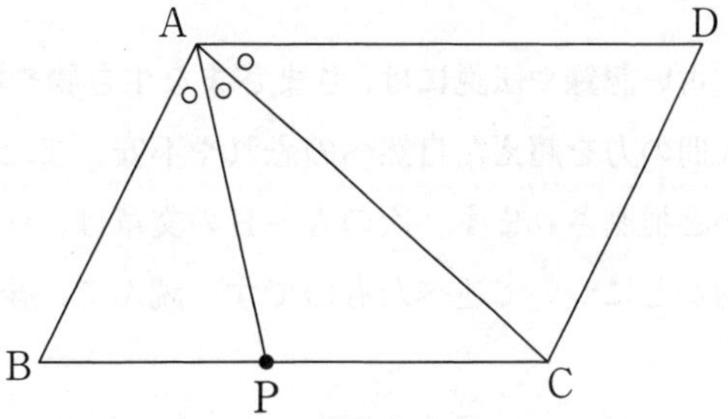

＜図３＞

(5) ＜図４＞のように点ＰがＢを出発してから何秒後かに，色のついた部分の面積が12 cm² となりました。点ＰがＢを出発してから何秒後ですか。

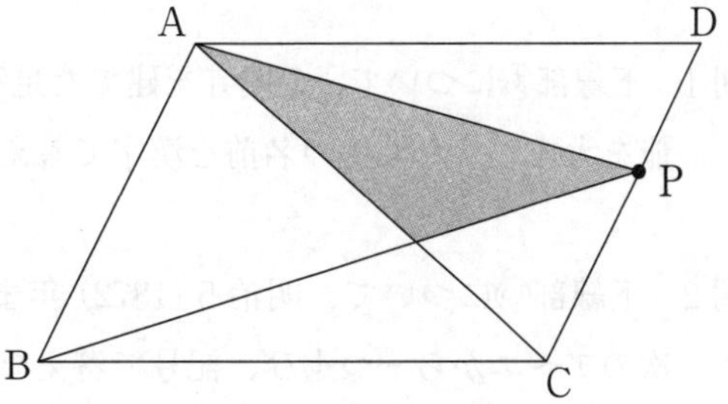

＜図４＞

【社　会】（40分）〈満点：80点〉

1　古い記録や伝説には、さまざまな生き物や妖怪《ようかい》が登場します。現代から見ると、それは、人間の力を超《こ》えた自然への恐《おそ》れや不安、また自分たちの願いや祈《いの》りを表現したのではないかと推測されます。次のA～Hの文章は、伝説や伝承として伝わる動物や、想像上の生き物などについて述べたものです。読んで、後の問いに答えなさい。

A　鳳凰《ほうおう》は、徳の高い人物が皇帝《こうてい》の位につくと出現するという伝説のある鳥で、古くから良い知らせを運ぶ鳥とされてきました。平等院鳳凰堂が有名ですが、(あ)金閣寺の屋根にも鳳凰が置かれています。鳳凰は、紙幣《しへい》の図柄《ずがら》として使用されることも多く、(い)明治5（1872）年に発行された紙幣や、(う)現在使用されているお金にも描《えが》かれています。

問1　下線部(あ)について、金閣寺を建てた足利義満の保護を受けて、父とともに能を演じ、能を大成させた人物の名前を漢字で答えなさい。

問2　下線部(い)について、明治5（1872）年までに明治政府が行った政策ではないものを、次のア～エから一つ選び、記号で答えなさい。

ア　蝦夷地を北海道と改称《かいしょう》し、士族などを送って、開たくを進めた。
イ　沖縄に軍隊を送って琉球藩を廃し、沖縄県を設置した。
ウ　大久保利通や木戸孝允らは、使節団として欧米の国ぐにの視察に出発した。
エ　学制が公布され、6才以上の男女が小学校に通うことが定められた。

問3　下線部(う)について、現在使用されているお金のうち、鳳凰が描かれているのはどれですか。ア～オから一つ選び、記号で答えなさい。

ア　百円硬貨《こうか》　　イ　五百円硬貨　　ウ　千円札　　エ　五千円札　　オ　一万円札

B　竜《りゅう》は、その鳴き声によって雷雲《らいうん》や嵐《あらし》を呼び、竜巻《たつまき》となって天空にのぼり自在に飛ぶことができるとされています。中国からの伝来と、もともと日本にあった蛇神信仰《へびかみしんこう》が一緒になり、水の神として各地で信仰の対象となりました。干ばつが続くと、竜神に祈る雨《あま》乞《ご》いが行われました。(え)平安時代には、神泉苑《しんせんえん》という場所で空海が祈りをささげて雨を降らせたというエピソードが伝わっています。また、(お)正倉院には、一説には竜のミイラと伝わる「虹龍《こうりゅう》」が保存されており、公開するときには必ず雨が降るという伝説が伝わっています。2008年に公開されたときも雨が降り、話題となりました。

問4　下線部(え)について、平安時代は、貴族のはなやかな生活を通して、独自の文化が生み出されました。その原因の一つと考えられる遣唐使の廃止を、天皇に意見した人物は誰ですか。漢字で答えなさい。

問5　下線部(お)について、正倉院には、インドや西アジアでつくられたガラス食器や楽器、香料《こうりょう》や薬など、遣唐使が中国から持ち帰ったものが伝わっています。これらの文化が西アジアから中国へ伝わったルートの一つは、絹《きぬ》が多く運ばれたことから何とよばれますか。カタカナで答えなさい。

C　八《や》咫烏《たがらす》は足が三本あり、(か)『古事記』や『日本書紀』にも登場し、神武《じんむ》天皇を大和の橿《かし》原《はら》まで案内したとされる鳥です。キトラ古墳の壁画《へきが》や玉虫厨子の台座などにもみられ、熊野《くまの》三山では神に仕える存在とされています。現在では、日本サッカー協会のシンボルマークや日本代表のエンブレムとして用いられていることでも知られていますが、これは(き)1931年に採用されたものです。蹴鞠《けまり》の名人とされた藤原成通《ふじわらのなりみち》が熊野詣《もうで》をして蹴鞠上達を祈願《きがん》したというエピソードから、今でもワールドカップ出場前に熊野三山で必勝祈願を行っています。

問6　下線部(か)について、『古事記』や『日本書紀』は、8世紀の初めに天皇の命令によりつくられた書物で、神話や国の成り立ちについて書かれています。次のア～エは、8世紀までの日本のできごとです。古いものから順番に並べかえ、解答欄《らん》にあうように答えなさい。

ア　仏教が伝わる。
イ　女王卑弥呼の国が栄える。
ウ　藤原京がつくられる。
エ　仁徳天皇陵（大仙古墳）がつくられる。

問7　下線部(き)について、1931年よりも前におきたできごととして、正しいものはどれですか。次のア～エから一つ選び、記号で答えなさい。

ア　満州国への開たく団が結成され、日本から多くの人が移住した。
イ　アメリカで始まった不景気が日本にも押し寄せて、多くの会社や工場が倒産《とうさん》した。
ウ　日本はドイツ･イタリアとの軍事同盟を結び、アメリカやイギリスと対立を深めた。
エ　日本軍がナンキン（南京）を占領《せんりょう》し、多くの中国人が殺害された。

D　貘《ばく》は、文献《ぶんけん》によってその姿がさまざまですが、人間が夜見る夢を食べて生きる動物とも言われています。室町時代末期には貘は縁起物とされ、正月に良い初夢を見るために、悪い夢を貘が食べてくれることを願って、「貘」と書いた紙を枕《まくら》の下に入れる風習などもありました。(く)豊臣秀吉が使用したと伝わる貘枕も残されており、(け)日光東照宮の陽明門にも貘の彫刻《ちょうこく》があります。

問８　下線部(く)について、豊臣秀吉は、中国を征服《せいふく》する足がかりとして朝鮮に二度にわたって大軍を送りました。朝鮮に大軍を送るための拠点《きょてん》として、現在の佐賀県に築かせた城を何といいますか。解答欄にあうように漢字で答えなさい。

問９　下線部(け)について、日光東照宮の陽明門は、徳川家光の時代に大規模に建てなおされ、家光は、全国の大名を引き連れて参拝をくり返すことで、大名たちに幕府の力を見せつけていきました。江戸幕府による大名支配のしくみとして誤りがあるものを、次のア～オから一つ選び、記号で答えなさい。

ア　百姓一揆を防ぐために、領地に複数の城を建てることを命じた。
イ　江戸城の建設や大きな堤防《ていぼう》工事などを行う際に大名に負担を命じた。
ウ　武家諸法度には、大きな船をつくってはならないというきまりも追加された。
エ　参勤交代の制度をつくり、原則として１年ごとに江戸と領地との移動をさせた。
オ　大目付が大名の取締《とりしま》りを担当した。

E　鵺《ぬえ》は、猿《さる》の顔、狸《たぬき》の胴体《どうたい》、虎《とら》の手足、蛇《へび》の尾をもつともされる妖怪で、「ヒョーヒョー」という大変気味の悪い声で鳴いたとされ、寂《さび》しげな鳴き声が人びとに不安を与《あた》えたとされています。(こ)『平家物語』には、次のような話が伝わっています。毎日夜になると、天皇の住む屋しきに黒い煙《けむり》とともに不気味な鳴き声が響《ひび》きわたり、天皇が病となってしまいました。弓《ゆみ》の達人である源頼政《みなもとのよりまさ》が、山鳥の尾で作った矢を射ると、鵺は落下し、家来がとどめをさしました。これにより天皇の体調もたちまち回復しました。

問10　下線部(こ)について、『平家物語』は、平氏の繁栄《はんえい》と滅亡が描かれた物語です。平清盛が政治の中で大きな力を占《し》めるようになった理由の一つは、平安時代の藤原氏と同様の政策をとったからであると考えられます。どのような政策ですか。説明しなさい。

F　河童《かっぱ》は、川や沼《ぬま》にすむ妖怪で、緑色または赤色の全身で、頭に皿がのっています。皿は、いつも水でぬれており、皿が乾《かわ》いたり割れたりすると力を失うとされています。（　㋚　）も河童を描いています。また、河童はキュウリを大好物としていたことから、今でも寿司《すし》のキュウリ巻きのことを「カッパ巻き」と呼びます。

問11　（　㋚　）には、江戸時代に活躍《かつやく》した浮世絵師で、「富嶽三十六景」を描いたことでも有名な人物が入ります。（　㋚　）にあてはまる人物名を漢字で答えなさい。

G　ツチノコは、ひょうたんのような形で、蛇に似た生物とされています。まっすぐ動き、垂直に立つことができ、2メートルほどのジャンプ力があるとされています。岐阜県の㋛縄文時代の遺跡からはツチノコに似た石器が出土しました。㋜鎌倉時代にまとめられた『沙石集《させきしゅう》』には、ノヅチという形で妖怪的な生き物として描かれています。㋝江戸時代中期に書かれた『和漢三才図絵《わかんさんさいずえ》』には「野槌蛇《のづちへび》」としてツチノコが絵入りで紹介《しょうかい》されています。㋞大正時代になると、南方熊楠《みなかたくまぐす》という学者が学術的に調査・研究しています。

問12　下線部㋛について、縄文時代の生活の様子について述べた次の文章のうち、誤りがあるものを次のア～オから一つ選び、記号で答えなさい。

ア　約15メートルの高さがある大型掘立柱《ほったてばしら》の建物がつくられた地域もある。

イ　人や動物の形をした土偶がつくられた。

ウ　石皿とすり石で固い木の実をつぶしていた。

エ　くりやくるみの栽培《さいばい》をしていた。

オ　鉄の矢じりを使用していた。

問13　下線部㋜について、鎌倉時代の1221年、朝廷《ちょうてい》が幕府を倒《たお》す命令を全国に出し、それに対抗《たいこう》して幕府のもとに集まった武士たちが朝廷の軍を打ち破りました。このできごとは何とよばれますか。

問14　下線部㋝について、次の問いに答えなさい。

(1)　江戸時代には、朝鮮から生糸《きいと》や木綿《もめん》を輸入し、日本から朝鮮へは銀や銅を輸出する貿易が行われていました。この貿易は、ある藩を通して行われたものです。この藩の名前を解答欄にあうように漢字で答えなさい。

(2)　右の絵は、江戸時代に広く使われるようになったある農具を使っている様子を示したものです。どのような作業を行っているのか、説明しなさい。

朝日町歴史博物館のホームページより

問15　下線部㋞について、大正時代は、社会運動が広く展開された時代です。身分制がなくなったあとも就職《しゅうしょく》や結婚などで差別され苦しめられてきた人びとが、1922年に「人の世に熱あれ、人間に光あれ」と宣言《せんげん》し、京都で結成した組織を何といいますか。漢字で答えなさい。

H　ゴジラは、1950年代半ばに公開された映画に登場する怪獣《かいじゅう》で、その後映画やアニメで続編が作成され、日本のみならず世界各国で高い人気を集めています。古代から生息していた生物が放射能を浴びたことによって変異をとげてゴジラになったことが、その後の映画の中で説明されています。

問16　ゴジラは、当時世界や日本でおきた出来事の影響を受けて生み出された怪獣であるともいえます。当時の世界や日本のどのような状況《じょうきょう》に影響を受けたといえるのでしょうか。下の〈あらすじ〉と次のページの〈年表〉を見て、まとめなさい。

〈あらすじ〉（ゴジラ第一作目）

水爆《すいばく》実験によってすみかを奪《うば》われた怪獣ゴジラは、船を転覆《てんぷく》させ、ある島で大きな被害《ひがい》を出したあと、放射能を帯びて日本近海に出没《しゅつぼつ》し、国民を恐怖《きょうふ》におとしいれる。さらに、ゴジラは夜東京に上陸して破壊《はかい》の限りをつくし、その口から吐《は》く放射能で周囲を火の海にしてしまう。

ゴジラには、ミサイルも砲撃《ほうげき》も高圧電流も効かないが、ある科学者の発明が注目される。この発明を使えば東京湾にひそむゴジラを確実に退治できるが、この発明を世に出せば水爆と同じような恐怖兵器になるというものであった。そのため、その科学者は使用することにためらい苦しむが、ゴジラによる悲惨《ひさん》な被災者たちの姿を見て、「最初で最後の」使用を決意する。そして、彼は自ら海中にもぐり、ゴジラの目の前で装置を作動させ、ゴジラとともに死んでゆく。

〈年表〉

1941	太平洋戦争が始まる
1945	広島・長崎に原爆が落とされる
	ポツダム宣言を受け入れる（敗戦）
1949	ソ連が初めての核実験を行う
	湯《ゆ》川《かわ》秀《ひで》樹《き》が日本人として初のノーベル物理学賞を受賞する
1950	アメリカが水爆開発を本格的に始める
	朝鮮戦争がおこる
1951	サンフランシスコ平和条約を結ぶ
	日米安全保障条約を結ぶ
1952	アメリカが初めての水爆実験を行う
1954	アメリカの水爆実験により日本の漁船が被害にあう
	日本で「原水爆禁止署名運動全国協議会」が結成され、12月末には署名が2000万を突破する
1955	世界の哲学《てつがく》者・科学者による核兵器廃絶を訴《うった》える宣言が出される
	第１回原水爆禁止世界大会が広島で開催《かいさい》される
1956	茨城県東海村に日本原子力研究所の設置が決定される
	『経済白書』に「もはや戦後ではない」という記述がのる
1960	国民所得倍増計画が発表される
1961	ソ連が史上最大の水爆実験を行う

2 国際連合食糧《しょくりょう》農業機関（FAO）は、世界的に重要かつ伝統的な農林水産業を営む地域を「世界農業遺産」として認定《にんてい》しており、日本では2020年3月の時点で、下の地図の11地域が認定されています。地図を見て、後の問いに答えなさい。

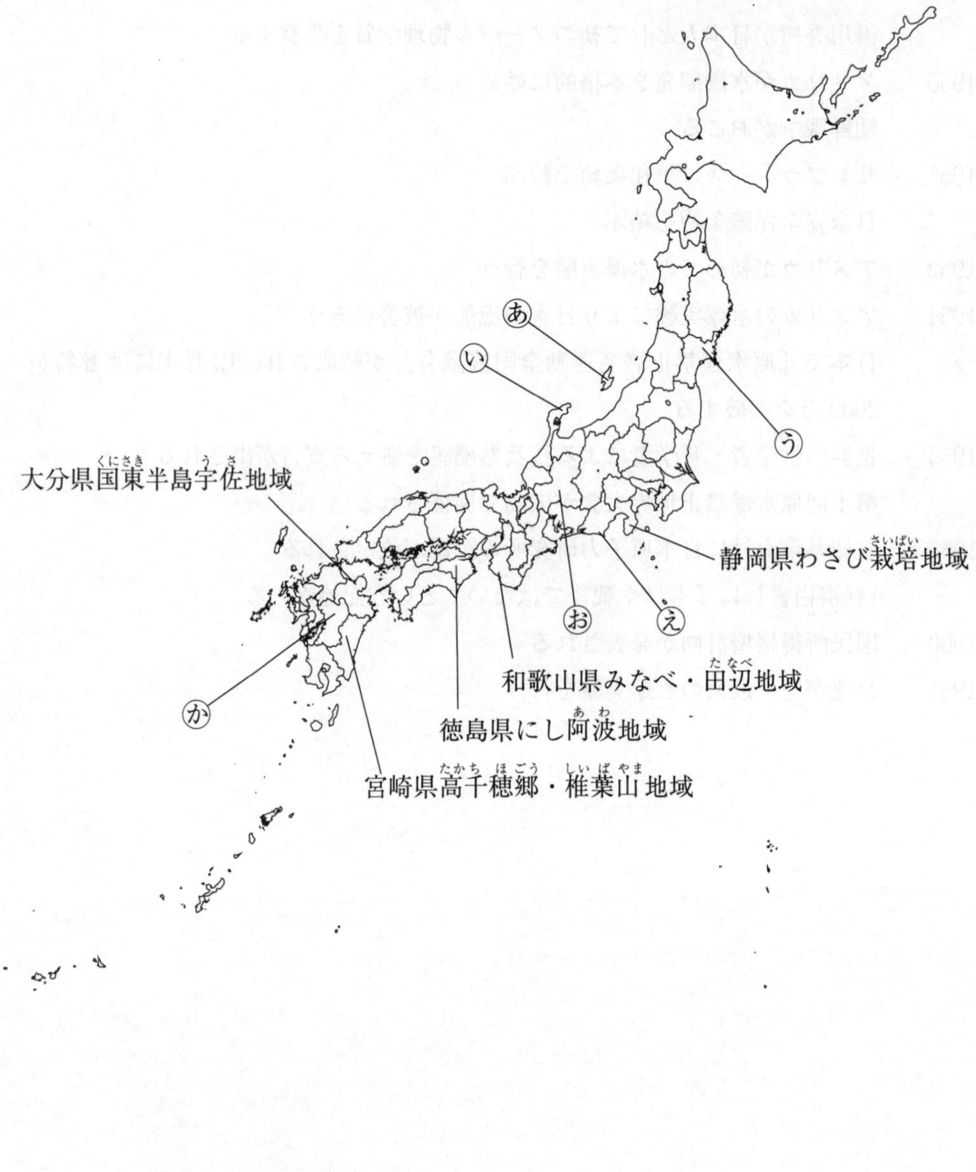

問1　地図の(あ)の島では「生きものを育む農法」に島全体で取り組んでおり、特別天然記念物のトキを保護センターで繁殖《はんしょく》し、野生に戻《もど》す取り組みもしています。(あ)の島の名前を、解答欄にあうように答えなさい。

問2　地図の(い)の地域は、「能登《のと》の里山里海」として世界農業遺産に認定されています。これに関して、次の問いに答えなさい。

(1)　能登地域には、日本海に面した急傾斜《けいしゃ》地に階段状の田がみられます。傾斜地の多い日本では、そのような階段状の田が各地でみられ、日本の水田のうち約８％を占めているとも言われます。このような階段状の田を何とよびますか。

(2)　能登地域の最北部には、下の写真のような、竹を割ったものを隙間《すきま》なく並べた間《ま》垣《がき》とよばれる垣根がみられます。このような垣根が作られてきた理由を、この地域の自然環境から説明しなさい。

ほっと石川旅ねっと（公益社団法人石川県観光連盟）ホームページより

問3　地図の(う)の地域は「持続可能な水田農業を支える『大崎耕土《おおさきこうど》』の伝統的水管理システム」として世界農業遺産に認定されています。これに関して、次の問いに答えなさい。

(1)　右の円グラフは、2019年における米の収穫《しゅうかく》量の都道府県別の割合を示しており、グラフ中のア～エは、北海道、青森県、新潟県、宮城県のいずれかです。宮城県を示すものをア～エから一つ選び、記号で答えなさい。

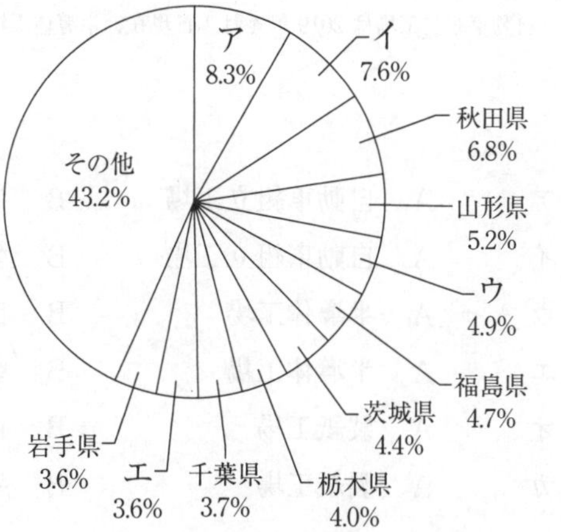

『日本国勢図会 2020/21』より作成

(2)　この世界農業遺産の広がる大崎市では工業もさかんで、大きな道路の周辺などに多くの工場が集まっています。工場が設置される場所は、工業の種類によって特色がみられます。下の図A～Cは、自動車組立工場、半導体工場（注）、製紙工場のいずれかの所在地を示しています。A～Cの正しい組みあわせを、あとのア～カから一つ選び、記号で答えなさい。

（注）IC（集積回路）などをつくる工場

A

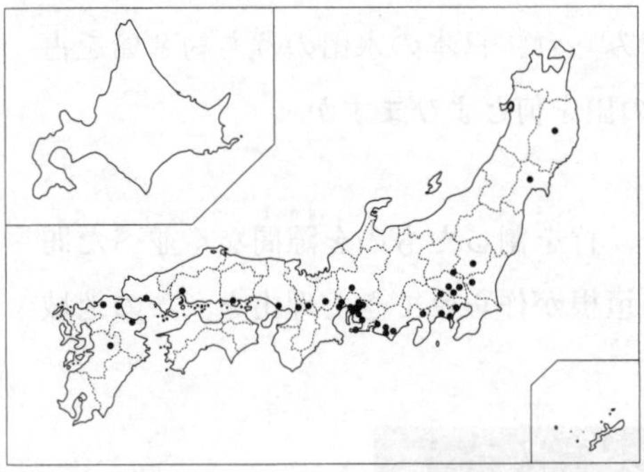

B

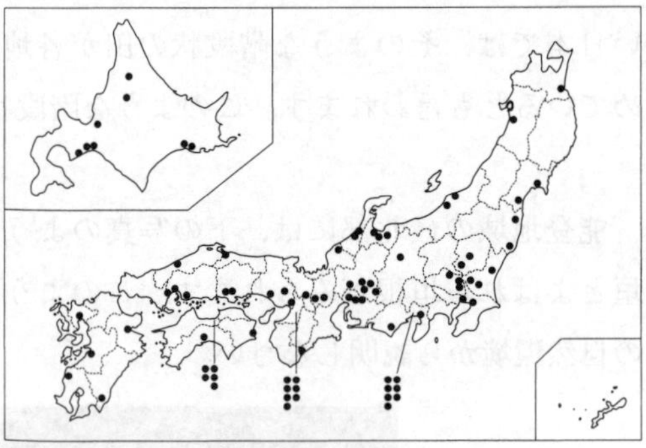

C

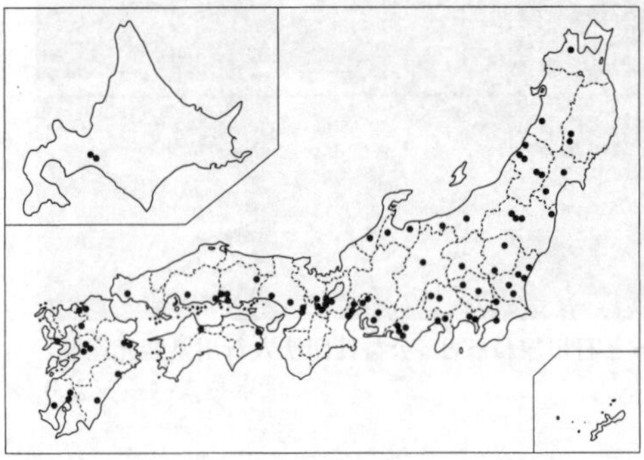

（自動車組立工場は2019年4月1日現在、半導体工場は2018年、製紙工場は2019年4月1日現在の所在地）

『データでみる県勢2020』より作成

ア　A　自動車組立工場　B　半導体工場　C　製紙工場

イ　A　自動車組立工場　B　製紙工場　C　半導体工場

ウ　A　半導体工場　B　自動車組立工場　C　製紙工場

エ　A　半導体工場　B　製紙工場　C　自動車組立工場

オ　A　製紙工場　B　自動車組立工場　C　半導体工場

カ　A　製紙工場　B　半導体工場　C　自動車組立工場

問４　地図の(え)の地域は「静岡の（　　）草場《くさば》農法」として世界農業遺産に認定されています。これに関して、次の問いに答えなさい。

(1)　上の（　）には、ある農作物の名前が入ります。この地域では、周りの草地からススキなどの草を刈《か》り取って畑に敷《し》いてこの農作物を栽培しており、この農法で作られた作物は味や香りが良いことで高い評価を得てきました。また下の写真は、この作物を栽培している畑の様子です。（　　）にあてはまる農作物の名前を答えなさい。

静岡県菊川市ホームページより

(2)　静岡県の産業についての説明として誤りがあるものを次のア～エから一つ選び、記号で答えなさい。

ア　太平洋沿岸に広がる東海工業地域の工業の種類別内訳では、金属工業が最も大きな割合を占めている。

イ　楽器の生産がさかんで、特に浜松市やその周辺には楽器をつくる会社や工場が集まっている。

ウ　遠洋漁業でとったカツオやマグロが水あげされる焼津漁港の周辺では、かつお節の加工や缶詰《かんづめ》の製造などの食料品工業がさかんである。

エ　温暖で日照量の多い気候を生かし、日当たりのよい斜面《しゃめん》などでミカン栽培がさかんである。

問5　地図の㋔の地域は「清流長良《ながら》川の鮎《あゆ》」として世界農業遺産に認定されています。これに関して、次の問いに答えなさい。

(1)　長良川の流域では、鮎漁などの漁業、農業、林業のほか、美濃《みの》和紙や郡上本染《ぐじょうほんぞめ》などの水と密接なつながりのある伝統工芸も引き継《つ》がれてきました。このような、地域の中で守り伝えられてきた伝統工芸品は、日本各地にみられます。次の写真①、②は、下の地図中ア～オのどの都道府県の伝統工芸品ですか。ア～オからそれぞれ一つ選び、記号で答えなさい。

①

『将棋駒《しょうぎごま》の世界』より

②

『統計・資料で見る　日本地図の本』より

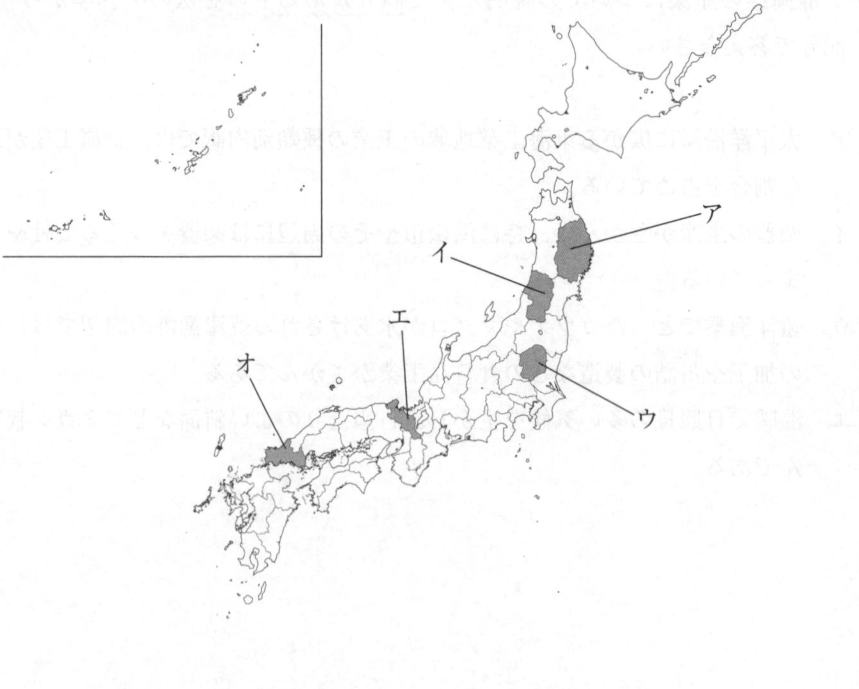

(2)　岐阜県海津《かいづ》市は、長良川と揖斐《いび》川、木曽《きそ》川の三つの大きな河川の下流に位置しています。この地域の自然環境や人々の暮らしの工夫について述べた文として誤りがあるものを、次のア～エから一つ選び、記号で答えなさい。

ア　川の水面より低い所にある家や田畑の周りを堤防《ていぼう》で囲んで洪水から守ってきた。
イ　高く盛った土の上に倉を建て、水害が起こった際のひなん用の住まいとして使ってきた。
ウ　水はけがよい土地だったため、かつては桑《くわ》を栽培し養蚕《ようさん》を営む農家が多かった。
エ　田の一部をほって周りに積み上げ、土地を高くして米作りを行っていた。

問6　地図の(か)の地域は「阿蘇《あそ》の草原の維持《いじ》と持続的農業」として世界農業遺産に認定されており、草原で肉牛の放牧を行っています。下の二つの図は肉類（牛肉を含む肉類全般《ぜんぱん》）と魚介類の国内生産量と輸入量の変化を示しており、図Aと図Bは肉類か魚介類のどちらか、図中の折れ線XとYは国内生産量か輸入量のどちらかです。肉類の国内生産量を示すものを、下のア～エから一つ選び、記号で答えなさい。

図A

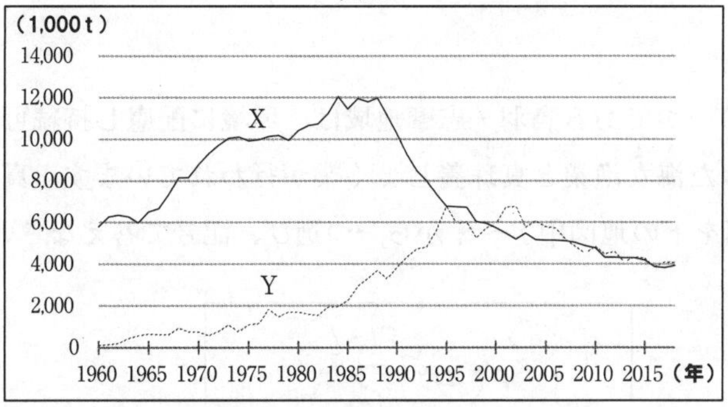

図B

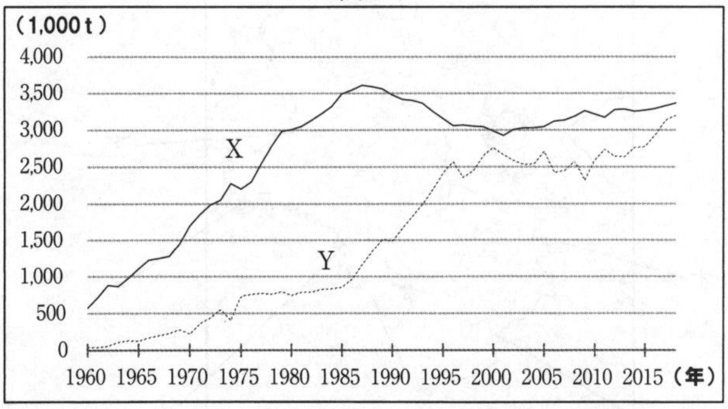

農林水産省　平成30年度食料需給表より作成

ア　図AのX　　イ　図AのY　　ウ　図BのX　　エ　図BのY

問7　世界農業遺産とは別に、日本では農林水産大臣が認定する「日本農業遺産」という制度もつくられ、15地域が認定されています。これに関して、次の問いに答えなさい。

(1)　日本農業遺産の一つである山梨県峡東《きょうとう》地域は、盆地《ぼんち》の自然環境を生かした果樹栽培がさかんです。下の円グラフは、この地域で栽培がさかんな、ある果物の2018年における生産量の都道府県別内訳を示しています。ある果物とは何ですか。答えなさい。

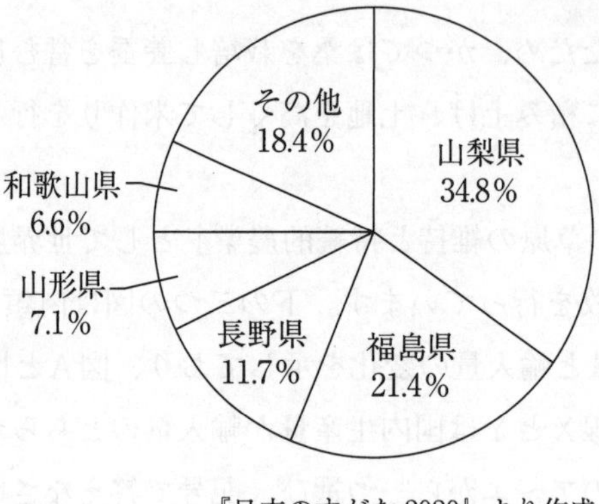

『日本のすがた2020』より作成

(2)　日本農業遺産の一つである鳥羽《とば》・志摩《しま》地域は、環境に配慮《はいりょ》し持続可能な形で漁業資源を利用してきた海女《あま》漁業と真珠《しんじゅ》養しょく業が行われています。真珠の養しょくで知られる英虞《あご》湾を下の地図中ア～オから一つ選び、記号で答えなさい。

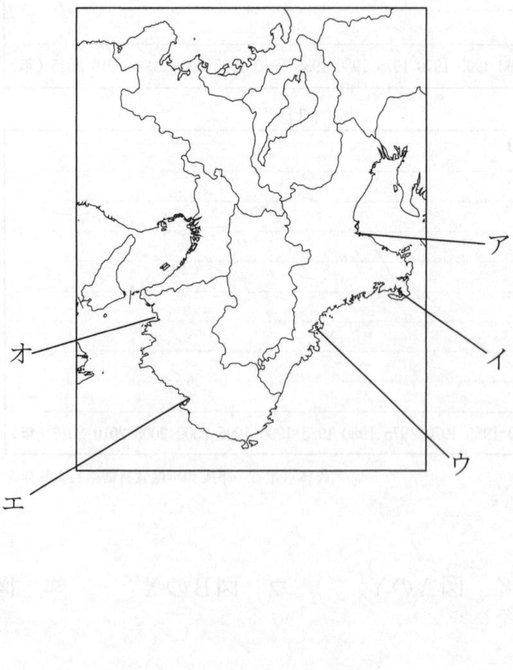

(3)　日本農業遺産の一つである最上川の流域は、染料《せんりょう》となる紅花の栽培が室町時代末期から始まったといわれ、江戸時代には染色用の「紅餅《べにもち》」が西まわり航路で京都まで運ばれました。江戸時代に西まわり航路の寄港地があった都道府県を次のア～オからすべて選び、記号で答えなさい。

ア　新潟県　　イ　福井県　　ウ　宮城県　　エ　広島県　　オ　高知県

(4)　最上川の下流に広がる平野は、日本有数の稲作《いなさく》地帯です。この平野の名前を解答欄にあうように漢字で答えなさい。

3　次の文章を読んで、後の問いに答えなさい。

これまでの科学技術の進歩はめざましいものがあります。日本で開発されたスーパーコンピューター「富岳《ふがく》」が(あ)2020年6月、計算速度ランキングで世界一となり、大きな話題となりました。スーパーコンピューターとは、膨大《ぼうだい》で複雑な計算を高速に行うことができるコンピューターです。「富岳」は(い)新型コロナウイルス感染症《かんせんしょう》対策の研究にも用いられており、今後も(う)温暖化などの気候変動の予測や(え)防災分野での利用でも期待されています。

さまざまな情報をもとに物事を認識《にんしき》し、自分で状況を判断するコンピューター技術がAI(人工知能)です。現代社会では、AIの技術もさまざまな形で取り入れられています。

例えば(お)地方公共団体では、ごみの出し方を案内するサービスにAIの技術を導入しているところもあります。神奈川県横浜市では、マスコットの「イーオ」へ質問を入力すると、AIが自動的に答えを見つけ出し、ごみの出し方や曜日、関連事項《じこう》などを教えてくれます。また、(か)政府も、(き)裁判の判決のデータベース化や、インターネットとAIを使って人びとの争いごとの解決策を提示することを検討しています。2020年5月には、AIなどを活用して最先端《さいせんたん》の都市づくりをめざす「スーパーシティ構想」を盛り込んだ改正国家戦略特区法が(く)国会で可決され、成立しました。

さらに私たちの身近な生活のなかでも科学技術の応用が期待されています。(け)日本で開発された介護《かいご》支援ロボット「ROBEAR《ロベア》」は、人間の皮膚《ひふ》のような役割をするセンサーを搭載《とうさい》しており、介護される人を優しく抱《かか》え上げて、ベッドから車いすへの移動や立ち上がる動作の手伝いなどを行うことができます。その他にも、(こ)障がいや難病などで外出することが困難な人が、離《はな》れた場所からロボットを動かすことのできる「分身ロボット」も会社やカフェなどで活用され始めています。また、この「分身ロボット」には操作する人の眼球の動きを読み取って言葉に変換《へんかん》する機能が備わっており、話すことができない人でも他者と会話することもできます。

一方で、このような科学技術の発展はさまざまな課題を抱えています。多くの情報が収集・分析《ぶんせき》されることによって個人の大切な情報が他者へもれてしまう不安や、先進的な技術を用いた兵器の開発によって、(さ)平和がおびやかされる恐れも考えられます。

少子高齢化やグローバル化などにより、これまでの社会のしくみを見直す必要にせまられている私たちが、未来を支える技術をどのように活用し、安心して生活できる社会を築きあげていくのか、今改めて問われています。

問1　下線部(あ)について、2020年には、東京オリンピック・パラリンピックの開催《かいさい》が予定されていました。オリンピックの起源は、神々《かみがみ》をたたえて行われた競技大会にあるとされています。この「古代オリンピック」が開催されていた都市があったのは、現在のどこの国ですか。下の地図のア～オから一つ選び、記号で答えなさい。

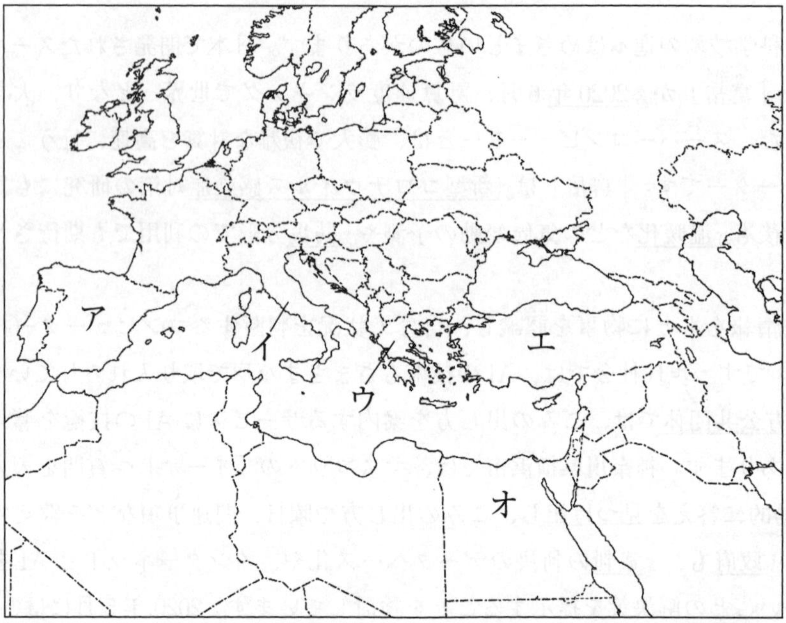

問2　下線部(い)について、世界保健機関（WHO）は、新型コロナウイルスの感染拡大について、2020年3月に、病気の世界的な大流行を示す（　　）の状態であると宣言し、世界各国が連携《れんけい》して対応に取り組むよう改めて呼びかけました。（　　）にあてはまる言葉をカタカナ6字で答えなさい。

問３　下線部㋒について、次の［グラフ１］は2017年における二酸化炭素排出量《はいしゅつりょう》の国ごとの割合を示しています。また、［グラフ２］は2017年におけるおもな国の一人あたりの二酸化炭素排出量を示しています。グラフ中のＡ～Ｃにあてはまる国名の組み合わせとして正しいものを、下のア～カから一つ選び、記号で答えなさい。ただし、二つのグラフのＡ～Ｄは、それぞれ同じ国を示しています。

［グラフ１］

二酸化炭素排出量の国ごとの割合

(2017年)

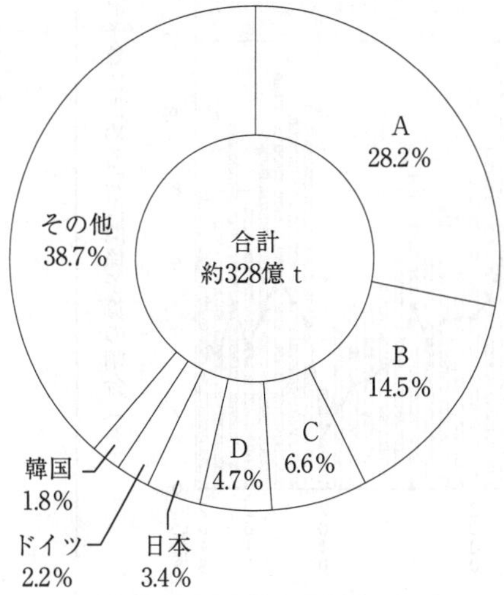

(注) 四捨五入のため合計が100%になっていない。

［グラフ２］

おもな国の一人あたりの二酸化炭素排出量

(2017年)

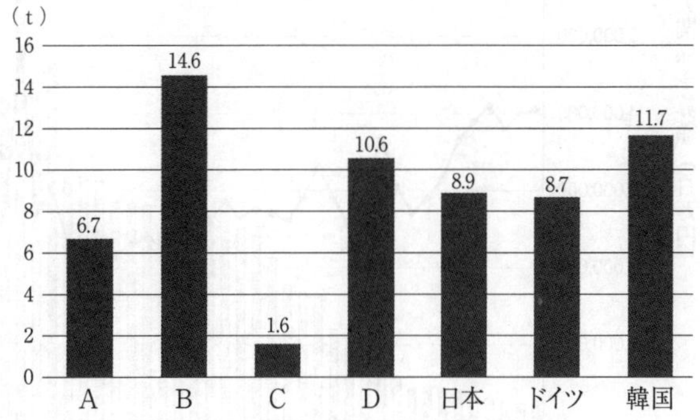

全国地球温暖化防止活動推進センターのホームページより作成

ア　A　中国　B　アメリカ　C　インド

イ　A　中国　B　アメリカ　C　ロシア

ウ　A　中国　B　インド　C　アメリカ

エ　A　アメリカ　B　中国　C　インド

オ　A　アメリカ　B　中国　C　ロシア

カ　A　アメリカ　B　インド　C　中国

問４　下線部㋻について、日本の国の防災関係の予算は、科学技術の研究、災害予防、国土保全、災害復旧などに用いられます。次のグラフは、1962年度から2018年度における「防災関係予算額」および「一般《いっぱん》会計予算に占める防災関係予算の割合」を示しています。次の問いに答えなさい。

［グラフ］「防災関係予算額」および「一般会計予算に占める防災関係予算の割合」

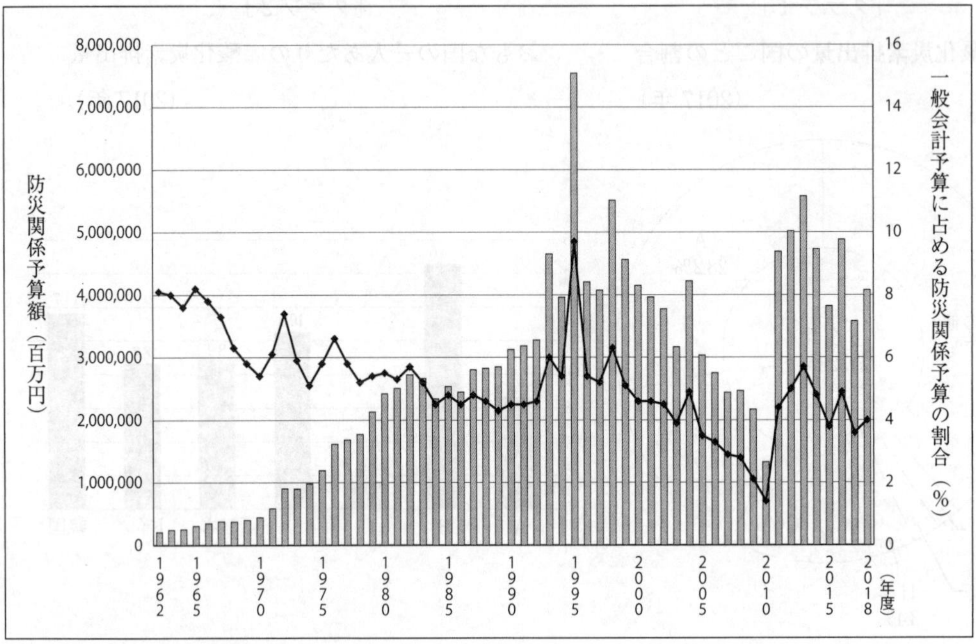

防災関係予算額（注）

国の一般会計予算に占める防災関係予算の割合

（注）予算は必要に応じて追加されることがあり、補正後の合計予算額を示しています。

内閣府『令和２年版防災白書』より作成

(1)　1995年１月に起きた阪神・淡路《あわじ》大震災《しんさい》をうけて、1995年度の防災関係予算額が、もっとも大きくなっています。1995年度の防災関係予算額としてもっともふさわしいものをグラフから読み取り、次のア～オから一つ選び、記号で答えなさい。

ア　約750万円　　　イ　約７億5000万円　　　ウ　約750億円

エ　約７兆5000億円　　　オ　約75兆円

(2)　グラフから読み取ることができる内容として誤りがあるものを、次のア～エから一つ選び、記号で答えなさい。

ア　1966年度から1970年度の5年間は、2006年度から2010年度のどの年度よりも、「一般会計予算に占める防災関係予算の割合」は高いが「防災関係予算額」は少ない。

イ　東日本大震災を受けて、2011年度は、「防災関係予算額」と「一般会計予算に占める防災関係予算の割合」がともに前年度に比べて増加している。

ウ　2012年度の「防災関係予算額」は、2010年度の「防災関係予算額」の約6倍の金額である。

エ　熊本地震の起きた2016年度の「防災関係予算額」と「一般会計予算に占める防災関係予算の割合」から、2016年度の国の一般会計予算全体の金額は約100兆円であることがわかる。

問5　下線部㋔について、次の問いに答えなさい。

(1)　それぞれの地域の政治は、住民自身によって運営されるべきもので、そのために国から自立した地方公共団体を作るという原則が日本国憲法によって保障されています。このように地域の政治を進めていくことを何といいますか。漢字4字で答えなさい。

(2)　2020年7月には、東京都知事選挙が実施《じっし》されました。地方選挙で認められているさまざまな投票方法として誤りがあるものを、次のア～エから一つ選び、記号で答えなさい。

ア　入院中の場合は、指定された病院であればその病院で投票できる。
イ　障がいのある人は、郵便により投票できる。
ウ　投票日に仕事や用事などで投票できない場合は、事前に期日前投票所で投票できる。
エ　投票日の前日までは、投票所へ行かずにインターネットで投票できる。

問6　下線部㋕について、内閣総理大臣が行う仕事として誤りがあるものを、次のア～エから一つ選び、記号で答えなさい。

ア　国務大臣を任命し、内閣を組織する。
イ　内閣を代表して、閣議で決定した議案を国会に提出する。
ウ　国会で、政策について基本方針を説明する。
エ　最高裁判所の長官を任命する。

問7　下線部(き)について、裁判所の仕事として正しいものを、次のア～エから一つ選び、記号で答えなさい。

ア　内閣の不信任を決議する。
イ　裁判の基準となる法律を制定する。
ウ　行政処分が憲法に違反《いはん》していないかを審査《しんさ》する。
エ　裁判官としてふさわしくない行為をした者をやめさせるかどうかの裁判を行う。

問8　下線部(く)について、国会の仕組みについての説明として正しいものを、次のア～エからすべて選び、記号で答えなさい。

ア　衆議院と参議院の二院制を採用し、国民の代表者である国会議員は国民によって選挙で選ばれる。
イ　衆議院議員と参議院議員の議員定数は参議院議員の方が多く、参議院議員は3年に一度半数が改選される。
ウ　衆議院議員の任期は4年で任期途中《とちゅう》で解散されることもあり、参議院議員の任期は6年で任期途中の解散はない。
エ　内閣から出された法律案については、衆議院よりも先に参議院で審議することが定められている。

問9　下線部(け)について、介護の現場にロボットを導入することにはさまざまな利点があり、期待も高まっています。一方で、介護の現場にロボットを導入することによって生じる問題点も考えられます。あなたはどのような問題点があると考えますか。説明しなさい。

問10　下線部(こ)について、2006年に国際連合で障害者権利条約が採択されたことをうけて、日本では2016年に障がいの有無にかかわらず、ともに住みやすい社会を作ることを目的とした法律が施行されました。この法律の名前を解答欄にあうように答えなさい。

問11　下線部(さ)について、日本国憲法第9条では、「日本国民は、正義と秩序《ちつじょ》を基調とする国際平和を（　1　）に希求し、国権の発動たる戦争と、武力による威嚇《いかく》又は武力の行使は、国際紛争《ふんそう》を解決する手段としては、永久にこれを（　2　）する。」と定められています。空欄（　1　）・（　2　）にあてはまる言葉をそれぞれ漢字で答えなさい。

【理　科】（40分）〈満点：80点〉

1 次の文章は、植物の生育について説明したものです。読んで、後の問いに答えなさい。

植物には、①空気の中の酸素を吸って二酸化炭素を出すはたらきと、②空気の中の二酸化炭素を吸って酸素を出すはたらきがあります。これらのはたらきについて調べるため、発芽種子（芽が出かかっている種子）と成長した植物を、それぞれ密閉容器の中に入れ、色々な強さの光をあて続けました。図1と図2は、それぞれの容器に光をあてた時間と、容器の中の酸素の量の関係を表したグラフです。明るさ1から明るさ3にかけて、光はだんだん強くなっています。ただし、光の強さ以外の容器の中の条件は、すべて同じであるとします。

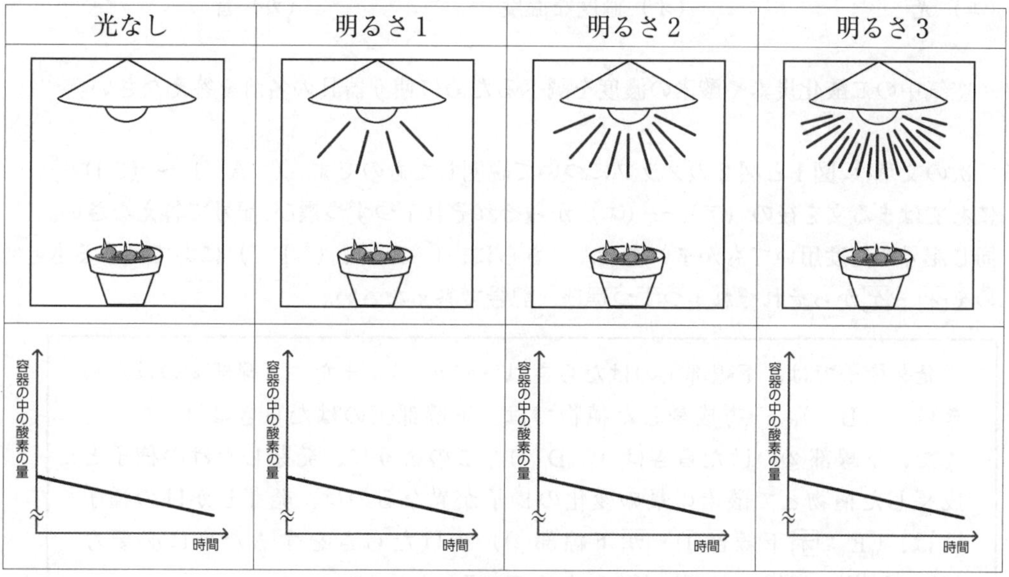

図1

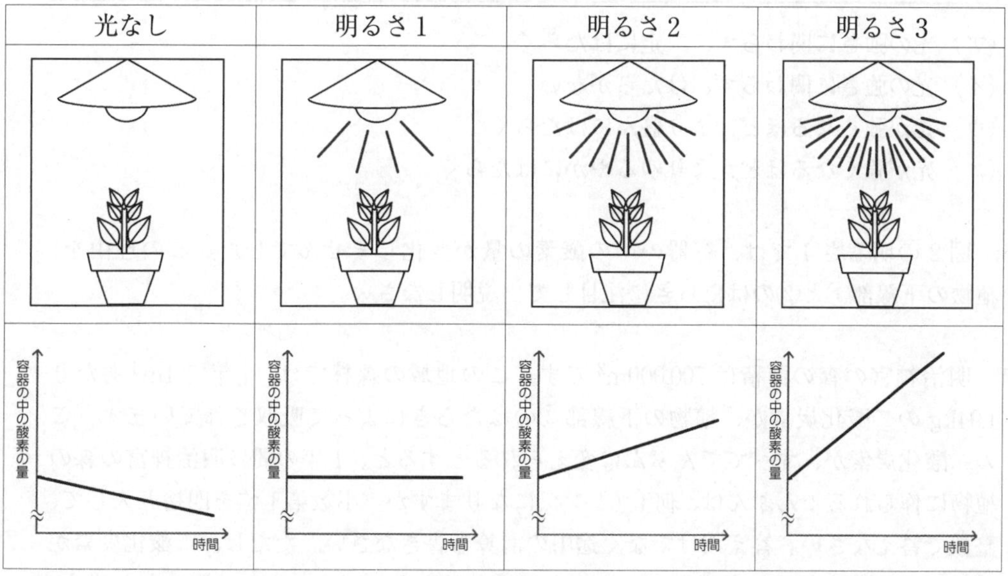

図2

問１　下線部①のはたらきを何と言いますか。

問２　下の中で、種子が発芽するのに欠かせないものはどれですか。次の（ア）～（カ）からすべて選び、記号で答えなさい。

（ア）空気　（イ）肥料　（ウ）水
（エ）光　（オ）適度な温度　（カ）音

問３　下の中で、植物が生育するのに欠かせないものはどれですか。次の（ア）～（カ）からすべて選び、記号で答えなさい。

（ア）空気　（イ）肥料　（ウ）水
（エ）光　（オ）適度な温度　（カ）音

問４　空気中の二酸化炭素や酸素の濃度《のうど》を調べるために使う器具の名前を答えなさい。

問５　次の文章は、図１と図２のグラフについて説明したものです。（　A　）～（　D　）にあてはまる文を後の（ア）～（エ）からそれぞれ１つずつ選び、記号で答えなさい。同じ記号を何度用いてもかまいません。さらに、（　E　）、（　F　）にあてはまるものをオ～ケからそれぞれ１つずつ選び、記号で答えなさい。

発芽種子では、下線部①のはたらきは（　A　）。また、下線部②のはたらきは（　B　）。一方成長した植物では、下線部①のはたらきは（　C　）。また、下線部②のはたらきは（　D　）。このように、発芽しかけの種子と成長した植物とで酸素の量の変化の様子が異なるのは、発芽しかけの種子には、（E：オ下線部①・カ下線部②）のはたらきをするために必要な（F：キ根・ク茎・ケ葉）がないためである。

（ア）光の強さに関わらず、一定にはたらく
（イ）光の強さに関わらず、はたらかない
（ウ）光が強くなるほど、より盛《さか》んにはたらく
（エ）光が強くなるほど、よりゆるやかにはたらく

問６　図２の明るさ１では、容器の中の酸素の量が変化しませんでした。この理由を、植物の下線部①と②のはたらきに注目して、説明しなさい。

問７　明治神宮の森の面積は700,000m^2です。この地域の森林では、１年で1m^2あたり1.94kgの二酸化炭素が、植物の下線部②のはたらきによって吸収されています。この二酸化炭素が、すべてでんぷんに変えられるとすると、１年の間に明治神宮の森の植物に作られるでんぷんは、何t（トン）になりますか。小数第１位を四捨五入して、整数で答えなさい。答えだけでなく途中の計算も書きなさい。ただし、二酸化炭素が264g吸収されたときに作られるでんぷんの重さは180gとし、1,000kgを1tとします。

2 二種類以上のものが混ざり合ったものを「混合物」といいます。次の文章は、混合物を分ける方法について説明したものです。これを読んで、後の問いに答えなさい。

【方法1】

ものには水にとけるものととけないものがあり、この違《ちが》いを利用して固体どうしの混合物を分けることができます。例えば食塩の中に砂が混ざってしまったとき、混ざり合ったものをビーカーに入れ、十分な量の水を入れてよくかき混ぜると、①食塩は水にとけて見えなくなりますが、砂は水にとけずに残ります。②この状態でビーカーに入った溶液をろ過すると、とけなかった砂はろ紙の上に残り、食塩は水にとけたまま下のビーカーに移ります。このように食塩と砂の混合物は、固体のままでは分けることができませんが、一度水溶液《すいようえき》にしてろ過することで、一方のみを取り出すことができます。

【方法2】

混ざり合ったものがどちらも水にとけるものだった場合、ろ過ではそれらを分けることができないので、もののとけ方の違いを利用した別の方法を使います。ものが水にとける量は水の量や温度によって変わります。下の表は、100mL の水にとける食塩、ミョウバンの最大量です。水溶液に別のものがとけていたとしても、お互《たが》いのとける量への影響《えいきょう》は無視できるほど小さく、例えば40℃の水 100mL にとけるミョウバンと、40℃の水 100mL に食塩をとかした水溶液にとけるミョウバンの最大量は、どちらも 11.7g になります。

水の温度	0℃	20℃	40℃	60℃	80℃	100℃
食塩［g］	26.3	26.4	26.7	27.1	27.5	28.2
ミョウバン［g］	3.0	5.9	11.7	24.8	71.0	119.0

このようにものには水の温度によってとける量が大きく変わるものとあまり変わらないものがあり、③この水へのとけ方のちがいを利用すると、食塩とミョウバンの混合物など、ろ過では分けられない混合物も一方のみを取り出すことができます。

問1 【方法1】の下線部①について、食塩を水に入れてかき混ぜ、観察したときのようすとして正しいものを、次の（ア）～（ウ）から1つ選び、記号で答えなさい。

（ア）つぶは、大きなあわを出しながらとけ、やがて見えなくなった。

（イ）つぶは、とうめいなもやを出しながら小さくなり、やがて見えなくなった。

（ウ）つぶが全体に散らばっていくようすが見られ、やがて全体が白くにごった。

問２　【方法１】の下線部②について、次の器具をすべて使ってろ過をしている図を、解答用紙の図にかき加えて完成させなさい。ただし、図には器具の名前も書き込むこと。

器具：ろうと、ろ紙、ガラス棒、空のビーカー、ろ過する溶液の入ったビーカー

問３　次の（ア）～（エ）の混合物について、【方法１】のろ過によって一方を取り出すことができる組み合わせには○、できない組み合わせには×を書きなさい。

（ア）おがくずと砂糖

（イ）砂と、そこに混ざった少量の鉄粉

（ウ）水酸化ナトリウムと、そこに混ざった少量のアルミニウム粉末

（エ）鉄粉と塩化アルミニウム

（アルミニウムを完全に塩酸にとかし、その溶液を蒸発させた後に残るもの）

問４　【方法２】の下線部③について、下の文章は食塩とミョウバンの混合物を分ける方法を説明したものです。（　Ａ　），（　Ｂ　），（　Ｆ　）はア、イから正しいものを選び、記号で答えなさい。また（　Ｃ　）～（　Ｅ　）にあてはまる数字を答えなさい。

食塩7gとミョウバン27gの混合物を80℃の水100mLに入れて混ぜると、どちらも完全にとけます。この水溶液を20℃に冷やすと、（Ａ：ア食塩・イミョウバン）はとけたままですが、（Ｂ：ア食塩・イミョウバン）は（　Ｃ　）gとけきれずにつぶとして出てくるため、ろ過すると（　Ｂ　）だけがつぶとして取り出せます。

一方食塩27gとミョウバン7gの混合物を80℃の水100mLに入れて完全にとかし、その水溶液を20℃に冷やすと、食塩は（　Ｄ　）g、ミョウバンは（　Ｅ　）gとけきれなくなります。その結果、出てきたつぶどうしが混ざってしまうので、この場合は分けることができません。

このように、水へのとけ方を利用して混合物を分けるときは、混ざっているものが少量であり、かつ水の温度によってとける量が（Ｆ：ア大きく変わるもの・イあまり変わらないもの）しか取り出すことができないという条件があります。

3 近年のAI技術やスーパーコンピュータの進歩は目覚ましく、これらの最先端《さいせんたん》の情報科学技術は天気予報の分野にも応用され成果をあげてきています。最先端の情報科学技術が成果をあげることができるのは、毎日多くの場所で観測され続けている気温や降水量などのいろいろな気象データの積み重ねがあるからです。1990年代までは、図1のような温度計などの観測機器を収めた百葉箱《ひゃくようばこ》を屋外に設置して、観測が行われていました。しかし現在では、自動的に観測データを収集する仕組みが日本全国に約1300か所も設置され、天気予報を支えています。後の問いに答えなさい。

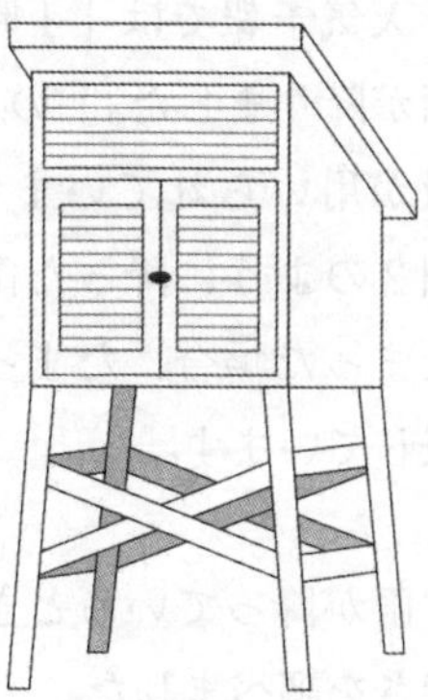

図1

問1　日本全国に設置された自動的に観測データを収集する仕組みは、何と呼ばれていますか。カタカナ4文字で答えなさい。

問2　百葉箱は、正確な気象データが得られるように、全体を白くぬるなどの工夫が加えられ、その設置場所や設置の仕方についても条件が定められています。次の文章は、百葉箱のぬられている色によって、なぜ気温の観測結果に差が生じるのかについて説明したものです。（　A　）～（　E　）にあてはまる語句を、それぞれの選択肢《せんたくし》から1つずつ選び、記号で答えなさい。

もし黒くぬられた百葉箱と白くぬられた百葉箱を、色以外の条件がすべて同じになるように並べて設置すると、黒い方が白い方よりも（　A　）ので、（　B　）ぬられた方が百葉箱の内部の気温が上がりやすくなります。したがって、百葉箱を（　C　）場所で、（　D　）地面の上に設置して観測すると、特に天気が（　E　）の日には気温の観測結果に大きな差が生じてしまいます。

Aの選択肢：（ア）湿《しめ》りやすい　（イ）光を反射しやすい
（ウ）乾燥《かんそう》しやすい　（エ）光を吸収しやすい

Bの選択肢：（ア）白く　（イ）黒く

Cの選択肢：（ア）直射日光が当たらない　（イ）風通しが悪い
（ウ）直射日光が当たる　（エ）風通しがよい

Dの選択肢：（ア）芝生《しばふ》でおおわれている　（イ）コンクリートで固められた
（ウ）土がむき出しの

Eの選択肢：（ア）晴れ　（イ）くもり
（ウ）雨　（エ）雪

問３　天気予報では「１時間の降水量は10mmで、やや強い雨が降りました。」のように雨の降り方を表すために降水量が用いられています。１時間の降水量が10mmとは、図２のように降った雨がどこにも流れ去らずにそのままたまった場合、たまった水の深さが10mmになることを表しています。

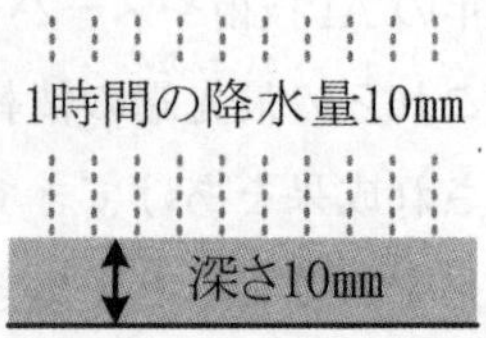

図２

(1) 雨が降っているときに、図３のような形の容器を用いて、容器にたまる水の量と深さを調べました。

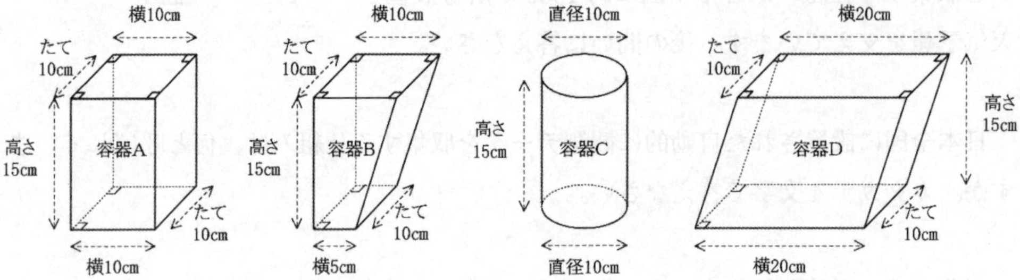

図３

① たまった水の量がもっとも少なかった容器はどれですか。次の（ア）～（オ）から１つ選び、記号で答えなさい。

（ア）容器Ａ　　（イ）容器Ｂ　　（ウ）容器Ｃ
（エ）容器Ｄ　　（オ）どの容器も同じ量で差がない

② たまった水の深さがもっとも深くなった容器はどれですか。次の（ア）～（オ）から１つ選び、記号で答えなさい。

（ア）容器Ａ　　（イ）容器Ｂ　　（ウ）容器Ｃ
（エ）容器Ｄ　　（オ）どの容器も同じ深さで差がない

(2) 形が正方形でその一辺の長さが10mの水平な地面に、１時間の降水量が10mmの雨が６時間降り続けたとき、この水平な地面には２リットルのペットボトルで何本分の水がたまったことになりますか。

問４　観測された気象データから、観測された日がどのような天気であったかを考えることができます。右の表は横浜のある年の４月の連続する５日間の気温をまとめたものです。この表のデータから、雨であると考えることができる日を１日選びなさい。また、そのように考えた理由も答えなさい。ただし、最高気温は日中に観測されたものとします。

	気温〔℃〕		
	平均	最高	最低
１日目	11.3	12.7	9.6
２日目	14.3	20.3	10.2
３日目	13.3	18.2	7.5
４日目	16.0	21.2	10.6
５日目	11.6	16.0	8.2

4 永久磁石《えいきゅうじしゃく》は磁石の性質が長期にわたって消えることがない磁石で、理科実験に用いる棒型の磁石やU字型の磁石がその代表例です。一方、鉄でできた棒や釘《くぎ》を永久磁石につけたりそのすぐそばに近づけたりしておくと、鉄でできた棒や釘には磁石の性質が現れます。このような現象を磁化現象《じかげんしょう》と呼んでいます。後の問いに答えなさい。

問1　図1のように、鉄でできた釘を棒型の永久磁石のN極で一方向に何度もこすり続けると、釘を磁化させることができます。釘のとがったほうは何極になりますか。次の（ア）～（ウ）から1つ選び、記号で答えなさい。

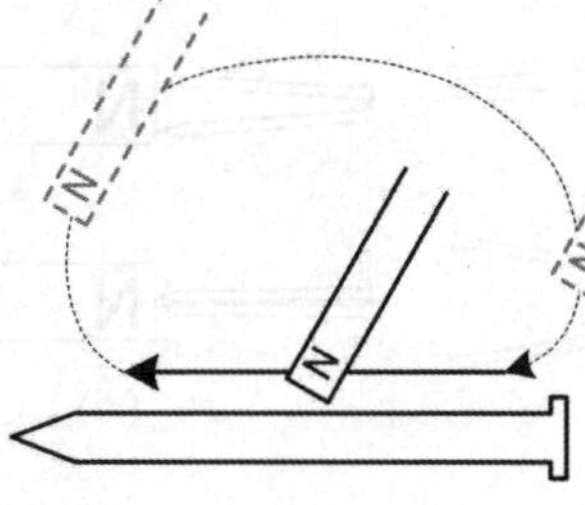

図1

（ア）N極　　　（イ）S極　　　（ウ）N極であるかS極であるか定まらない

問2　図2のように、鉄でできた釘（A）～（D）の4本を棒型の永久磁石につけて、4本の釘を磁化させました。釘のとがったほうがS極に磁化された釘はどれですか。（A）～（D）からすべて選び、記号で答えなさい。

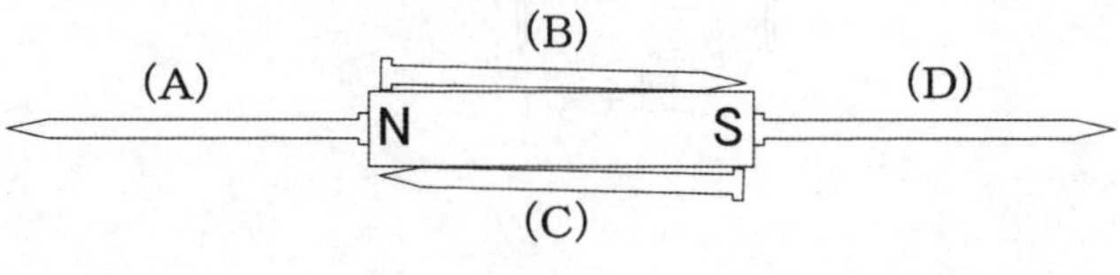

図2

問3　図3のように、鉄でできた釘を2本ずつ、棒型の永久磁石のN極とS極につけました。N極とS極につけた釘はどのようになりましたか。正しいものを、次の（ア）～（カ）から1つ選び、記号で答えなさい。

図3

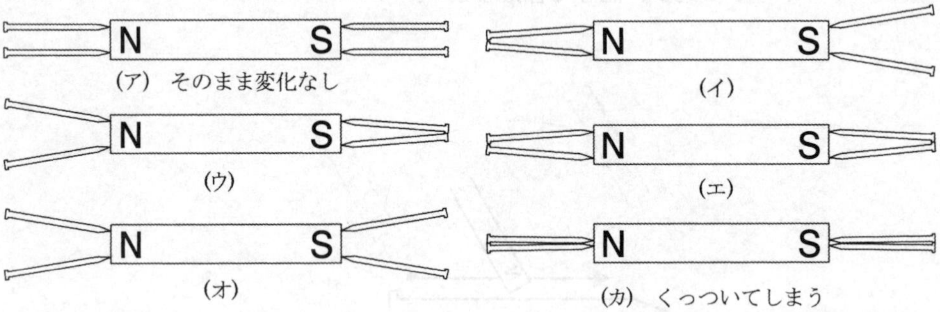

問4　図4のように、鉄でできた小さな釘を3本ずつ、同じ強さの棒型の永久磁石のN極とS極につけてぶら下げました。N極とS極を近づけていくと、それぞれの極にぶら下がっている小さな釘はどうなりますか。正しいものを、次の（ア）～（ウ）から1つ選び、記号で答えなさい。

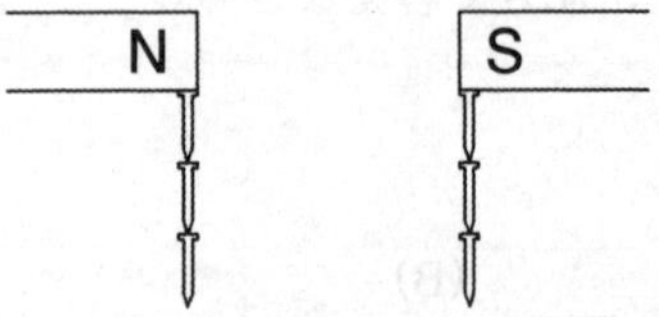

図4

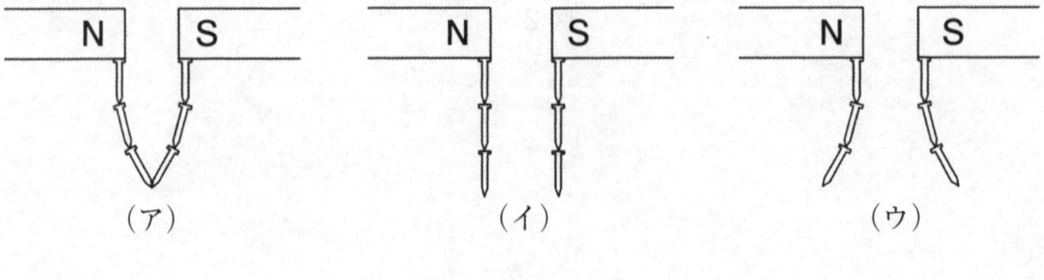

（ア）　（イ）　（ウ）

問5　コイルに電流を流すとコイルには磁石の性質が現れ、コイルの中に鉄でできた釘を入れておけば、釘を磁化させることができます。

(1)　図5のように鉄でできた釘を入れたコイルに電源を付け、コイルに電流を流しました。図5中の矢印の向きからコイルの左はしを見ると、図6のようにコイルの円周に沿って矢印の向きに電流が流れていました。

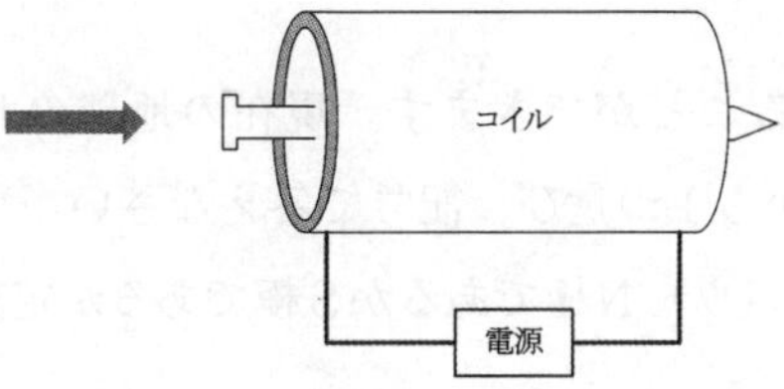

図5

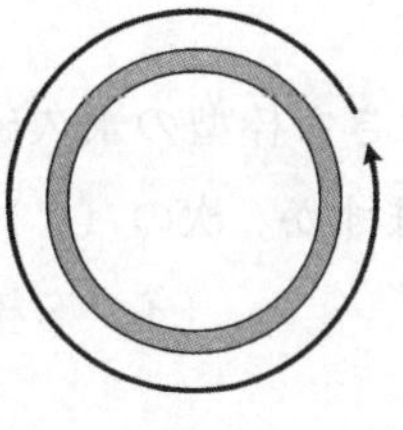

図6

①　このコイルの左はしは何極になりましたか。次の（ア）～（ウ）から1つ選び、記号で答えなさい。

（ア）N極　　　（イ）S極　　　（ウ）N極であるかS極であるか定まらない

②　釘のとがったほうは何極になりましたか。①の（ア）～（ウ）から1つ選び、記号で答えなさい。

(2)　図7のようにコイルの左側が上になるようにコイルを立て、糸でつるした鉄でできた2本の小さな釘を、コイルの中央でたがいに平行になるようにつり下げました。次にコイルの上のはしが (1) のコイルの左はしと同じ極になるようにコイルに電流を流すと、2本の釘はどのようにとまりますか。次の（ア）～（エ）から1つ選び、記号で答えなさい。ただし、点線で示された釘はもとの釘の位置を表しています。

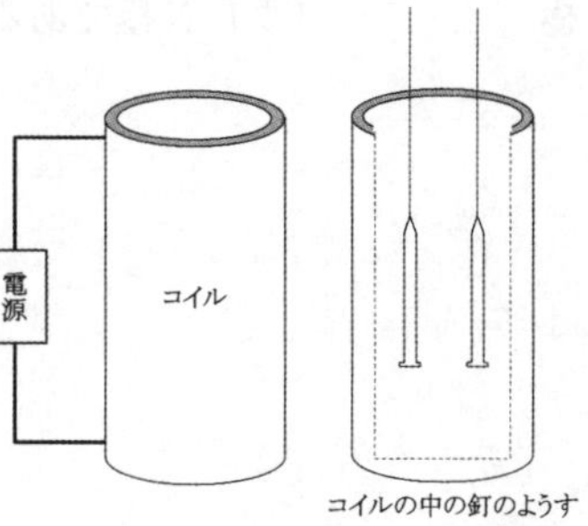

図7

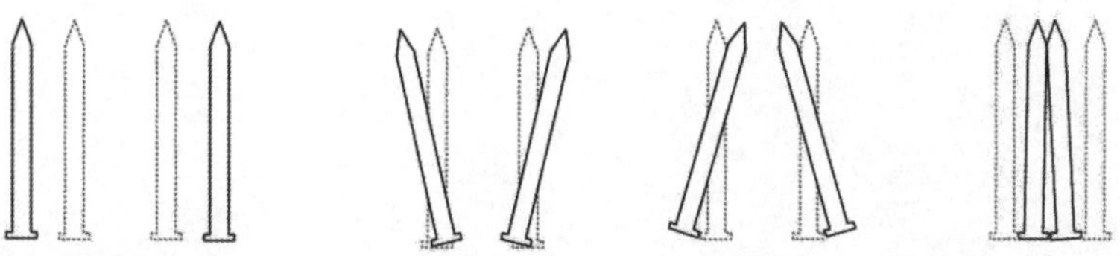

（ア）　間が広がる　　　（イ）　　　（ウ）　　　（エ）　くっつく

問６　方位磁針を用いて方角を知ることができるのは、地球が大きな磁石の性質をもっているからです。この性質は地磁気《ちじき》と呼ばれています。地球上では、とけた鉄がゆっくり冷えて固まっていくときや高温に熱せられた鉄がゆっくり冷えていくときに、地磁気によって鉄が磁化されることがあります。このため岩石の中には磁化された鉄がふくまれるものがあり、このような岩石の中の磁化された鉄を調べることで、大昔の地磁気について知ることができます。

(1)　地球は大きな棒型の永久磁石と考えることができます。現在の地球の北極側は何極になりますか。次の（ア）～（ウ）から１つ選び、記号で答えなさい。

（ア）N極　（イ）S極　（ウ）N極であるかS極であるか定まらない

(2)　図８のように、高温に熱せられた鉄の棒を南北方向に向けた状態で、ゆっくり冷やして磁化させると、北側の棒のはしは何極になりますか。次の（ア）～（ウ）から１つ選び、記号で答えなさい。

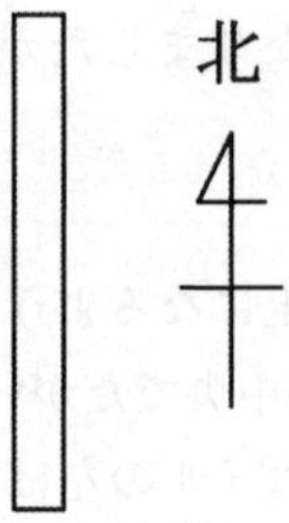

図８

（ア）N極　（イ）S極　（ウ）N極であるかS極であるか定まらない

1 次のア～エは、ふたばさんが筆者の考えを参考にして文章を書くために行ったことです。それぞれ、**図1**のどの段階にあてはまりますか。**A～D**の記号で答えなさい。

ア　図書館で学校に関する本や新聞記事を探し、いろいろな考えにふれる。
イ　意見に説得力が足りない時は、もう一度文章を練り直す。
ウ　前の週に自分が書き出したものを客観的に見てみる。
エ　自分が選んだテーマについて、思いつく限りのことをふせんに書いてはり出す。

2 **図1**の中の（a）～（c）に当てはまる言葉を、5～8段落の中からぬき出して答えなさい。

3 ここまでふたばさんは「学校が存在する意味とは何か」について考えてきましたが、それは――線④「人間的な意味での知的創造」を目指したものといえるでしょう。あなたがふたばさんのように考えていきたいことは何ですか。考えたいこととその理由を述べなさい。

問五　小学校六年生のふたばさんは、休校中に「学校が存在する意味とは何か」について改めて考えてみることにしました。そこで――線③「文字にして書くということ」に対する筆者の考えを参考にしました。次の**図１・２**は本文の[5]～[9]段落に書かれた人間とＡＩの考え方の違《ちが》いをふたばさんが図にまとめたものです。これについて後の**１**～**３**の問いに答えなさい。

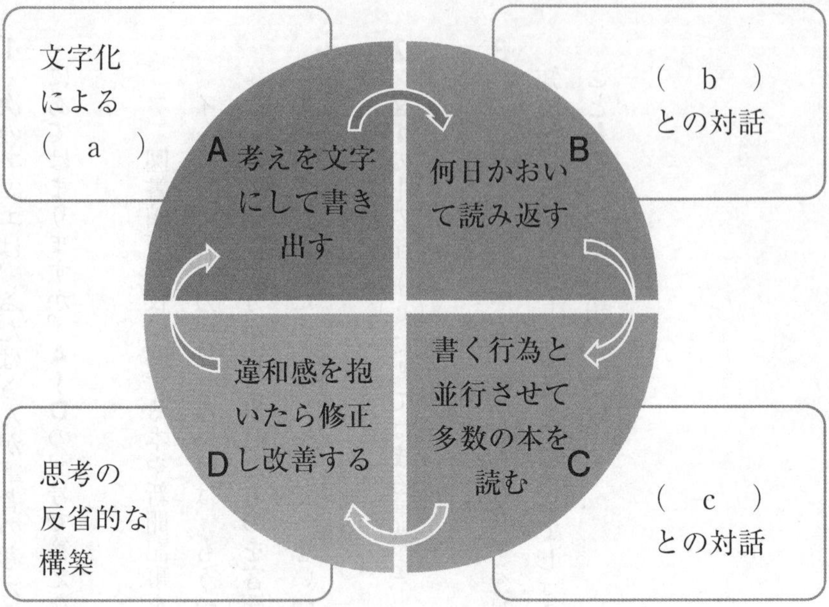

図１　人間の知的創造

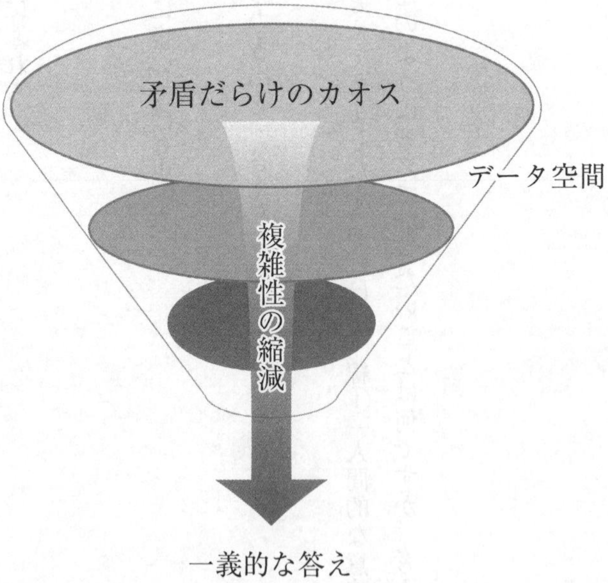

図２　ＡＩ的知能

問二 ――線Ⓐ「人の話をろくに聞かないタイプ」・――線Ⓑ「人の話を真剣に聴いて消化するタイプ」とありますが、文中の〰〰線㋐〜㋓の語句はどちらに当てはまりますか。それぞれⒶかⒷで答えなさい。

㋐ 後者
㋑ 自分はこれを言いたいという気持ちが前に出すぎている学生
㋒ 自身の考えを相手にぶつけるという、もう一方のタイプの学生
㋓ 素直に教師の話を聴くだけの学生

問三 ――線①「本当に創造的な思考は相手の話をただ素直に聴くことからは出てきません」とありますが、それはなぜですか。その理由を説明した次の文の A ・ B に当てはまる言葉を、それぞれ文中から指定の字数でぬき出して答えなさい。

創造的な思考は、人の話を A 九字 ことだけでなく、そこから自身の考えにこだわって正しく相手に B 四字 ことによって生まれるから。

問四 ――線②「同じ問題を、今度は読むことと書くことについて考えてみましょう」とありますが、筆者は一貫してどのような「問題」について論じていますか。最も適切なものを次の中から選んで、記号で答えなさい。

ア 伸びる学生の特徴についての問題。
イ 評価を得る論文をいかに書くかという問題。
ウ 相手の話を聴かない人についての問題。
エ 知的創造とはどういうものかという問題。
オ 大学で最も重要な戦略とは何かという問題。

います。

（吉見《よしみ》俊哉《しゅんや》『知的創造の条件　ＡＩ的思考を超《こ》えるヒント』による）

（注1）照準……ねらい。
（注2）アウトスタンディング……目立つ様子。突出《とっしゅつ》している様子。
（注3）内挿……ここでは、もともと含《ふく》まれているということ。
（注4）シナプス……脳の中の神経細胞《さいぼう》が接続している部分。
（注5）「アタック・ミー！」……筆者が大学で実践《じっせん》している筆者の論文や著作を批判する形式の授業。
（注6）ディスコミュニケーション……コミュニケーションができないこと。
（注7）原基……ものごとの大もと。
（注8）フレイム……枠組み。
（注9）矛盾……話のつじつまが合わないこと。
（注10）カオス……区別が立たずものごとが入り混じっていて無秩序《むちつじょ》な状態。
（注11）一貫性……初めから終わりまで同じ一つの方針・考えによっていること。
（注12）一義的……意味が一種類であるさま。
（注13）実存的な決断……ここでは、真の自己であろうと努力するうえで行う決断。
（注14）「信頼」……ここでは、他者や未来に対する信頼のこと。筆者はこの本で、「信頼」が今後最も重要なことだと述べている。

問一　[Ⅰ]・[Ⅱ]・[Ⅲ]に当てはまる最も適切な言葉を次の中から選んで、記号で答えなさい。

ア　また　　イ　特に　　ウ　もちろん　　エ　むしろ　　オ　しかし　　カ　たとえば

7 このような意味で書くという行為《こうい》には、すでに読むという行為が(注3)内挿《ないそう》されています。逆に言えば、多数の本を読んでいく際、そこに書く行為を並行《へいこう》させていないと、興味の赴《おもむ》くまま読み散らかして、結局、考えがまとまらないという結果になりかねません。自分が考えていることを、短くてもいいから、日頃《ひごろ》から、文章にしていく。そのことが、自分の思考を構造化する上で非常に重要です。[Ⅱ]、その時々で考えたことを、Ａ４一枚でいいですから、その都度文章にしておく。そうして書いた文章を、何日か間を置いて読み返していく。数日前の自分と今の自分では、ちょっと脳内の(注4)シナプスの構造が変化していて、数日前には面白いと思っていた話が、今は全然つまらなくなっているかもしれません。そうしたときに、前に書いた文章を消してしまってはいけません。数日前の文章には何が欠けていたのか、なぜ自分の中でこの文章の評価が違って感じられるようになったのかを考え、やり直しではなく修正という仕方で改善を試みるべきだと思います。

8 つまり、私がここで勧《すす》めているのは自分との対話です。読書は、自分が求める情報や知識を本の中に探す作業ではありませんし、作者の狙いや考え、結論をそのまま受け入れる作業でもありません。どちらも、すでにお話しした(注5)「アタック・ミー！」の授業で厳しく禁じている読み方です。そうではなくて、読書とは、要するに他者との対話なのです。「アタック・ミー！」の授業で私が求めたのは、最も攻撃的《こうげきてき》な対話のパターンですが、もちろんもっと温和な対話法もあるでしょう。対話は自己と他者の違い、異なる者とのコミュニケーション、より正確には(注6)ディスコミュニケーションを通じて達成されます。これまでお話ししてきたように、これが知的創造の(注7)原基です。したがって、自分が数日前に書いたことに、今の自分が違和感を抱くとしたら、それは実は知的創造にとってとても大切なことなのです。

9 ＡＩは、過去の自身の考えに対するこのような違和感《いわかん》を抱《いだ》くことができません。考えの変化は、データ増による精密化であったり、過去の(注8)フレイムの修正であったりするでしょうが、異なる二つの主体間の対話にはならない。すでにお話ししてきたように、ＡＩの知能は多様なデータを連続的な空間の中に整序していくことによって機能します。(注9)矛盾《むじゅん》や葛藤《かっとう》、曖昧《あいまい》さが最後まで残ることは、ＡＩ的知能には禁物です。[Ⅲ]、最初は矛盾だらけの(注10)カオスから出発することもあるでしょうが、だんだん複雑性は縮減され、最後はデータ空間としての(注11)一貫性《いっかんせい》から答えが出てくる。ところが④人間的な意味での知的創造は、そうした矛盾を縮減どころか高めていき、(注12)一義的な答えが出るはずもない状況《じょうきょう》で、ある種の(注13)実存的な決断によって答えを出していく場合が多々あるのです。この決断を可能にするのは、今、お話しした(注14)「信頼《しんらい》」と「執念」です。私は、ＡＩにはこのような矛盾の中での実在的決断は、どんなに高度なＡＩにも、というか高度であればあるほどできないと思

3 なぜ、煮詰まるのか――。学びは自分の意見を言うことから始まるのではなく、人の話をきちんと受け止めることから始まるからです。おそらく、古来そのことに変わりはなく、人の話をしっかり聴くことで、正しく相手に問い返すことができるのです。実際、私が出会った素晴らしい知識人たちは、いずれも聴き上手でした。これは、すでに本書の冒頭《ぼうとう》でお話ししましたね。たぶん、ソクラテスとか釈迦《しゃか》とか道元《どうげん》といった、歴史に残る思想家はみんなそうだったのではないでしょうか。こうした人たちは、何かすごいアイディアを最初から持っていたというより、他者の話を聴き取る力が圧倒的《あっとうてき》だったと思うのです。この聴く力をどうやって育てていくかが、じつは大学の授業で最も重要な戦略的照準(注1)です。

4 しかし、実は相手の話を聴くだけでは、聴いたことにはならないのです。①本当に創造的な思考は相手の話をただ素直《すなお》に聴くことからは出てきません。そこで改めて、(う)自身の考えを相手にぶつけるという、もう一方のタイプの学生の出番になります。つまり、(え)素直に教師の話を聴くだけの学生は、それなりに優《すぐ》れた論文を書けても、アッと驚《おどろ》くようなものは書けません。研究対象と先行研究、分析枠組《ぶんせきわくぐみ》から結論までを上手にまとめていくことはできて、一定の評価は得ると思うのですが、読者を感動させるには、まだ何かが足りないのです。それを「執念《しゅうねん》」としばしば呼んでいます。知的創造を、平均的なものではなく、アウトスタンディング(注2)なものにしていくには執念が必要です。[Ⅰ]、執念が強いことは、しばしば相手の話など聴かないことにつながりますから、これはなかなかやっかいです。

5 ②同じ問題を、今度は読むことと書くことについて考えてみましょう。それまで自分が考えてきたことを構造化する最善の手段は、昔も今も文章にして書くということです。その際の方法は、手書きでも、パソコンを使っても、スマホでも同じです。文字にして書くということは、口に出して話すということと根本的に違います。口頭で話すやり方には、やはり限界があるのです。この本は、私が考えていることを口に出して話すという方法で作られていますが、一度、話したことが文字になった後、その文章を推敲《すいこう》していく作業がなければ、私にとっては自らの思考を反省的に構築していることにはなりません。

6 なぜ、③文字にして書くということがそれほど重要なのかといえば、考えは文字化されることによって他者化されるからです。実際、みなさんも頭の中で考えていたことを文字にしてみると、当初イメージしていたのとはまったく違ったという経験が少なくないでしょう。実際に書いてみないと分からない、ということです。書いたものは残り、それは時間とともに他者になります。ですから私は、学生に「考える前に書け」とよく言います。

問八　――線⑥「ここは清らかな水の町だ」・⑦「岩手山がゆったりと町を見下ろしていた」とありますが、この町は、美緒にとってどのような場所となりましたか。「水」と「岩手山」が意味するものをそれぞれ明らかにして、説明しなさい。

問九　この物語の舞台《ぶたい》である岩手県出身の作家で、『よだかの星』や『なめとこ山の熊』などの作品を書いた作家の名前を次の中から選んで、記号で答えなさい。

ア　太宰治《だざいおさむ》　イ　宮沢賢治《みやざわけんじ》　ウ　石川啄木《いしかわたくぼく》　エ　柳田國男《やなぎたくにお》　オ　芥川龍之介《あくたがわりゅうのすけ》

三

次の文章を読んで、後の問いに答えなさい。なお設問の都合で本文の段落に1～9の番号を付けてあります。

注意　。、「」などは一字に数えます。

1　すでにお話ししたことですが、対話的な出会いにとってまず重要なのは、相手の話を聴《き》くことです。これまで私が学生を指導してきた経験で言うと、伸《の》びる学生とそうでない学生の違《ちが》いは、まずはこちらが言ったことを、きちんと聴けるかどうかで決まります。たとえば、学生の中には、能力が高くて知識も豊富なのに、Ⓐ人の話をろくに聞かないタイプと、能力は抜群《ばつぐん》ではなくても、Ⓑ人の話を真剣《しんけん》に聴いて消化するタイプがいます（本当は、能力も高くて話も正確に聴くタイプと、両方ともそうではないタイプもいますが、今はこれらを除外します）。両者の中で、短期的に伸びるのは(あ)後者です。彼《かれ》らは、あれこれ手を広げず、論じるテーマも限定して、一点突破《とっぱ》を狙《ねら》っていけば、一定の水準の論文は書けます。

2　逆に、たくさん本を読んでいて、文章も書けて、(い)自分はこれを言いたいという気持ちが前に出すぎている学生がいます。こういう人たちの場合、人の話を聴かないというのが最大の弱点です。問題点を指摘《してき》すると、その場では「分かりました」と答えるのですが、結局、自分の考えだけで、多少の見かけ上の修正をして論文をまとめてしまう。こちらが言ったことを、表面的にしか理解しない。つまり、自分の考えや問いへのこだわりがあまりにも強すぎて、異なる思考を受け入れることができず、しばしば煮詰《につ》まってしまうのです。

問六 ――線④「しだいに興味がわいてきて、次々とスプーンが入った箱を開けて見る」とありますが、ここには美緒のどのような気持ちが表れていますか。**適切でないもの**を次の中から**二つ**選んで、記号で答えなさい。

ア スプーンには内に秘《ひ》めた美しさがあるのではないかと気づき、新たな目でものを見る喜びを抱《いだ》いている。

イ スプーンは食事を口に運ぶための道具に過ぎないため、料理の邪魔《じゃま》をしないスプーンを選ぼうと意気込んでいる。

ウ 心を開いて自分の感じたものに耳を澄《す》まし、心の底から好きだと思えるものに出会おうと夢中になっている。

エ 祖父の心がとらえている広い世界を知りたくなり、閉ざしていた心を開こうと前向きな気持ちになっている。

オ 色や形といった外見だけでなく、スプーンそのものがもつ魅力を感じてみたいとはやる心を押さえられずにいる。

カ さまざまな材質やスプーンの色や光沢《こうたく》に魅《み》せられて、祖父と同じようにスプーンを集めてみたいと思っている。

問七 ――線⑤「黒いスプーンを右目に当て、おどけてみた」とありますが、ここには美緒のどのような気持ちが表れていますか。最も適切なものを次の中から選んで、記号で答えなさい。

ア 美緒は、祖父にほめられたことがうれしく、幼い頃の素直な気持ちにもどっている。そして、こどものような仕草をして祖父になぐさめてほしいと思っている。

イ 美緒は、祖父の勧《すす》めるままに夢中になってスプーンを探したことを気恥ずかしく思っている。そこで、おどけて見せることで気を紛《まぎ》らわしている。

ウ 美緒は、戸惑《まど》いながらも自分の気持ちを表現する喜びを感じ始めている。そして、祖父がそのような自分を穏《おだ》やかに受け入れていることをうれしく感じている。

エ 美緒は、自分が好きなことすら見つけられないと祖父に叱《しか》られ落ち込んでいた。しかし、厳しい祖父におどけて見せることで前を向こうとしている。

オ 美緒は、自分がしたいことを隠《かく》してきたが、祖父に勧められてスプーンを手に取って後悔《こうかい》していた。そこで、冗談《じょうだん》を言って本当の気持ちを封印《ふういん》しようとしている。

問一　――線①「荷物運びとかいらない？　そしたら、私もすみっこにいる」とありますが、ここには美緒のどのような気持ちが表れていますか。最も適切なものを次の中から選んで、記号で答えなさい。

ア　祖父と一緒に旅に出て、今までの暮らしから離《はな》れて新しい世界にふみ出したいと思う気持ち。
イ　たとえ祖父と旅に出たとしても、自分にはすみの方にしか居場所がないとひがむ気持ち。
ウ　祖父が語る夢のような話にひかれつつも、実現は難しいのではないかと心配する気持ち。
エ　高齢《こうれい》なのに旅に出ようとしている祖父に対して、遠まわしに思いとどまらせようとする気持ち。
オ　いつまでも祖父にお世話になるのも悪いと感じ、荷物運びで生計をたてようと意気込《いきご》む気持ち。

問二　[A]・[B]には体の一部を表す言葉が入ります。当てはまる言葉をそれぞれ漢字で書きなさい。

問三　[I]に当てはまる語をカタカナ五字で答えなさい。

問四　――線②「なんか……私って本当に駄目だな」とありますが、美緒は何が「駄目」で、どうしなければならないと思っているのですか。[a]・[b]に当てはまるように、これより後の会話文から、それぞれ漢字二字でぬき出して答えなさい。

美緒は、学校に行こうとするとお腹をこわしてしまうような自分の[a]が許せないものと思っており、[b]しなければならないと思っている。

問五　――線③「へこみとは、逆から見れば突出した場所だ」とありますが、祖父が美緒に言おうとしていることはどのようなことですか。分かりやすく説明しなさい。

おいしい水。そう思ったとき、祖父の家の伏流水《ふくりゅうすい》（注8）が心に浮かんだ。

⑥ここは清らかな水の町だ。

裕子のエコバッグを、美緒は自転車のカゴへ運んだ。

「水、運んでくれるの？　ありがとう、美緒ちゃん」

自転車を押《お》し、裕子と並んで歩く。一昨日《おととい》のおわびを言おうとすると、裕子が背中を叩《たた》いた。

「さあ、今日も張り切っていこうか！」

はい、と答え、美緒は自転車を押す手に力を込《こ》める。

ショウルームの前で振り返ると、⑦岩手山（注9）がゆったりと町を見下ろしていた。

（伊吹有喜《いぶきゆき》『雲を紡《つむ》ぐ』による）

（注1）行商……店を構えず商品をもって売り歩くこと。
（注2）均衡……二つ以上のものがつりあいをとること。
（注3）汚毛……刈《か》りたての、汚れのついたままの羊の毛。
（注4）太一……工房の手伝いをしている美緒のはとこ。
（注5）ショウルーム……本文では祖父の工房の製品を展示・販売している所。
（注6）裕子……美緒の親戚《しんせき》で祖父の弟子。美緒は裕子に弟子入りしたが、一昨日、職人としての心構えをたしなめられた。
（注7）水清慈大……本来は「大慈清水《だいじしみず》」（大いなる恵みの水）。美緒が逆から読んでしまっている。
（注8）伏流水……本文では岩手山に降った雨水が地下にしみ、ふもとにある祖父の家からも噴《ふ》き出ている清らかな水のこと。
（注9）岩手山……岩手県盛岡市にある標高二〇三八メートルの山。岩手富士との別名をもつ。

祖父の目がやさしげにゆるんだ。目を細めるとやさしく見えるところは、(注4)太一《たいち》と似ている。

ほめられているような眼差《まなざ》しに心が弾《はず》み、黒いスプーンを見る。

幼い頃、壁《かべ》にかかった視力検査表で視力を調べられたことがある。

⑤黒いスプーンを右目に当て、おどけてみた。

「視力検査……」

一瞬《いっしゅん》、不審《ふしん》そうな顔をしたが、祖父はすぐに横を向いた。口もとに軽くこぶしを当てて、笑っている。

おどけた自分が猛烈《もうれつ》に恥《は》ずかしくなり、美緒はスプーンを握《にぎ》った手を膝《ひざ》に置く。

たいして面白くもないだろうに、祖父は目を細めてまだ笑っていた。

スプーンの発送を手伝った翌日、四十五分前に(注5)ショウルームに着くように見計らい、美緒は祖父の家を出た。

開運橋のたもとで自転車を借り、鉈屋《なたや》町を目指して走る。ショウルームの手前に来たとき、道沿いにある大きな石碑《せきひ》の脇《わき》(注6)に裕子《ゆうこ》が立っているのを見かけた。気まり悪かったが、心を奮い立たせて、大きな声であいさつをした。

「おはようございます、裕子先生」

「早いね、美緒ちゃん」

自転車を停《と》め、(注7)「水清慈大」と書かれた石碑に近づいてみる。石碑の裏にはこんこんと清らかな水が湧《わ》き、石造りの水槽《すいそう》が階段状に四つ並んでいた。一番上の水槽は「飲料水」、二段目は「米とぎ場」、三段目は「野菜・食器洗い場」、四段目の水槽は「洗濯《せんたく》物すすぎ場」と木の看板が上がっている。

小腰《こごし》をかがめ、美緒は水槽をのぞきこむ。透《す》き通った水のなか、きれいに組まれた石造りの底が揺《ゆ》らめいてみえた。

「先生、これは何ですか？　井戸？　昔の水道？　ですか？」

「今も使われてるよ、大慈清水《だいじしみず》。盛岡はこういう湧き水がけっこうあるんだ」

裕子が地面に置いたエコバッグを指差した。バッグのなかにはペットボトルが三本入っている。

「私もお水を汲《く》んだところ。ここの水でお湯をわかすとおいしいの。飲んでみる？」

そなえつけのひしゃくで裕子が清水をすくう。両手で受けて飲むと、まろやかな水だった。

「待って。そんなの急にいっぱい聞かれても」

「ほら、何も知らない。いやなところなら、いくらでもあげられるのに」

からかうような祖父の口調に、美緒は顔をしかめる。

「そんなしかめ面《つら》をしないで、自分はどんな『好き』でできているのか探して、身体の中も外もそれで満たしてみろ」

「好きなことばっかりしてたら駄目にならない？　苦手なことは鍛《きた》えて克服《こくふく》しないと……」

「なら聞くが。責めてばかりで向上したのか？　鍛えたつもりが壊れてしまった。それがお前の腹じゃないのか。大事なもののための我慢《がまん》は自分を磨く。ただ、つらいだけの我慢は命が削られていくだけだ」

祖父がテーブルに並べたスプーンを指差した。

「手始めに、気に入ったさじがあったら、それで食事をしてみろ。良いさじで食物を口に運ぶ感触をとことん味わってごらん」

「えっ、でも……」

戸惑《とまど》いながらも梱包していないスプーンと、コレクションが納まった箱を美緒は一つずつ見る。祖父が集めたものは、どれも色や形が美しい。そしておそらく外見のほかにも祖父の心をとらえた何かがある――。④しだいに興味がわいてきて、次々とスプーンが入った箱を開けて見る。

木材、金属、動物の角。さまざまな材質のスプーンを持ったあと、最後に残った箱を開けた。

赤や黒、赤紫《あかむらさき》色に塗られた木製のスプーンが出てきた。

無地もあるが、金箔《きんぱく》などで模様が描《えが》かれたものや、虹色《にじいろ》に輝《かがや》く装飾《そうしょく》が施《ほどこ》されているものもある。

一本、一本見ていくなかで、シンプルな黒塗りのスプーンに心惹《こころひ》かれた。手にすると、スプーンの先から柄《え》に向かって、真珠《しんじゅ》色の光が走った。

「おじいちゃん、これはうるし？」

祖父はうなずいた。

「これがいい、これが好き。おじいちゃん、このスプーンをください」

「美緒はこれが好きか。どうしてこれを選んだ？」

「直感？　何かいい感じ」

だけだ。

「部活、そんなに好きじゃなかったかも。②なんか……私って本当に駄目《だめ》だな」

ジャケットを傍《かたわ》らに置くと、祖父がスプーンの梱包《こんぽう》作業に戻《もど》った。

「この間、(注3)汚毛《おもう》を洗っただろう？　どうだった？　ずいぶんフンをいやがっていたが」

「臭《くさ》いと思ったけど、洗い上がりを見たら気分が上がった。真っ白でフカフカしてて。いいかも、って思った。汚毛、好きかも」

そうだろう、と祖父が面白そうに言った。

「美緒も似たようなものだ。自分の性分《しょうぶん》について考えるのは良いことだが、悪いところばかりを見るのは、汚毛のフンばかり見るのと同じことだ」

祖父が何を言い出したのかわからず、美緒は作業の手を止める。赤い漆塗《うるしぬ》りのスプーンを取り、祖父が軽く振《ふ》る。

「学校に行こうとすると腹を壊《こわ》す。それほどの繊細《せんさい》さがある。良いも悪いもない。駄目でもない。そういう性分が自分のなかにある。ただ、それだけだ。それが許せないと責めるより、一度、丁寧《ていねい》に自分の全体を洗ってみて、その性分を活かす方向を考えたらどうだ？」

「活かすって？　どういうこと？　そんなのできるわけないよ」

「そうだろうか？　繊細な性分は、人の気持ちのあやをすくいとれる。ものごとを注意深く見られるし、集中すれば思わぬ力を発揮することもある。③へこみとは、逆から見れば突出《とっしゅつ》した場所だ。悪い所ばかり見ていないで、自分の良い点も探してみたらどうだ？」

「ない。そんなの」

「即答《そくとう》だな」

祖父がスプーンに目を落とした。

「だって、ないから。自分のことだから、よくわかってる」

それは本当か、と祖父が声を強めた。

「本当に自分のことを知っているか？　何が好きだ？　どんな色、どんな感触、どんな味や音、香りが好きだ。何をするとお前の心は喜ぶ？　心の底からわくわくするものは何だ」

たときのバランスが気持ちいいんだ。そのさじで食事をすると軽やかでな。天上の食べものを口にしている気分になる。同じことは私たちの仕事にも言える」

「スプーンと布って、全然別物っぽく思えるけど……」

祖父が［B］を止めると、奥の部屋に歩いていった。すぐに戻ってくると、手には紺色《こんいろ》のジャケットを抱《かか》えていた。

生地はホームスパンだ。

「おじいちゃんのジャケット？」

「そうだ。お祖母《ばあ》ちゃんが織ったものだ。持ってごらん」

渡されたジャケットは、見た目よりうんと軽く感じた。

「あれ？ 軽いね」

「それでもダウンジャケットにくらべると若干《じゃっかん》重いがな」

ジャケットを羽織ってみるようにと祖父がすすめた。

袖《そで》に腕《うで》を通したとたん、「あれ？」と再び声が出た。手で感じた重量が身体に伝わってこない。肩《かた》にも背中にも重みがかからず、着心地がたいそう軽やかだ。それなのに服に守られている安心感がある。

「手で持ったときより、うんと軽い」

「手紡ぎ、手織りの糸は空気をたくさんはらむから軽くて温かい。身体に触《ふ》れる布の感触《かんしょく》が柔《やわ》らかいから、着心地が軽快になる。さじにかぎらず、良い職人の仕事は調和と均衡《きんこう》(注2)が取れていて心地よいんだ。音楽で言えば」

「［I］？ もしかして」

「そうだ、よくわかったな」

「私、中学からずっと合唱部に入ってたの」

祖父にジャケットを返すと、慈《いつく》しむようにして大きな手が生地を撫《な》でた。

「美緒は音楽が好きなんだな」

あらためて考えると、合唱はそれほど好きでもなかった。

熱心に部に勧誘《かんゆう》されたことが嬉《うれ》しかった。合唱部はみんな仲が良さそうに見えたから、その輪に入っていると安心できた

二 次の文章を読んで、後の問いに答えなさい。

注意　。、「」などは一字に数えます。

東京に暮らす高校生の美緒《みお》は、友達や家族に自分の気持ちを伝えられなくなり、体に不調をきたすようになった。ある日、母とぶつかった美緒は、盛岡でホームスパン（羊毛を手作業で紡《つむ》いで染めて織り上げた毛織物）の工房《こうぼう》を営む祖父のもとに向かい、工房の手伝いを始めた。

祖父が発送する荷物は大量のスプーンだった。長年、日本と世界のさまざまな土地に行くたびにこつこつ集めてきたもので、木材や金属などでつくられたものが一本ずつ仕切られたケースに整然と納まっていた。

「いつかこのコレクションを持って旅に出ようと思っていた」

銀色のスプーンをクロスで磨《みが》きながら、祖父が笑った。

「路上に絨毯《じゅうたん》を敷《し》いて、さじをずらりと並べて買ってもらおうかと。興味を持った人には来歴を披露《ひろう》する。どこの産か、どうやって手にいれたか、どこが魅力《みりょく》か。のんびり客と話をしながら、さじの行商(注1)をするんだ」

①「荷物運びとかいらない？　そしたら、私もすみっこにいる」

「体力的にもう無理だな。一度ぐらいやってみてもよかった」

祖父が今度は木製のスプーンを布で拭《ふ》いた。素朴《そぼく》な木目をいかしたスプーンで、コーンスープやシチューをすくって食べたらおいしそうだ。

「でも、良い落ち着き先が見つかったんだ。若い友人が料理屋を開くので、彼女に譲《ゆず》る。好きなさじを客が選んで食事をする仕組みにすると言っていた」

鉱物に本、絨毯や織物。他にも祖父が集めているものはたくさんある。染め場の奥にはエアコンで常に温度と湿度《しつど》の管理をしているコレクション用の部屋があるほどだ。

「どうしてスプーンを集めたの？」

「[A]当たりの良さを追求したかったのと、あとはバランスだな。良い職人が削《けず》ったさじは軽くて美しい。手に持っ

㋑ ちらす
ア　きれいに盛る
イ　あちらこちらに配る
ウ　何度も入れる
エ　細かく切る
オ　ばらばらにまく

3　「豆腐とわかめのみそ汁の作り方」の点線で囲まれたア～エを、**6**に続くように正しい順番に並べかえて、記号で答えなさい。

4　[A]・[B]・[C]に当てはまる言葉を、それぞれ次の中から選んで、適切な形に直して答えなさい。

〔ふるまう　さしあげる　かきこむ　与える　めしあがる　つまむ〕

5　[D]・[E]に当てはまる最も適切な言葉を、それぞれ次の中から選んで、記号で答えなさい。

ア　ほくほく　イ　しゃきしゃき　ウ　しゃりしゃり　エ　ふっくら　オ　ふかふか

まさ子　さあ、できあがり。どうぞ［　B　］。遠慮《えんりょ》せずに、料理に箸《はし》をつけてくださいね。あらあら、そんなに一気に［　C　］ではだめよ。

まな　だっておいしいんだもの。自分たちで作るとおいしいね。

父　肉野菜いためのもやしが［　D　］していて上手にできているね。娘《むすめ》たちが作ってくれるなんてうれしいね。

母　このおみそ汁はひきたてのだしがきいていて、おいしいわね。炊《た》きたての［　E　］光るごはんと一緒《いっしょ》にいただけて幸せだわ。二人とも本当にありがとう。すごく助かった。

まさ子　ステイホームの期間だからこそ、家族で過ごす時間ができてよかったね。

まな　喜んでもらえてうれしい。これからも料理をがんばりたいね。

1　［　I　］に入る次の文章の（　）に当てはまる語をひらがな一字か二字で考えて入れなさい。ただし、同じ文字を二度使ってはいけません。

鍋（　）水（　）入（　）、昆布《こんぶ》（は）前（　）晩（　）浸《ひた》（　）。

2　――線（あ）「わかす」・――線（い）「ちらす」の本文中の意味として、最も適切なものを次の中から選んで、記号で答えなさい。

（あ）　わかす

ア　発酵《はっこう》させる
イ　火を強める
ウ　熱して溶かす
エ　煮《に》えたたせる
オ　熱湯でゆがく

問二　次の文章は、まさ子さんとまなさん姉妹が休校中に料理を作る様子を書いたものです。これを読んで後の問いに答えなさい。

まさ子　せっかくの休校期間だから、私たちで家族に料理を［　A　］ましょう。

まな　今日は、肉野菜いためを主菜にして、おみそ汁《しる》とお漬物《つけもの》を添《そ》えるのはどうかしら。おみそ汁はだしから取ってみましょう。おみそ汁の作り方を本で確認《かくにん》するね。

豆腐《とうふ》とわかめのみそ汁の作り方

1　［　Ⅰ　］
2　1の鍋《なべ》を中火にかけて(あ)わかす。
3　沸騰《ふっとう》直前に昆布《こんぶ》を鍋から取り出す。
4　3の鍋にかつお節を入れ、中火のままさらに二～三分煮《に》る。
5　火を止め、だし汁をふきんまたはペーパータオルを敷《し》いたざるでこし、ボールに移す。
6　豆腐はさいの目切りにし、乾燥《かんそう》わかめは水でもどし水気を切っておく。
7
8
9
10

ア　ボールにとっただし汁を鍋に入れる。
イ　わかめを加え、鍋を火からおろし、器《うつわ》に盛ってねぎを(い)ちらす。
ウ　その鍋を火にかけ豆腐を入れて、沸騰直前に火をとめる。
エ　そのままみそを溶《と》き、再び弱火で温める。

二〇二一年度 横浜雙葉中学校

【国語】〈五〇分〉〈満点：一〇〇点〉

（。、「」などは一字に数えます。）

一 次のそれぞれの問いに答えなさい。

問一 次の――線の漢字の部分をひらがなに、カタカナを漢字に直して答えなさい。送りがなが必要な場合は、ひらがなで書きなさい。

1 ムジョウの喜びをかみしめる。

2 少女たちはカイカツに笑った。

3 二年ぶりにドウソウカイに出席する。

4 時代の流れにサカラウ。

5 かねてからのジロンを決して曲げない。

6 文豪《ぶんごう》のセイタンの地を訪れる。

7 縦横無尽《むじん》に駆《か》けまわる。

8 兄は血相を変えて外に飛び出した。

2021年度 横浜雙葉中学校 ▶解説と解答

算　数　(50分)　<満点：100点>

解　答

1 (1) ① 13　② $\frac{7}{8}$　(2) 36枚　(3) 72分　(4) 14個　(5) 4個　(6) 3：4
(7) (例) 解説を参照のこと。　2 (1) 解説の図1を参照のこと。　(2) 1，53，105
(3) 6　(4) 31　3 (1) 17秒後　(2) 47秒後　(3) $21\frac{1}{4}\text{cm}^2$　(4) ① $5\frac{1}{3}$秒後
② 4：5　(5) $17\frac{2}{3}$秒後

解　説

1 四則計算，逆算，相当算，仕事算，消去算，図形と規則，和差算，条件の整理，体積，比の性質，売買損益

(1) ① $(168+235)\div\{3+4\times(96-89)\}=403\div(3+4\times7)=403\div(3+28)=403\div31=13$
② $\frac{4}{5}-\frac{3}{16}=\frac{64}{80}-\frac{15}{80}=\frac{49}{80}$より，$5-\left(4-\frac{49}{80}\div\square+\frac{1}{6}\right)=1\frac{8}{15}$，$4-\frac{49}{80}\div\square+\frac{1}{6}=5-1\frac{8}{15}=\frac{75}{15}-\frac{23}{15}=\frac{52}{15}$，$4-\frac{49}{80}\div\square=\frac{52}{15}-\frac{1}{6}=\frac{104}{30}-\frac{5}{30}=\frac{99}{30}=\frac{33}{10}$，$\frac{49}{80}\div\square=4-\frac{33}{10}=\frac{40}{10}-\frac{33}{10}=\frac{7}{10}$　よって，$\square=\frac{49}{80}\div\frac{7}{10}=\frac{49}{80}\times\frac{10}{7}=\frac{7}{8}$

(2) 全体の枚数を1とすると，A君が取った枚数は$\frac{2}{5}$，B君が取った枚数は，$1-\frac{2}{5}=\frac{3}{5}$となる。また，B君が取った枚数は$\frac{2}{3}$より6枚少ない枚数でもある。よって，右の図①のように表すことができ，$\frac{2}{3}-\frac{3}{5}=\frac{1}{15}$にあたる枚数が6枚なので，1にあたる枚数は，$6\div\frac{1}{15}=90$(枚)と求められる。したがって，A君が取った枚数は，$90\times\frac{2}{5}=36$(枚)である。

図①

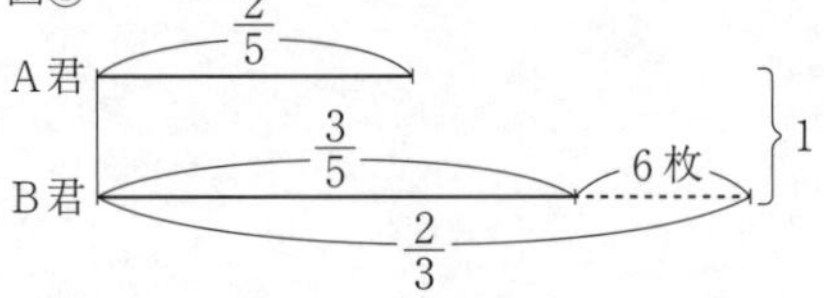

(3) 水そうの容積を45と18と20の最小公倍数である180とし，A，B，C，Dから1分間に入る水の量をそれぞれⒶ，Ⓑ，Ⓒ，Ⓓとすると，下の図②のような式を作ることができる。イの式からウの式を引くと，(Ⓐ＋Ⓒ＋Ⓓ)－(Ⓑ＋Ⓒ＋Ⓓ)＝Ⓐ－Ⓑの値が，10－9＝1とわかる。さらに，この式とアの式をたすと，(Ⓐ－Ⓑ)＋(Ⓐ＋Ⓑ)＝Ⓐ×2の値が，1＋4＝5となる。よって，Ⓐ＝5÷

図②

Ⓐ＋Ⓑ　　　＝180÷45＝4…ア
Ⓐ＋Ⓒ＋Ⓓ＝180÷18＝10…イ
Ⓑ＋Ⓒ＋Ⓓ＝180÷20＝9…ウ

図③

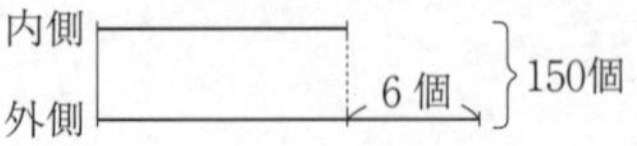

図④

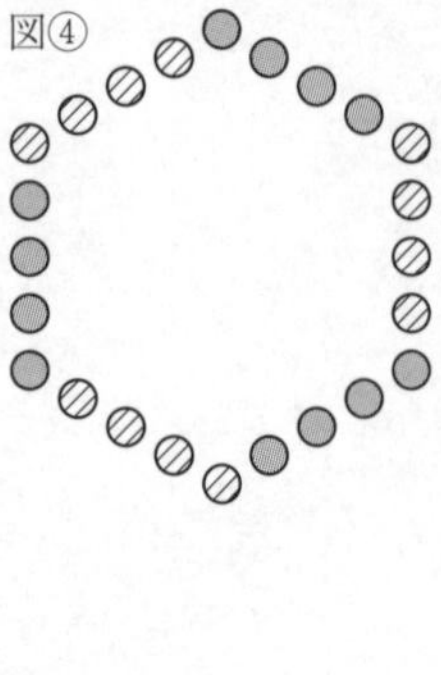

2＝2.5なので，Aだけを使っていっぱいにするのにかかる時間は，180÷2.5＝72(分)と求められる。

(4)　内側と外側の正六角形について，1つの辺に使う個数の差が1個なので，それぞれの正六角形に使う個数の差は，1×6＝6(個)である。よって，上の図③のように表すことができるから，外側の正六角形に使う個数は，(150＋6)÷2＝78(個)とわかる。また，正六角形は，上の図④のように，個数が等しい6つの部分に分けることができる(図④は1つの辺の個数が5個の場合)。したがって，外側の正六角形の1つの辺の個数は，図④と同様に考えると，78÷6＋1＝14(個)と求められる。

(5)　裏の目の和は，23－4＝19，または，23＋4＝27なので，「表の目の和」と「裏の目の和」の合計は，23＋19＝42，または，23＋27＝50である。また，1つのさいころの表の目と裏の目の和が必ず7になっているので，＿は7の倍数である。よって，＿は42であり，投げたさいころの個数は，42÷7＝6(個)と求められる。6個のさいころの表の目の和が23になる組み合わせを考えると，3が最も多くなるのは，3＋3＋3＋3＋5＋6＝23の場合だから，表の目が3のさいころは最大で4個とわかる。

(6)　右の図⑤で，色のついた2つの立体の体積が等しくなる。また，色のついた2つの立体の高さの比は，(15－10)：(12－10)＝5：2である。よって，色のついた2つの立体の底面積の比は，$\frac{1}{5}:\frac{1}{2}=$ 2：5とわかるから，★印をつけた三角形の面積を2とすると，☆印をつけた長方形の面積は，5－2＝3となる。よって，(い)×(い)÷2＝2より，(い)×(い)＝2×2＝4，(い)＝2となり，(あ)×(い)＝3より，(あ)＝3÷2＝1.5と求められる。したがって，(あ)：(い)＝1.5：2＝3：4である。

図⑤

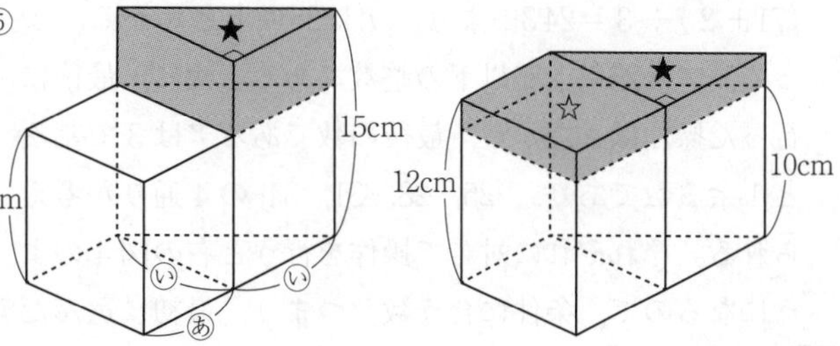

(7)　たとえば，「定価が4800円の品物を定価の1割5分引きで売ったところ，利益は仕入れ値の2割になりました。この品物の仕入れ値は何円ですか。」という問題が考えられる。

2　条件の整理，整数の性質

(1)　ルールにしたがって操作を行うと，右の図1のようになる。

図1

① 14 →(A) 40 →(B) 14
② 25 →(A) 73 →(C) 9 →(A) 25
③ 100 →(C) 90 →(C) 60 →(B) 74 →(C) 12 →(A) 34 →(A) 100

(2)　1回の操作がAの場合は，x×3－2＝xと表すことができるから，x×3－x＝2，x×2＝2，x＝2÷2＝1と求められる。同様に，1回の操作がBの場合は，x×3－106＝xより，x×3－x＝106，x×2＝106，x＝106÷2＝53となり，1回の操作がCの場合は，x×3－210＝xより，x×3－x＝210，x×2＝210，x＝210÷2＝105となる。いずれの場合もxの範囲《はんい》の条件に合うので，1回の操作で元の数と同じになる整数は，1，53，105である。

(3)　ルールの①と②にしたがって操作を行うと，右の図2のようになる。Aの場合，1÷3＝0余り1，4÷3＝

図2

A					B					C				
1	2	3	…	35	36	37	38	…	70	71	72	73	…	105
↓	↓	↓		↓	↓	↓	↓		↓	↓	↓	↓		↓
1	4	7	…	103	2	5	8	…	104	3	6	9	…	105

1余り1，7÷3＝2余り1，…より，計算結果は「3で割ると1余る数」になる。同様に，Bの場合，2÷3＝0余り2，5÷3＝1余り2，8÷3＝2余り2，…より，計算結果は「3で割ると2余る数」になる。また，Cの場合，3÷3＝1，6÷3＝2，9÷3＝3，…より，計算結果は「3で割り切れる数」になる。ここで，32は3で割ると2余る数だから，3回目に行ったのはBの操作とわかる。よって，そのときの整数をxとすると，x×3－106＝32より，x＝(32＋106)÷3＝46と求められる。同様に，46は3で割ると1余る数なので，2回目に行ったのはAの操作であり，x×3－2＝46より，x＝(46＋2)÷3＝16となる。さらに，16は3で割ると1余る数だから，1回目に行ったのはAの操作であり，x×3－2＝16より，x＝(16＋2)÷3＝6とわかる。したがって，元の整数は6である。

(4) 右の図3のように，最初に選んだ整数をアとすると，アは35以下である。また，アにAの操作を行った後の数をイとすると，イ＝ア×3－2となる。これが71以上なので，ア×3－2≧71と表すことができ，(71＋2)÷3＝24.3…より，アは25以上とわかる。よって，アは25以上35以下の整数である。次に，最後に行った操作はAだから，最後の数であるアは3で割ると1余る数であり，{25，28，31，34}の4通りが考えられる。それぞれに対して操作を行うと右の図4のようになるので，条件に合う数，つまり，最初に選んだ整数は31とわかる。

図3

$\underset{35以下}{ア} \xrightarrow{A} \underset{71以上}{イ} \xrightarrow{C} \square \longrightarrow \cdots \longrightarrow \square \xrightarrow{B} \square \xrightarrow{A} ア$

図4

$25 \xrightarrow{A} 73 \xrightarrow{C} 9 \xrightarrow{A} 25$

$28 \xrightarrow{A} 82 \xrightarrow{C} 36 \xrightarrow{B} 2 \xrightarrow{A} 4 \xrightarrow{A} 10 \xrightarrow{A} 28$

$31 \xrightarrow{A} 91 \xrightarrow{C} 63 \xrightarrow{B} 83 \xrightarrow{C} 39 \xrightarrow{B} 11 \xrightarrow{A} 31$

$34 \xrightarrow{A} 100 \xrightarrow{C} 90 \xrightarrow{C} 60 \xrightarrow{B} 74 \xrightarrow{C} 12 \xrightarrow{A} 34$

3 グラフ—図形上の点の移動，速さ，つるかめ算，辺の比と面積の比，相似

(1) 問題文中の図1で，ABを底辺としたときの三角形PABの高さは，点Pが辺BCを進むときには増え続け，点Pが辺CDを進むときには一定になる。よって，問題文中の図2で，0～12秒は点Pが辺BCを進むとき，12～23秒は点Pが辺CDを進むときとわかる。また，0～12秒は，面積が一定の割合で増えているから，一定の速さで移動している。つまり，点Pが速さを変えたのは12秒以後である。ここで，はじめの速さを秒速2，変えた後の速さを秒速，$2\times\frac{1}{2}=1$とすると，辺BCの長さは，2×12＝24となる。また，BC：CD＝AD：AB＝3：2より，辺CDの長さは，$24\times\frac{2}{3}=$16とわかる。さらに，点Pが辺CDを進むのにかかった時間は，23－12＝11(秒)である。したがって，点Pが辺CDを進んだときについてまとめると，右の図Iのようになる。秒速1で11秒進むと，1×11＝11しか進まないので，実際に進んだ長さよりも，16－11＝5短くなる。以上より，点Pが秒速2で進んだ時間は，5÷(2－1)＝5(秒)なので，点Pが速さを変えたのは，Bを出発してから，12＋5＝17(秒後)である。

図I

秒速2 ｝合わせて
秒速1 ｝11秒で16

(2) 点PがDに到着《とうちゃく》したのが23秒後であり，点Pが辺DAを進むのにかかった時間は，24÷1＝24(秒)なので，点PがAに到着したのはBを出発してから，23＋24＝47(秒後)と求められる。

(3) 点PがBを出発してから30秒後は，Dを通過してから，30－23＝7(秒後)である。よって，そのときのDPの長さは，1×7＝7なので，下の図IIのようになる。このとき，三角形ABDの面積は，60÷2＝30(cm^2)であり，三角形ABDと三角形PABの面積の比は，24：(24－7)＝24：17だから，三角形PABの面積は，$30\times\frac{17}{24}=21\frac{1}{4}$($cm^2$)と求められる。

図Ⅱ

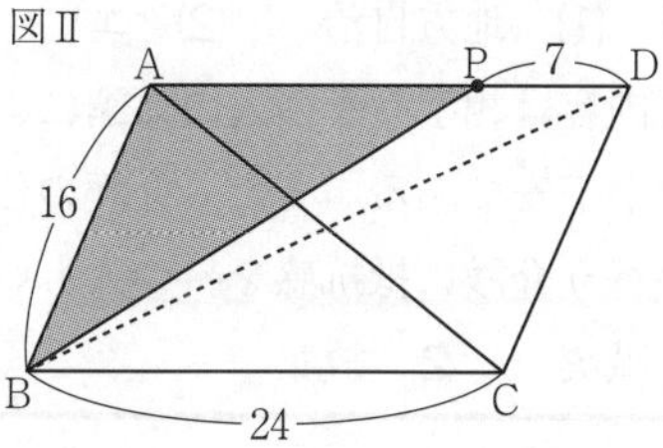

図Ⅲ

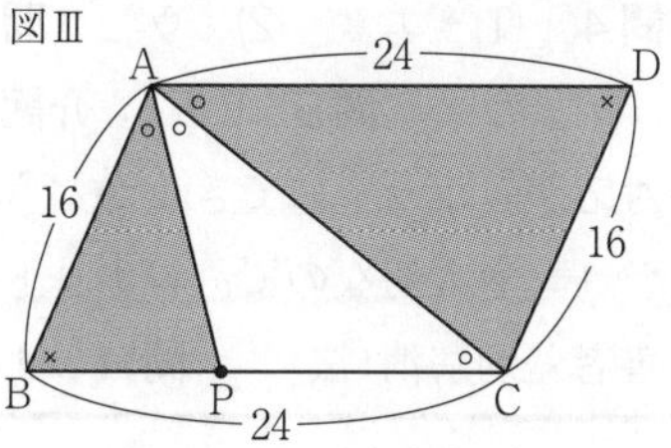

図Ⅳ

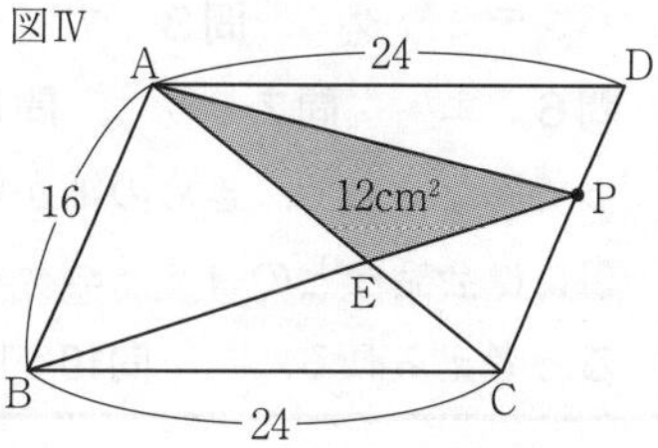

⑷　①　上の図Ⅲで，四角形ABCDは平行四辺形だから，同じ印をつけた角の大きさはそれぞれ等しくなる。よって，三角形PABと三角形CADは相似であり，相似比は，AB：AD＝16：24＝２：３なので，BP＝$16\times\frac{2}{3}=\frac{32}{3}$とわかる。したがって，このようになるのは，点ＰがＢを出発してから，$\frac{32}{3}\div 2=5\frac{1}{3}$(秒後)である。　②　①より，PC＝$24-\frac{32}{3}=\frac{40}{3}$とわかる。また，角PCAと角PACが等しいので，三角形PCAは二等辺三角形である。よって，PA＝PC＝$\frac{40}{3}$となる。さらに，三角形PABと三角形CADの相似より，AC＝$\frac{40}{3}\times\frac{3}{2}=20$と求められる。したがって，AB：AC＝16：20＝４：５とわかる。

⑸　上の図Ⅳで，三角形PABの面積は，三角形CABの面積と等しく，60÷２＝30(cm^2)だから，三角形ABEの面積は，30－12＝18(cm^2)とわかる。よって，三角形ABEと三角形AEPの面積の比は，18：12＝３：２なので，BE：PE＝３：２となる。また，三角形ABEと三角形CPEは相似であり，相似比は，BE：PE＝３：２だから，CP＝$16\times\frac{2}{3}=10\frac{2}{3}$と求められる。ここで，点Ｐが速さを変えた地点をＱとすると，CQ＝２×５＝10だから，図Ⅳのようになるのは点Ｐが速さを変えてから，$10\frac{2}{3}-10=\frac{2}{3}$だけ進んだときとわかる。これは，点Ｐが速さを変えてから，$\frac{2}{3}\div 1=\frac{2}{3}$(秒後)なので，点ＰがＢを出発してから，$17+\frac{2}{3}=17\frac{2}{3}$(秒後)と求められる。

社　会　（40分）＜満点：80点＞

解　答

１　**問１**　世阿弥　**問２**　イ　**問３**　オ　**問４**　菅原道真　**問５**　シルクロード　**問６**　イ→エ→ア→ウ　**問７**　イ　**問８**　名護屋(城)　**問９**　ア　**問10**　(例)　娘を天皇のきさきとし，生まれた孫を天皇の位につけることで，天皇の母方の親戚として権力を握る。**問11**　葛飾北斎　**問12**　オ　**問13**　承久の乱　**問14**　⑴　対馬(藩)　⑵　(例)　稲の脱穀　**問15**　全国水平社　**問16**　(例)　アメリカについでソ連も原爆の開発に成功し，さらにはアメリカが水爆を開発するなど，冷戦とよばれる米ソの対立が激しくなる中で，核戦争が起きる可能性が高まっていた。さらに，唯一の被爆国である日本で原子力の開発を推進することが決まったこともあり，人々の間に核兵器や原子力に対する不安がいっそう増していた。　**２**　**問１**　佐渡(島)　**問２**　⑴　棚田　⑵　(例)　能登地域は日本海に突き出す位置にあり，冬に大陸から吹く強い北西の季節風をまともに受けるので，これを防ぐため。　**問３**　⑴　ウ　⑵　イ　**問４**　⑴　茶　⑵　ア　**問５**　⑴　①　イ　②　ア　⑵　ウ　**問６**　ウ　**問７**　⑴　もも　⑵　イ　⑶　ア，イ，エ　⑷　庄内(平野)　**３**　**問１**　ウ　**問２**

パンデミック　**問3**　ア　**問4**　(1)　エ　(2)　ウ　**問5**　(1)　地方自治　(2)　エ
問6　エ　**問7**　ウ　**問8**　ア，ウ　**問9**　(例)　介護の内容は相手やその人の体調によって異なるので，きめの細かい対応がロボットにできるかどうかが不安である。また，介護の仕事には会話などのコミュニケーションも大切なので，ロボットが行う介護に抵抗感を持つ人もいると考えられる。　**問10**　障害者差別解消(法)　**問11**　**1**　誠実　**2**　放棄

解説

1　伝説上の動物や想像上の生き物を題材とした総合問題

問1　室町時代前半，第3代将軍足利義満の保護を受けた観阿弥《かんあみ》・世阿弥《ぜあみ》父子は，猿楽や田楽などの民間芸能をもとに能を大成した。

問2　明治政府は1872年に琉球《りゅうきゅう》王国を廃止して琉球藩を置いたのち，1879年に軍隊・警察を派遣したうえで沖縄県として日本に編入した(琉球処分)。よって，イが誤っている。なお，アは1869年以降，ウは1871年(～73年)，エは1872年のできごとである。

問3　現在発行されている一万円札の表には福沢諭吉《ゆきち》の肖像《しょうぞう》が，裏には鳳凰《ほうおう》が描かれている。この鳳凰は，平等院鳳凰堂(京都府)の棟飾《むねかざ》り(屋根の上につけられた装飾用の像)である。なお，百円硬貨の表には桜の花が，五百円硬貨の表には桐《きり》が，裏には竹と橘《たちばな》が，千円札の表には野口英世《ひでよ》の肖像が，裏には富士山と桜が，五千円札の表には樋口一葉《ひぐちいちよう》の肖像が，裏には尾形光琳《こうりん》の「燕子花図《かきつばたず》屏風《びょうぶ》」の一部が，それぞれ描かれている。

問4　894年，朝廷は数十年ぶりに遣唐使を派遣することを決定し，菅原道真《すがわらのみちざね》を遣唐大使に任命したが，道真は航海が危険であることや唐(中国)の国内が乱れていることなどを理由に派遣の中止を提案し，認められた。

問5　古代から交易路として発達してきた中国と中央アジア・西アジアなどをむすぶ道は，中国の絹がさかんに各地に運ばれたことから，のちにシルクロード(絹の道)とよばれるようになった。

問6　アは古墳時代末期(6世紀なかば)，イは弥生時代末期(3世紀)，ウは飛鳥時代末期(7世紀末)，エは古墳時代中期(5世紀)のできごとである。

問7　イにある「不景気」とは世界恐慌《きょうこう》のことで，1929年にアメリカ(合衆国)で始まり，世界中に広まった。なお，アは1932年に日本が満州国の建国を宣言したあとのできごと，ウ(日独伊三国軍事同盟の締結《ていけつ》)は1940年，エ(南京《ナンキン》事件)は1937年のできごとである。

問8　16世紀末，朝鮮への出兵を決めた豊臣秀吉は，肥前《ひぜん》(佐賀県)の名護屋《なごや》に城を築いて本陣《ほんじん》とした。秀吉が名護屋の地を選んだのは，自身の出身地である尾張《おわり》(愛知県西部)の名古屋と読み方が同じであることに縁を感じたためともいわれている。

問9　江戸幕府の成立後，各地に配置された大名は，政治の拠点《きょてん》として城を多く築いた。しかし，城が戦いの拠点となることを防ぐため，江戸幕府は一国一城令を出して，諸大名の居城をのぞくすべての城を破壊させた。また，その後に出された武家諸法度《しょはっと》では，大名が新たに築城することや，幕府の許可なく城を修理することが禁じられた。

問10　平安時代，藤原氏は自分の娘を天皇のきさきとし，生まれた子(孫)を天皇に即位《そくい》させるなどして天皇家との関係を深め，天皇が幼少のときは摂政《せっしょう》，成人後は関白となって政治の実権を握《にぎ》った。これを摂関政治といい，11世紀前半の藤原道長・頼通《よりみち》父子のときにその全盛期をむかえた。こ

れと同様に，平清盛も娘を天皇のきさきとし，生まれた孫を天皇(安徳天皇)としている。

問11　浮世絵《うきよえ》版画集「富嶽《ふがく》三十六景」で知られるのは，江戸時代後半の化政文化を代表する浮世絵師の葛飾北斎《かつしかほくさい》である。

問12　金属器が使われるようになるのは弥生時代以降のことなので，オが誤っている。なお，旧石器時代から縄文時代にかけては，黒曜石の矢じりなどが使われていた。

問13　源実朝《さねとも》が暗殺されて源氏の将軍が３代で絶えたのをきっかけに，政権を朝廷に取りもどそうと考えた後鳥羽《ごとば》上皇は，1221年，鎌倉幕府の第２代執権《しっけん》北条義時《よしとき》を討《う》つ命令を全国の武士に出した。しかし，よびかけに応じて集まった武士は少なく，幕府の大軍にわずか１か月で敗れ，上皇は隠岐《おき》(島根県)に流された。これを承久《じょうきゅう》の乱という。

問14　⑴　江戸時代の鎖国中，長崎で幕府と貿易することを認められていたのはオランダと清(中国)だけだったが，朝鮮とは対馬《つしま》藩(長崎県)，琉球王国とは薩摩《さつま》藩(鹿児島県)，蝦夷《えぞ》地(北海道)とは松前藩を仲立ちとした貿易が行われていた。対馬藩は朝鮮の釜山《プサン》に倭館《わかん》を置き，貿易を行った。

⑵　資料の農具は千歯こきである。稲の脱穀《だっこく》(稲穂からもみをとること)を効率よく行える農具で，江戸時代に普及《ふきゅう》し，昭和時代初期まで用いられた。

問15　江戸時代にえた・ひにんなどとして特定の地域に住まわされ，差別されてきた人々は，明治時代初期に解放令が出されてからも，就職や結婚などさまざまな場面で差別を受けてきた。そうした部落差別に苦しめられてきた人々は，みずからの手で差別の解消に取り組むため，1922年に全国水平社を結成した。

問16　〈年表〉からもわかるように，1940年代後半から50年代にかけては，アメリカに続いてソ連(ソビエト連邦，現在のロシア連邦)が原爆(原子爆弾)の開発に成功し，さらにアメリカは水爆(水素爆弾)を開発するなど，冷戦とよばれる米ソの対立が激化する中で，世界の人々は核戦争の恐怖《きょうふ》におびえていた。さらに，唯一《ゆいいつ》の被爆国である日本でも，原子力の利用を推進しようとする動きが起こった。そうした状況の中で，映画「ゴジラ」はつくられた。

2 **「世界農業遺産」を題材とした問題**

問１　地図中のあの佐渡島《さどがしま》(新潟県)は日本海最大の島で，江戸時代には天領(幕府の直轄《ちょっかつ》地)として金銀山が開発された。現在は，国の特別天然記念物であるトキの繁殖《はんしょく》地として知られる。

問２　⑴　山の斜面《しゃめん》や傾斜《けいしゃ》地に階段状につくられた水田を棚田《たなだ》といい，石川県の能登地域では輪島市の「白米千枚田《しろよねせんまいだ》」などが知られている。棚田は機械が使いづらく農作業が大変なので，耕作されなくなるところが多かったが，水をたくわえることから土砂災害を防ぐ効果があり，景観も美しいことから，その価値が見直されている。　⑵　日本海側では，冬に北西の季節風が吹《ふ》く。日本海に突《つ》き出た位置にある能登半島では，その風が特に強く吹くので，これを防ぐため，写真のような間垣《まがき》がつくられた。

問３　⑴　グラフ中のアは新潟県，イは北海道，ウは宮城県，エは青森県である。近年，米の生産量は新潟県，北海道，秋田県が上位を占《し》めており，宮城県は第４位～第６位あたりであることが多い。　⑵　関東地方と愛知県・静岡県西部に多くの工場があるＡは自動車組立工場，内陸部もふくめて各地に広く分布しているＣは半導体工場である。残ったＢは製紙工場で，苫小牧《とまこまい》市(北海道)や釧路《くしろ》市(北海道)，富士市(静岡県)，富士宮市(静岡県)，四国中央市(愛媛県)などにあることから判断できる。

問4　(1)　写真は茶畑で，静岡県の牧之原台地は日本有数の茶園地帯として知られる。　(2)　静岡県には大規模な製鉄所がないことから，東海工業地域では金属工業はそれほどさかんではなく，機械工業の割合が50％前後を占めている。

問5　(1)　①はイの山形県の天童市で生産される将棋《しょうぎ》の駒《こま》，②はアの岩手県の盛岡市などで生産される南部鉄器の鉄瓶《てつびん》で，どちらも県を代表する伝統工芸品となっている。なお，ウは栃木県，エは京都府，オは山口県。　(2)　濃尾平野の南西部は水はけが悪い低湿地帯となっており，木曽三《さん》川《せん》(西から順に揖斐《いび》川・長良《ながら》川・木曽川)が集中して流れ，伊勢湾に注いでいる。その下流域に位置する岐阜県海津《かいづ》市は輪中が発達したことで知られ，アは輪中，イは水屋《みずや》，エは堀田《ほりた》の説明にあたる。低湿地である輪中ではおもに稲作が行われてきたので，ウが誤っている。

問6　図A，図Bとも，1960年時点でXはある程度の量がある一方，Yの量はごくわずかなので，Xが国内生産量，Yが輸入量とわかる。このころの日本の魚介類・肉類はおもに国内生産で，輸入はほとんどなかった。また，図AではXもYも近年は減少傾向にあるので，図Aは魚介類と判断できる。近年は，漁獲《ぎょかく》量が減ってきているうえ，日本人がこれまでのように魚を多く食べなくなっている。もう一方の図Bは肉類で，近年は増加傾向にある。

問7　(1)　山梨県の甲府盆地は扇状地《せんじょうち》が発達し，水はけがよいことから，ももやすもも，ぶどうなどの果樹栽培がさかんである。ももは山梨県，福島県，長野県の順，すももは山梨県，和歌山県，長野県の順，ぶどうは山梨県，長野県，山形県の順に生産量が多い。統計資料は『日本国勢図会』2020／21年版による。　(2)　三重県東部に位置する志摩《しま》半島は，海岸線の出入りの複雑なリアス海岸で知られる。イの英虞《あご》湾や五ヶ所《ごかしょ》湾では，古くから真珠《しんじゅ》の養しょくがさかんである。　(3)　西まわり航路は東北地方から日本海沿岸を西に向かい，関門海峡を通って瀬戸内海に入り，大阪に到着する。したがって，新潟県，福井県，広島県が選べる。　(4)　最上川の下流に広がるのは山形県の庄内平野で，国内有数の稲作地帯として知られる。

3　科学技術の進歩を題材とした総合問題

問1　「古代オリンピック」が開催されたのは，ギリシャのアテネである。ギリシャはヨーロッパ南部，バルカン半島の南端に位置する国で，地図中のウにあてはまる。なお，アはスペイン，イはイタリア，エはトルコ，オはエジプト。

問2　感染症《しょう》(伝染病)の世界的な大流行はパンデミックとよばれ，人類の歴史においては，ペスト，天然痘《てんねんとう》，コレラ，インフルエンザなどの病気でそうした大流行が発生し，多くの死者を出してきた。新型コロナウイルス感染症の大流行も，2020年３月，WHO(世界保健機関)によりパンデミックであると宣言された。

問3　［グラフ１］において，二酸化炭素の排出量は，かつてはBのアメリカが世界で最も多かったが，2000年代なかば以降はAの中国がそれにとって代わり，現在は世界の排出量全体の３割近くを占めている。また，Cはインド，Dはロシアである。［グラフ２］で，中国やインドの一人あたりの二酸化炭素排出量が他国よりも低くなっているのは，経済発展にともなって二酸化炭素の排出量が大きく増えたものの，人口が多く，国民全体が豊かになっているわけではないからである。

問4　(1)　棒グラフで示されている防災関係予算額の縦軸《じく》の１目盛りは，100(万円)×100(万)＝10000(億円)＝１(兆円)なので，1995年度の防災関係予算額は約７兆5000億円と読み取れる。
(2)　2012年度の防災関係予算費は約５兆円で，2010年度の約１兆3000億円の４倍程度なので，ウが誤っている。

問5 (1) 地方の政治が，その地域の住民自身の手で住民のために行われることを，地方自治という。現代の民主政治の基本原則の1つとなっており，日本国憲法もその第8章(第92～95条)で地方自治の原則を保障している。なお，大日本帝国憲法には地方自治の規定がなく，地方の政治を行う府知事や県令(のちの県知事)は中央から派遣された。 (2) 国政選挙，地方選挙ともに，インターネットを使った選挙運動は認められているが，投票は認められていないので，エが誤っている。

問6 最高裁判所の長官は内閣が指名し，天皇により任命される。よって，エが誤っている。

問7 すべての裁判所は，国会が制定した法律や内閣の行う政令・命令・行政処分などが憲法に違反していないかどうかを，具体的な裁判を通して判断することができる。この権限を違憲立法審査権といい，裁判所によって違憲と判断された法律や政令・命令・行政処分などは無効となる。したがって，ウが正しい。なお，アは衆議院が持つ権限で，衆議院の優越《ゆうえつ》の1つである。また，イとエ(弾劾《だんがい》裁判)は国会の仕事である。

問8 2021年2月現在の議員定数は衆議院が465名，参議院が245名なので，イは誤っている。また，衆議院に先議権があるのは予算の審議だけで，法律案の審議はどちらの議院が先でもよいので，エも誤っている。

問9 ロボットは，決まった仕事を設定通りに行うことは得意だが，相手の状態に合わせて動作を調節することは不得意である。そのため，きめの細かい対応が必要な介護の現場に，ロボットは不向きであると考えられる。また，ロボットは人間らしいコミュニケーションが不得意なので，ロボットが行う介護に抵抗感を持つ人もいると考えられる。

問10 国際連合で採択《さいたく》された障害者権利条約の批准《ひじゅん》にともない，2016年に障害者差別解消法が施行された。この法律では，行政機関や民間事業者に対して，障害を理由とした不当な差別的取りあつかいの禁止と，障害者への合理的配慮《はいりょ》の提供義務が課されている。

問11 日本国憲法の「平和主義」の原則は前文と第9条に明記されており，第9条1項には「日本国民は，正義と秩序《ちつじょ》を基調とする国際平和を誠実に希求し，国権の発動たる戦争と，武力による威《い》嚇又《かくまた》は武力の行使は，国際紛争を解決する手段としては，永久にこれを放棄《ほうき》する」と規定されている。

理 科 (40分) ＜満点：80点＞

解 答

1 **問1** 呼吸 **問2** (ア)，(ウ)，(オ) **問3** (ア)，(イ)，(ウ)，(エ)，(オ) **問4** 気体検知管 **問5** **A** (ア) **B** (イ) **C** (ア) **D** (ウ) **E** カ **F** ケ **問6** (例) 植物が呼吸のさいに吸う酸素の量と，光合成のさいに出す酸素の量が等しかったから。

問7 926 t 2 **問1** (イ) **問2** 右の図

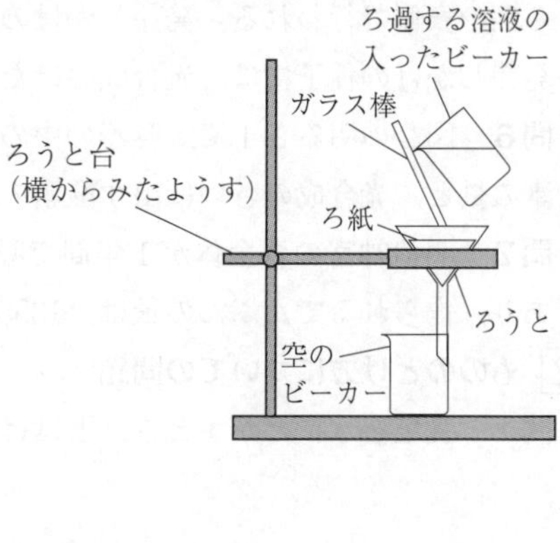

問3 (ア) ○ (イ) × (ウ) × (エ) ○ 問

4　**A**　[ア]　**B**　[イ]　**C**　21.1　**D**　0.6　**E**　1.1　**F**　[ア]　[3] **問1**　アメダス　**問2**　**A**　(エ)　**B**　(イ)　**C**　(ウ)　**D**　(イ)　**E**　(ア)　**問3**　(1)　①　(ウ)　②　(イ)　(2)　3000本分　**問4**　**雨の日**…１日目　**理由**…(例)　最高気温が低く，一日の気温の変化も小さいから。　[4] **問1**　(イ)　**問2**　(C), (D)　**問3**　(オ)　**問4**　(ア)　**問5**　(1)　①　(ア)　②　(イ)　(2)　(ア)　**問6**　(1)　(イ)　(2)　(ア)

解説

[1] 植物の生育と呼吸，光合成についての問題

問1　地球上のほとんどの生物は，でんぷんなどの養分と酸素から生活に必要なエネルギーを得て，二酸化炭素を出す。このはたらきを呼吸という。

問2　種子の発芽に必要な条件はふつう，呼吸のための空気(酸素)，水，適度な温度の３つである。

問3　植物が生育するためには，問２で述べた種子の発芽の条件に加えて，肥料と光合成をするための光が必要となる。

問4　二酸化炭素や酸素の濃度《のうど》を調べるには，気体検知管を使用する。一般《いっぱん》に，気体検知管を使用するときは，測定する気体の種類に応じたものを選び，チップホルダで気体検知管の両はしを折り取り，気体検知管の吸入口に危険防止用のゴムのカバーをつける。そして，もう一方のはしを気体採取器に差しこんでから，気体検知管の先を調べる気体の中に差しこみ，気体採取器のハンドルを一気にカチッと音がするところまで引き，ハンドルがもどらないようにしてしばらく待つ。その後，気体検知管の色の変わった部分のさかい目で目もりの値を読み取る。なお，酸素用の気体検知管は，測定後に非常に熱くなるので，冷えるまで直接触《さわ》らないように注意する必要がある。

問5　**A**　図１で，光をあてない場合も強さを変えて光をあてた場合も，すべてグラフが同じ様子なので，発芽種子の呼吸のはたらきは，光の強さによらず一定である。　**B**　下線部②のはたらきは光合成である。光合成は，植物が水と二酸化炭素を材料に，光のエネルギーを使って，でんぷんなどの栄養分をつくりだすはたらきで，このとき酸素を放出している。図１で，グラフが右下がりになっているのは，発芽種子が呼吸を行って酸素を消費しているからである。グラフの下がり方がどの条件の場合も同じなので，酸素は放出されていないことがわかる。つまり，光合成のはたらきは行われていない。　**C**　図２の光なしの場合のグラフが図１の光なしの場合と同じ様子なので，成長した植物の呼吸のはたらきも，光の強さに関係なく一定であると考えられる。　**D**　図２で，光の強さが強くなるほど，酸素の増え方が大きくなっている。したがって，光合成のはたらきは，光の強さが強いほどさかんになるとわかる。　**E**，**F**　光合成はおもに，葉緑体が多くある葉の表側で行われる。発芽しかけの種子と成長した植物とで酸素の量の変化の様子が異なるのは，発芽しかけの種子には，光合成のはたらきをするために必要な葉がないためである。

問6　図２の明るさ１で，容器の中の酸素の量が変化しなかったのは，植物が呼吸のさいに吸う酸素の量と，光合成のさいに出す酸素の量が等しかったからである。

問7　明治神宮の森全体が１年間で吸収する二酸化炭素の量は，$1.94 \times 700000 \div 1000 = 1358$（t）であり，作られるでんぷんの量は，$1358 \times \frac{180}{264} = 925.9\cdots$より，926 tと求められる。

[2] もののとけ方についての問題

問1　食塩を水にとかすとき，とけはじめの部分は濃《こ》い溶液《ようえき》になり，その他の部分はうすい溶液，

または，ほぼ真水の状態なので，濃い溶液の部分がとうめいなもやとして見える。その後，食塩のつぶがとけて小さくなっていき，つぶが見えなくなると，しばらくしてからもやも見えなくなる。

問2　ろ紙はろうとよりも少し小さいものを4つ折りにして円すい状に開き，ろうとに取りつけたら純粋《じゅんすい》な水でしめらせて，ろうとにぴったりつくようにして用いる。また，ろ液がなめらかに流れるようにするため，ろうとの足のとがった先をビーカーのかべにつける。ろ過を行うさいは，そそぐ溶液がろうとから飛び散ったりもれたりしないように，ガラス棒を伝わらせて溶液をそそぐ。このとき，ガラス棒の先でろ紙をやぶらないように，ガラス棒はろ紙の重なったところにあてる。

問3　ろ過によって一方を取り出すことができるのは，水にとけやすい物質と水にとけにくい物質の混合物である。　(ア)　おがくずは水にほとんどとけず，砂糖は水によくとける。　(イ)　砂と鉄粉はどちらも水にほとんどとけない。　(ウ)　水酸化ナトリウムとアルミニウム粉末の混合物を水に入れると，水酸化ナトリウムが水にとけて水酸化ナトリウム水溶液となり，アルミニウムをとかしてしまう。　(エ)　アルミニウムと塩酸が過不足なく反応すると，アルミニウムがとけて水素を発生し，塩化アルミニウム水溶液が残る。このことから，塩化アルミニウムは水にとけることがわかる。一方，鉄粉は水にほとんどとけない。

問4　**A**　表より，20℃の水100mLに食塩は26.4gまでとけるので，7gの食塩はとけたままである。　**B，C**　20℃の水100mLにミョウバンは5.9gまでしかとけないので，27－5.9＝21.1(g)のミョウバンがとけきれずにつぶとして出てくる。　**D**　20℃の水100mLに食塩は26.4gまでしかとけないので，27－26.4＝0.6(g)の食塩がとけきれずにつぶとして出てくる。　**E**　20℃の水100mLにミョウバンは5.9gまでしかとけないので，7－5.9＝1.1(g)のミョウバンがとけきれずにつぶとして出てくる。　**F**　A～Eより，水へのとけ方を利用して混合物を分けるときには，取り出したいものに混ざっているもの(不純物)が少量で，取り出したいものは温度によってとけ方が大きく変化するものであるという条件があるといえる。

3　気象観測と降水量についての問題

問1　気象庁の「地域気象観測システム」の通称を「アメダス」という。全国約1300か所の観測点があり，降水量，気温，風向・風速などの観測とそのデータの送信が自動で行われ，集まったデータは天気予報や防災対策などに役立てられている。

問2　**A，B**　黒い色のものは，白い色のものよりも光や熱を吸収しやすい。そのため，黒くぬられた百葉箱は，内部の温度が外の気温よりも高くなりやすい。　**C～E**　直射日光が当たる場所で，下からの照り返しが強いコンクリートの地面の上に百葉箱を設置すると，特に天気が晴れの日には，気温の観測結果が実際の気温よりも高くなり，大きな差が生じる。

問3　(1)　①　容器の口の面積は，容器Aと容器Bが，10×10＝100(cm^2)，容器Cが，10÷2＝5(cm)より，5×5×3.14＝78.5(cm^2)，容器Dが，10×20＝200(cm^2)である。雨はどの位置でも同じ面積に対して同じ量だけ降るので，容器にたまった水の量がもっとも少ないのは，容器の口の面積がもっとも小さい容器Cである。　②　容器の口から底面まで断面積が一定である容器A，容器C，容器Dは，たまった水の深さが同じになる。容器Bは，底面の面積が容器の口の面積に比べて小さくなっているため，容器A，容器C，容器Dに比べて，たまった水の深さが深くなる。

(2)　10mは，10×100＝1000(cm)，10mmは1cm，1リットルは1000cm^3なので，6時間でたまった雨水の量は，1000×1000×1×6÷1000＝6000(リットル)である。これは，2リットルのペットボトル，6000÷２＝3000(本分)にあたる。

問４　雨の日は，１日の気温の変化が小さく，平均気温や最高気温が晴れの日に比べると低いので，１日目が選べる。

4　磁石の性質と磁化についての問題

問１　磁石のＮ極で，鉄釘《てつくぎ》を頭部からとがったほうへ向かって同じ向きに数回こすると，鉄釘の頭部がＮ極，とがったほうがＳ極になる。

問２　図２で，鉄釘が棒型の永久磁石についているのは，鉄釘が一時的に磁化されているからである。釘(A)～釘(D)は下の図①のように磁化されているので，釘のとがったほうがＳ極に磁化されているのは釘(C)，釘(D)とわかる。

図①

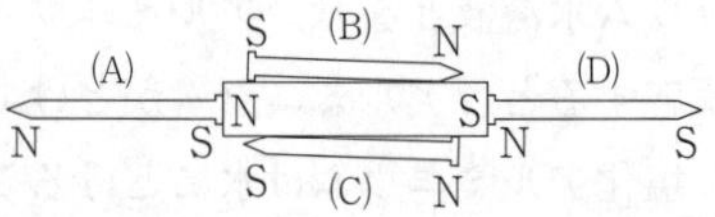

図②

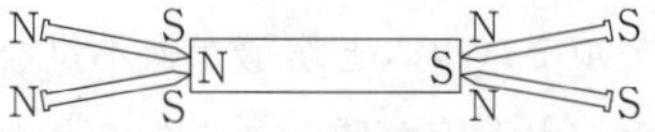

図③

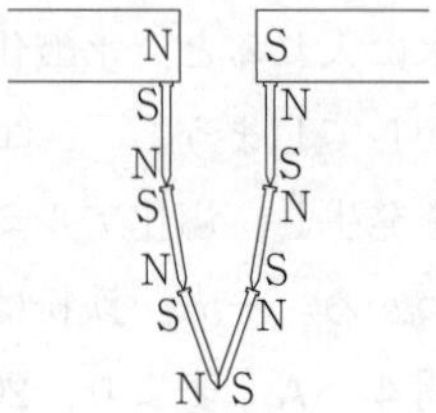

問３　鉄釘は上の図②のように磁化され，左右２本ずつの釘の頭部どうしが反発しあうので，(オ)がふさわしい。

問４　鉄釘は上の図③のように磁化され，一番下の２本の釘のとがったほうは引きあうので，(ア)が選べる。

問５　(1)　①　右の図④のように，コイルには，右手の親指以外の指の先がコイルに流れる電流と同じ向きになるようにコイルをにぎるようにすると，親指の向くほうがＮ極になるという性質がある。よって，このコイルの左はしはＮ極とわかる。　②　①より，釘のとがったほうはＳ極になっている。　(2)　図７のコイルに電流を流すと，コイルのまわりや中央には右上の図⑤の矢印の向きに磁界ができるので，コイルの中央につり下げられた２本の鉄釘のとがったほうはＮ極，頭部はＳ極に磁化される。よって，２本の釘は反発しあって，(ア)のように間が広がる。

図④

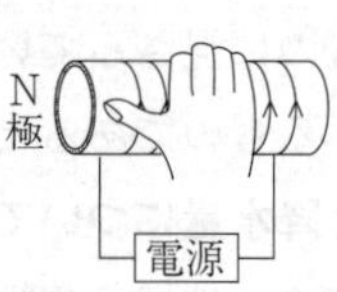

図⑤

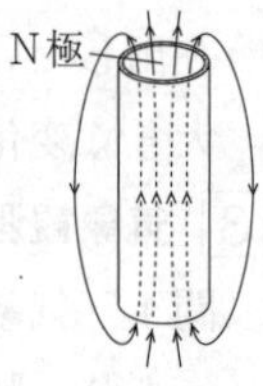

問６　(1)　方位磁針などのＮ極が北をさすので，地球の北極側はＳ極になる。　(2)　鉄の中には，非常に小さい磁石が多数ふくまれていると考えることができる。鉄の棒を高温に熱してからゆっくりと冷やしたり，南北方向に向けて置いてたたき続けたりすると，鉄の棒の中の小さな磁石がいずれもＮ極を北に向けて規則正しく並ぶようになる。その結果，鉄の棒の北側のはしにＮ極が現れ，南側のはしにＳ極が現れて，鉄の棒が磁石になる。

国　語　(50分)　＜満点：100点＞

解　答

一　問１　１～６　下記を参照のこと。　７　じゅうおう　８　けっそう　問２　１

(鍋)に(水)を(入)れ(，昆布)(は)(前)の(晩)から(浸)す(。)　**2**　(あ)　エ　(い)　オ　**3**　ア→ウ→エ→イ　**4**　**A**　ふるまい　**B**　めしあがれ　**C**　かきこん　**5**　**D**　イ　**E**　エ　**二**　**問1**　ア　**問2**　**A**　口　**B**　手　**問3**　ハーモニー　**問4**　**a**　性分　**b**　克服　**問5**　(例)　自分の性分を欠点として責めるより，認めてやって活かす方向で考えるのが良いということ。　**問6**　イ，カ　**問7**　ウ　**問8**　(例)　透き通った水を守り続けるような細やかさと，岩手山のように大きな心で祖父や裕子先生が見守り導いてくれる，自分にとって大切な居場所。　**問9**　イ　**三**　**問1**　Ⅰ　オ　Ⅱ　カ　Ⅲ　ウ　**問2**　(あ)　Ⓑ　(い)　Ⓐ　(う)　Ⓐ　(え)　Ⓑ　**問3**　**A**　きちんと受け止める　**B**　ぶつける　**問4**　エ　**問5**　**1**　ア　Ｃ　イ　Ｄ　ウ　Ｂ　エ　Ａ　**2**　(a)　構造化(他者化)　(b)　自分　(c)　他者　**3**　**考えたいこと**…(例)　健康であるとはどういうことか。／**理由**…(例)　パラスポーツ選手の活躍を知って，自分の今まで持っていた健康観が変わり，健康の本質とはどういうものかを知りたくなったから。

●漢字の書き取り

一　**問1**　**1**　無上　**2**　快活　**3**　同窓会　**4**　逆らう　**5**　持論　**6**　生誕

解　説

一　**漢字の書き取りと読み，文の組み立て，語句の意味，文のならびかえ，動作を表す言葉，擬音《ぎおん》語・擬態語の知識**

問1　**1**　この上もないようす。　**2**　明るく元気のよいようす。　**3**　同じ学校で学んだ人たちの会。　**4**　音読みは「ギャク」で，「逆転」などの熟語がある。　**5**　かねてから持っている意見。つねづね主張している自説。　**6**　生まれること。　**7**　「縦横無尽《じゅうおうむじん》」は，思うままにものごとを行うようす。　**8**　「血相を変える」は，おどろいたりおこったりして，顔色が変わること。

問2　**1**　「前」，「晩」とあるので，「昆布《こんぶ》は前の晩から浸《ひた》す」とするのがふさわしい。このようにするのは，だしが十分に出るようにするためである。また，昆布を浸す前に，「鍋《なべ》に水を入れ」る必要がある。　**2**　(あ)　「わかす」は，“水などの液体を熱して熱くする”という意味。　(い)　「ちらす」は，“ちりぢりになるようにする”という意味。　**3**　だし汁と具材の用意ができた後なので，最初は「だし汁を鍋に入れる」ア，最後は「器に盛ってねぎをちらす」イである。アとイの間は，だし汁と豆腐を温めるウ，みそを煮立たせないように，火を止めたまま「みそを溶《と》き，再び弱火で温める」エの順になる。　**4**　**A**　家族に料理をつくってあげるので，「ふるまいましょう」とするのが合う。「ふるまう」は，“もてなす”，“ごちそうする”という意味。　**B**　両親に食べるよう勧《すす》める場面なので，「食べる」の尊敬語「めしあがる」を用いて「めしあがれ」とするのがふさわしい。　**C**　まなが「一気」に食べることをたしなめるのには，「かきこんではだめよ」とするのがよい。「かきこむ」は，“急いで食べる”という意味。　なお，「さしあげる」は「与《あた》える」の謙譲《けんじょう》語，「つまむ」は“指先や箸《はし》などではさんで持つ”という意味。　**5**　**D**　「肉野菜いためのもやし」のいため方をほめているので，歯切れがいいようすを表す「しゃきしゃき」が入る。なお，「しゃりしゃり」は，“果物や氷菓《ひょうか》をかみ砕《くだ》くときの爽快《そうかい》なさま”や“張りのある布などが快く擦《す》れるさま”などを表す。　**E**　炊《た》きたてのごはんなので，やわらかにふくらんだようすを表す「ふっくら」を使う。なお，「ほくほく」は，火を通した芋《いも》や栗《くり》などの，やわらかく崩《くず》れそうな食感。「ふかふか」は，やわらかくふくらんでいる布団などの感触《かんしょく》。

二　**出典は伊吹有喜《いぶきゆき》の『雲を紡《つむ》ぐ』による。**祖父に悩《なや》みを打ち明けた美緒《みお》は，自分の良い点を探してみるようにと提案され，手始めに好きなスプーンを選ぶ。

問1　美緒は「さじの行商」の話を聞いたとたん，すぐさま傍線《ぼうせん》①のように言って祖父に自分を売り込《こ》んだのだから，その積極的なようすを「新しい世界にふみ出したい」と表しているアが選べる。なお，オの「意気込む」も積極的ではあるが，「荷物運びで生計をたて」ることは難しいと考えられる。

問2　**A**　「口当たり」は，ものを口にふくんだときの感じ。　**B**　「手を止める」は，“していたことをいったん中止する”という意味。

問3　祖父が「調和」と「音楽」にふれているので，「ハーモニー」が入る。「ハーモニー」は，和音や和声(和音の連なり)を表す音楽用語で，転じて「調和」という意味で用いられる。

問4　**a**　学校に行けない美緒の繊細《せんさい》さは「性分《しょうぶん》」だから，それを活《い》かせと祖父はアドバイスしている。　**b**　祖父のアドバイスに美緒は，「苦手なことは鍛《きた》えて克服《こくふく》しないと……」と答えている。

問5　祖父の言う「へこみ」とは，具体的には，学校に行けない美緒の繊細な性分である。それは，「突出《とっしゅつ》した場所」，つまり「良い点」として見直してみれば，「人の気持ちのあやをすくいとれる。ものごとを注意深く見られるし，集中すれば思わぬ力を発揮《はっき》することもある」という特徴《とくちょう》といえる。この内容を整理して，「自分にとって欠点と思える性分も，発想を変えて活かす方向で考えるのが良いということ」のようにまとめる。

問6　美緒はスプーンに「祖父の心をとらえた何かがある」と感じているので，イの「道具に過ぎない」はふさわしくない。また，夢中になって見てはいるが，カのように「スプーンを集めてみたい」という気持ちは描《えが》かれていない。

問7　ア，ウ，エ，オ　「ほめられているような眼差《まなざ》しに心が弾《はず》み」とあるので，「喜び」，「うれしく」とあるウが正しく，「祖父になぐさめてほしい」とあるア，「祖父に叱《しか》られ落ち込んでいた」とあるエ，「スプーンを手に取って後悔《こうかい》していた」とあるオはあてはまらない。　イ　美緒が「恥《は》ずかしく」感じたのは「おどけた自分」に対してであり，「夢中になってスプーンを探したこと」に対してではない。

問8　「水」については，「透《す》き通った」，「今も使われてる」，「湧《わ》き水」と描《えが》かれており，長い年月，湧き水を大切にしてきた細やかな暮らし方がわかる。また，「岩手山」については，「ゆったりと町を見下ろしていた」と描かれており，美緒を受け止めてくれる祖父や裕子《ゆうこ》先生が重ねられているといえる。これらをふまえて，「祖父や裕子先生が，水を守るように大切に見守ってくれ，また，岩手山のように大きな心で受けとめてくれる，自分の居るべき場所」のように整理する。

問9　ア　太宰治《だざいおさむ》は小説家で，『人間失格』，『走れメロス』などの作品がある。　イ　宮沢賢治《みやざわけんじ》は岩手県出身の詩人・童話作家で，『よだかの星』，『なめとこ山の熊』のほか，『銀河鉄道の夜』，『セロ弾《ひ》きのゴーシュ』などの作品がある。　ウ　石川啄木《いしかわたくぼく》は歌人・詩人で，歌集『一握《いちあく》の砂』などの作品がある。　エ　柳田國男《やなぎたくにお》は民俗学者で，岩手県遠野《とおの》町(現在の遠野市)に伝わる昔話や郷土芸能などを聞き書きしてまとめた『遠野物語』などの著作がある。　オ　芥川龍之介《あくたがわりゅうのすけ》は小説家で，『トロッコ』，『蜘蛛《くも》の糸』などの作品がある。

[三] **出典は吉見俊哉《よしみしゅんや》の『知的創造の条件　AI的思考を超《こ》えるヒント』による。**知的創造には，他者と対話すること，読むことと書くことを通して自分自身と対話することが重要であると説き，人にはできてAIにはできないことについて述べている。

問1　Ⅰ「執念《しゅうねん》が必要」だが「やっかい」なことにもつながるという文脈なので，前のことがらを受けて，それに反する内容を続けるときに用いる「しかし」が入る。　Ⅱ　直前の二文で述べた「文章にしていく」ことについて，続く部分で「A4一枚」で「文章にしておく」例をあげているので，具体的な例をあげるときに用いる「たとえば」がふさわしい。　Ⅲ　データの「矛盾《むじゅん》」などは「AI的知能には禁物」だが，「最初は矛盾だらけ」ということも当然ながらあるだろうと述べる文脈なので，“言うまでもなく”という意味の「もちろん」が合う。

問2　(あ)「後者」は，前にあげた二つのうちの後のものを指すので，Ⓑである。なお，この段落で「両者」にあたるのはⒶとⒷで，Ⓐを指す場合は“前者”という。　(い)　直後の一文に「こういう人たちの場合，人の話を聴《き》かない」とあるので，Ⓐにあたる。　(う)　(い)の「自分はこれを言いたいという気持ち」があるために，「自身の考えを相手にぶつける」のだから，Ⓐである。　(え)「素直《すなお》に教師の話を聴く」のだから，Ⓑである。

問3　第[3]段落と第[4]段落で説明されている。　**A**　傍線①の直前の一文に「相手の話を聴くだけでは，聴いたことにはならない」とあるので，まずは「相手の話を聴く」こと，つまり，「人の話をきちんと受け止める」ことが必要といえる。　**B**　傍線①の直後の一文に「自身の考えを相手にぶつける」とあるので，「ぶつける」がぬき出せる。

問4　第[1]～第[4]段落では，「対話」における「創造的な思考」について論じられている。また，第[5]～第[8]段落では，「読むことと書くこと」における「知的創造」について論じられている。よって，「知的創造」にふれているエが選べる。

問5　**1**　**ア**「本」などに関係することがらなので，「多数の本を読む」とあるＣが合う。　**イ**「練り直す」のだから，「修正し改善する」とあるＤがよい。　**ウ**「前の週」とあるので，「何日かおいて」とあるＢがふさわしい。　**エ**「ふせんに書いてはり出す」のだから，「書き出す」とあるＡである。なお，「ふせん」は，用件を書いてはりつけるための小さな紙片。　**2**　(a)　図１のＡや「文字化」にあたる内容は，第[5]，第[6]段落で説明されている。第[5]段落に，「文字にして書く」ことは「考え」を「構造化」する最善の方法だとあるので，「構造化」がぬき出せる。なお，第[6]段落で，「考えは文字化されることによって他者化される」と説明し直されているので，「他者化」でもよい。　(b)　Ｂの「読み返す」ことについては第[7]段落で説明されており，その内容が第[8]段落で「自分との対話」とまとめられている。　(c)　Ｃの「本を読む」ことについては，第[8]段落で「読書とは，要するに他者との対話なのです」と述べられている。　**3**　解答例のほか，「考えたいこと…実際に人と会って話をすることの意義／理由…オンラインで祖父母やいとこたちと話をしたが，実際に会ったときのほうが満足感は大きい気がしたから」，「考えたいこと…二十年後の自分のこと／理由…親しい友人が将来どういう仕事をしたいか，しっかり考えているのを知ったから」，「考えたいこと…食品廃棄《はいき》について／理由…規格に合わない農作物が廃棄されているニュースを見て，なんとか利用できないかと思ったから」なども考えられる。

Dr.福井の

入試に勝つ！ 脳とからだのウルトラ科学

意外！　こんなに役立つ“替え歌勉強法”

病気やケガで脳の左側（左脳）にダメージを受けると，字を読むことも書くことも，話すこともできなくなる。言葉を使うときには左脳が必要だからだ。ところが，ふしぎなことに，左脳にダメージを受けた人でも，歌を歌う（つまり言葉を使う）ことができる。それは，歌のメロディーが右脳に記憶されると同時に，歌詞も右脳に記憶されるからだ。ただし，歌詞は言葉としてではなく，音として右脳に記憶される。

そこで，右脳が左脳の10倍以上も記憶できるという特長を利用して，暗記することがらを歌にして右脳で覚える“替え歌勉強法”にトライしてみよう！

歌のメロディーには，自分がよく知っている曲を選ぶとよい。キミが好きな歌手の曲でもいいし，学校で習うようなものでもいい。あとは，覚えたいことがらをメロディーに乗せて替え歌をつくり，覚えるだけだ。メロディーにあった歌詞をつくるのは少し面倒かもしれないが，つくる楽しみもあって，スムーズに暗記できるはずだ。

替え歌をICレコーダーなどに録音し，それを何度もくり返し聞くようにすると，さらに効果的に覚えることができる。

音楽が苦手だったりして替え歌がうまくつくれない人は，かわりに俳句（川柳）をつくってみよう。五七五のリズムに乗って覚えてしまうわけだ。たとえば，「サソリ君，一番まっ赤は，あんたです」（さそり座の１等星アンタレスは赤色――イメージとしては，運動会の競走でまっ赤な顔をして走ったサソリ君が一番でゴールした場面）というように。

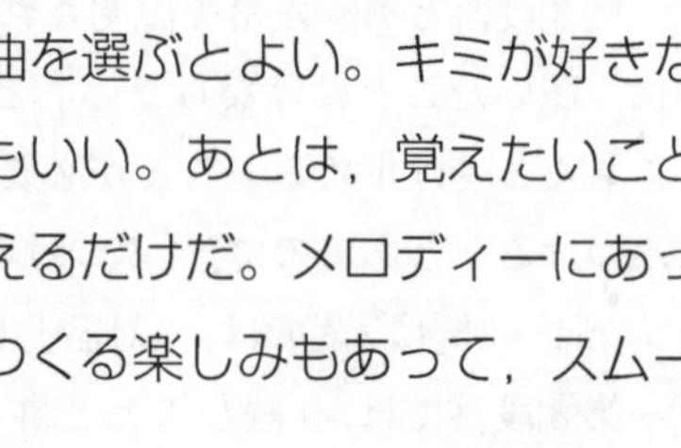

Dr.福井（福《ふく》井《い》一成《かずしげ》）…医学博士。開成中・高から東大・文Ⅱに入学後，再受験して翌年東大・理Ⅲに合格。同大医学部卒。さまざまな勉強法や脳科学に関する著書多数。

2020年度　横浜雙葉中学校

〔電　話〕　(045) 641－１００４
〔所在地〕　〒231－8653　神奈川県横浜市中区山手町88
〔交　通〕　JR根岸線 ―「石川町駅」より徒歩13分
　　　　　　みなとみらい線 ―「元町・中華街駅」より徒歩６分

【算　数】（50分）〈満点：100点〉

1 次の問いに答えなさい。

(1) 次の □ にあてはまる数を答えなさい。

① $\left(2020+2-1\right)\div\left\{12\times4-\left(7+9\times6-26\right)\div7\right\}=\square$

② $\frac{3}{5}\div\left(1\frac{7}{9}-\square\times0.4\right)+1.1=6\frac{1}{2}$

(2) りんご，みかん，ももの３種類のくだものが３個ずつあります。この中から好きなものを４個選ぶとき，何通りの選び方がありますか。ただし，選ばないくだものがあってもよいものとします。

(3) $\frac{5}{6}$より大きく$\frac{17}{18}$より小さい分数について，分母が54の分数のうち約分できないものの和は$\frac{\square}{54}$となります。□ にあてはまる数を答えなさい。

(4) Ａさんは，家から学校まで毎分70ｍの速さで登校しています。ところが昨日はちょうど真ん中の地点で忘れ物に気づいたので，1.2倍の速さで家にもどり，忘れ物を探すのに３分かかり，1.2倍の速さのまま学校に向かったところ，いつもより15分おそく学校に着きました。家から学校までの道のりは何ｍですか。

(5) 7を2020回かけたとき，一の位の数を求めなさい。

(6) 葉子さんにはお母さんと妹がいます。今から６年後にお母さんの年齢《れい》は葉子さんの年齢の３倍になり，その６年後にはお母さんの年齢は妹の年齢の３倍になり，さらにその６年後にはお母さんの年齢は葉子さんの年齢の２倍になります。今，妹は何才ですか。

(7) 下の図のＡとＢの面積が等しいとき，□ にあてはまる数を答えなさい。

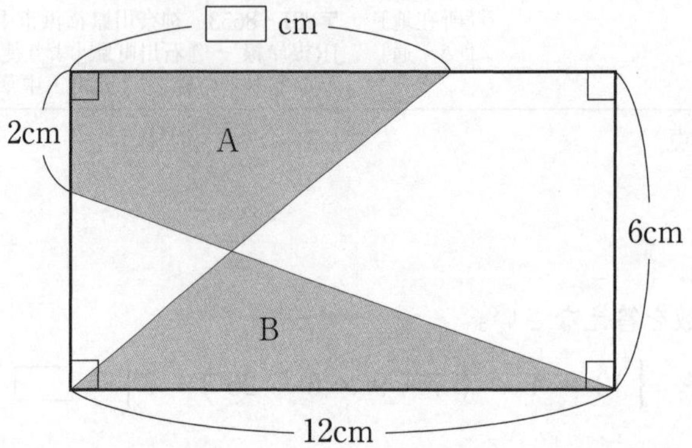

2 ＜図１＞のような側面に平行な長方形の仕切り①，②で左からＡ，Ｂ，Ｃの３つの部分に分けられている直方体の水そうがあります。この水そうのＡの部分に水を一定の割合で入れていきました。

＜図２＞は，水を入れ始めてからの時間とＡの部分の水の深さの関係を表したグラフです。次の問いに答えなさい。ただし，仕切りの厚みは考えないものとします。

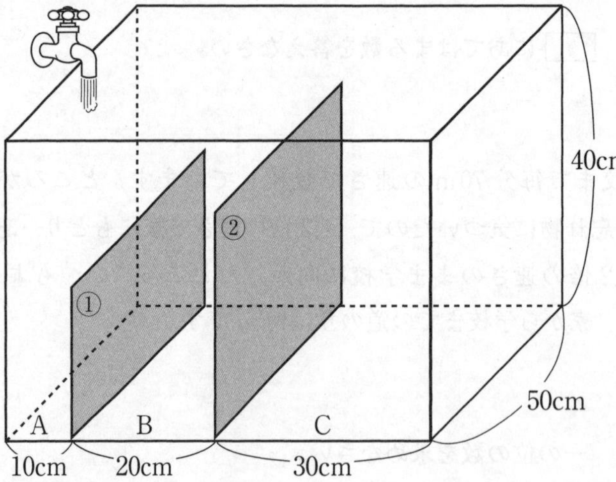

＜図１＞

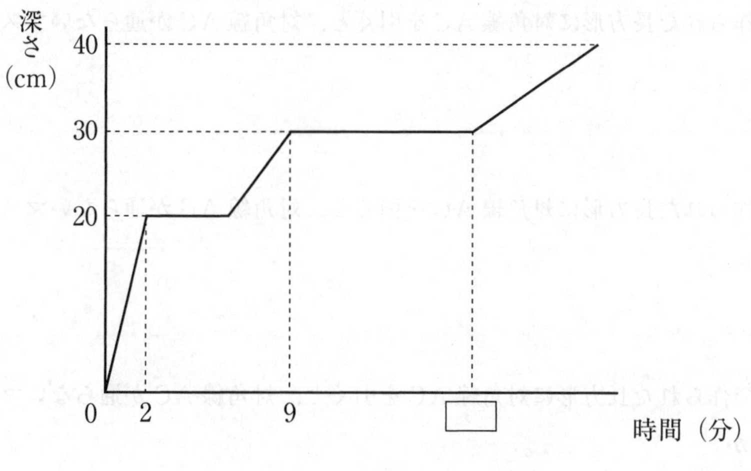

＜図2＞

(1) 水は毎分何 cm³の割合で入っていますか。

(2) グラフの □ にあてはまる数を答えなさい。

(3) 水を入れ始める前に仕切り①をとりはずした場合を考えます。仕切り①があった場合と比べて，A の部分の水の深さが同じになるのは，何分後から何分後ですか。途《と》中の式や考え方も書きなさい。

3 いくつかの正方形のマスをすきまなく並べて作った長方形の左下の頂点を A，右下の頂点を B，右上の頂点を C，左上の頂点を D とします。この長方形に対角線 AC を引いたとき，対角線 AC が通らないマスがいくつあるかを考えます。例えば，下の図のように 2 × 4 のマス（縦《たて》に 2 個，横に 4 個）で作られた長方形に対角線 AC を引くと，対角線 AC が通らないマスは色のついた 4 個になります。

このとき，次の問いに答えなさい。

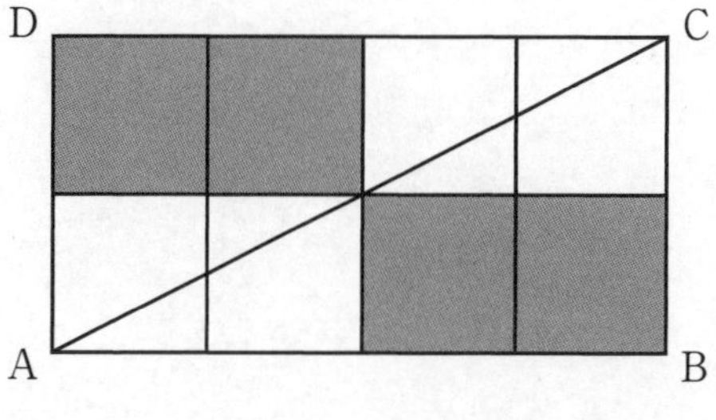

(1) 3×4 のマスで作られた長方形に対角線 AC を引くと，対角線 AC が通らないマスはいくつありますか。

(2) 4×5 のマスで作られた長方形に対角線 AC を引くと，対角線 AC が通らないマスはいくつありますか。

(3) 20×25 のマスで作られた長方形に対角線 AC を引くと，対角線 AC が通らないマスはいくつありますか。

(4) 20×25 のマスで作られた長方形に対角線 AC と対角線 BD を引くと，対角線が一本も通らないマスはいくつありますか。

【下の図は必要があれば使ってもかまいません。】

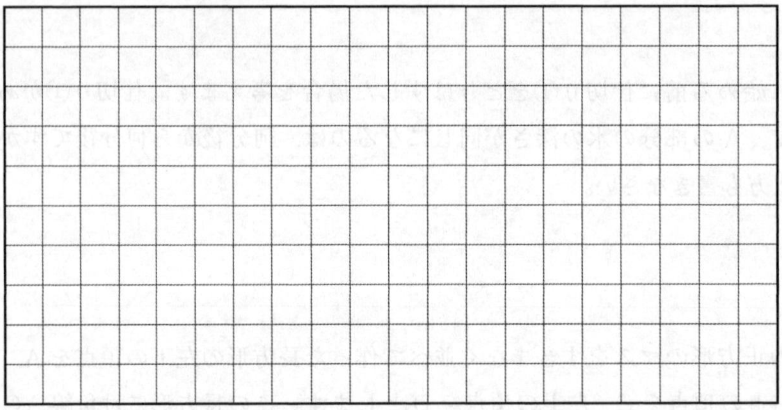

4 22人の選手がバスケットボールのシュートを30本ずつ打ちました。このときゴールに入った本数で順位をつけたところ，次のような結果になりました。

1 位の選手の本数は25本

6 位の選手の本数は21本

11位の選手の本数は11本

16位の選手の本数は 6 本

このとき，次の問いに答えなさい。

(1) ゴールに入った本数が15本以下の選手は，最も多くて何人になりますか。

(2) ゴールに入った本数が10本未満の選手は11人いました。この11人だけの平均の本数は4本でした。ここでもう一度，この11人だけにシュートを30本ずつ打たせました。この結果，本数が前回よりも11本以上増えた選手は0人，10本増えた選手は4人，9本増えた選手は3人，○本増えた選手は△人，前回と変わらなかった選手は□人，前回よりも本数が減った選手は0人で，増えた本数は10本，9本，○本の3通りだけという結果になりました。また，2回目に30本のシュートを打った11人の2回目の平均本数は，小数第2位を四捨五入したところ，11.5本になりました。このとき，下の【例】のような形で，○と△と□に入る整数の組をすべて答えなさい。また，途中の式や考え方も書きなさい。

【例】

○が1，△が2，□が3のとき，(1，2，3) と書く。

【社　会】（40分）〈満点：80点〉

1　日本列島には多くの温泉が存在し、今も昔も人びとに親しまれています。次のＡ～Ｊの各文章は、日本列島に存在するいくつかの温泉について述べたものです。後の問いに答えなさい。

> Ａ　ニセコひらふ温泉は、北海道西部のニセコアンヌプリという山のふもとにある温泉です。周辺に有名なスキー場があり、海外からの観光客も多い場所です。ひらふという地名は、７世紀に東北地方に遠征《えんせい》した(あ)阿倍比羅夫《あべのひらふ》という将軍が、このあたりまでやって来たという伝説に由来します。また、(い)アジア・太平洋戦争中には、ニセコアンヌプリの頂上で、戦闘機《せんとうき》が氷雪に囲まれた低温状態でどのようになるのかという実験が行われ、その時に使われた戦闘機の残がいが、近くの博物館に展示されています。

問１　下線部(あ)について、この将軍は中大兄皇子の時代の朝廷に仕えました。中大兄皇子らが進めようとした政治の方針を述べた文章として正しくないものを、次のア～エから一つ選び、記号で答えなさい。

ア　中国で学んできた留学生とともに、天皇を中心とする国づくりをおこなう。
イ　天皇や豪族が所有していた土地や民は、すべて国家のものとする。
ウ　仏教の力で社会の不安をしずめるため、国ごとに寺院を建設する。
エ　都や地方の区画を定め、都から地方に役人を派遣《はけん》して治めさせる。

問２　下線部(い)について、アジア・太平洋戦争中は、物資の不足が深刻になりました。米などの生活必需《ひつじゅ》品を国民にいきわたらせるために実施《じっし》された制度は何ですか。漢字で答えなさい。

B　浅虫《あさむし》温泉は、青森県の中央部、陸奥《むつ》湾に面した温泉です。江戸時代には名湯として知られており、幕府から派遣された視察団が滞在《たいざい》した記録も残っています。また、江戸時代の旅行家の菅江《すがえ》真澄《ますみ》という人物も、この温泉をしばしば訪《おとず》れており、18世紀末にはこの温泉に滞在した後に、同じ青森県内の㋒亀ヶ岡《かめがおか》遺跡を訪れ、そこで発《はっ》掘《くつ》された土器を見学しています。

問3　下線部㋒について、この遺跡は後の研究によって、縄文時代の遺跡であることがわかりました。縄文時代の人びとの生活や社会の様子について述べた文章として正しいものを、次のア～エから一つ選び、記号で答えなさい。

ア　漆《うるし》を使用した漆器《しっき》が、生活の中で使われるようになった。
イ　海での漁が盛んに行われ、鉄を材料としたつり針が多く使用された。
ウ　集落の近くで食料を手に入れることができたので、他の地域との行き来は無かった。
エ　人びとは狩猟《しゅりょう》をして食料を得ており、動物を解体するために石包丁が使用された。

C　上山《かみのやま》温泉は、山形県の南東部にある温泉で、東に蔵王《ざおう》山を望む場所にあります。江戸時代、この地には上山藩という藩が置かれ、上山の町は城下町と温泉町の両方の顔を持つ町になりました。上山藩の藩主は、自らの城下町を発展させるために温泉を大切にし、㋓町人たちに多くの共同浴場を作らせました。今でも共同浴場からあがる湯けむりの先に、復元された上山城を見ることができます。

問4　下線部㋓について、江戸時代は町人が経済力を持ち、活気あふれる文化を生み出しました。下の写真は、彼らが熱狂《ねっきょう》的に好んだ芸能です。その名前を漢字で答えなさい。

『学校百科・はじめてみる伝統芸能③』より

D　箱根温泉は、神奈川県西部の箱根山にある温泉です。鎌倉時代になると、多くの人が訪れた記録が残るようになり、源頼朝の家臣の(お)和田義盛《わだよしもり》が、子と共に訪れたことが伝わっています。それ以降も宿場町や観光地として繁栄《はんえい》し続け、(か)豊臣秀吉が戦国大名の北条氏を攻める時に、陣《じん》を置いたことでも有名です。江戸時代になると、箱根温泉の湯が将軍に献上《けんじょう》されるようになり、(き)樽《たる》につめられた湯が江戸城に運ばれるのを見た人びとによって、箱根温泉の名は、より高まりました。

問５　下線部(お)について、和田義盛は、鎌倉幕府の御家人の取り締《し》まりや、軍事・警察の仕事を担当した機関の責任者でした。この機関の名前を漢字で答えなさい。

問６　下線部(か)について、豊臣秀吉が実施《じっし》した検地で作成された検地帳に記された内容として正しくないものを、次のア～エから一つ選び、記号で答えなさい。

ア　田畑から収穫《しゅうかく》される作物の量　　イ　田畑にかかる税の額
ウ　田畑のよしあし　　エ　田畑を耕作している人の名

問７　下線部(き)について、この湯は箱根から江戸まで、五街道の中の一つを通って運ばれました。その街道の名前を、次のア～エから一つ選び、記号で答えなさい。

ア　奥州街道　　イ　東海道　　ウ　中山道　　エ　日光街道

E　湯河原《ゆがわら》温泉は、神奈川県西部に位置し、伊豆半島の付け根にあります。(く)万葉集の和歌にもよまれた古い温泉で、その和歌が書かれた石碑《せきひ》が、現在万葉公園に建てられています。明治時代以降は、首都東京から近いこともあって、多くの政治家や文豪《ぶんごう》たちに愛されました。光風《こうふう》荘という建物は、1936年の二・二六事件の際に、滞在していた(け)牧野伸顕《まきののぶあき》前内《ない》大臣が襲撃《しゅうげき》された現場で、事件に関係する品が展示・公開されています。

問８　下線部(く)について、万葉集には4500首以上の和歌がおさめられています。万葉集におさめられている和歌として正しくないものを、次のア～エから一つ選び、記号で答えなさい。

ア　僧がよんだ和歌　　イ　天皇がよんだ和歌
ウ　農民がよんだ和歌　　エ　武士がよんだ和歌

問９　下線部(け)について、この人物は明治時代に活躍《かつやく》した大久保利通の子です。大久保利通は1871年に欧米《おうべい》への使節団に参加しました。その使節団の大使の名前を漢字で答えなさい。

F　湯田中渋《ゆだなかしぶ》温泉は、長野県北部にある温泉です。この温泉は戦国武将の(こ)武田信玄の「隠《かく》し湯」とも言われ、戦いで傷ついた兵士が、この温泉で傷をいやしたそうです。明治時代に(さ)地租改正が行われる際に、住民が共同で持っていた温泉や周辺の土地が、すべて国のものとなってしまいました。そこで住民たちは会社を作り、温泉を使う権利を会社のものとすることによって、温泉を自らの手に取り戻《もど》しました。

問10　下線部(こ)について、武田氏は山梨県から長野県にかけての地域を支配した戦国大名です。戦国大名と、その大名が支配した地域の現在の県名の組み合わせとして、正しいものを、次のア～エから一つ選び、記号で答えなさい。

ア　浅井氏　―　石川県
イ　大友氏　―　大分県
ウ　長宗我部氏　―　長崎県
エ　最上氏　―　茨城県

問11　下線部(さ)について、地租改正について述べた文章として正しいものを、次のア～エから一つ選び、記号で答えなさい。

ア　地租改正は農民たちから歓迎《かんげい》され、予定より早く作業を終えることができた。
イ　地租改正を行った結果、農民たちは現金で税を納めるように決められた。
ウ　地租改正を行った結果、農民たちは収穫量の3%を税として納めるように決められた。
エ　地租改正を行うことは、明治政府が提案し、帝国議会で審議《しんぎ》されて決定された。

G　西山温泉は、山梨県西部の南アルプスの山中にある温泉です。中臣鎌足の子で、僧となった定恵《じょうえ》によって発見されたと言われています。奈良時代には聖武天皇の子の㋛孝謙《こうけん》天皇が、天皇を退位した後にやって来て、さらに山奥にある奈良田《ならだ》温泉と共に非常に気に入り、数年間滞在したと言われています。これらの話は伝説なのかもしれませんが、今でも何軒《けん》かの歴史ある旅館が旅行客を迎《むか》えています。

問12　下線部㋛について、孝謙天皇は父の聖武天皇が亡《な》くなった後、父が生前使っていた宝物や道具などを正倉院に納めました。正倉院のある場所を、下の地図中のア～オから一つ選び、記号で答えなさい。

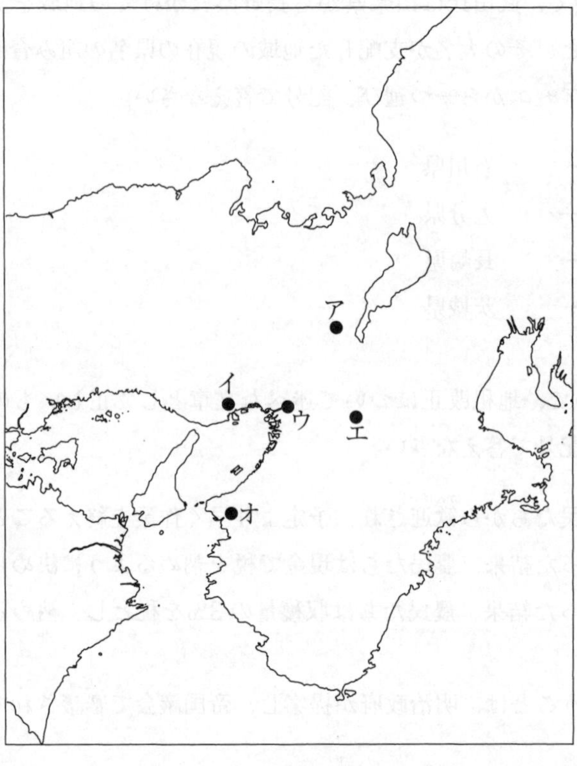

H　有馬《ありま》温泉は、兵庫県の東部にある温泉です。都から近いため、貴族や僧などが、よくこの温泉に滞在しました。平安時代に(す)藤原道長が病気の治療《ちりょう》を兼《か》ねて有馬温泉におもむき、多くの貴族が付き従ったことが記録に残っています。また、室町時代に(せ)足利義政に仕えた僧である季瓊真蘂《きけいしんずい》が、一か月ほどの休みを与《あた》えられ、仲間と共に有馬温泉を楽しみました。その時の記録には、温泉にやって来るさまざまな変人のことが書き残されています。

問13　下線部(す)について、藤原道長のような平安時代の貴族たちが、生活の中で行っていたと考えられることを述べた文章としてふさわしくないものを、次のア～オから一つ選び、記号で答えなさい。

ア　けまりの名手たちを自宅に招き、優《すぐ》れた技を披露《ひろう》した者にほうびを与える。
イ　子どもたちと、小倉百人一首のかるた遊びを楽しむ。
ウ　自宅に親しい貴族を招き、夜遅《おそ》くまで囲碁《いご》の勝負を楽しむ。
エ　年の始まりに一年の無病と安全を祈願《きがん》して、若菜《わかな》をつみ、食べる。
オ　仲間の貴族たちと、自宅で琴《こと》、琵琶《びわ》、笛などの練習をする。

問14　下線部(せ)について、足利義政が建てた慈照《じしょう》寺の東求堂《とうぐどう》という建物には書院造の部屋があります。下の書院造の写真の中の矢印が示す設備を何と呼びますか。答えなさい。

『週刊朝日百科　日本の歴史5　中世Ⅱ』より

I　雲仙《うんぜん》温泉は、長崎県の島原半島にある温泉で、周辺はもうもうと湯気が立ちのぼり、足元から熱気が噴《ふ》き出している場所を歩くことができます。江戸時代には、(そ)キリスト教徒たちを温泉の熱湯につけるなどの弾圧《だんあつ》にも利用されました。また、長崎の町に近かったため、シーボルトなど日本に滞在した外国人にも知られており、彼らがヨーロッパで発表した日本に関する書物の中で、「雲仙」の地名と温泉が紹介されています。

問15　下線部(そ)について、次の年表はキリスト教の禁止と鎖国体制への歩みをまとめたものです。（　a　）～（　c　）にあてはまる国の組み合わせとして正しいものを、下のア～カから一つ選び、記号で答えなさい。

＜年表＞

1612年　キリスト教を禁止する
1616年　ヨーロッパ船の来航を長崎・平戸に限定する
1624年　（　a　）船の来航を禁止する
1637年　島原・天草一揆がおこる
1639年　（　b　）船の来航を禁止する
1641年　（　c　）商館を出島に移す

ア	a　オランダ	b　スペイン	c　ポルトガル
イ	a　オランダ	b　ポルトガル	c　スペイン
ウ	a　スペイン	b　オランダ	c　ポルトガル
エ	a　スペイン	b　ポルトガル	c　オランダ
オ	a　ポルトガル	b　オランダ	c　スペイン
カ	a　ポルトガル	b　スペイン	c　オランダ

J　別府《べっぷ》温泉は、大分県にある温泉で、湧《わ》きだす湯量が日本で最も多い温泉の一つです。(た)鎌倉時代に元が攻めてきた際に、戦いの負傷者をこの温泉で治療したとも言われています。(ち)高度経済成長の時期には、修学旅行や新婚《しんこん》旅行の行き先にも選ばれ、多くの日本人の思い出に残りました。現在も海外からの観光客が訪問し、また、温泉の研究所が設置されるなど、大きな存在感を示しています。

問16　下線部(た)について、この戦いに参加した熊本県の武士で、戦いの前後の事情を「蒙古襲来絵詞」に記録させた武士の名前を漢字で答えなさい。

問17　下線部(ち)について、高度経済成長が始まる頃に国から出された「経済白書」に書かれた、日本の復興を示す言葉を、次のア～オから一つ選び、記号で答えなさい。

ア「もはや戦後ではない」
イ「もはや占領ではない」
ウ「もはや日本ではない」
エ「もはや敗者ではない」
オ「もはや貧乏《びんぼう》ではない」

2　次の文章を読んで、後の問いに答えなさい。

近年、世界に展開するいくつかの大企業《きぎょう》が、容器包装のリサイクルの徹底《てってい》、(あ)プラスチック製品の使用削減《さくげん》などに取り組むことを相次いで発表して、大きな話題になりました。また多くの国や地域でも、レジ袋《ぶくろ》を有料にしたり、プラスチック製の容器やストローの販売《はんばい》を禁止するなど、プラスチックゴミを減らしていこうとする試みが世界的に広がっています。

こうした動きの背景の一つに、プラスチックゴミによる(い)海洋汚染《おせん》が深刻になっていることがあります。世界中の海にはすでに1億5000万トンを超《こ》えるプラスチックゴミがあり、2050年には海の中に存在するプラスチックの量が魚の量を上回るという予測もあります。(う)魚類、海鳥、哺乳《ほにゅう》動物など多くの生物が、プラスチックゴミをエサと間違《まちが》えて飲み込《こ》んでしまったり、海に残されたプラスチック製の網《あみ》にからまったりして、傷つけられたり死んだりしています。また、海に流出したマイクロプラスチック(注)は、海洋生物だけでなく人間の体にも蓄積《ちくせき》されているといわれ、(え)人間の体への影響《えいきょう》も心配されています。

私たちは、普段《ふだん》の生活の中で毎日たくさんのプラスチックを使っています。たとえばスーパーマーケットに買い物に行くと、肉や魚はプラスチック製のトレーに、(お)野菜や果物《くだもの》もビニール袋に入っています。環境省などによると、日本の(か)プラスチックゴミの有効利用率は85.8％で、世界の中でも高い方であるという見方もありますが、一方で、一人あたりのプラスチックゴミの量が多いことや、回収したプラスチックゴミの一部を外国に輸出していること、また、リサイクルの方法など、今後考えなければいけない課題も多くあります。

(注)　非常に小さなプラスチックのこと。プラスチックゴミが紫外線《しがいせん》や波の作用で粉々になったものや、洗顔料や歯磨《はみが》き粉に含まれる微細《びさい》なプラスチックなどがある。

問１　下線部㋐について、次の問いに答えなさい。

(1)　プラスチックは石油化学工業でつくられる製品です。次のA、Bのグラフは、2016年における瀬戸内工業地域と京葉工業地域のいずれかの工業出荷《しゅっか》額の総額とうちわけを示しています。また、グラフ中のX、Yは、化学工業か機械工業かのいずれかです。Aの工業地域名とXの工業の種類の組み合わせとして正しいものを、下のア～エから一つ選び、記号で答えなさい。

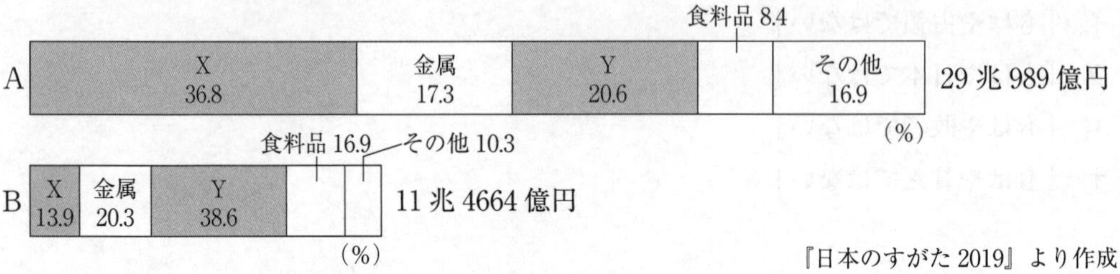

『日本のすがた2019』より作成

ア　A：瀬戸内工業地域　　X：化学
イ　A：瀬戸内工業地域　　X：機械
ウ　A：京葉工業地域　　X：化学
エ　A：京葉工業地域　　X：機械

(2)　プラスチックの原料である原油のほとんどを、日本は外国から輸入しています。原油のような液状のものを専門に運ぶ貨物船のことを何とよびますか。

問２　下線部㋑について、次の問いに答えなさい。

(1)　右の地図中の①、②が示す海の名前を、解答欄《らん》に合うように答えなさい。

(2)　1977年ごろから、世界各国は自国の水産資源を守るために、海岸から200海里の範《はん》囲《い》の海で、外国の漁船がとる魚の種類や量を制限するようになりました。200海里は、約何㎞ですか。次のア～エから適当なものを一つ選び、記号で答えなさい。

ア　約20㎞　　イ　約90㎞　　ウ　約180㎞　　エ　約370㎞

問3　下線部㋒について、日本の漁業をめぐる変化について正しく説明している文を、次のア～エから一つ選び、記号で答えなさい。

ア　沖合漁業の生産量は1980年代半ばが最大で、2016年の生産量は最盛期の3分の1以下となっている。

イ　養殖《ようしょく》業の生産量は増加し続けており、2016年の生産量は2000年の生産量のおよそ2倍である。

ウ　漁業で働く人のうち60歳以上の人が占《し》める割合は、1980年以降、低下し続けている。

エ　外国からの水産物の輸入量は増加し続けており、2016年の輸入量は2000年の輸入量のおよそ2倍である。

問4　下線部㋓について、日本では1956年に原因不明の病気が確認《かくにん》され、のちにこの病気は工場の廃水《はいすい》による海の汚染が原因であることがわかり、水俣病とよばれるようになりました。水俣病の原因となる海の汚染がおきた地域を、次の地図中のア～オから一つ選び、記号で答えなさい。

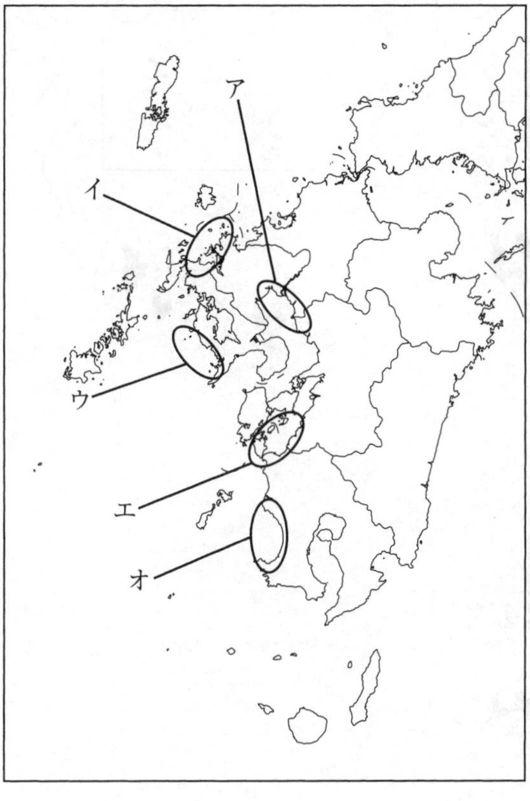

問５　下線部㋔について、次の問いに答えなさい。

(1)　下のア～オの地図は、キャベツ、トマト、ナス、カキ、ブドウのいずれかの2017年における生産量が１位から５位までの都道府県を黒くぬって示しています。次の①、②の生産量について示している地図を、下のア～オからそれぞれ一つ選び、記号で答えなさい。

①ナス　　②ブドウ

ア

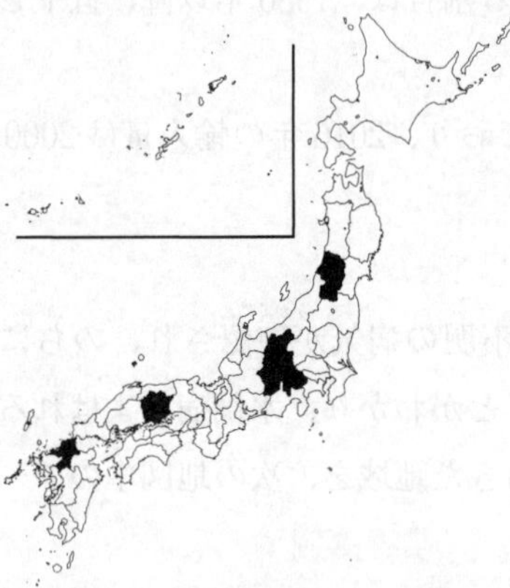

イ

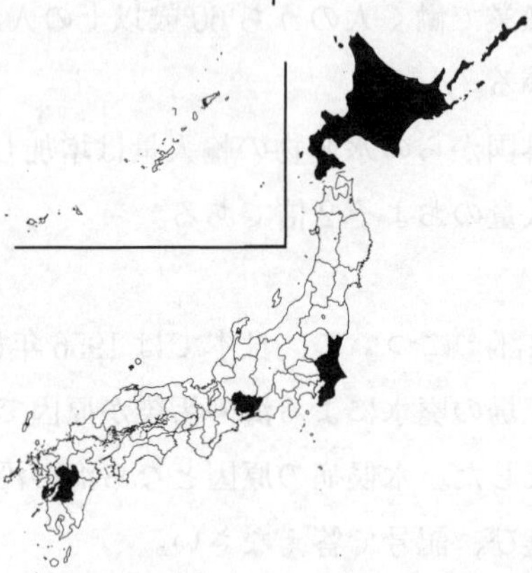

ウ

エ

オ

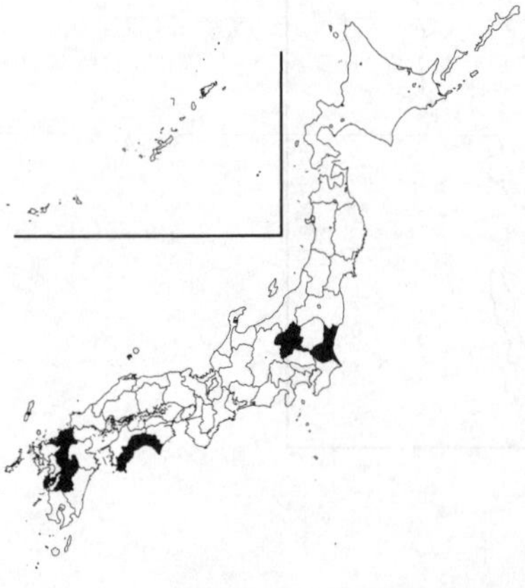

『日本のすがた　2019』より作成

(2)　日本で消費されるりんごは国内産のものがほとんどですが、2012年ごろから輸入も増えています。りんごの輸入は、特に5月から8月にかけての時期に集中します。2018年に、日本がりんごを最も多く輸入した国を、下の地図中のア～オから一つ選び、記号で答えなさい。

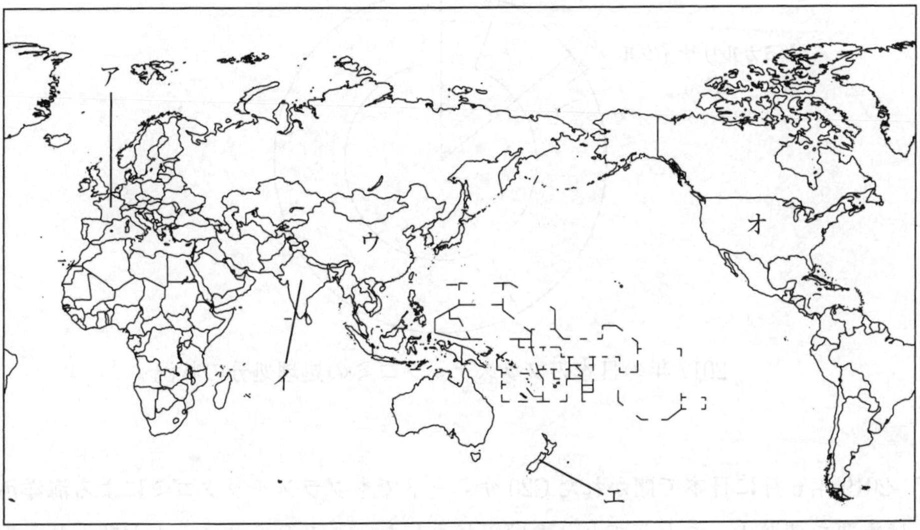

問6　下線部㋕について、次の文は、2017年の日本のプラスチックゴミの処理処分の状況《じょうきょう》について述べています。

プラスチックゴミの処理処分の全体のうち、使い終わったプラスチック製品を溶《と》かしてもう一度プラスチック製品に再生する「材料リサイクル」が23.4%、化学的に処理してガスや油などの化学原料にしたり製鉄でコークスの代わりとして使ったりする「ケミカルリサイクル」が4.4%、燃やした時の熱を発電や蒸気として利用したり固形燃料にしたりする「熱回収」が58.0%となっており、これらを合計した85.8%が「有効利用」とされています。一方、残りの14.2%は「未利用」に分類され、そのうち「単純焼却」がプラスチックゴミ全体の8.4%、「埋《う》め立て」が5.8%となっています。

文中の統計は「2017年　プラスチック製品の生産・廃棄・再資源化・処理処分の状況」
（プラスチック循環《じゅんかん》利用協会）による

花子さんは、この文の内容を、下の図のような二重の円グラフに表してみることにしました。下の図は、円グラフの枠組《わくぐ》みを作り、文に書いてある情報の一部を記入したものです。解答欄の図に、二重の円グラフを完成させるために必要な語と数字をすべて書き入れて、プラスチックゴミの処理処分の状況を表すグラフを作成しなさい。

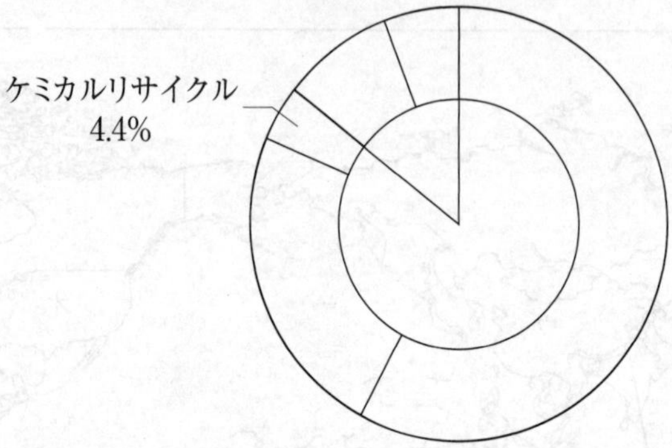

2017年の日本のプラスチックゴミの処理処分の状況

問7　2019年6月に日本で開かれたG20サミットでもプラスチックゴミによる海洋汚染は重要な議題の一つとしてとりあげられました。このG20サミットが開かれた都道府県名を漢字で答えなさい。

問8　海洋や海洋資源を保全することは、2015年9月に国連持続可能な開発サミットで採択《さいたく》された「持続可能な開発目標」で掲げられた17の目標のうちの一つです。「持続可能な開発目標」をアルファベットで何というか、答えなさい。

3 わたしたちの身の回りでは、たくさんの記号やマークを目にします。記号やマークは、視覚を通して多くの人にわかりやすく情報を伝える役割があります。次のA～Dの記号やマークとその説明を読んで、後の問いに答えなさい。

A

これは、公共施設《しせつ》などで見かけるマークです。駅や病院などの公共施設は、高齢者《こうれいしゃ》や障がいのある人など、(あ)<u>だれもが不自由なく安全に利用できる</u>ように法律で定められています。必要な場合は工事が行われますが、工事の費用は鉄道会社のほか、国や都道府県からの補助金も使われています。そのもとになっているのは(い)<u>税金</u>です。すべての人が利用しやすいように改善していこうとする考え方は、(う)<u>日本国憲法</u>の考え方に基《もと》づいています。

マークは公益財団法人交通エコロジー・モビリティ財団より

問1　下線部(あ)について、年齢や性別、障がいの有無などに関係なくすべての人が使いやすいように考えられた製品・生活環境《かんきょう》のデザインを「(　　)デザイン」といいます。(　　)に入る言葉をカタカナで答えなさい。

問2　下線部(い)について、税金は国に納める税と、都道府県や市区町村に納める税の二つに分類されます。そのうち、都道府県や市区町村に納める税を何といいますか。

問3　下線部(う)について、次の問いに答えなさい。

(1)　世界の国ぐにの憲法には、憲法の前文に制定の由来や目的などが書かれている場合があります。日本国憲法にも前文があり、憲法の基本的な考え方などが書かれています。日本国憲法前文の内容として、<u>正しくないもの</u>を次のア～エから一つ選び、記号で答えなさい。

ア　全世界の人びとが、みな平等に恐怖《きょうふ》や欠乏《けつぼう》もなく、平和な状態で生きる権利を持っていることを確認する。
イ　政府の手によって再び戦争の災《わざわ》いがおこることのないように決意する。
ウ　主権が国民にあることを宣言する。
エ　日本独自の文化・伝統を尊重し、国際社会の一員としての自覚を持つ。

(2)　日本国憲法には、国民のさまざまな権利が書かれています。次のア～オの自由や権利のうち、日本国憲法に明記されていないものを、一つ選び、記号で答えなさい。

ア　居住・移転の自由　　　　　　　　　イ　裁判を受ける権利
ウ　健康で文化的な生活を営む権利　　　エ　税金を納める権利
オ　学問の自由

(3)　次の文章は、日本国憲法第11条の条文です。文章中の空欄（　ア　）・（　イ　）にあてはまる言葉をそれぞれ漢字で答えなさい。ただし、同じ記号には同じ言葉が入ります。

国民は、すべての（　ア　）の享有《きょうゆう》を妨《さまた》げられない。この憲法が国民に保障する（　ア　）は、侵《おか》すことのできない永久の権利として、現在及《およ》び（　イ　）の国民に与《あた(え)》へられる。

B

この記号は、(え)裁判所を表す地図記号で、むかし裁判所が(お)裁判の内容などを立て札を立てて知らせていたことから、立て札の形を記号にしたものです。(か)最高裁判所は、地図上では名前で表し、記号は表示しません。

裁判所は、争いや犯罪などが起きたときに、法律に基づいて問題の解決を図《はか》っています。

問4　下線部(え)について、右の図は、国会・内閣・裁判所の三権分立のしくみを示したものです。図中のaは、裁判所が国会に対してもつ権限を示しています。aは、どのような権限ですか。「憲法」と「法律」という言葉を使って、説明しなさい。

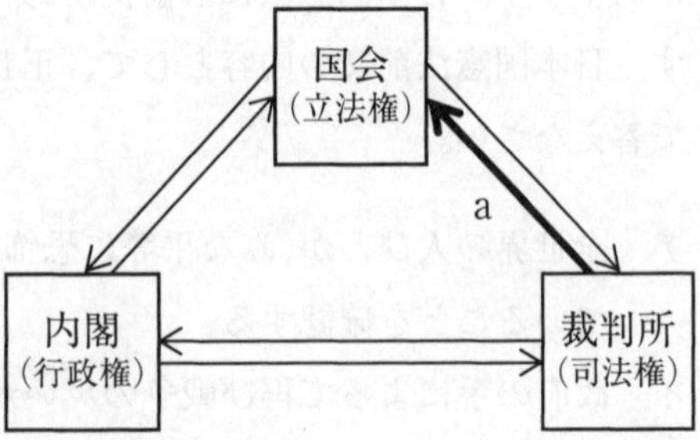

問5　下線部㋔について、裁判は、刑事《けいじ》裁判と民事裁判に分類されます。民事裁判では、訴《うった》えた側を原告といいますが、訴えられた側を何といいますか。漢字で答えなさい。

問6　下線部㋕について、最高裁判所の裁判官の人数として正しいものを、次のア～エから一つ選び、記号で答えなさい。

ア　5人　　　イ　15人　　　ウ　30人　　　エ　50人

C

このマークは、㋖AEDを示すものです。駅や空港、官公庁などの公共施設への設置が急速に進んでおり、㋗国会議事堂近くや、㋘ユニセフの活動を紹介《しょうかい》しているユニセフハウスにも設置されています。また、都道府県や市町村の中にも設置の義務づけが広がっています。例えば、横浜市にはAED設置に関する（　㋙　）が制定されており、一定の基準にあてはまる施設には設置が義務づけられています。

問7　下線部㋖について、AEDの説明として正しいものを、次のア～エから一つ選び、記号で答えなさい。

ア　心臓がけいれんしたときに、電気ショックを与えて正常に戻す機器。
イ　金額や寄付先などを決めて、無人で募金《ぼきん》を受け付ける機器。
ウ　数か国語に対応し、観光客に付近の観光情報などを提供する機器。
エ　手助けが必要な人がスイッチをおせば、必要に応じた助けを呼ぶ機器。

問8　下線部㋗について、衆議院と参議院について述べた文章として正しいものを、次のア～オから一つ選び、記号で答えなさい。

ア　衆議院の被選挙権《ひせんきょけん》は30才以上であるが、参議院の被選挙権は25才以上である。
イ　法律案の審議は、衆議院からでも参議院からでも始めることができる。
ウ　内閣総理大臣は、衆議院議員の中からのみ指名されることが定められている。
エ　参議院には解散の制度はないが、一定数の署名を集めれば参議院議員をやめさせることができる。
オ　衆議院で議席数が最も多い政党と、参議院で議席数が最も多い政党は常に同じである。

問9　下線部㋘について、ユニセフは国際連合の機関の一つです。国際連合について述べた文章のうち、正しいものを次のア～エから一つ選び、記号で答えなさい。

ア　ユニセフは、発展途上国の子どもたちの支援《しえん》などの活動を行っている機関で、日本はユニセフから支援を受けたことはない。

イ　ユネスコは、国連教育科学文化機関のことで、教育・科学・文化の分野で国際協力を盛《さか》んにし、世界の平和に役立てることを目的としている。

ウ　国際連合は、第一次世界大戦をきっかけとして設立され、世界の平和と安全を守り、国どうしの争いを平和的な方法で解決することを目的としている。

エ　国際連合の専門機関の一つにNGOがあり、1999年にノーベル平和賞を受賞した国境なき医師団（MSF）は、NGOの例である。

問10　文章中の空欄（　㋙　）には、地方公共団体が議会で話し合って制定するきまりを意味する言葉が入ります。その言葉を漢字二字で答えなさい。

D

このマークは、「道の駅」をあらわしたもので、木と駐車場《ちゅうしゃじょう》と道路が「道」のしんにょうをイメージしたものとなっています。「道の駅」には、車を運転する人が安全で快適に過ごせるように、広い駐車場や清潔なトイレ、休憩《きゅうけい》施設などが設置されています。現在、全国には1100以上の「道の駅」があり、道の駅を設置する市町村などが㋚国土交通省に申請《しんせい》すると、「道の駅」として登録されます。また、災害の際には、㋛災害支援の役割を果たすことも期待されています。

マークは国土交通省より

問11　下線部㋚について、国土交通省は内閣のもとにおかれた省庁の一つです。次の①～④の仕事を中心となって行っている省庁の名前の組み合わせとして正しいものを、下のア～カから一つ選び、記号で答えなさい。

①　選挙に不正がないように管理する。
②　気象や地震《じしん》・火山活動、地球環境などのデータを調査し、情報を提供する。
③　リデュース・リユース・リサイクルを呼びかけたり、家庭や工場から出るごみがしっかりと処理されるような仕組みをつくる。
④　生活支援型ロボットの実用化を推進する。

	①	②	③	④
ア	総務省	経済産業省	環境省	国土交通省
イ	国土交通省	環境省	経済産業省	総務省
ウ	経済産業省	国土交通省	環境省	総務省
エ	総務省	国土交通省	環境省	経済産業省
オ	国土交通省	総務省	経済産業省	環境省
カ	経済産業省	環境省	国土交通省	総務省

問12　下線部㋛について、自然災害を防ぐためにさまざまな対策や工夫がとられています。自然災害とそれに対する対策や工夫を説明した文章として、正しくないものを次のア～オから一つ選び、記号で答えなさい。

ア　土砂くずれを防ぐために、保安林が整備されている。
イ　津波から避難《ひなん》するためのタワーが海沿いに建設されている。
ウ　なだれの発生を防ぐために、地下に放水路が整備されている。
エ　土石流による被害を防ぐために、砂防えん堤《てい》が整備されている。
オ　自然災害のおこりやすい場所や避難場所・避難経路を示すために、ハザードマップが作成されている。

問13 「道の駅」は、おもに旅行などで近くを通った人が快適に過ごせるための施設でしたが、現在は、周辺地域やその地域に住む人たちが抱《かか》える課題を解消するためのさまざまな工夫や取り組みも行われています。次の問いに答えなさい。

(1) 下にあげる事例は、「道の駅」の周辺地域が抱える課題を解消し地域を活性化するために、実際に「道の駅」で行われている工夫や取り組みです。

⓪ 「道の駅」の隣《となり》にある使われなくなった畑を、農園として貸し出す。

---

① 土産《みやげ》物だけでなく、生活必需《ひつじゅ》品などの日用雑貨の販売も行われている。

② 敷地《しきち》内に設置された温泉では、通常の利用料よりも一回あたりの利用料が安くなる回数券が販売されている。

③ 移住に関する質問を受け付ける移住サポートセンターが設置され、周辺地域の空き家情報を提供している。

④ 近くの遺跡から発掘された縄文土器が、敷地内にある博物館に展示されている。

⑤ 周辺地域に住む人のために住民票の交付などの行政サービスを行ったり、図書館が設置されている。

事例にあるような工夫や取り組みによって、なぜ地域が活性化すると考えられるのでしょうか。①～⑤の事例の中から一つを選び、あなたが選んだ事例がどのようにして地域を活性化するのか、下の解答例のように、文章と矢印を使って説明しなさい。ただし、①～⑤のどれを選んでもかまいません。また、矢印はいくつ使ってもかまいません。

《解答例1》

番号	⓪

使われなくなった畑を貸し出す→放置されて荒れた土地が減る→景色《けしき》が良くなる→観光客が増える →地域が活性化する

《解答例2》

番号	⓪

使われなくなった畑を貸し出す→都市に住んでいる人たちも野菜づくりができる→野菜の成長にあわせて何度も訪れるようになる→その地域に対する愛着がわく→ふるさと納税をする→税収が増える →地域が活性化する

(2)　ある「道の駅A」をめぐる現状は、次のようになっています。ここに書かれた現状をふまえて、「道の駅A」の周辺地域が抱える課題を解消し地域を活性化するために、あなただったらどのような工夫や取り組みを行いますか。あなたが考えた工夫や取り組みと、そのように考えた理由を書きなさい。ただし、(1)の⓪～⑤にあげた工夫や取り組みとは異なるものを考えて書きなさい。

「道の駅A」をめぐる現状

・「道の駅A」は、市の中心部から少し離れた、海に近い場所にある。
・「道の駅A」の周りに住む人達は、市の中心部にある全国チェーンの大型スーパーで日常的な買い物をすることが多い。
・「道の駅A」の近くの海は、養殖がさかんである。
・「道の駅A」の近くには、小さな海水浴場があり、夏には海水浴客でにぎわう。
・「道の駅A」の主な販売商品は、観光客をターゲットにした土産物が中心であるが、売り上げが多い月と少ない月では差がある。
・「道の駅A」の周辺には、有名な観光地は存在しない。

(注)「道の駅A」は、問題のために設定した架空《かくう》のものです。実在する「道の駅」や地域ではありません。

【理　科】（40分）〈満点：80点〉

1 顕微鏡《けんびきょう》には、さまざまな種類があり、観察したいものによって使い分けることができます。片目で観察する顕微鏡Aは、観察する時には、プレパラートを作る必要があります。

一方、両目で観察する顕微鏡Bは、ステージの上にシャーレなどをのせると、シャーレの中にあるものを、そのまま観察することができます。後の問いに答えなさい。

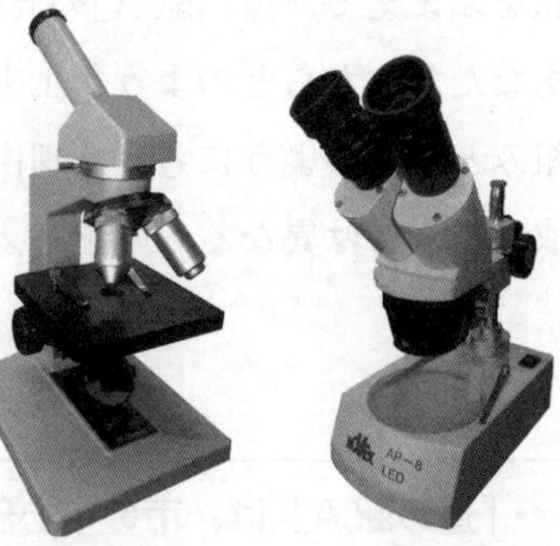

顕微鏡A　　顕微鏡B

問1　次の（ア）～（エ）は、どちらの顕微鏡で観察するのが適していますか。AまたはBの記号で答えなさい。

（ア）アリの全身の標本《ひょうほん》　　（イ）ミドリムシの全体像

（ウ）アゲハチョウの卵の全体像　　（エ）スギの花粉の全体像

問2　図1は、顕微鏡Aで葉の裏側にある気孔《きこう》を観察したものです。気孔を視野の中央で見るためには、ステージ上のプレパラートを、どちらの方向に動かせばよいですか。図1の（ア）～（エ）から1つ選び、記号で答えなさい。

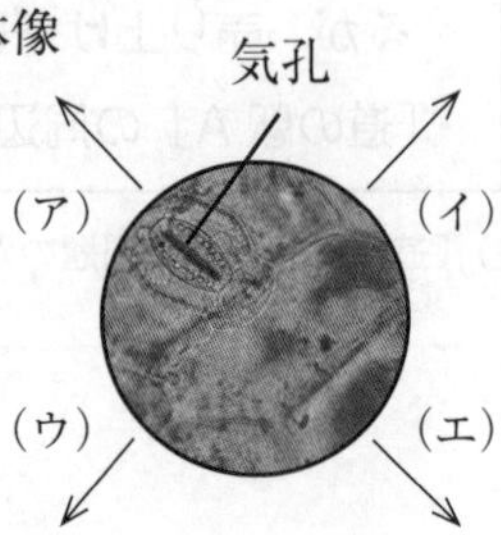

図1

問3　次の（ア）～（オ）は、顕微鏡Bでメダカの卵を観察したスケッチです。発生が進む順番に並《なら》べて、記号で答えなさい。

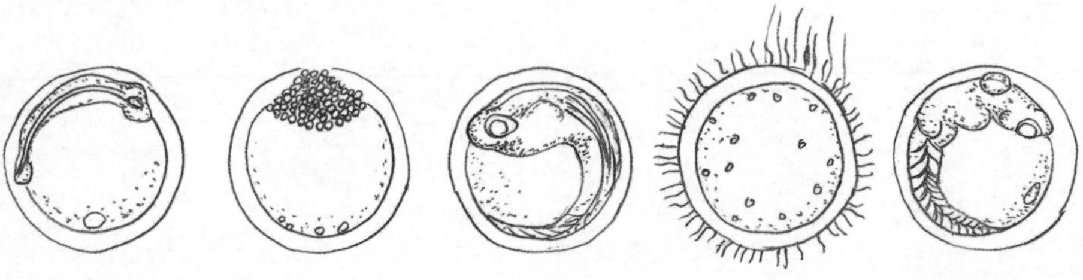

（ア）　（イ）　（ウ）　（エ）　（オ）

問4　顕微鏡Aの使い方として、正しいものを次の（ア）～（エ）から1つ選び、記号で答えなさい。

（ア）直射日光のよくあたる明るい場所で使う。

（イ）まずは、長い対物レンズを用いて観察し、順々に短い対物レンズに変えていく。

（ウ）ピントを調節する時には、ステージを少しずつ上げながら調節する。

（エ）視野が暗い場合は、しぼりを開ける。

問5　図2は、顕微鏡Aの接眼レンズと対物レンズを外したものの写真です。これらのレンズを使ったとき、顕微鏡Aはどのような倍率で使用することができますか。次の言い方にあうように答えなさい。「___倍から___倍の間」

15倍　10倍　5倍　40倍　10倍　4倍

接眼レンズ　対物レンズ

図2

問6　顕微鏡Aと顕微鏡Bの特徴《とくちょう》について、正しくないものを次の（ア）～（エ）から1つ選び、記号で答えなさい。

（ア）顕微鏡Bは、両目で観察するので、ものを立体的に観察できる。

（イ）顕微鏡Aでは、反射鏡《はんしゃきょう》で反射され、プレパラートを通り抜《ぬ》けた光を観察する。

（ウ）顕微鏡Aは、ピントを調節する必要があるが、顕微鏡Bはその必要がない。

（エ）顕微鏡Aの方が、顕微鏡Bよりも高い倍率で観察することができる。

問7　ライオンとシマウマでは、目がついている場所が異なっているので、視野や物の見え方が異なっています。図3のAとCは、それぞれ右目か左目の片目のみで見える範囲《はんい》、Bは両目で見える範囲です。

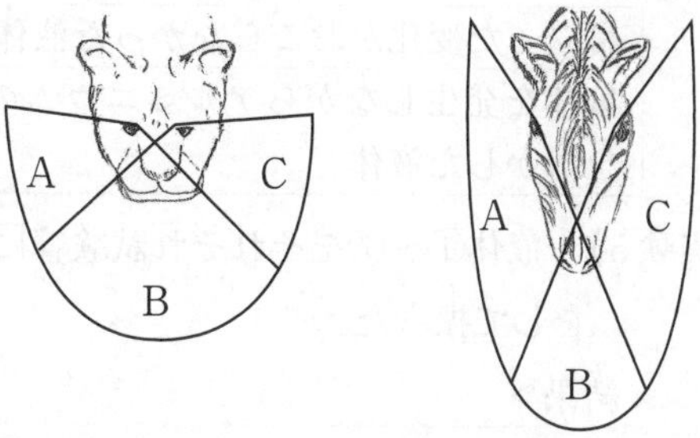

図3

(1) 下の文章の [1] ～ [4] にあてはまる語句として、正しいものを、（ア）または（イ）から1つずつ選び、記号で答えなさい。

ライオンは、視野全体は [1（ア：広　イ：狭《せま》）] くて、

立体的に見える範囲は [2（ア：広い　イ：狭い）]。

シマウマは、視野全体は [3（ア：広　イ：狭）] くて、

立体的に見える範囲が [4（ア：広い　イ：狭い）]。

(2) ライオンとシマウマの物の見え方の違《ちが》いから生じる利点を、食べる、食べられるの関係から考えて、それぞれ1行程度で説明しなさい。

2　ビーカーに７種類の液体①～⑦がそれぞれ入っています。液体①～⑦はアンモニア水、石灰水、水酸化ナトリウム水溶液、うすい塩酸、食塩水、炭酸水、水のどれか１種類です。液体①～⑦をそれぞれ見分けるために【実験１】～【実験５】を行い、結果は表のようになりました。

【実験１】　液体①～⑦をそれぞれリトマス紙につけた。

＜結果＞

リトマス紙の色を変化させなかった液体	①　④
赤色リトマス紙を青色に変化させた液体	②　③　⑥
青色リトマス紙を赤色に変化させた液体	⑤　⑦

【実験２】　液体①～⑦をそれぞれ別々の蒸発《じょうはつ》皿に入れ熱した。

＜結果＞

何も残らなかった液体	④　⑤　⑥　⑦
固体が残った液体	①　②　③

【実験３】　液体①～⑦をそれぞれ試験管に入れ、においをかいだ。

＜結果＞

鼻をつくにおいのあった液体	⑤　⑥

【実験４】　液体①～⑦をそれぞれ試験管に入れ、そこにアルミニウムの粉末《ふんまつ》をそれぞれ入れた。

＜結果＞

目立った変化がおこらなかった液体	①　④　⑥　⑦
気体を発生しながらアルミニウムの粉末を溶《と》かした液体	②　③　⑤

【実験５】　液体①～⑦をそれぞれ試験管に入れ、各試験管に二酸化炭素を入れ、ゴム栓《せん》をして振《ふ》った。

＜結果＞

目立った変化がおこらなかった液体	①　②　④　⑤　⑥　⑦
白くにごった液体	③

問１　実験１において、リトマス紙で水溶液の性質を調べる方法として正しいものを、次の（ア）～（エ）から１つ選び、記号で答えなさい。

（ア）リトマス紙をよく洗った手でつまみ、ビーカー内の液体につける。

（イ）リトマス紙をピンセットでつまみ、ビーカー内の液体につける。

（ウ）リトマス紙をよく洗った手でつまみ、ガラス棒をビーカーに入れ、そのガラス棒についた液体を手でつまんだリトマス紙につける。

（エ）リトマス紙をピンセットでつまみ、ガラス棒をビーカーに入れ、そのガラス棒についた液体をピンセットでつまんだリトマス紙につける。

問２　実験２において、蒸発皿を用いて液体を加熱する方法として正しいものを、次の（ア）～（エ）から１つ選び、記号で答えなさい。

（ア）蒸発皿を十分に熱してから、液体をいれる。

（イ）加熱が終わったら、蒸発皿をすぐに冷やす。

（ウ）蒸発皿に液体がなくなる直前で、加熱を止める。

（エ）蒸発皿に液体がなくなってもしばらく加熱を続ける。

問３　実験３において、試験管に入れた液体のにおいを安全にかぐ方法として正しいものを、次の（ア）～（エ）から１つ選び、記号で答えなさい。

（ア）試験管の口を鼻に近づけ、そのままかぐ。

（イ）試験管の口を鼻に近づけ、試験管の口付近を手であおいでかぐ。

（ウ）試験管内の液体に、小さく切ったろ紙をピンセットでつまんで入れ、液体のついたろ紙を鼻に近づけてかぐ。

（エ）試験管内の液体に、ガラス棒を入れ、液体のついたガラス棒を鼻に近づけてかぐ。

問４　アンモニア水、石灰水、水酸化ナトリウム水溶液、うすい塩酸、食塩水、炭酸水、水はそれぞれ液体①～⑦のどれですか。それぞれ１つずつ選び、番号で答えなさい。

問５　これまでの実験から、液体の種類が分かったので、液体②と液体⑤をいろいろな体積比で混ぜた混合液に、アルミニウムの粉末を加え、何gまで反応して溶《と》けるかを調べました。下の表はその結果の一部です。

液体②（cm^3）	10	10	20	30	40	50
液体⑤（cm^3）	10	20	35	40	50	40
混合液に溶けたアルミニウム（g）	0	1.0	1.5	あ	1.0	1.0

(1)　あ　に当てはまる数字を小数第一位まで答えなさい。

(2)　液体② 10cm^3と液体⑤ 20cm^3を混ぜた液に、アルミニウムの粉末を1.0g反応させて溶かした後、その液体を蒸発皿に入れて加熱しました。加熱後、蒸発皿の中には２種類の固体が見つかりました。これは水溶液の中に２種類の物質が含まれていたことを示しています。２種類の物質は、それぞれどのようにしてできたかを説明しなさい。

3 地球は、約1年かけて太陽の周りを円をえがきながら1周まわっています。このように、ある天体（星や地球、太陽など）の周りを別の天体がまわることを公転《こうてん》といい、1周公転するのにかかる時間を公転の周期《しゅうき》といいます。地球は太陽の周りを公転していますが、さらにその地球の周りを月が公転しています。図1は、太陽を中心とした月と地球の動き方を表しており、地球と月の公転の向きは、どちらも図1において反時計回りとなっています。このように太陽の周りを地球や月が動くと、地球から見た太陽と月の位置が少しずつ変わるため、月の形や観察できる時間や方角が、日によって変化します。後の問いに答えなさい。ただし、図の中の太陽、地球、月の大きさやおたがいの距離《きょり》は、正確ではありません。

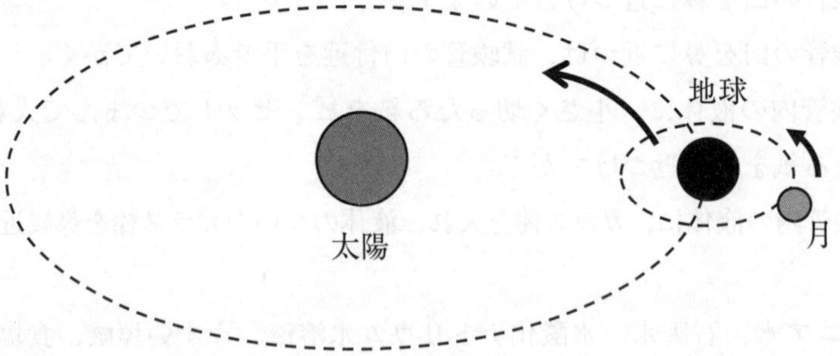

図1

問1　図2は、日本のある場所である日に観察した月の形です。同じ場所で1か月ほど観察を続けると、月の形は毎日少しずつ変化していき、しばらくするとまた図2の形に戻《もど》りました。次の（ア）～（カ）は、その間に見えた月の形で、図の白くなっている部分が、かがやいて見える部分を表しています。観察できる順番に並べて、記号で答えなさい。

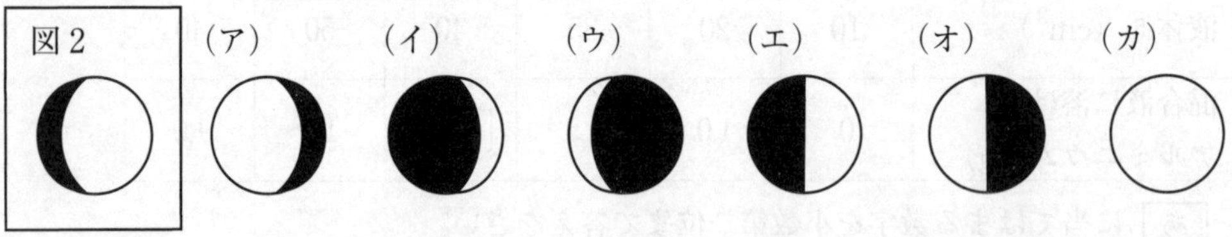

問2　図3は、図1の一部です。図3の①、②の位置に月がいるとき、日本から観察できる月はどのような形に見えますか。次の（ア）～（キ）からそれぞれ1つずつ選び、記号で答えなさい。

（ア）　（イ）　（ウ）　（エ）　（オ）　（カ）　（キ）

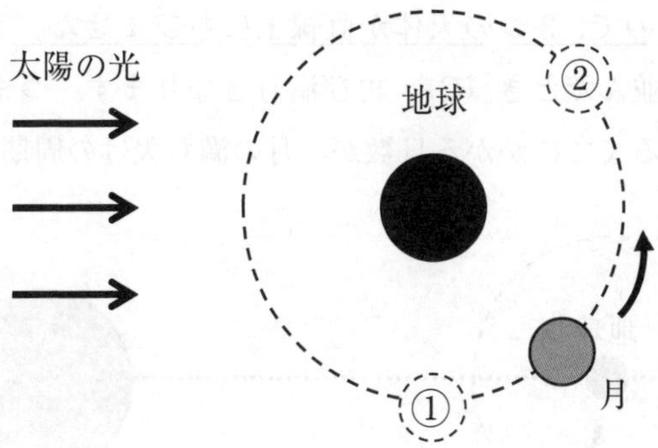

図3

問3　月の形が少しずつ変化していき、再び元の形に戻るまでにかかる時間を、月の満ち欠けの周期といいます。月が満ち欠けをするのは、図3のように月が地球の周りを公転しているからですが、月の満ち欠けの周期は、月の公転の周期とは異なります。これは月が地球の周りをまわっている間に、地球もまた太陽の周りを動いているからであり、次のように説明できます。

図4は、ある時の月と地球、太陽の位置関係で、このように3つの天体が直線上に並ぶと、地球からは満月に見えます。ここから地球は太陽の周りを、また月は地球の周りを、図の反時計回りに移動していきます。図5は、月が地球の周りをちょうど1周した後の様子です。初めの状態（A）では月と地球、太陽が一直線に並んでいましたが、ちょうど1周して元の位置に戻ると（B)、月が進む間に地球も角度X分だけ動いてしまっているので、3つの天体が直線上に並びません。さらに月が動いて図6のように直線上に並んだとき（C)、再び満月となります。つまり、図6のAの状態からCの状態になるまでにかかる日数が、月の満ち欠けの周期となります。

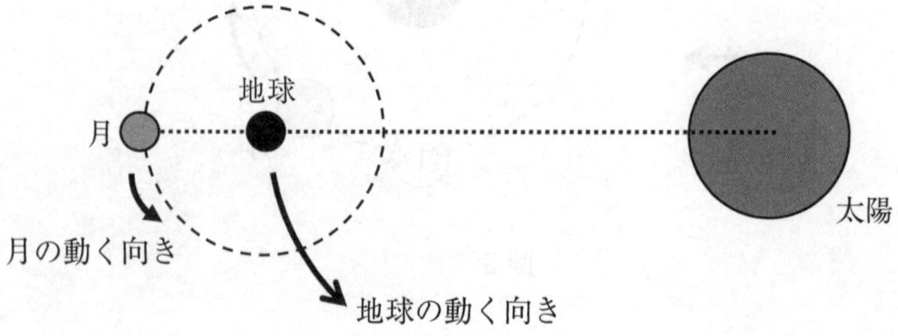

図4

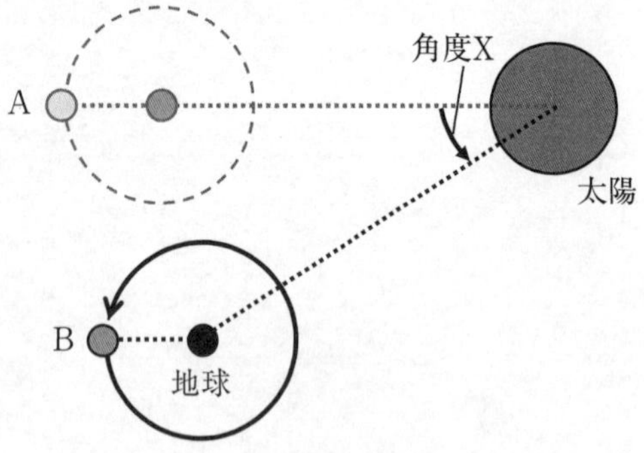

図5

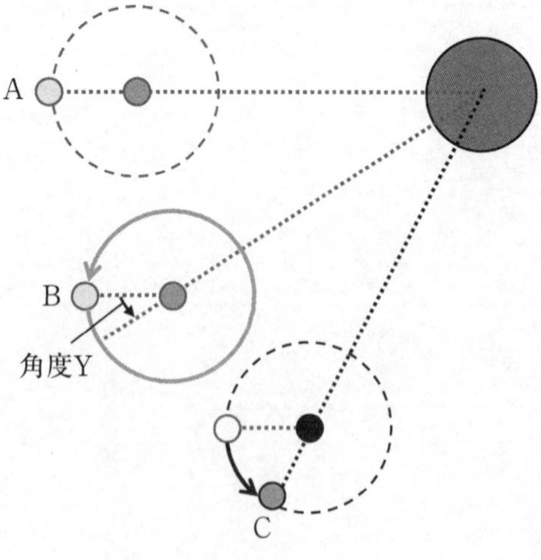

図6

(1) 図６のＢのように、月が地球の周りを１周した後、再び太陽、地球、月が一直線上に並ぶために縮めなくてはいけない角度（図６の角度Y）の大きさは何度ですか。ただし、月が地球の周りを１周するのにかかる日数は27日です。また地球が太陽の周りを１周するのにかかる日数は、計算しやすいように360日とします。

(2) 図７のように、月の動く道すじの中で、太陽と地球の延長線上にあたる点をＰとします。月がＰ上に重なると、地球から見た月は満月に見えます。文中の下線部より、月とＰは毎日同じ方向に、異なる角度ずつ進んでいるので、時計の針のように考えられます。月が１日に進む角度と、Ｐが１日に進む角度から考えると、月がＰに近づく角度は１日あたり何度ですか。ただし、答えだけでなく途《と》中《ちゅう》の計算も書きなさい。また、答えは約分して、もっとも簡単な分数で答えなさい。

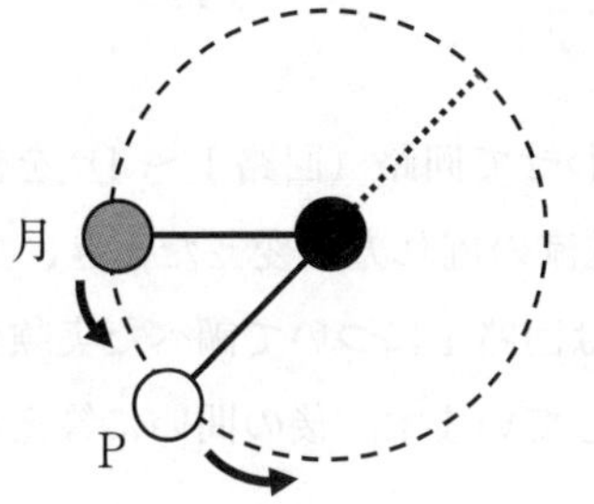

図７

(3) 図６において、ＢからＣになるまでには何日かかりますか。ただし、答えだけでなく途中の計算も書きなさい。また、答えは約分して、もっとも簡単な分数で答えなさい。

(4) 月の満ち欠けの周期は何日ですか。割り切れない場合は、小数第２位を四捨五入して答えなさい。

4 私たちの身の回りでは、いろいろなスイッチが使われています。スイッチには、片側にだけ印がついている写真1のようなスイッチと、区別がない写真2のようなスイッチがあります。図1は写真1のスイッチのはたらきを表し、印がある側をおしたときだけ回路はつながります。図2は写真2のスイッチのはたらきを表しています。このスイッチの左側をおすと、□の端子《たんし》が●の端子Aにつながり、逆に右側をおすと、○の端子Bにつながります。このように写真2のスイッチは、電流の流れ方を変えるはたらきをしています。

写真1

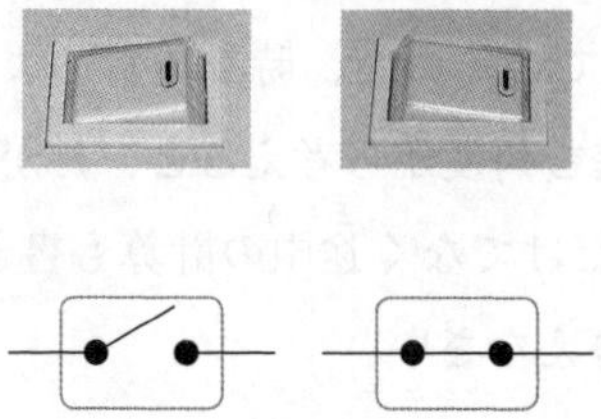
図1

写真2

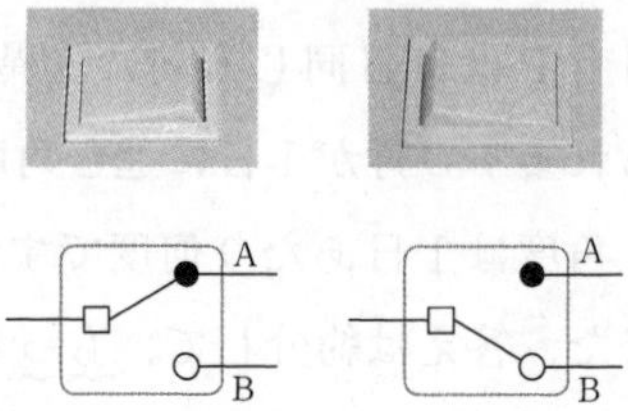

図2

写真2のスイッチを2つ組み合わせて回路（回路1～4）を作り、それぞれのスイッチを端子AまたはBにつなぎかえ電流の流れ方を変えたとき、豆電球がつくかつかないかを調べる実験を行いました。表1は回路1について調べた実験の結果を、豆電球がつく場合は○で、つかない場合は×で表しています。後の問いに答えなさい。

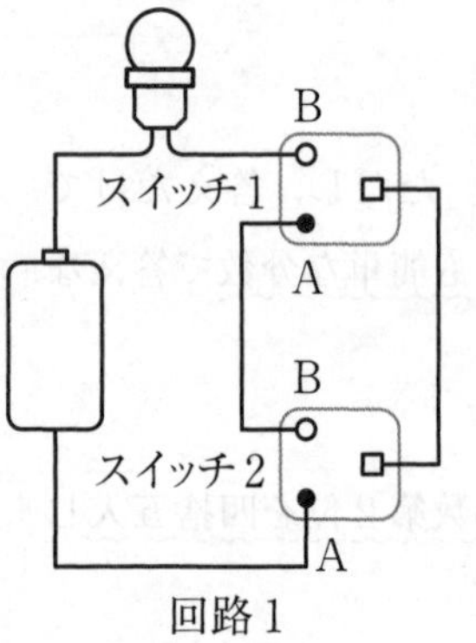

回路1

		スイッチ1	
		A	B
スイッチ2	A	×	○
	B	×	×

表1

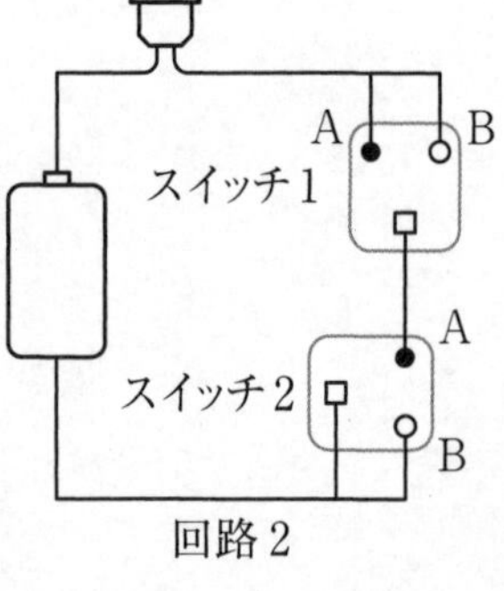

回路2

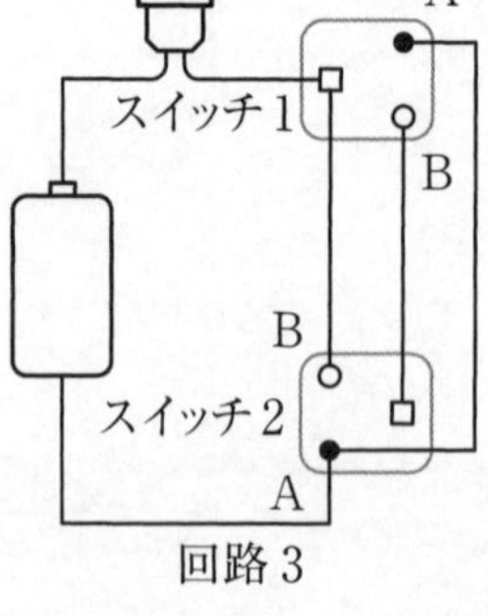

回路3

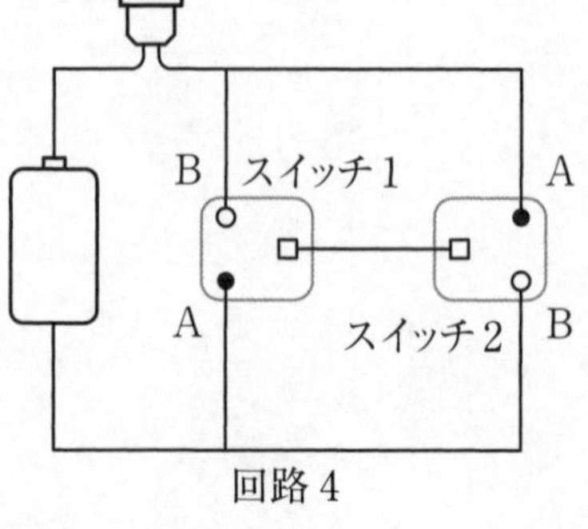

回路4

問1　表1で豆電球がつく場合、スイッチ1とスイッチ2の□の端子は、それぞれのスイッチの端子AとBのどちらにつながっていますか。解答用紙の回路図中の端子を線でつなぎ答えなさい。

問2　次の（ア）～（エ）は、回路1の特徴《とくちょう》を述べています。表1に照らし合わせ、正しく回路の特徴を述べているものを、（ア）～（エ）からすべて選び、記号で答えなさい。

（ア）スイッチ1が端子Aにつながっていると、スイッチ2で豆電球をつけたり消したりすることができる。

（イ）スイッチ1が端子Bにつながっていると、スイッチ2で豆電球をつけたり消したりすることができる。

（ウ）スイッチ2が端子Aにつながっていると、スイッチ1で豆電球をつけたり消したりすることができる。

（エ）スイッチ2が端子Bにつながっていると、スイッチ1で豆電球をつけたり消したりすることができる。

問3　回路2～4について、表1のように、解答用紙のそれぞれの表を完成させなさい。ただし、回路図では端子をつなぐ線は省略されています。

問4　回路1～4の中で、スイッチ1が端子Aにつながっていても端子Bにつながっていても、スイッチ2が写真1のスイッチと同じはたらきをしていると考えられる回路はどれですか。すべて選び、回路の番号で答えなさい。

問5　図3のように階段を照らす照明には、階段の登り口と降り口にそれぞれ1つずつスイッチが設けられています。そして、どちらのスイッチでも照明をつけたり消したりすることができます。この階段の照明に用いられている2つのスイッチと同じはたらきをしていると考えることができるスイッチ1とスイッチ2の組み合わせは、回路1～4のどれですか。1つ選び、回路の番号で答えなさい。

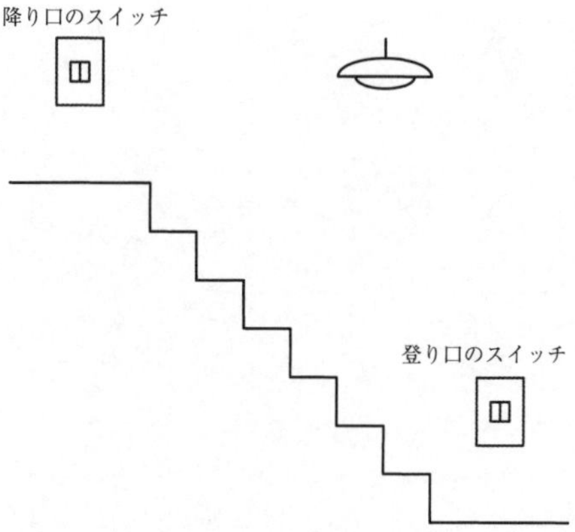

図3

エ　野外での調査に加え過去のいくつもの研究を学ぶことを通して、自然環境が本来いかに豊かな生態系をもっていたのかを知ることができるということ。

オ　実際に自然の中に身を置いて調査するだけでは不十分であり、研究に裏付けされた言葉たちのほうに真実が宿っているということ。

問九　――線⑥「好奇心と楽しさと、そして少しの寂しさと焦りを抱えながら」とありますが、筆者が「少しの寂しさと焦り」を感じてしまうのはなぜですか。本文中の言葉を使ってその理由を述べなさい。

ともにカタクリが群生するようになったこと。

オ　クリの芽吹きの時期はブナに比べて遅く、カタクリが花を咲かせる時期になっても地表まで光が届くため、クリ林の下にカタクリが群生するようになったこと。

カ　人間はアリの力を借りることでクリ林を作っていったが、その見返りとしてカタクリが群生するすき間に、アリが生育できる場所を作りあげていったということ。

問五　――線②「今では数えるほどになったクリ林だが、かつてはどの家にもあり」とありますが、どの家にもあったのはなぜですか。文中のことばを使って、理由を簡潔に**二つ**あげなさい。

問六　――線③「『あがりこ』」とありますが、その様子を説明している部分を本文中から二十字以内でぬき出して答えなさい。

問七　――線④「日本のブナ林の特徴を浮かび上がらせるため、世界各地のブナ林を歩き続けている」とありますが、そこで分かったことはどのようなことですか。本文中からそれを的確に示した一文を三十字以内でさがし、はじめの五字を答えなさい。

問八　――線⑤「自然認識とは物事を調べるなかで育まれてゆく」とありますが、どういうことですか。その説明として最も適切なものを次の中から選んで、記号で答えなさい。

ア　自然の研究とはいえ人間社会とのつながりも意識しなければ環境は守られないため、現実に起きていることを調べた先に自然を認識することができるということ。

イ　長い時間をかけて一つの自然現象について研究を続けていくことで、その土地で人間が作りあげた歴史が明らかになり、災害の対策に役立つということ。

ウ　一つの種を調べることで、その種が育まれた季節や土地が異なることが見えてきて、多くの生命に共通する自然の法則が見えてくるということ。

㋑「褪せることがない」
ア　慣れることはない
イ　思い出すことはない
ウ　あわてることはない
エ　とまどいが消えない
オ　変わることはない

問三　形式段落[1]～[8]を大きく四段落に分けるとするとどこで区切れますか。最も適切なものを次の中から選んで、記号で答えなさい。

ア　[1]―[2]―[3][4][5][6]―[7][8]
イ　[1]―[2][3][4]―[5][6]―[7][8]
ウ　[1][2]―[3][4]―[5][6][7]―[8]
エ　[1][2]―[3][4][5]―[6][7]―[8]
オ　[1][2][3]―[4][5]―[6][7]―[8]

問四　――線①「クリ林にカタクリが咲き乱れるまでには、このような物語があった」とありますが、「このような物語」とはどのようなことですか。その説明として適切なものを次の中から二つ選んで、記号で答えなさい。

ア　本来は崖のような場所に細々と生えていたカタクリだが、人間がクリ林の下という好適な場所をつくって移植することによって、一面に群生するようになったこと。
イ　カタクリは人間がクリ林をつくったために光合成ができず、崖のような急斜面に追いやられてしまったが、アリが種子を運んだおかげでクリと共存できたこと。
ウ　人間が自然林の木を伐り、ササを刈ってクリを植えたところにカタクリが芽吹くための場所ができ、アリが種子を運んでカタクリが群生するようになったこと。
エ　カタクリの種子がアリによって運ばれ、人の手が入らない崖の中腹のような場所に根づくことによって、クリ林と然環境の「豊かさ」を、少しでも次代に引き継《つ》ぎたいのだ。

今日もまた、日本各地、世界各地の自然のなかを歩き続ける。⑥好奇心と楽しさと、そして少しの寂しさと焦《あせ》りを抱えながら。

（永幡嘉之《ながはたよしゆき》「自然の『豊かさ』を描き出す」による）

（注1）ブナ林……温帯に見られる落葉広葉樹林で、ブナを中心とする森林のこと。

（注2）共進化……両方の生物がお互いに進化しあうこと。

（注3）四半世紀……一世紀の四分の一。

問一 [A]・[B] にあてはまる最も適切な言葉を次の中から選んで、記号で答えなさい。

A〔ア 順番　イ 劇的　ウ 圧倒的　エ 質的　オ 次第〕

B〔ア 四六時中　イ 一日千秋　ウ 四苦八苦　エ 三々五々　オ 百発百中〕

問二 〜〜線あ「こぞって」・〜〜線い「褪せることがない」の本文中の意味として、最も適切なものを次の中から選んで、それぞれ記号で答えなさい。

あ「こぞって」

ア だれもかれも
イ 列をつくって
ウ 力を合わせて
エ 競い合って
オ いつでも

日本のブナ林にはカタクリが咲くのに対し、トルコやジョージアのオリエントブナの林には、シクラメンやクリスマスローズが咲く。これは本来の自然環境《かんきょう》の差異で、土俵の違《ちが》いともいうべきものだ。そこに人の営為《えいい》によって「あがりこ」という共通する風景が生まれ、あるいは人が利用のために森に手を加えることで、日本ではクリ林にカタクリのお花畑が、そしてトルコでは放牧地のまわりにシクラメンが咲き続く。それぞれの地域の自然の表情は、こうして人の生活の知恵によって紡《つむ》ぎだされてゆく。

7 東北地方で暮らすようになって、すでに四半世紀(注3)に近づく。大正から昭和にかけて、山形県の昆虫《こんちゅう》を丹念《たんねん》に調べ歩いた在野の昆虫の研究者の足跡《そくせき》を追い『白畑孝太郎』(無明舎出版)という評伝をまとめた。先人が遺《のこ》した数万点の標本を調べることで、大正時代の「虫たちに満ちていた」水田の姿がどのようなものであったのかを、具体的に知ることになった。

わたし自身も子どもの頃から昆虫を採集して標本をつくり、名前を調べ、どこにどのような種が分布しているのかを調べることを、興味の向くままに続けている。自然界はあまりにも多様で、たとえば触覚《しょっかく》の長いカミキリムシひとつをとっても、東北地方に三〇〇種以上が知られており、それぞれが異なる季節に現れ、異なる環境で異なる植物を食べて暮らしている。⑤自然認識《にんしき》とは物事を調べるなかで育まれてゆくもので、調べる作業を抜《ぬ》きにしては、見えてこない世界がある。

東北地方で津波《つなみ》や原発事故が起こった際には『巨大津波は生態系をどう変えたか』(講談社ブルーバックス)、『大津波のあとの生きものたち』(少年写真新聞社)、『原発事故で、生きものたちに何が起こったか。』(岩崎書店)などの著作を出した。この際にも、起こったことを記録せねばという思いのなかで、徹底《てってい》して調べる作業を繰《く》り返した。

8 現在、里山での動植物の絶滅《ぜつめつ》が前例を見ないほど進んでいる。調べることに没頭《ぼっとう》し、豊かさを知れば知るほどに、それらが失われゆく寂《さび》しさもまた抱《かか》えねばならない。津波の跡《あと》でも復旧事業のあり方をめぐり、行政と数年間の協議を続けてきた。近年は自然環境の保全の現場で、実際の対策を進めるために苦悩《くのう》する場面が多く、そうした社会活動が好きなのだと受け止められることも多いが、本音ではわたしとて、生きものを調べることに時間を使いたい。ただ、自然の豊かさが次々に失われている現状を目前にすれば、何とかせねばと奔走《ほんそう》してしまう。「滅《ほろ》びゆく存在を記録にとどめ、写真で後世に伝えたい」と傍観《ぼうかん》することはできない。絶滅の原因を人間がつくっている以上は、ささやかでも行動せねばと思う。わたしが心躍《おど》らせてきた自包まれていたという。もちろん、秋になると馬の背中に三俵四俵と拾ったクリの実は、コメの不足を補う重要な食料となってきた。

5 カタクリが咲き乱れる光景ひとつにも、ここまでの背景があった。一〇年以上をかけてクリとカタクリの関係を追ったあとは、養蚕とクワ畑の歴史を調べ、さらに現在では草原の生きものを追いかけている。劇的な季節の移り変わりへの喜びは、東北地方で暮らすようになって二〇年が経《た》った今でも(い)褪《あ》せることがないが、今ではそこに暮らしてきた人びとの、自然を利用してきた生活の知恵《ちえ》が重なるため、自然の「豊かさ」が、より具体的な形で眼前に浮《う》かび上がってくる。

生きものの歴史と人の歴史を重ねたときに、目の前の風景の自然史が浮かび上がる。若い頃にはひとつの森に通いつめ、一点を凝視《ぎょうし》することで物語を浮かび上がらせようとしてきた。やがて各地に出かけるようになると、外側から眺《なが》めたときに、初めて多角的にとらえられるものがあることを知った。

東北地方には③「あがりこ」と呼ばれる、奇妙《きみょう》な姿をしたブナの巨木《きょぼく》がある。自動車網《もう》が発達する以前、木材を固く締《し》まった雪の上を橇《そり》で引いて搬出するために、ブナの幹を早春に伐った。やがてそこから再生したブナは、用材として繰り返し伐採《ばっさい》をうけるうちに、巨大化した幹の上に多くの枝が張り出す姿へと生長していった。あがりこは、伐採・搬出から再生までを持続可能な方法で生み出して、数百年にわたって森を利用してきた人びとの知恵の結晶《けっしょう》であり、日本の東北地方特有の地域文化として、多くの場でとりあげられてきた。

ところが、世界のブナ林を訪ね歩くなかで、トルコやジョージアなど黒海沿岸のブナ林で、この「あがりこ」にそっくりなブナに出会ったのだ。

6 世界には約十種のブナの仲間があり、北半球の四季の明瞭《めいりょう》な地域に分布している。④日本のブナ林の特徴《とくちょう》を浮かび上がらせるため、世界各地のブナ林を歩き続けている。黒海沿岸にも冬に安定して雪が降る地域があり、オリエントブナというブナの仲間が自生している。そこでは春にブナの枝を伐採することで、「あがりこ」の樹形ができあがっている。日本よりも雪は少ないので根雪の高さで伐るわけではないのだが、薪《たきぎ》にするために毎年のようにたくさんのブナを伐り出している。人の知恵は、洋の東西で同じような文化を独自に生み出してきた。

ため、雪が消えた頃《ころ》には地面は暗くなってしまう。カタクリは十分に光合成ができないため、生育できない。しかし、クリの芽吹きは遅いため、カタクリが咲く時期になっても地表にまで光が届く。実際に数日置きに通って記録すると、クリの芽吹きはブナよりも約一カ月遅かった。そして、クリの葉がようやく芽吹いて地表が暗くなる五月中旬《ちゅうじゅん》には、カタクリの葉はすでに光合成の役割を終えて、枯《か》れつつあった。

3　里山のクリ林は、人の手によってつくられたものだ。東北地方の自然林の下にはササが生えており、カタクリが群生する余地はない。人が木を伐り、ササを刈《か》ってクリを植えたときに、カタクリはどこからやってきたのだろうか。

考える手がかりは、残雪の朝日連峰《れんぽう》に登ったときに見つかった。人手が加わらない場所では、カタクリは雪崩《なだれ》の起こる急斜面《きゅうしゃめん》に咲いていたのだ。なるほど、崖《がけ》ならばササや低木に覆《おお》われない場所ができて、地面にまで光が届く。それを参考に、カタクリが群生する里山のクリ林でも川沿いを歩いてみると、果たせるかな、木漏れ日《こもれび》の当たる崖の中腹に、カタクリが花を咲かせていた。

カタクリは、種子で増える。種子には脂肪《しぼう》分に富んだ突起《とっき》があり、アリの仲間が(あ)こぞって巣へと運ぶ。そして、柔《やわ》らかい突起を食べると、固い種子は捨てる。自ら歩けない植物は、アリに食物を提供するかわりに種子を運んでもらう手段を、共進(注2)化のなかで身につけていた。

本来は崖のような場所に細々と息づいていた植物が、人がクリ林という好適な場所をつくったことで、一面に咲くまでに繁栄《はんえい》した。種子を運び、この繁栄を手伝ったのはアリだった。①クリ林にカタクリが咲き乱れるまでには、このような物語があった。

4　この話には続きがある。カタクリのお花畑が現れるのはクリ林だが、当然ながら、実を食用にするための栽培《さいばい》だと思っていた。しかし、クリにはそれ以上に重要な用途《ようと》があったのだ。

古くから続く林では、幹がまっすぐに伸《の》びて、小さな実をつける自生のクリが植えられている。その材は非常に堅《かた》く、腐《くさ》らないため、建物を建てるときに、地面に接する基礎《きそ》部分には、必ずクリの柱が使われた。木造住宅の寿命《じゅみょう》は、約二五〇年。道路ができてトラックが入る半世紀前までは、外部から木材を搬入《はんにゅう》することがなかったので、家はすべて自分の山で伐り出した材木で建てていた。②今では数えるほどになったクリ林だが、かつてはどの家にもあり、春には村の周囲はカタクリの桃色に

オ　優生の父親もつらい経験を乗りこえたのだから、もっとしっかりしなければならないと暗にたしなめる気持ち。

問九　清次が優生に伝えたかったことはどのようなことだと考えられますか。「人生」「強い心」「海」の言葉を用いて、本文の内容をふまえて書きなさい。

三

次の文章はある写真家が書いたものです。これを読んで、後の問いに答えなさい。なお設問の都合で本文の段落に 1 ～ 8 の番号を付けてあります。

注意　。、「」などは一字に数えます。

1　自然の「豊かさ」とは何だろうか。

生きものにはそれぞれ歴史がある。この花がなぜここに咲《さ》いているのか、その虫はなぜそこにいるのか。そして、人が木を伐《き》って森を使い続けてきたことで雑木林が生まれたように、生きものの歴史には人の歴史が重なっている。森の表情ともいうべき動植物をひとつずつ写真に収めながら、自然の歴史を読み解くことで、地域の自然の豊かさを具体的に描《えが》き出すことを続けている。

2　雪深い東北地方の春は、 A に訪《おとず》れる。いつまでも冬を閉じ込《こ》めていた厚い雪が消えると同時に、季節は周囲に追いつこうとして、春の花が一気に花開く。カタクリは、日本ではよく知られた花だ。東北地方では珍《めずら》しいものではなく、 B と咲く姿は随所《ずいしょ》に見られるが、ときには桃色《ももいろ》の絨毯《じゅうたん》のように一面に咲く光景が現れる。その舞台《ぶたい》は、里山のクリの林と決まっている。西日本で育った私には、この光景は衝撃《しょうげき》だった。いったい人が植えたわけではないのに、びっしりと花が咲き続くお花畑。どのようにしてでき上がったのだろうか。その成り立ちを探《さぐ》った。

まず、クリの芽吹《めぶ》きが遅《おそ》いことに注目した。東北地方の山々に広がるブナ林《りん》(注1)では、ブナの若葉が他の木々に先駆《さきが》けて芽吹くとができると思って自信が芽生えたから。

オ　自分の殻《から》に閉じこもっていた優生は、父親である毅が幼かった頃に悲しい体験をしていたことを聞いて、その時の父の行動に興味をもち始めていたから。

問六　――線⑥「優生が足を止め、空に続く石段を仰いだ。雨の一滴を待つような顔をしている」とありますが、優生のどのような様子を表していますか。最も適切なものを次の中から選んで、記号で答えなさい。

ア　優生が今まで知らなかった悲しい父親の過去を聞いて、涙が流れそうになるのを必死にがまんしている様子。

イ　もうこれ以上つらい過去の話など聞きたくないと、優生がその場から逃げ出したい気持ちになっている様子。

ウ　強い心を願った父のように、優生が今までの自分には持てなかった新たな希望を見出したいと思っている様子。

エ　優生が清次の昔話から家族やこの町の歴史のつながりを感じて、人は自然に生かされていると感じている様子。

オ　優生が自分が求めているものは現実の中では見つけられないと感じて、救われない思いにとらわれている様子。

問七　――線⑦「優生が虚をつかれたようにその場で棒立ちになる」とありますが、この時の優生の気持ちを漢字二字の熟語で表したものとして最も適切なものを次の中から選んで、記号で答えなさい。

ア　歓喜《かんき》　イ　恐怖《きょうふ》　ウ　困惑《こんわく》　エ　失望　オ　驚嘆《きょうたん》

問八　――線⑧「さあ優生、天狗様にわいの探しものを出してもらえ」とありますが、この時の清次の優生に対する気持ちはどのようなものですか。最も適切なものを次の中から選んで、記号で答えなさい。

ア　現実生活に苦しむ優生の背中を押すように、解決の糸口になる希望を自分の手で見つけてほしいと願う気持ち。

イ　いつまでも甘えている優生に、悲しみを乗りこえた毅のように毎日天狗様にお詣りしてほしいと思う気持ち。

ウ　ひ孫のために天狗様まで案内したにも関わらず、棒立ちになっている優生に腹立たしさを隠しきれない気持ち。

エ　本当は息子や孫の毅を天狗様に連れてきたかったが、今はひ孫の優生としか来られないという悲しい気持ち。

ア　清次は、漁のことなど知らない息子が、荒れた海に出て行くことを止められなかった自分に対して負い目を感じて生きてきたため、ひ孫たちだけは海に近づけたくないと思っている。

イ　清次は、若くして海で死んだ息子のことを何十年もずっと忘れられないでいるが、現実を受け入れつつも、目の前に広がる穏やかな海に対して割り切れない思いをいだいている。

ウ　清次は、島の暮らしは厳しいものであることを教えるために息子の死について語ったが、目の前の海は穏やかで美しく、都会育ちのひ孫たちには理解できないとあきらめている。

エ　清次は、今も海の中に眠っている息子の亡骸を、いつかは探し出してやりたいという思いを持ち続けてきたが、この思いをひ孫たちにも引き継いでいってほしいと思っている。

オ　清次は、漁師として生きてきた自分の人生をほこりに思っているが、後継ぎがいなくなってしまったため、今後もこの島で暮らしていくことに対して心細く思い始めている。

問四　――線④「黒いランドセルが太陽の光を集めながら山を上っていく」とありますが、ここには毅のどのような気持ちが表れていますか。わかりやすく説明しなさい。

問五　――線⑤「『違ったの？』優生がぽつりと問いかける」とありますが、ずっと黙っていた優生がここで言葉を発したのはなぜですか。最も適切なものを次の中から選んで、記号で答えなさい。

ア　優生は、父である毅から幼いころにお詣りにいった話は聞いていたので、天狗様にお願いしてもかなえられないことがあるのだと信じられなかったから。

イ　熱心に語ってくれる清次に対して、優生は黙って聞いているばかりでは申し訳ないという気持ちになり、相づちを打たなければならないと思ったから。

ウ　優生は、父親である毅が天狗様に「とっちゃんを探してくれ」と頼まなかったという話は清次の作り話だと思い、父親を思わずかばいたくなったから。

エ　父である毅はいままで怖《こわ》くて近づきにくかったが、清次から子どもの頃の父の話を聞いて、優生は父親をこえるこ

問一 ――線①「表情のないその顔からは彼がなにを思っているのかはわからないが、でも文句も言わずについてきている」とありますが、ここには優生のどのような気持ちが表れていますか。最も適切なものを次の中から選んで、記号で答えなさい。

ア すべてに自信をなくしている優生だが、母の千佳が長い石段を上ることをためらっている様子を見て、大人げないとあきれる気持ち。

イ すべてに自信をなくしている優生だが、清次とうちとけて楽しげに先に石段を上っていく妹の茉由だけには負けたくないと張り合う気持ち。

ウ すべてに自信をなくしている優生は、母の千佳が気づかっていることをうれしく思う反面、子ども扱いされているようで反発する気持ち。

エ すべてに自信をなくしている優生は、せっかく曽祖父に会ったのに表情がかたいが、清次の力強い導きにつられて前に進もうとする気持ち。

オ すべてに自信をなくしている優生にとって、清次の存在は病を抱《かか》える老人とはいえ厳しく感じられて、逆らえないとあきらめる気持ち。

問二 ――線②「そのほとんどが幼い頃の毅の話だった」とありますが、その「話」の内容についてまとめた次の文章の〔A〕〔B〕にあてはまる語句を、〔 〕内の指定の字数で文中から抜き出して答えなさい。

毅の父親は、〔A 六字〕ので、父親・清次の仕事である漁師を継がず、多度津にある高校で理科の教師を勤めていた。石好きで島の文化財の研究をしていた。ある台風の日、彼は暴風雨から船を守る作業に駆り出されたが、〔B 五字〕男だったため、言われた通りに最後までロープを離すことなく海に落ちていってしまった。

問三 ――線③「清次が睨む先に、凪いだ緑の海がある」とありますが、この表現には清次のどのような心の様子が表れていますか。最も適切なものを次の中から選んで、記号で答えなさい。

石段の両側は冬枯《が》れの笹林《ささばやし》で覆《おお》われていたが、ところどころに野生の南天が生え、その鮮《あざ》やかな赤色が目を引いた。

「時には逃《に》げることもあった人生じゃ」

誰に向かって言葉をかけているのか、あるいは誰にも向けられていないのか、清次の言葉は白い空に吸い込まれていく。言葉だけではなく清次自身が空に溶けていきそうで、茉由もそれを感じたのか「清じいちゃんっ」と清次の手を取る。風船を繋《つな》ぎ止める細い紐《ひも》を、ぎゅっと握りしめるみたいに。

「ただな総領。逃げてもいいが、逃げ続けることはできないんじゃ。自分の人生から逃げきることなど、できないんじゃよ」

同じ言葉を二度繰り返し、清次が優生の頭を優《やさ》しくつかむ。

「うらの九十五年は、ええ人生じゃった。最後の最後にこんな可愛《かわい》いひ孫らに会わせてもらえるなんてのう。嬉しいのう、百合子。嬉しいのう、毅。嬉しいのう、海の中におるうらの総領よう」

緩《ゆる》やかに波打つ海が、気がつけばすぐ目の前にあった。湿気《しっけ》を孕《はら》んだ潮風が全身を通り抜けていく。

（藤岡陽子『海とジイ』による）

（注1）勾配……傾いていること。
（注2）つづら折り……くねくねと折れ曲がった坂道。
（注3）こんまい……「小さい」を表す方言。
（注4）総領息子……長男。
（注5）うら……「自分」を表す方言。
（注6）飛沫……しぶき。
（注7）上架……船体を水から上げること。
（注8）係船ロープ……船を陸に固定するロープ。
（注9）わい……「お前」を表す方言。
（注10）おとっちゃま……「おくびょう者」を表す方言。

らはそのことを、毅に教えてもろうたわ」

海と同じ、薄《うす》緑色の鳥居が目の前に現れた時はもう、海に浮《う》かぶ島々が目線のはるか下にあった。海沿いに並ぶ民家の黒や青の屋根瓦《やねがわら》が淡《あわ》い光を帯び、島の紋《もん》のごとくきらめいている。

「さあ、あと少しじゃ。優生、茉由、頑張《がんば》れ。千佳さんもあとひと息じゃ」

薄緑色の鳥居をくぐり抜《ぬ》け、最後の石段を上りきった先に小さな祠《ほこら》が見えてきた。

「あれが天狗様よ」

祠のすぐ左横、清次が指差す先に注連縄《しめなわ》が張られた石垣《いしがき》があり、その岩肌《いわはだ》の中に石でかたどられた天狗の顔が浮かんでいる。まるで隠《かく》し絵のような石像は、自然の岩に完全に溶《と》け込んでいて、言われなければ見落としてしまいそうだった。

「岩の中に……天狗がいる！」

⑦優生が虚《きょ》をつかれたようにその場で棒立ちになる。

⑧「さあ優生、天狗様にわいの探しものを出してもらえ」

柏手《かしわで》を打つ清次が、石造りの天狗像に向かって背筋を伸《の》ばす。茉由は清次に習って手を合わせ、頭を垂れていた。

（お母さん、私、この前落とした自転車の鍵《かぎ》、探してもらうね）

茉由が耳元で囁《ささや》くのに唇《くちびる》だけで笑ってみせ、そのまま薄目を開けて優生の横顔を盗《ぬす》み見る。優生は手を合わせることなく、岩の中に埋まっている天狗の像を食い入るように見つめていた。

「上ってきてよかったじゃろう」

下りの坂道は、踏《ふ》み外さないよう一歩ずつ慎重《しんちょう》に足を出した。上りとは違い、眼下の景色を眺《なが》めながらなのでそれほど辛《つら》くはない。

帰り道も足休めの踊り場ごとに、清次が休息を取り昔話を語り出す。

「九十五まで生きとると、ええことも悪いこともたくさんあったわ」

連なる屋根瓦の合間から見えていた小さな海が、足を一段踏み出すごとに大きく広がっていく。

「勝つこともあった。負けることもあった」

③清次が睨《にら》む先に、凪いだ緑の海がある。

「茉由のお父さんはその時なにをしてたの？　海に落ちた自分のお父さんを助けてあげなかったの？」

どこまで話を理解しているのか、茉由が険しい表情で清次を問い詰《つ》める。

「毅はその時まだ八歳だったんじゃ。優生よりこんまかったんじゃ。なにもできんわ」

清次は十五分ほどの休息を終えると、また石段を上がり始める。体が軽いからか、茉由は意外にも弱音を吐かずにひょいひょいとその後をついていく。体力が衰《おとろ》えているはずの優生も、千佳のように肩で息をするようなことはない。

「でもな、その嵐の日を境に、優生と茉由のとっちゃんは、いまから行く大天狗神社にお詣りをするようになったんじゃ」

学校からの帰り道、ランドセルを背負ったままで石段を上がっていく毅の姿がその日から毎日見られるようになった。漁から戻ってくる船上からも④黒いランドセルが太陽の光を集めながら山を上っていく様が見えた。

「うらは、毅が天狗様に『とっちゃんを探してくれ』と頼みに行っとると思ってたんじゃ。海に落ちたまま、うらの総領は還《かえ》ってこんかったからのう」

⑤「違《ちが》ったの？」

優生がぽつりと問いかける。

優生が自分から言葉を発したことが嬉《うれ》しかったのか、清次は口をすぼめて間を取ると、

「ああ、違ったんじゃ」

ひくりと眉毛《まゆげ》を動かす。

「雨の日も雷《かみなり》の日も、猪《いのしし》が出てもお詣りをやめなかった毅に、うらは訊《き》いたんじゃ。『わい(注9)は天狗様になにを探してもろうてるんじゃ？　とっちゃんの亡骸《なきがら》か』と」

「それで、茉由のお父さんはなんて答えたの？」

「強い心じゃ、と言いよった。なににも負けん強い心を探してもろうとるんじゃと、毅はうらに言ってきよった。島一番のおとっちゃま(注10)がと、うらはその時、総領が死んでから初めて愉快《ゆかい》な気分になったんじゃ」

⑥優生が足を止め、空に続く石段を仰《あお》いだ。雨の一滴《いってき》を待つような顔をしている。

「毅が強くなっていく姿を、うらはこの目で見てたんじゃ。強くなりたいと願った時に、人はもう強うなってるもんじゃ。う

肩《かた》で息をしながら石段を上り続け、気がつけばずいぶんと高い場所まで来ていた。千佳は両膝《りょうひざ》にじんと鈍《にぶ》い痛みを感じながら、吹《ふ》きつけてくる潮風の心地良さに思わず目を閉じる。

毅の父親は、高校で理科の教師をしていたのだと清次が話す。もともと体が弱かったので家業の漁師は継《つ》がさずに、大学まで出してやろうと夫婦《ふうふ》で話し合った。学費を稼《かせ》ぐために妻も島の郵便配達員として懸命《けんめい》に働き、息子もそれに応えるように勉強をした。そして無事に岡山の大学に入り教職について、頼《たの》んだわけでもないのに、嫁《よめ》も一緒にこの島に戻《もど》ってきてくれた。

「多度津《たどつ》にある高校に勤めとったんじゃ。漁師には向かんおとなしい男じゃったが、教師はよう似おうてた。石が好きでな。島に残る有形民俗文化財の埋《う》め墓の研究をしておったわ。石のなにがおもしれえのか、うら(注5)にはさっぱりわからんかったんじゃけど」

そんな石好きの静かな男が、ある台風の日、暴風雨から島の船を守るために港に出てしまった。

「そんな嵐《あらし》の頃はもう、この島もだいぶと高齢化《こうれいか》が進んでてのう。うらの総領は三十五という若さじゃったから『頼む、力を貸してくれ』と駆《か》り出されたんじゃ。非力なうえに船の扱《あつか》い方も知らん男が手伝いに行ってなにができるんじゃと、いまなら絶対に行かせんのやけど」

晴れの日が多く、常に凪《な》いでいる印象の強い瀬戸内《せとうち》の海も、荒《あ》れる時は容赦《ようしゃ》ない。その日は東から吹きつける強風が港の水面を渦巻《うずまき》みたいに泡立《あわ》たせ、岸壁《がんぺき》(注6)からの飛沫《ひまつ》が視界を塞《ふさ》いだ。船を海に停泊《ていはく》しておいては危険だと判断した漁師たちは、陸に(注7)上架《じょうか》させてロープで固定しておこうと話し合った。上架が無理な大型船は係船(注8)ロープを両舷《りょうげん》の左右に取り付け、桟橋《さんばし》に固定しておこう、と。

「海はもう津波《つなみ》が来たみたいに波打っておったから、みんな必死じゃった。うらにしても、三十を過ぎた息子のことを気にする余裕《よゆう》などなかったんじゃ」

毅の父親は生真面目《きまじめ》な男だった。「このロープを絶対に離《はな》すんじゃないぞ」と言われたら死んでも離さない、そんな男だった。

息子の体が弓のようにしなり大きな弧《こ》を描《えが》いて海に落ちていくのを、自分はすぐそばで目にした。「絶対に離すな」と言われていたロープを腹の上できつく握《にぎ》りしめたまま、息子は渦巻の中に沈んでいった。突風《とっぷう》で飛ばされたのだ。誰《だれ》も助けようのない、一瞬《いっしゅん》の出来事だった。

「へその緒《お》みたいじゃった。腹の上でロープをつかんでいたうらの総領は、生まれたての赤ん坊《ぼう》みたいに見えたんじゃわ」

二

次の文章を読んで、後の問いに答えなさい。

注意　。、「」などは一字に数えます。

優生《ゆうせい》は小学校四年生の男の子で、父の毅《つよし》、母の千佳《ちか》、妹の茉由《まゆ》の四人で東京で暮らしている。優生は学校生活に自信をなくして落ちこんでいたが、ある日、曽祖父《そうそふ》（ひいおじいさん）である清次《せいじ》を見舞《ま》うために、母と妹の三人で瀬戸内海《せとないかい》の島を訪《おとず》れた。清次は思っていたよりも元気そうに見え、優生たちは伯母《おば》の百合子《ゆりこ》と一緒に山上の神社へと向かった。

清次が、ふいに細道を右に入った。

大天狗《おおてんぐ》神社は山の上にあるとのことで、(注1)勾配《こうばい》のある坂道を清次が慣れた様子で進んでいく。黙《だま》って後をついてきた千佳だったが、坂道の上にある長い長い石段を見上げ、

「ここを……上るんですか」

思わず立ち止まる。神社までの参道はつづら折り(注2)の石段になっていて、石段の先ははるか彼方《かなた》に続いていた。

「そうじゃよ。果てしないじゃろ。ほらとっちゃん、千佳さんが驚《おどろ》いてるけん、やっぱりやめたほうがえがろうがや」

百合子さんが清次の足を止めるために大声を張り上げた。だが清次は「どうっちゃない」と振《ふ》り向きもせず、茉由の手を引きながらなんの迷いもなく石段を上がっていく。優生はさっきからずっと黙り込《こ》んだままだ。①表情のないその顔からは彼《かれ》がなにを思っているのかはわからないが、でも文句も言わずについてきている。

「毅もしょっちゅうこの天狗様に詣《まい》りに来とったんじゃ」

石段は先に進むほどに急勾配で、まだ五分も上ってないうちに全身が汗《あせ》ばんできた。さすがの清次も石段の中途《ちゅうと》にある足休めの踊《おど》り場ごとに立ち止まり、フウッと大きく息を吐《は》き出すことを繰《く》り返している。休憩《きゅうけい》を取るたびになにかひとつ昔話をしてくれるのだが、②そのほとんどが幼い頃《ころ》の毅の話だった。

「毅のとっちゃんはな、あいつが優生よりこんまい頃(注3)に死んじまったんじゃ。この清じいの総領(注4)息子《むすこ》だった男じゃ。まだ三十五歳《さい》の若さじゃったから、そん時はそれはもう悲しかったんじゃ」

2【　B　】に当てはまる時候（季節）のあいさつとして最も適切なものを次の中から選んで、記号で答えなさい。

ア　街はどこもクリスマス飾《かざ》りがやかましい感じがします
イ　月夜に虫の鳴く声が涼《すず》やかに聞こえる頃となりました
ウ　公園のいちょう並木が色あざやかな季節となりました
エ　年の瀬《せ》もせまり、少しずつ寒さが増す頃《ころ》となりました
オ　日増しに温かくなり、わが家のポチも元気で過ごしています

3【　C　】に当てはまる語句として最も適切なものを次の中から選んで、記号で答えなさい。

ア　息をのむ　イ　胸がおどる　ウ　頬《ほお》が落ちる　エ　舌を巻く　オ　目もくれない

4　――線「厳しい寒さ」とありますが、次の問いに答えなさい。

①　次の俳句の中には、冬の季節とは**関係のないもの**が一つあります。それはどれですか、記号で答えなさい。

ア　流れ行く　大根の葉の　早さかな　　高浜虚子《たかはまきょし》
イ　海に出て　木枯《こがらし》帰る　ところなし　　山口誓子《やまぐちせいし》
ウ　咳《せき》の子の　なぞなぞ遊び　きりもなし　　中村汀女《なかむらていじょ》
エ　旅人の　蜜柑《みかん》くひ《(い)》行く　枯野《かれの》かな　　正岡子規《まさおかしき》
オ　肩《かた》に来て　人懐《なつ》かしや　赤蜻蛉《あかとんぼ》　　夏目漱石《なつめそうせき》

②　次の語句の中で、「厳しい寒さ」を表現したものとして**適切でないもの**を**二つ**選んで、記号で答えなさい。

ア　武者ぶるい　イ　底冷え　ウ　身を刺《さ》す
エ　しんしんと　オ　冬将軍　カ　三寒四温

5　□に入る結びのあいさつを、手紙の型にそって二十字程度で考えて書きなさい。

問二　次の手紙は、小学校六年生のさと子さんが、以前お世話になっていたピアノの先生からクリスマスプレゼントとしてマフラーをいただいたお礼状です。よく読んで後の問いに答えなさい。

【　A　】
【　B　】が、先生はいかがお過ごしですか。もうすぐ冬休みだというのに、クラスでは風邪《かぜ》がはやっています。私は元気で過ごしていますので、ご安心ください。
先日は手編みのマフラーをプレゼントしてくださりありがとうございました。包みを開けたとき、私の大好きな赤色で【　C　】ようでした。とてもふわふわで肌《はだ》ざわりがよくて、次の日に学校にして行ったら、仲良しの友だちが、「かわいいね」とほめてくれました。このすてきなマフラーのおかげで、どんなに厳しい寒さでも安心です。本当にありがとうございました。
また、近いうちに先生にお目にかかれる日を楽しみにしています。□。よいお年をお迎《むか》えください。
【　D　】

1　【A】・【D】には、決まった形の言葉が入ります。その組み合わせとして最も適切なものを次の中から選んで、記号で答えなさい。

ア　A　前略　―　D　敬具
イ　A　草々　―　D　拝復
ウ　A　拝啓《はいけい》　―　D　敬具
エ　A　拝啓　―　D　以上
オ　A　敬具　―　D　敬白

二〇二〇年度 横浜雙葉中学校

【国語】(五〇分)〈満点：一〇〇点〉

(。、「」などは一字に数えます。)

一 次のそれぞれの問いに答えなさい。

問一 次の――線の漢字の部分をひらがなに、カタカナを漢字に直して答えなさい。送りがなが必要な場合は、ひらがなで書きなさい。

1 シュウトクブツを交番に届ける。

2 相手のイコウを確かめる。

3 祖父のゾウショを寄付する。

4 大会運営のシキをとる。

5 美術館に通って目をコヤス。

6 盛《さか》んな声援《せいえん》に選手たちは勇み立った。

7 ここから見える富士山は圧巻だ。

8 美しい所作を身につける。

2020年度

横浜雙葉中学校　▶解説と解答

算　数　（50分）＜満点：100点＞

解　答

[1] (1) ① 47　② $4\frac{1}{6}$　(2) 12通り　(3) 96　(4) 1120m　(5) 1　(6) 2才　(7) 8　[2] (1) 毎分5000cm³　(2) 18　(3) 6分後から24分後　[3] (1) 6個　(2) 12個　(3) 460個　(4) 422個　[4] (1) 16人　(2) （5，3，1），（8，2，2），（4，4，0）

解　説

[1] 四則計算，逆算，場合の数，分数の性質，速さと比，周期算，年齢《ねんれい》算，倍数算，面積

(1) ① （2020＋2－1）÷{12×4－（7＋9×6－26）÷7}＝2021÷{48－（7＋54－26）÷7}＝2021÷（48－35÷7）＝2021÷（48－5）＝2021÷43＝47　② $\frac{3}{5}\div\left(1\frac{7}{9}-\square\times0.4\right)+1.1=6\frac{1}{2}$より，$\frac{3}{5}\div\left(1\frac{7}{9}-\square\times0.4\right)=6\frac{1}{2}-1.1=6.5-1.1=5.4$，$1\frac{7}{9}-\square\times0.4=\frac{3}{5}\div5.4=0.6\div5.4=\frac{0.6}{5.4}=\frac{1}{9}$，$\square\times0.4=1\frac{7}{9}-\frac{1}{9}=1\frac{6}{9}=1\frac{2}{3}$　よって，$\square=1\frac{2}{3}\div0.4=\frac{5}{3}\div\frac{2}{5}=\frac{5}{3}\times\frac{5}{2}=\frac{25}{6}=4\frac{1}{6}$

(2) 同じくだものの個数で場合分けをすると，右の図1のようになる。㋐の場合，○，△のくだものの選び方がそれぞれ3通り，2通りあるので，3×2＝6（通り）となる。㋑の場合，○，△のくだものの選び方が3通りある。㋒の場合，○のくだものの選び方を考えればよいから，3通りある。よって，選び方は全部で，6＋3＋3＝12（通り）と求められる。

図1

㋐（○，○，○，△）
㋑（○，○，△，△）
㋒（○，○，△，□）

(3) はじめに，$\frac{5}{6}<\frac{\triangle}{54}<\frac{17}{18}$の△にあてはまる整数を求める。分母を54にそろえると，$\frac{45}{54}<\frac{\triangle}{54}<\frac{51}{54}$となるから，△にあてはまる整数は{46，47，48，49，50}とわかる。このうち約分できないのは{47，49}なので，□にあてはまる数は，47＋49＝96と求められる。

(4) 昨日の登校のとき，忘れ物を探す時間がなかったとすると，いつもより，15－3＝12（分）おそく学校に着いたことになる。右の図2で，実線部分と点線部分の速さの比は，1：1.2＝5：6だから，同じ道のりを進むのにかかる時間の比は，$\frac{1}{5}:\frac{1}{6}=6:5$となる。そこで，アの部分の時間を6，エの部分の時間を5とすると，イの部分の時間は，6÷2＝3，ウの部分の時間は，5÷2＝2.5となる。よって，昨日といつもの時間の差は，（3＋2.5＋5）－6＝4.5となり，これが12分にあたるから，1にあたる時間は，$12\div4.5=\frac{8}{3}$（分）と求められる。したがって，アの部分の時間は，$\frac{8}{3}\times6=16$（分）なので，家から学校までの道のりは，70×16＝1120（m）と求められる。

図2

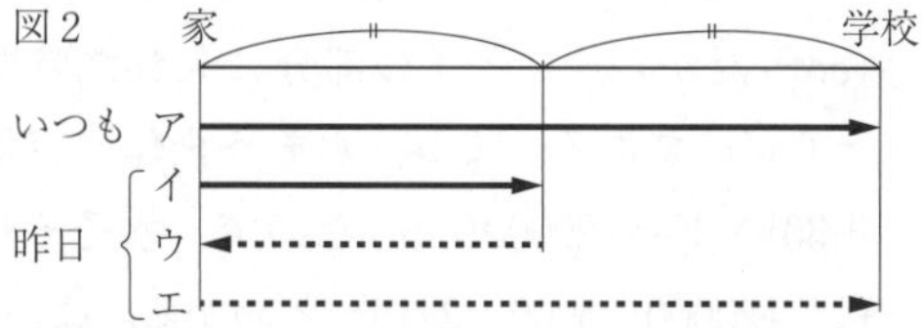

(5) 一の位の数だけを計算すると，$\underline{7}$，7×7＝4$\underline{9}$，9×7＝6$\underline{3}$，3×7＝2$\underline{1}$，1×7＝$\underline{7}$，…と

なるので，７を何回かけた数の一の位は｛7，9，3，1｝の４個の数のくり返しになる。よって，７を2020回かけた数の一の位の数は，2020÷４＝505より，４回かけたときの一の位と同じで１とわかる。

⑹　条件をまとめると，右の図３のようになる。葉子さんとお母さんの年齢の差は何年たっても変わらないから，㋐と㋒の比の差をそろえると，右の図４のようになる。

図３

	葉子		母		妹
㋐６年後	1	：	3		
㋑12年後			3	：	1
㋒18年後	1	：	2		

図４

	葉子		母		葉子		母
㋐６年後	1	：	3	＝	1	：	3
		差２		×１		差２	
㋒18年後	1	：	2	＝	2	：	4
		差１		×２		差２	

すると，そろえた比の，２－１＝１にあたる年齢が，18－６＝12(才)とわかるので，今から６年後のお母さんの年齢は，12×３＝36(才)と求められる。よって，今から12年後のお母さんの年齢は，36＋６＝42(才)なので，図３の㋑より，今から12年後の妹の年齢は，42×$\frac{1}{3}$＝14(才)とわかる。したがって，現在の妹の年齢は，14－12＝２(才)である。

⑺　右の図５で，ＡとＢの面積が等しいから，両方に★印の部分を加えると，(Ａ＋★)と(Ｂ＋★)の面積も等しくなる。また，(Ｂ＋★)の面積は，12×(６－２)÷２＝24(cm^2)である。よって，(Ａ＋★)の面積も24cm^2となり，□×６÷２＝24(cm^2)と表すことができるので，□＝24×２÷６＝８(cm)と求められる。

図５

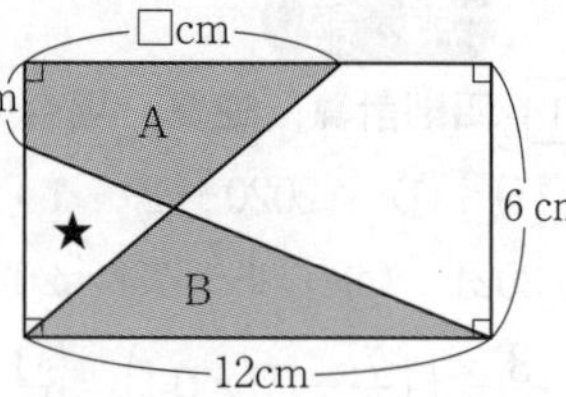

2　グラフ―水の深さと体積

⑴　右の図Ⅰのア～オの順に水が入る。アの部分の容積は，50×10×20＝10000(cm^3)である。また，問題文中の〈図２〉より，アの部分に入れた時間は２分とわかる。よって，水を入れた割合は毎分，10000÷２＝5000(cm^3)である。

図Ⅰ

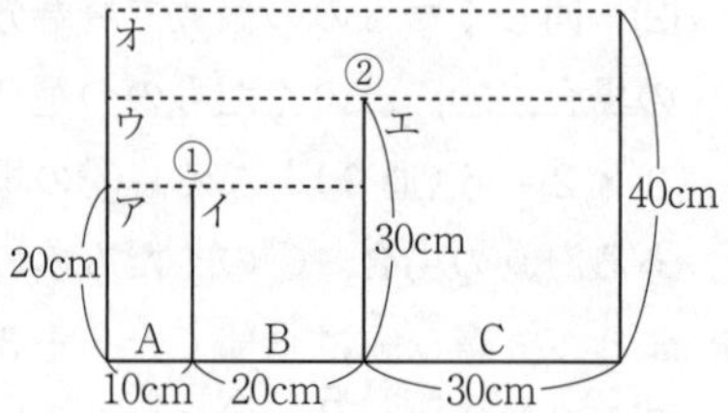

⑵　Ａの部分とＢの部分の横の長さの和は，10＋20＝30(cm)だから，ア～ウの部分の容積とエの部分の容積は等しい。また，〈図２〉より，ア～ウの部分に入れた時間は９分とわかる。よって，エの部分に入れた時間も９分なので，□にあてはまる数は，９＋９＝18(分)と求められる。

⑶　アとイの部分の容積の和は，50×(10＋20)×20＝30000(cm^3)だから，アとイの部分に入れた時間は，30000÷5000＝６(分)である。また，水そう全体の容積は，50×(10＋20＋30)×40＝120000(cm^3)なので，水そうに水を入れた時間は，120000÷5000＝24(分)とわかる。よって，仕切り①をとりはずした場合のＡの部分の水の深さは，０分後から６分後は右上の図Ⅱの点線のようになり，６分後から24分後は仕切り①があった場合と同じになる。

図Ⅱ

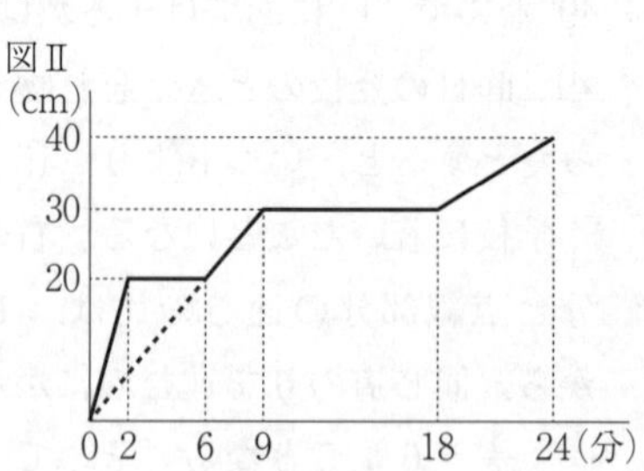

3　平面図形―図形と規則

⑴　下の図１のように，対角線ACが通らないマスは色のついた，(１＋２)×２＝６(個)ある。

⑵　下の図２のように，対角線ACが通らないマスは色のついた，(１＋２＋３)×２＝12(個)ある。

⑶　20：25＝(20÷５)：(25÷５)＝４：５より，20×25のマスで作られた長方形は，下の図３のよ

うに，4×5のマスで作られた長方形を縦と横に5個ずつ並べたものになる。また，図2より，4×5のマスで作られた長方形で対角線ACが通るマスは8個とわかるので，20×25のマスで作られた長方形で対角線ACが通るマスは，8×5＝40(個)になる。よって，20×25のマスで作られた長方形で対角線ACが通らないマスは，20×25－40＝460(個)と求められる。

図1
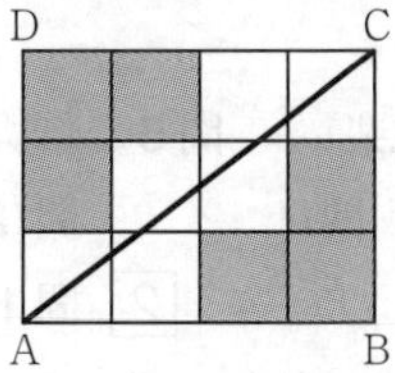

図2
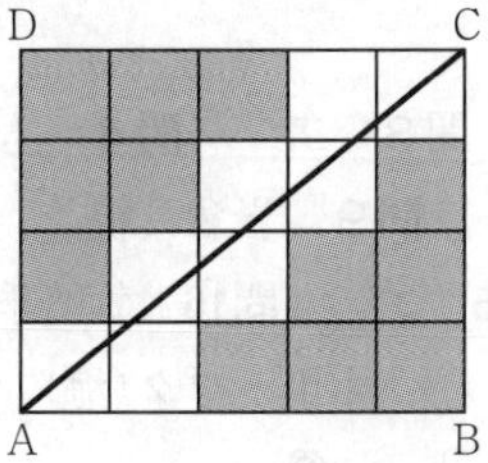

図3
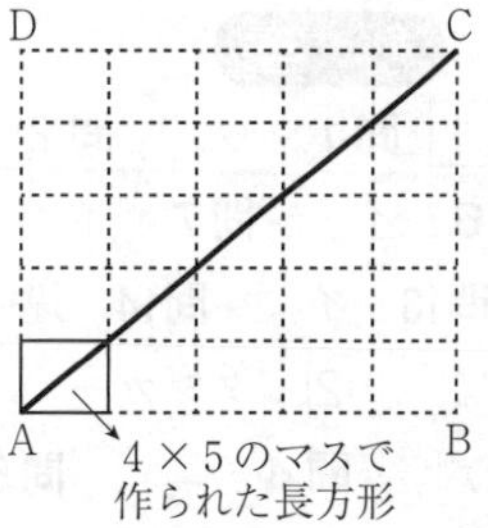

⑷　図3に対角線BDを引くと右の図4のようになり，斜線《しゃせん》のついた長方形については，対角線が通るマスはそれぞれ8個になる。また，図4で2本の対角線が交わる色のついた長方形を拡大すると，右の図5のようになる。図5で，対角線が一本も通らないマスは色のついた6個だから，対角線が少なくとも一本は通るマスは，4×5－6＝14(個)とわかる。よって，20×25のマスで作られた長方形で対角線が少なくとも一本は通るマスは，8×8＋14＝78(個)なので，一本も通らないマスは，20×25－78＝422(個)と求められる。

図4
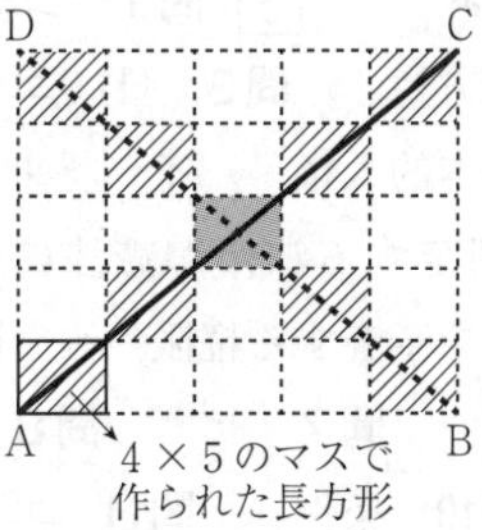

図5
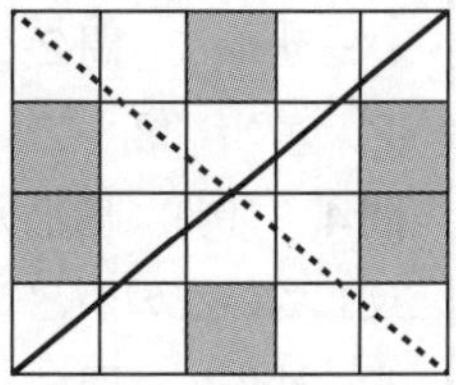

4　条件の整理，平均とのべ

⑴　結果をまとめると，右の図1のようになる(本数が不明なところは，すべて◇としてある)。図1で，15本以下の選手が最も多くなるのは，7位以下の選手がすべて15本以下の場合である。そのときの人数は，22－6＝16(人)である。

図1
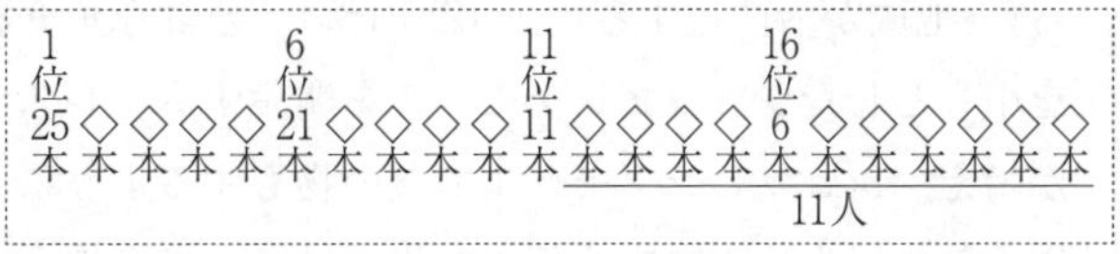

⑵　図1の下線部の11人(平均の本数が4本)について考える。(平均)＝(合計)÷(人数)より，(合計)＝(平均)×(人数)となるから，1回目の合計は，4×11＝44(本)とわかる。また，2回目の平均(小数第2位を四捨五入して11.5本)は11.45本以上11.55本未満なので，2回目の合計は，11.45×11＝125.95(本)以上，11.55×11＝127.05(本)未満，つまり，126本または127本となる。よって，増えた本数の合計は，126－44＝82(本)，または，127－44＝83(本)だから，右の図2のようにまとめることができる。図2で，色のついた部分の合計は，10×4＋9×3＋0×□＝67(本)だから，○×△の値が，82－67＝15，または，83－67＝16になればよい。

図2

・10本が4人
・9本が3人
・○本が△人
・0本が□人

合わせて11人で82本または83本

このとき，○は8以下であり，△は，11－(4＋3)＝4以下なので，考えられるのは，○×△＝5×3，8×2，4×4の3通りある。そして，□＝11－4－3－△＝4－△だから，△＝3のとき，□＝4－3＝1，△＝2のとき，□＝4－2＝2，△＝4のとき，□＝4－4＝0とわかる。したがって，(○，△，□)の順に，(5，3，1)，(8，2，2)，(4，4，0)となる。

社　会　(40分)＜満点：80点＞

解　答

[1] **問1**　ウ　**問2**　配給制　**問3**　ア　**問4**　人形浄瑠璃(文楽)　**問5**　侍所　**問6**　イ　**問7**　イ　**問8**　エ　**問9**　岩倉具視　**問10**　イ　**問11**　イ　**問12**　エ　**問13**　イ　**問14**　違い棚　**問15**　エ　**問16**　竹崎季長　**問17**　ア　[2] **問1**　(1)　イ　(2)　タンカー　**問2**　(1)　①　オホーツク(海)　②　東シナ(海)　(2)　エ　**問3**　ア　**問4**　エ　**問5**　(1)　①　オ　②　ア　(2)　エ　**問6**　右のグラフ　**問7**　大阪府　**問8**　SDGs　[3] **問1**　ユニバーサル　**問2**　地方税　**問3**　(1)　エ　(2)　エ　(3)　ア　基本的人権　イ　将来　**問4**　(例)　国会が制定する法律が憲法に違反していないかどうかを審査する権限。　**問5**　被告　**問6**　イ　**問7**　ア　**問8**　イ　**問9**　イ　**問10**　条例　**問11**　エ　**問12**　ウ　**問13**　(1)　(例)　②／温泉の回数券を販売する→温泉を利用するため，多くの人が訪れるようになる→訪れた人が「道の駅」で買い物もする→売り上げが増え，施設の規模が大きくなる→雇用が生まれ，税収も増加する(→地域が活性化する)　(2)　(例)　新鮮な魚介料理が食べられるレストランを開き，その店を中心としたショッピングモールを開設する。レストランが評判になれば季節を問わず訪れる人が増え，ショッピングモールで買い物もするようになる。地元の資源を生かすことができるし，周辺の住民も，市の中心部まで出かけなくても地元で買い物ができるようになると考えられる。

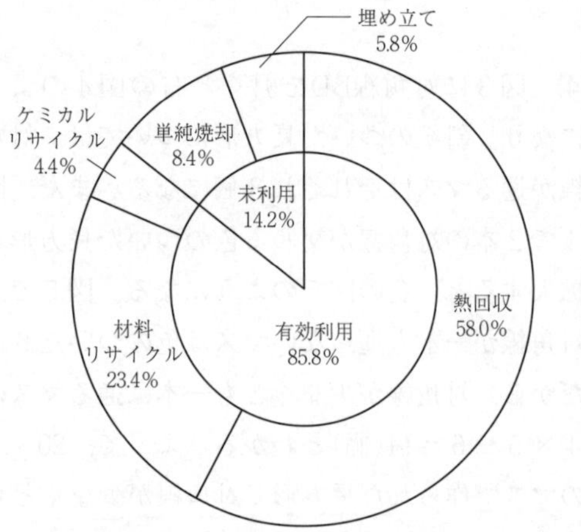

2017年の日本のプラスチックゴミの処理処分の状況

解　説

[1]　日本各地の温泉を題材とした問題

問1　中大兄《なかのおおえの》皇子(のちの天智天皇)が大化の改新とよばれる一連の政治改革を行っていたのは飛鳥時代である。ウは，奈良時代に国分寺と国分尼《に》寺を建てさせた聖武天皇について述べた文章なので，正しくない。

問2　日中戦争やアジア・太平洋戦争の時期，物資不足からとられるようになった政策は配給制(配給制度)で，米やみそ，しょうゆなどの生活必需《ひつじゅ》品の流通が国の統治下に置かれた。

問3　ア　亀ヶ岡《かめがおか》遺跡(青森県)や三内丸山遺跡(青森県)をはじめ，多くの縄文時代の遺跡から，優《すぐ》れた技術でつくられた漆器《しっき》が出土している。よって，正しい。　イ　鉄が大陸から日本に伝えられたのは弥生時代。縄文時代には骨角器(動物の骨や角でつくった道具)が使われており，つり針は動物や魚の骨でつくられていた。　ウ　各地の縄文時代の遺跡からは，石器の材料とされる黒曜石や，勾玉《まがたま》などの装飾品に用いられるひすいが出土する。黒曜石は十勝岳(北海道)や和田峠(長野県)など，ひすいは姫川(新潟県)などというように産地が限定されているので，縄文時代にも離れた地域との間で交易が行われていたと考えられている。　　エ　石包丁は，稲の穂先をつみ取るのに用いられた弥生時代の石器である。

問4　写真の芸能は人形浄瑠璃《じょうるり》。三味線《しゃみせん》の伴奏と語りの浄瑠璃に合わせて人形を操る芸能で，現代では一般に文楽とよばれる。なお，「人形浄瑠璃文楽」としてユネスコ(国連教育科学文化機関)の無形文化遺産に登録されている。

問5　鎌倉幕府においては，中央に，財政や政務一般を担当する政所《まんどころ》，御家人の統率や軍事・警察の仕事を担当する侍所《さむらいどころ》，裁判を担当する問注所《もんちゅうじょ》が置かれた。また，地方の国ごとに守護，荘園や公領ごとに地頭が置かれた。

問6　豊臣秀吉は検地(太閤《たいこう》検地)を行って，地域によって異なっていた面積の単位やますの大きさを統一し，その土地の面積と田畑のよしあしを調べて予想される米の収穫量(石高)を定め，年貢を決定して耕作者を検地帳(土地台帳)に記入させた。これにより，農民は田畑の所有権を認められることになったが，石高に応じた年貢の義務を負わせられた。田畑にかかる税の額はそのときの所有者が定めるもので，検地帳には記されていなかったので，イが正しくない。

問7　江戸時代には，江戸の日本橋を起点に五街道(ア～エの街道と甲州街道)が整備された。アの奥州街道は江戸から白河(福島県)に，イの東海道は江戸からおおむね太平洋側を通って京都に，ウの中山道は江戸から木曽地方(長野県)を通って京都に，エの日光街道は江戸から日光(栃木県)に，甲州街道は江戸から下諏訪《しもすわ》(長野県)にいたった。箱根(神奈川県)は東海道の宿場で，通行する人や物資などを検査する関所が置かれていたことでも知られる。

問8　『万葉集』が成立したのは奈良時代で，武士は平安時代に生まれた身分であるから，エが誤っている。なお，『万葉集』は日本最古の歌集で，天皇・貴族・僧から農民・兵士にいたるさまざまな身分の人々の歌がおさめられている。

問9　1871年に欧米に派遣されたのは岩倉使節団。岩倉具視《ともみ》を正使(団長)，大久保利通《としみち》・木戸孝《たか》允《よし》・伊藤博文らを副使とするもので，条約改正の予備交渉《こうしょう》を目的としてアメリカに渡ったが，交渉は失敗。その後，一行は約2年にわたって欧米諸国をまわり，各国の制度や産業などを視察した。

問10　大友氏は豊後《ぶんご》(大分県)を支配した戦国大名なので，イが正しい。なお，浅井氏は近江《おうみ》(滋賀県)，長宗我部《ちょうそかべ》氏は土佐(高知県)，最上《もがみ》氏は出羽《でわ》(山形県)を，それぞれ根拠《こんきょ》地としていた。

問11　ア　地租改正後も農民には江戸時代と変わらぬ重い負担が課されたため，全国各地でこれに反対する一揆《いっき》が起きた。　　イ　地租改正により，収穫物で納める年貢にかわり，地租を現金で納めることが土地所有者(地主)に義務づけられたから，この文は正しい。なお，小作人はそれまでと同様に，収穫物を小作料として土地所有者に納めた。　　ウ　「収穫量の３％」ではなく，「地価の３％」が正しい。　　エ　地租改正は1873年に始められたが，帝国議会が創設されたのは1890年である。

問12　正倉院は，切り口が三角形の長材を井桁《いげた》に組んだ「校倉《あぜくら》造」の建物として知られ，東大寺の倉として現在の奈良市に築かれた。よって，エが選べる。

問13　『小倉《おぐら》百人一首』は平安時代末期～鎌倉時代初期につくられた和歌集で，これをもとにしたかるた遊びが広まったのは江戸時代なので，イがふさわしくない。

問14　写真の中の矢印が示す設備は違い棚《だな》。杯《さかずき》や茶器，香炉《こうろ》などがその上にのせられることが多かった。

問15　江戸幕府は当初，貿易を奨励《しょうれい》していたが，禁教政策の徹底《てってい》のためしだいにこれを制限するようになり，1624年にはスペイン船の，1639年にはポルトガル船の来航をそれぞれ禁止した。1641年，平戸(長崎県)にあったオランダ商館を長崎の出島に移したことで，鎖国が完成した。

問16「蒙古襲来絵詞《もうこしゅうらいえことば》(絵巻)」は，肥後(熊本県)の御家人竹崎季長《たけざきすえなが》が元寇《げんこう》(1274年の文永の役と，1281年の弘安の役)のさいの自分の活躍《かつやく》を描かせたものといわれている。

問17「経済(財政)白書」は経済企画庁(現在は内閣府)が毎年発表している文書で，正式には「年次経済財政報告」という。朝鮮戦争による特需を経て日本経済が復興し，輸出額も第二次世界大戦前の水準に回復した1956年度の「経済白書」のなかの「もはや戦後ではない」という一節は，当時の好調な経済と社会の状況を表すものとして流行語となった。

2　**プラスチックゴミを題材とした問題**

問1　(1)　瀬戸内工業地域は京葉工業地域よりも工業出荷額が多いので，Aが瀬戸内工業地域，Bが京葉工業地域と判断できる。また，瀬戸内工業地域では機械工業，京葉工業地域では化学工業の割合が最も大きいので，Xは機械工業，Yは化学工業となる。　(2)　石油(原油)を運ぶ専用船はタンカーとよばれる。船内に大型のタンク(液槽《えきそう》)が設置されていることから，その名がある。本来は液体を運ぶ船全般を指す言葉であるが，一般にはタンカーといえば石油専用船を意味する。

問2　(1)　①はオホーツク海で，冬に流氷が北海道の沿岸部にまで押し寄せることで知られる。かつては北洋漁業の主要な漁場であったが，現在は大半がロシアの排他的経済水域となっている。②は東シナ海で，水深が200mくらいまでの傾斜《けいしゃ》のゆるやかな海底である大陸棚が広がる好漁場となっている。　(2)　1海里は約1852mなので，200海里は約370kmにあたる。

問3　ア　沖合漁業の漁獲量は1980年代半ばが最も多く，650～700万トンに達していたが，その後は減少が続き，近年は200万トン前後を推移している。よって，正しい。　イ　養殖《ようしょく》業の生産量は1990年代以降，100万トン前後で推移してきたが，近年は減少傾向にある。　ウ　漁業従事者は高齢化が進んでおり，60歳以上の人が占《し》める割合は年々増加している。　エ　水産物の輸入量は2000年代前半が最も多く，400万トン近くに達していたが，その後は減少傾向にあり，近年は250万トン前後で推移している。

問4　水俣《みなまた》病は熊本県水俣市にあった化学工場の廃水にふくまれていた有機水銀を原因とする公害病で，八代《やつしろ》海沿岸地域で被害が発生したから，エがあてはまる。

問5　(1)　キャベツは愛知県と群馬県，トマトは熊本県・北海道・愛知県，ナスは高知県・熊本県・群馬県，カキは和歌山県と奈良県，ブドウは山梨県・長野県・山形県・岡山県が，それぞれ上位を占めている。よって，アはブドウ，イはトマト，ウはキャベツ，エはカキ，オはナスと判断できる。　(2)　りんごは夏の終わりごろから秋にかけて成熟する果物で，国内産のものは10月ごろに多く出荷される。近年，りんごの最大輸入先となっているのは南半球に位置するエのニュージーランドで，日本とは季節が逆になることから，日本では端境《はざかい》期にあたる5～8月ごろに輸入される。ただし，その量は日本産の1％にも満たない。

問6　設問文から，「材料リサイクル」「ケミカルリサイクル」「熱回収」の3つが「有効利用」に，「単純焼却《しょうきゃく》」「埋《う》め立て」の2つが「未利用」にそれぞれ分類されることを読み取ったうえで，必要な語と数字をすべて記入する。

問7　G20サミット(金融《きんゆう》・世界経済に関する首脳会合)は，2008年に起きたリーマンショックによる世界経済の混乱を受け，毎年開かれるようになったもので，G20メンバー国のほか，招待国や国際通貨基金(IMF)などの国際機関の代表が出席している。2019年6月には大阪市でG20サミットが開かれた。

問8　「持続可能な開発目標」は，2015年にニューヨークの国連本部で開かれた「持続可能な開発サミット」で示されたもので，略称はSDGs。2030年までに世界が達成すべき17分野にわたる目標(ゴール)と169のターゲット(達成基準)からなり，17の目標にはそれぞれロゴマークが定められている。

3　情報を伝える記号やマークを題材とした問題

問1　年齢や性別，障がいの有無などに関係なくすべての人が使いやすいように考えられた製品・生活環境のデザインは，ユニバーサル・デザインとよばれる。さわっただけでシャンプーとコンディショナーが区別できるように容器の表面につけられた突起や，右利き・左利きに関係なく使えるようにデザインされたはさみなどは，その代表的なものである。

問2　税金には，国に納める国税と，都道府県や市区町村に納める地方税がある。代表的な地方税としては，住民税や固定資産税などがあげられる。

問3　(1)　エの「日本独自の文化・伝統を尊重し」というような内容は，日本国憲法の前文には書かれていない。　(2)　納税は日本国憲法第30条に定められた国民の義務であり，権利ではないから，エが誤っている。　(3)　日本国憲法第11条は基本的人権の原則についての規定で，アには「基本的人権」，イには「将来」があてはまる。

問4　裁判所は法律が憲法に違反していないかどうかを，具体的な裁判を通して判断することができる。これを違憲立法審査権といい，裁判所によって違憲と判断された法律は無効とされる。違憲立法審査権はすべての裁判所，つまり最高裁判所および下級裁判所(高等裁判所，地方裁判所，家庭裁判所，簡易裁判所)が持つが，最高裁判所はその最終的な判断を下すことから「憲法の番人」とよばれている。

問5　民事裁判は個人，あるいは企業の間における権利や義務をめぐる争いを裁く裁判である。訴《うった》えた側を原告，訴えられた側を被告といい，裁判官は両者の言い分を聞いたうえで判決を下す。なお，刑事裁判では，被害者に代わって検察官が原告となり，被疑者が起訴《きそ》されると被告人となる。

問6　最高裁判所は，長官1名と，そのほかの14名の裁判官で構成される。通常の審理は5名の裁判官で行うが，憲法判断をともなうような重要な案件については，15名の裁判官全員が参加して行われる。

問7　AED(自動体外式除細動器)は，心臓がけいれんを起こして血液を送り出せない状態(心停止)になった人に，電気ショックを与えて正常な働きに戻《もど》す医療《いりょう》機器である。電極パッドを胸に貼って電源を入れ，自動音声に従って操作するしくみになっている。

問8　ア　「衆議院」と「参議院」が逆である。　イ　衆議院に先議権があるのは予算の審議だけであり，法律案などの審議はどちらの議院が先でもよい。よって，正しい。　ウ　日本国憲法第67条には，「内閣総理大臣は，国会議員の中から国会の議決で，これを指名する」と定められているので，衆議院議員から指名しなければならないわけではないが，これまでに参議院議員から指名された例はない。　エ　日本国憲法第58条２項には「議員を除名するには，出席議員の３分の２以上の多数による議決を必要とする」と定められているが，一定数の署名を集めることで国会議員をやめさせることができるという規定はない。　オ　2000年代には，衆議院では与党が，参議院では野党が過半数を占める「ねじれ国会」とよばれる状況がしばしば見られた。

問９　ア　日本も1949年から1964年までユニセフ(国連児童基金)の援助を受けており，給食用の粉ミルク(脱脂《だっし》粉乳)や医薬品などを提供されていた。　イ　ユネスコの説明として正しい。　ウ　第一次世界大戦をきっかけに設立されたのは国際連盟であり，国際連合は第二次世界大戦が終結した1945年に設立された。　エ　NGOは「非政府組織」の略称であり，国際連合の専門機関ではない。

問10　憲法と法律の範囲《はんい》内で地方議会が制定し，その地方公共団体だけに適用されるきまりを条例といい，その地域の状況に合わせて独自の内容を盛りこむことができる。

問11　①　選挙を管理する国の行政機関は，総務省に設置される中央選挙管理会である。　②　気象や地震，火山活動などの自然現象の観測とそれらの情報の提供を行っているのは気象庁で，国土交通省に置かれている外局である。　③　ごみの量を減らす「リデュース」，同じ物をくりかえし使用する「リユース」，廃品や資源を再生利用する「リサイクル」をまとめて「３Ｒ」という。３Ｒのよびかけやごみの処理に関する仕事を担当するのは環境省である。　④　ロボット産業に関する仕事を担当するのは経済産業省である。

問12　地下に放水路を整備することは洪水などの水害に対する備えであるから，ウが正しくない。

問13　(1)　地域を活性化するための工夫や取り組みであるから，どの事例を選んでも，「多くの人が訪れる」あるいは「住民が増える」ことが重要と考えられる。　(2)　海水浴場があり，近くの海では養殖がさかんであるという点は，生かすべき地の利である。また，季節によって売り上げに差がある点や，周辺の住民は市の中心部にある大型スーパーで日常の買い物をするという点などは，改善すべき課題といえる。以上の点をふまえて，新たな工夫や取り組みをまとめる。

理　科　(40分)＜満点：80点＞

解　答

[1]　**問１**　(ア)　Ｂ　(イ)　Ａ　(ウ)　Ｂ　(エ)　Ａ　**問２**　(ア)　**問３**　(エ)→(イ)→(ア)→(オ)→(ウ)　**問４**　(エ)　**問５**　20倍から600倍の間　**問６**　(ウ)　**問７**　(1)　**１**　イ　**２**　ア　**３**　ア　**４**　イ　(2)　**ライオン**…(例)　距離をつかみやすい。　**シマウマ**…(例)　敵を早く発見できる。　[2]　**問１**　(エ)　**問２**　(ウ)　**問３**　(イ)　**問４**　**アンモニア水**…⑥　**石灰水**…③　**水酸化ナトリウム水溶液**…②　**うすい塩酸**…⑤　**食塩水**…①　**炭酸水**…⑦　**水**…④　**問５**　(1)　1.0　(2)　**１種類目**…(例)　うすい塩酸と水酸化ナトリウム水溶液が中和してできた。　**２種類目**…(例)　アルミニウムとうすい塩酸が反応してできた。　[3]　**問１**　(図２→)(カ)→(ア)→(オ)→(ウ)→(イ)→(エ)(→図２)　**問２**　①　(オ)　②　(イ)　**問３**　(1)　27度　(2)　$12\frac{1}{3}$度　(3)　$2\frac{7}{37}$日　(4)　29.2日　[4]　**問１**　下の図Ⅰ　**問２**　(イ)，(ウ)　**問３**　下の図Ⅱ　**問４**　２，４　**問５**　４

図Ⅰ

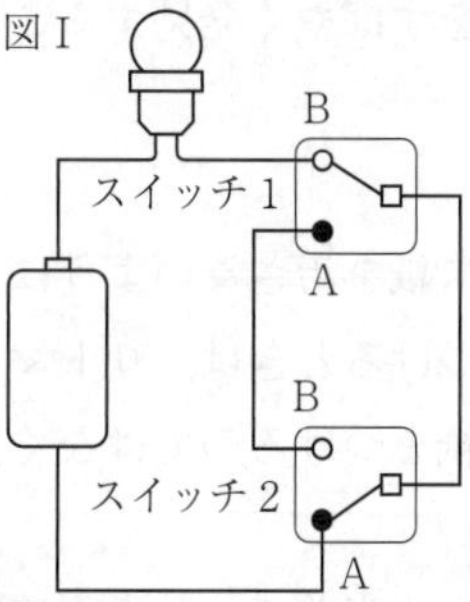

図Ⅱ

回路2

		スイッチ1 A	スイッチ1 B
スイッチ2	A	○	○
スイッチ2	B	×	×

回路3

		スイッチ1 A	スイッチ1 B
スイッチ2	A	○	○
スイッチ2	B	○	×

回路4

		スイッチ1 A	スイッチ1 B
スイッチ2	A	○	×
スイッチ2	B	×	○

解　説

1 顕微鏡《けんびきょう》の種類と使い方，動物の目のつき方についての問題

問１　顕微鏡Ａは高倍率(約600倍まで)での観察に，顕微鏡Ｂ(双眼《そうがん》実体顕微鏡)は低倍率(約10～40倍)での観察に用いる。したがって，ミドリムシやスギの花粉など肉眼ではあるかどうかもわからいほど小さなものは顕微鏡Ａ，アリの全身やアゲハチョウの卵など肉眼では細部まで見極められない大きさのものは顕微鏡Ｂで観察するのが適している。

問２　顕微鏡Ａは上下左右が逆に見える。左上に見えているものは実際には右下にあり，プレパラートを左上に移動させると視野の中央に見えるようになる。

問３　うまれた直後の卵は，(エ)のように，全体に小さな油の粒《つぶ》が散らばり，卵の表面は細かい毛のようなものでおおわれている。その後，胚《はい》(新しい個体に育つ部分)が(イ)のように大きくなり，(ア)→(オ)→(ウ)の順にメダカの体がつくられていく。

問４　(ア)　直射日光はとても明るいので，反射鏡から入ると目をいためてしまう。よって，顕微鏡は直射日光のあたらない明るい場所で使用し，光が不足するときは照明などの光でおぎなうようにする。　(イ)　対物レンズは短いものほど低倍率である。また，顕微鏡で観察を行うときには，まず低倍率で広い範囲《はんい》を見て観察したいものを見つけ，それを視野の中央に動かしてから，高倍率に変えて観察する。したがって，対物レンズの長さは，初めは短く，順々に長いものに変える。
(ウ)　ピントを調節するときは，まず，真横から見ながら対物レンズとプレパラートをできるだけ近づける。そして，接眼レンズをのぞいたまま調節ねじを回して対物レンズをプレパラートから少しずつ遠ざけていき，ピントを合わせる。写真の顕微鏡Ａはステージが上下するタイプのものなので，プレパラートを遠ざけるときにはステージが下がる(鏡筒《きょうとう》が上下するタイプのものでは，鏡筒が上がる)。　(エ)　倍率を高くして観察すると，レンズに入る光の量が減るため，視野が暗くなる。そのような場合，しぼりを開けたり照明の光の量を増やしたりする。

問５　顕微鏡の倍率は，(接眼レンズの倍率)×(対物レンズの倍率)で求められる。よって，顕微鏡Ａは，５×４＝20(倍)から，15×40＝600(倍)で使用することができる。

問６　顕微鏡Ｂもピントを合わせる必要があるので，(ウ)が正しくない。

問７　(1)　図３によると，ライオンの視野全体(Ａ＋Ｂ＋Ｃ)は，シマウマの視野全体(Ａ＋Ｂ＋Ｃ)よりも狭《せま》い。しかし，立体的に見えるＢの範囲は，ライオンの方がシマウマよりも広い。シマウマは逆に，視野全体は広いが，Ｂの範囲はライオンよりも狭い。　(2)　ライオンは肉食動物であり，シマウマなどを捕《と》らえて食べる。そのため，立体的に見える範囲が広いと，獲物《えもの》までの距離《きょり》がつかみやすいので，狩《か》りをするのにつごうがよい。一方，シマウマは草食動物で，ライオンなどの肉食動物から狙《ねら》われる。そのため，視野が広く後方までも見えると，敵をすばやく発見することができるので，逃《に》げるのに役立つ。

2 水溶液《すいようえき》の判別についての問題

問1　リトマス紙をあつかうときは，手についている物質でリトマス紙を汚《よご》さないようにするため，直接手でふれずにピンセットを用いる。また，液体をリトマス紙につけるときは，リトマス紙についている物質が液体に溶《と》け出さないようにするため，直接リトマス紙をつけるのではなく，洗ったガラス棒に液体をつけて，それをリトマス紙につけるようにする。

問2　蒸発皿に液体を入れて加熱し蒸発させるときは，液体がなくなる直前で加熱を止め，後は余熱で蒸発させる。液体が完全になくなるまで加熱を続けると，残った固体などが飛び散るおそれがある。

問3　液体のにおいを調べるときは，直接鼻を近づけず，試験管の口付近を手であおいで風を顔の方に送るようにする。これは，液体には有毒なものもあり，液体から出てくる気体を大量に吸いこまないようにするためである。

問4　実験1より，①，④は中性の水溶液(食塩水，水)，②，③，⑥はアルカリ性の水溶液(アンモニア水，石灰水，水酸化ナトリウム水溶液)，⑤，⑦は酸性の水溶液(うすい塩酸，炭酸水)となる。これに実験2の結果を加えると，固体が残った①は食塩水，固体が残らなかった④は水，⑥はアンモニア水とわかる。さらに，鼻をつくにおいがあるのはアンモニア水とうすい塩酸なので，実験3より，⑤はうすい塩酸と決まる。すると，⑦は炭酸水となる。また，実験5で二酸化炭素を入れたときに白くにごった③は石灰水であり，残った②は水酸化ナトリウム水溶液である。

問5　⑴　水酸化ナトリウム水溶液(②)とうすい塩酸(⑤)を混ぜると，中和して食塩と水ができる。また，アルミニウムは水酸化ナトリウム水溶液にもうすい塩酸にも水素を発生しながら溶ける。表で，②と⑤を10cm^{3}ずつ混ぜたときに，混合液に溶けたアルミニウムが0gになっていることから，②と⑤は同じ体積どうしで過不足なく中和することがわかる。そして，②10cm^{3}と⑤20cm^{3}を混ぜた場合は，②と⑤が10cm^{3}ずつ中和して⑤が，20－10＝10(cm^3)余り，混合液に溶けたアルミニウムが1.0gになる。したがって，②30cm^{3}と⑤40cm^{3}を混ぜた場合は，②と⑤が30cm^{3}ずつ中和して⑤が，40－30＝10(cm^3)余り，混合液に溶けたアルミニウムが1.0gになる。　⑵　⑴より，②10cm^{3}と⑤20cm^{3}を混ぜた場合は，②と⑤が10cm^{3}ずつ中和して⑤が10cm^{3}余り，ここにアルミニウムの粉末1.0gを加えると，⑤と過不足なく反応する。よって，反応後の液体を蒸発皿に入れて加熱すると，水が蒸発した後には，②と⑤が中和してできた食塩と，⑤とアルミニウムが反応してできた物質(塩化アルミニウム)の2種類の固体が残る。

3 月の動きと見え方についての問題

問1　北半球に位置する日本で月を1か月ほど観察すると，右側(西側)から満ちていき，右側から欠けていく。したがって，図2→(カ)→(ア)→(オ)→(ウ)と変化して新月になり，その後，(イ)→(エ)→図2と変化する。

問2　図3の①の位置は，月が太陽と同じ方向にある位置(新月)から，初めて太陽―地球―月を結ぶ角度が90度になるときで，日本から見ると，(オ)のように月面の右半分が光る半月(上弦《じょうげん》の月)が見える。その約1週間後には，月が地球をはさんで太陽とは正反対の位置にくるため満月が見られ，さらにその約3日後の②の位置では，満月から右側が少し欠けた(イ)のような月が見える。

問3 (1) 地球は太陽の周りを1日に，360÷360＝1(度)公転するので，図5の角度Xは，1×27＝27(度)である。図6で，Aの位置の月と地球，Bの位置の月と地球をそれぞれ結ぶ直線は平行なので，角度Yは角度Xに等しく27度である。 (2) 月は地球の周りを1日に，$360\div27=\frac{40}{3}$(度)公転するので，月がPに近づく角度は1日あたり，$\frac{40}{3}-1=\frac{37}{3}=12\frac{1}{3}$(度)となる。 (3) 図6で，BからCになるまでには，$27\div\frac{37}{3}=2\frac{7}{37}$(日)かかる。 (4) $27+2\frac{7}{37}=29\frac{7}{37}$，7÷37＝0.18…より，月の満ち欠けの周期は29.2日と求められる。

4 電気回路についての問題

問1 表1をもとにして回路図をかくと，解答の図Ⅰのようになる。

問2 (ア) 表1で，スイッチ1がAのときには，スイッチ2がAでもBでも×となっている。(イ) スイッチ1がBのときには，スイッチ2がAのときに○，Bのときに×となっている。 (ウ) スイッチ2がAのときには，スイッチ1がAのときに×，Bのときに○となっている。 (エ) スイッチ2がBのときには，スイッチ1がAでもBでも×となっている。

問3 回路2において，スイッチ1はA，Bのどちらのときも電流を通す。スイッチ2がAのときに豆電球がつき，Bのときに消える。回路3において，スイッチ1，2が同時にBのとき以外は豆電球がつく。回路4において，スイッチ1，2が同時にAまたはBのときに豆電球がつき，一方がAでもう一方がBのときには消える。

問4 表1(回路1)と，問3で完成させた表(回路2～4)から考える。回路1で，スイッチ1がAのときには，スイッチ2がAでもBでも×となる。また，回路3で，スイッチ1がAのときには，スイッチ2がAでもBでも○となる。これら以外のスイッチ1，2の組み合わせでは，スイッチ2により写真1のスイッチと同様に○と×を切り替えられるので，回路2，4が選べる。

問5 問3より，回路4のスイッチ1，2の一方を図3の「降り口のスイッチ」，もう一方を「登り口のスイッチ」とすると，どちらのスイッチでも照明をつけたり消したりすることができる。

国語 (50分) ＜満点：100点＞

解答

一 **問1** 1～5 下記を参照のこと。 6 いさ(み) 7 あっかん 8 しょさ **問2** 1 ウ 2 エ 3 ア 4 ① オ ② ア，カ 5 (例) お体にお気をつけて毎日をお過ごしください 二 **問1** エ **問2** A 体が弱かった B 生真面目な **問3** イ **問4** (例) 島一番のおくびょう者である自分がなににも負けん強い心を持ちたいと，ただひたすらに望む強い気持ち。 **問5** オ **問6** ウ **問7** オ **問8** ア **問9** (例) 荒れたり凪いだりする海のように，人生にはよいことも悪いこともたくさんあり，時には逃げることもあっていいが，自分の人生から逃げ続けることはできないから，優生にも強い心を持って人生に立ち向かってほしいということ。 三 **問1** A イ B エ **問2** ㋐ ア ㋑ オ **問3** イ **問4** ウ，オ **問5** (例) 実を食用にするため。／建物を建てるときの基礎部分の柱として利用するため。 **問6** 巨大化した幹の上に多くの枝が張り出す姿 **問7** 人の知恵は **問8** エ **問9** (例) 里山の豊かさが次々に失われていくことに寂しさを感じると同時に，自然環境の豊かさを，少しでも次代に引き継ぐために行動しなければという思いを強く持つから。

●漢字の書き取り

一 問1　1　拾得物　2　意向　3　蔵書　4　指揮　5　肥やす

解　説

一 漢字の書き取りと読み，手紙文の知識，俳句の知識

問1　1　拾った落とし物。　2　どのようにするかという考えや気持ち。　3　書物を所蔵すること。また，その書物。　4　人々を指図して動かすこと。　5　音読みは「ヒ」で，「肥料」などの熟語がある。訓読みにはほかに「こえ」などがある。　6　音読みは「ユウ」で，「勇気」などの熟語がある。「勇み立つ」は，元気が出て張り切ること。　7　全体の中で最もすぐれていること。　8　ふるまい。体の動かし方。

問2　1　目上の人やはじめての相手に手紙を出す場合は，「拝啓《はいけい》」で書き出し，「敬具」で結ぶのが一般《いっぱん》的である。なお，目上の人やはじめての相手でない場合は，「前略」で書き出し，「草々」で結ぶことが多い。また，「拝復」は返信の初めに書く言葉，「以上」は目録や箇条《かじょう》書きなどの最後を示す言葉，「敬白」は「敬具」よりていねいな言葉である。　2　「クリスマスプレゼント」へのお礼状なので，エがよい。なお，アは，季節は合っているが「クリスマス飾《かざ》りがやかましい感じ」という否定的な表現が入っているので，ふさわしくない。イとウは秋，オは春のはじめに合うあいさつである。　3　「包みを開けたとき」に自分の「大好きな」色が目に入ってきたときのようすなので，驚《おどろ》いて息を止めることを表す「息をのむ」があてはまる。なお，イの「胸がおどる」は，期待で興奮《こうふん》すること。ウの「頬《ほお》が落ちる」は，非常においしく感じられるようす。エの「舌を巻く」は，技量などがあまりにすぐれていて驚き感心すること。オの「目もくれない」は，見ようともしないようす。　4　①　それぞれの俳句の季語に着目する。アの「大根」，イの「木枯《こがらし》」，ウの「咳《せき》」，エの「枯野《かれの》」はいずれも冬の季語，オの「赤蜻蛉《とんぼ》」は秋の季節である。
②　アの「武者ぶるい」は，重要なことに臨んで興奮でふるえること。寒さによってのふるえとは関係がない。カの「三寒四温」は，三日寒い日が続いた後に暖かい日が四日続くということを繰《く》り返す，冬から春先にかけての大陸の気候を表す言葉。　5　結びのあいさつでは，相手の健康を気づかったり祈ったりする文面が入るのが一般的である。

二 出典は藤岡陽子《ふじおかようこ》の『海とジイ』による。優生《ゆうせい》たちが，曽祖父《そうそふ》の清次《せいじ》と大天狗《おおてんぐ》神社を訪《おとず》れる場面である。

問1　この後，優生が清次の話を黙《だま》ったまま聞き続け，ついに「自分から言葉を発した」ようすが描《えが》かれている。よって，傍線《ぼうせん》①の時点で優生は，清次からなにかを得ようと決意していたと考えられるので，エの「清次の力強い導きにつられて前に進もうとする気持ち」がふさわしい。

問2　A　毅《つよし》の父親が漁師を継《つ》がずに理科の教師をしていたのは，「体が弱かった」からである。
B　毅の父親が海に落ちてしまったのは，「生真面目《きまじめ》な男だった」ために，ロープを離《はな》さなかったからである。

問3　「凪《な》ぐ」は，波(や風)が静まること。漁師として生きてきた清次にとって，海は恵《めぐ》みをもたらしてくれるかけがえのない存在であると同時に，かけがえのない長男の命を奪《うば》った憎《にく》い存在でも

ある。「凪いだ」海であるにもかかわらず「睨《にら》」んでいるのは，清次が海に対して複雑な感情を持っているためだと考えられるので，「割り切れない思い」とあるイがよい。

問4　少し後で，天狗様に「なににも負けん強い心を探してもらっとるんじゃ」と毅が言ったことが語られているので，この内容を中心にまとめる。

問5　茉由《まゆ》が「お父さんはその時なにをしてたの？」と言っていることなどから，毅は自分の父親が海で死んだことを，優生や茉由には話していないと推測できる。よって，「その時の父の行動に興味をもち始めていた」とあるオが選べる。

問6　「雨の一滴《いってき》を待つような顔」は，日照りが続く中，雨が降ってくることを期待して空を見上げるような表情といえる。よって，「希望」を雨にたとえているウが合う。

問7　「虚《きょ》をつかれる」は，心構えのないところにつけ込《こ》まれること。「棒立ち」は，意外なことに出会った驚きなどから立ちすくむことを表す。よって，“非常に驚いて感心すること”を表す「驚《きょう》嘆《たん》」がふさわしい。

問8　問6で見たように，優生は「希望を見出《みいだ》したい」と思っている。よって，「希望を～見つけてほしい」とあるアがあてはまる。

問9　ずっと漁師を続けてきた清次にとって，海は人生とともにある存在であることをおさえる。海は漁師に恵みをもたらしたり人の命を奪ったりする存在であり，海が凪いだり荒《あ》れたりするように，人生にも「勝つこと」や「負けること」，そして「逃《に》げること」がある。このように言って清次は，いま逃げている状態の優生に理解を示したうえで，「自分の人生から逃げきることなど，できない」のだから，毅が自分の手で見つけたように，「強い心」を見つけて人生に立ち向かってほしいという思いを伝えているのである。

三　**出典は「図書」2018年10月号所収の「自然の『豊かさ』を描き出す(永幡嘉之《ながはたよしゆき》作)」による。**自然の「豊かさ」について語っている。

問1　**A**　春の花が「一気」に花開くように春が訪れるのだから，“劇を見ているように，強く印象づけられるようす”を表す「劇的」がよい。　**B**　「一面に咲《さ》く」のとは対照的な咲き方なので，“あちらに五人，こちらに三人というように，あちこちに少しずつ散らばっているようす”を表す「三々五々」が合う。

問2　(あ)　「こぞって」は“残らず全員で”という意味なので，アの「だれもかれも」が選べる。(い)　「褪《あ》せる」は“色やつやなどが薄《うす》くなる”という意味なので，オの「変わることはない」がふさわしい。

問3　第1段落は，「写真」を撮《と》っている筆者の自己紹介《しょうかい》である。そして，第2～第4段落では「クリ」と「カタクリ」の関係，第5，第6段落では「ブナ」，第7，第8段落では筆者の「社会活動」について述べられている。

問4　ア　第3段落の後半に，カタクリの「繁栄《はんえい》を手伝ったのはアリだった」とあり，人間がカタクリを「移植」したわけではないので，合わない。　イ，エ　第3段落の最後の段落で，カタクリが崖《がけ》のような場所で育つのは「本来」のことで，そのようなカタクリに「人がクリ林という好適な場所をつくった」と述べられている。よって，「崖のような急斜面《しゃめん》に追いやられてしまった」「人の手が入らない崖の中腹のような場所に根づく」はあてはまらない。　ウ　第3段落の内容と合う。　オ　第2段落の後半の内容と合う。　カ　第2～第4段落で，「人間はアリの力を借りることでクリ林を作っていった」という内容は述べられていない。

問5　クリ林がどの家にもあったのは，人間にとって重要な「用途《ようと》」(使い道)があったからである。同じ段落で，「食用」の「実」と，「建物」の「柱」という二つの用途があげられている。

問6　「あがりこ」については続く部分で，「奇《き》妙《みょう》な姿をしたブナの巨木《きょぼく》」「巨大化した幹の上に多くの枝が張り出す姿」と説明されている。

問7　「日本」と「世界各地」のブナ林の違《ちが》いや共通点を調べてわかったことだから，「人の知《ち》恵《え》は，洋の東西で同じような文化を独自に生み出してきた」がぬき出せる。

問8　筆者は，「昆《こん》虫《ちゅう》を採集して標本をつく」ったり「先人が遺《のこ》した数万点の標本を調べ」たりすることで，「自然界はあまりにも多様」であることがわかったと述べている。よって，これとほぼ同じ内容を述べているエがふさわしい。

問9　「寂《さび》しさ」については，第⑧段落の最初のほうで述べられている。また，「焦《あせ》り」は，「自然環境の『豊かさ』を，少しでも次代に引き継ぎたい」ために生じている。このような筆者の思いをまとめる。

Memo

Memo

2025年度用

中学スーパー過去問

■編集人 声の教育社・編集部

■発行所 株式会社 声の教育社

〒162-0814 東京都新宿区新小川町8-15

☎03-5261-5061(代) FAX03-5261-5062

https://www.koenokyoikusha.co.jp

※本書の内容についての一切の責任は当社にあります。内容・解説・解答・その他は当社ホームページよりお問い合わせ下さい。

カコを追いかけ
ミライをつかめ
「今の説明、もう一回」を何度でも
web過去問
ストリーミング配信による入試問題の解説動画
もっと古いカコモンないの？
カコ過去問
「さらにカコの」過去問をHPに掲載（DL）
声の教育社
詳しくはこちらから

ストリーミング配信による入試問題の解説動画

2025年度用web過去問　ラインナップ

■ 男子・女子・共学(全動画) 見放題
36,080円(税込)

■ 男子・共学 見放題
29,480円(税込)

■ 女子・共学 見放題
28,490円(税込)

● 中学受験「声教web過去問(過去問プラス・過去問ライブ)」(算数・社会・理科・国語)

3〜5年間 **24校**

過去問プラス

麻布中学校	桜蔭中学校	開成中学校	慶應義塾中等部	渋谷教育学園渋谷中学校
女子学院中学校	筑波大学附属駒場中学校	豊島岡女子学園中学校	広尾学園中学校	三田国際学園中学校
早稲田中学校	浅野中学校	慶應義塾普通部	聖光学院中学校	市川中学校
渋谷教育学園幕張中学校	栄東中学校			

過去問ライブ

栄光学園中学校	サレジオ学院中学校	中央大学附属横浜中学校	桐蔭学園中等教育学校	東京都市大学付属中学校
フェリス女学院中学校	法政大学第二中学校			

● 中学受験「オンライン過去問塾」(算数・社会・理科)

3〜5年間 **50校以上**

東京	青山学院中等部	東京	国学院大学久我山中学校	東京	明治大学付属明治中学校	千葉	芝浦工業大学柏中学校	埼玉	栄東中学校
	麻布中学校		渋谷教育学園渋谷中学校		早稲田中学校		渋谷教育学園幕張中学校		淑徳与野中学校
	跡見学園中学校		城北中学校		都立中高一貫校 共同作成問題		昭和学院秀英中学校		西武学園文理中学校
	江戸川女子中学校		女子学院中学校		都立大泉高校附属中学校		専修大学松戸中学校		獨協埼玉中学校
	桜蔭中学校		巣鴨中学校		都立白鷗高校附属中学校		東邦大学付属東邦中学校		立教新座中学校
	鷗友学園女子中学校		桐朋中学校		都立両国高校附属中学校		千葉日本大学第一中学校	茨城	江戸川学園取手中学校
	大妻中学校		豊島岡女子学園中学校	神奈川	神奈川大学附属中学校		東海大学付属浦安中等部		土浦日本大学中等教育学校
	海城中学校		日本大学第三中学校		桐光学園中学校		麗澤中学校		茗渓学園中学校
	開成中学校		雙葉中学校		県立相模原・平塚中等教育学校		県立千葉・東葛飾中学校		
	開智日本橋中学校		本郷中学校		市立南高校附属中学校		市立稲毛国際中等教育学校		
	吉祥女子中学校		三輪田学園中学校	千葉	市川中学校	埼玉	浦和明の星女子中学校		
	共立女子中学校		武蔵中学校		国府台女子学院中学部		開智中学校		

web過去問 Q&A

過去問が動画化！
声の教育社の編集者や中高受験のプロ講師など、
過去問を知りつくしたスタッフが動画で解説します。

Q どこで購入できますか？

A 声の教育社のHPでお買い求めいただけます。

Q 受講にあたり、テキストは必要ですか？

A 基本的には過去問題集がお手元にあることを前提としたコンテンツとなっております。

Q 全問解説ですか？

A 「オンライン過去問塾」シリーズは基本的に全問解説ですが、国語の解説はございません。「声教web過去問」シリーズは合格のカギとなる問題をピックアップして解説するもので、全問解説ではございません。なお、「声教web過去問」と「オンライン過去問塾」のいずれでも取り上げられている学校がありますが、授業は別の講師によるもので、同一のコンテンツではございません。

Q 動画はいつまで視聴できますか？

A ご購入年度2月末までご視聴いただけます。
複数年視聴するためには年度が変わるたびに購入が必要となります。

よくある解答用紙のご質問

01

実物のサイズにできない

拡大率にしたがってコピーすると，「解答欄」が実物大になります。配点などを含むため，用紙は実物よりも大きくなることがあります。

02

A3用紙に収まらない

拡大率164％以上の解答用紙は実物のサイズ（「出題傾向＆対策」をご覧ください）が大きいために，Ａ３に収まらない場合があります。

03

拡大率が書かれていない

複数ページにわたる解答用紙は，いずれかのページに拡大率を記載しています。どこにも表記がない場合は，正確な拡大率が不明です。

04

１ページに２つある

１ページに２つ解答用紙が掲載されている場合は，正確な拡大率が不明です。ほかの試験回の同じ教科をご参考になさってください。

横浜雙葉中学校

【別冊】入試問題解答用紙編

解答用紙は本体からていねいに抜きとり、別冊としてご使用ください。

※　実際の解答欄の大きさで練習するには、指定の倍率で拡大コピーしてください。なお、ページの上下に小社作成の見出しや配点を記載しているため、コピー後の用紙サイズが実物の解答用紙と異なる場合があります。

●入試結果表

年　度	回	項　目	国　語	算　数	社　会	理　科	４科合計	合格者
2024	１期	配点(満点)	100	100	80	80	360	最高点
		合格者平均点	80.1	67.6	58.7	55.0	261.4	310
		受験者平均点	76.0	54.4	53.2	49.7	233.3	最低点
		キミの得点						242
	２期	配点(満点)	100	100	80	80	360	最高点
		合格者平均点	81.9	72.3	66.6	66.3	287.1	325
		受験者平均点	75.8	54.8	60.0	58.0	248.6	最低点
		キミの得点						269
2023		配点(満点)	100	100	80	80	360	最高点
		合格者平均点	64.7	67.6	57.8	56.0	246.1	284
		受験者平均点	60.8	57.7	53.2	50.6	222.3	最低点
		キミの得点						225
2022		配点(満点)	100	100	80	80	360	最高点
		合格者平均点	69.0	64.2	53.4	56.6	243.2	293
		受験者平均点	65.0	54.6	49.4	51.7	220.7	最低点
		キミの得点						216
2021		配点(満点)	100	100	80	80	360	最高点
		合格者平均点	70.5	45.0	49.2	56.7	221.4	279
		受験者平均点	65.9	39.3	45.0	52.8	203.0	最低点
		キミの得点						195
2020		配点(満点)	100	100	80	80	360	最高点
		合格者平均点	65.0	61.9	49.9	53.5	230.3	295
		受験者平均点	60.1	56.4	46.2	50.1	212.8	最低点
		キミの得点						205

※　表中のデータは学校公表のものです。ただし、４科合計は各教科の平均点を合計したものなので、目安としてご覧ください。

声の教育社

２０２４年度　横浜雙葉中学校

算数解答用紙　１期

番号		氏名		評点	／100

1

(1)	①		②		
(2)	個	(3)	cm	(4)	%
(5)	①	②	Ⓐ	Ⓑ	
(6)	度	(7)	度		

2

(1)	秒後	(2)	① cm^2	② cm^2	(3)	秒後

(4)

(答)　　　　秒間

3

(1)	① 個	② 個	(2)	① 個	② 個

③

(2)

(答)　　　　個

(3)　　　　段

(注)　この解答用紙は実物を縮小してあります。Ｂ５→Ａ３(163%)に拡大コピーすると、ほぼ実物大の解答欄になります。

〔算　数〕100点(推定配点)

1～3　各５点×20＜1の(5)の②は完答＞

２０２４年度　　横浜雙葉中学校

社会解答用紙　１期

番号		氏名		評点	／80

1

問1	

問2		問3		問4	

問5	

問6	

問7		問8	の戦い

問9		問10		問11				

問12		問13		問14					問15	

2

問1	最東端		最北端		問2	(1)		(2)	福島県		山形県	

問3	(1)		(2)		問4	

問5		問6	

問7	

3

問1		問2	

問3		問4	(1)		(2)	

問5	(1)		(2)		問6	

問7	(1)		(2)	
	(3)			

問8	(1)		(2)	

（注）この解答用紙は実物を縮小してあります。Ｂ５→Ａ３（163%）に拡大コピーすると、ほぼ実物大の解答欄になります。

〔社　会〕80点(推定配点)

1　各２点×15　2　問１～問６　各２点×10　問７　３点　3　問１～問６　各２点×８＜問２，問４の(1)は完答＞　問７　(1)，(2)　各２点×２　(3)　３点　問８　各２点×２

２０２４年度　横浜雙葉中学校

理科解答用紙　１期

番号		氏名		評点	／80

1

問１		問２	[匹／L]	問３	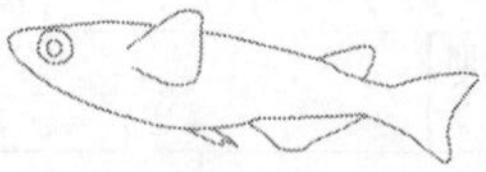
問４		問５	（1）	（2）	（3）
問６	メダカのみ	ヒトのみ	どちらにもあてはまらない	問７	（1）	（2）

2

問１	名前	記号	問２		問３	mL

問４	（1）	（2）						
	個	①	②	③	④	⑤	⑥	⑦

問５	（1）	（2）
	倍	数字　語句 （　　　）つ　（　増える　・　減る　・　変わらない　）

3

問１	（1）	（2）	問２		問３	

問４	①	②	③	④	問５		問６	

4

問１	a	b	c	d

問２		問３	図A	図B	図C

問４	（あ）	（い）	（う）	問５	
	度	度	度		

（注）この解答用紙は実物を縮小してあります。Ｂ５→Ａ３（163%）に拡大コピーすると、ほぼ実物大の解答欄になります。

〔理　科〕80点（推定配点）

1　各２点×12＜問１は完答＞　2　問１～問３　各２点×４　問４　(1)　２点　(2)　３点＜完答＞　問５　各２点×２　3　問１～問３　各２点×４　問４　３点＜完答＞　問５，問６　各２点×２　4　各２点×12

2024年度 横浜雙葉中学校

国語解答用紙　一期

番号		氏名		評点	/100

一

問一　1　2　3　る　4　す　5　6　7　8

問二　1 (1) (2) (3)　2 A B　3　4　5 (1) (2) (3)

二

問一

問二　1　2

問三

問四

問五

問六

問七　A　B

問八　気持ち。

問九

問十

三

問一　1　2　3

問二

問三

問四　あ　い

問五

問六　はじめ　～　終わり

問七

（注）この解答用紙は実物を縮小してあります。Ｂ５→Ａ３（163%）に拡大コピーすると、ほぼ実物大の解答欄になります。

〔国　語〕100点（推定配点）

一　各１点×18　二　問１　３点　問２　各２点×２　問３，問４　各３点×２　問５　10点　問６　３点　問７　各２点×２　問８，問９　各３点×２　問10　12点　三　問１　各２点×３　問２～問４　各３点×４　問５　10点　問６，問７　各３点×２

２０２４年度　横浜雙葉中学校

算数解答用紙　２期

番号		氏名		評点	／100

1

(1)	①	②		(2)	人	(3)	回
(4)	km	(5)	通り	(6)	cm	(7)	：

2

(1)	(21番目)	(50番目)
(2)		
(3)	(答)　　　個	
(4)		

3

(1)

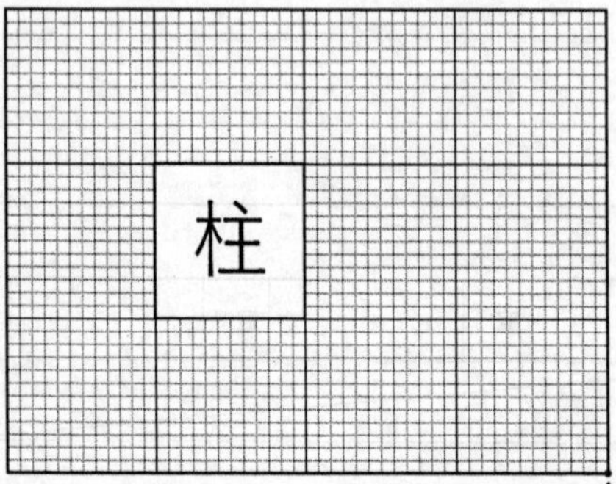

A

(2)　cm²

(3)

(4)

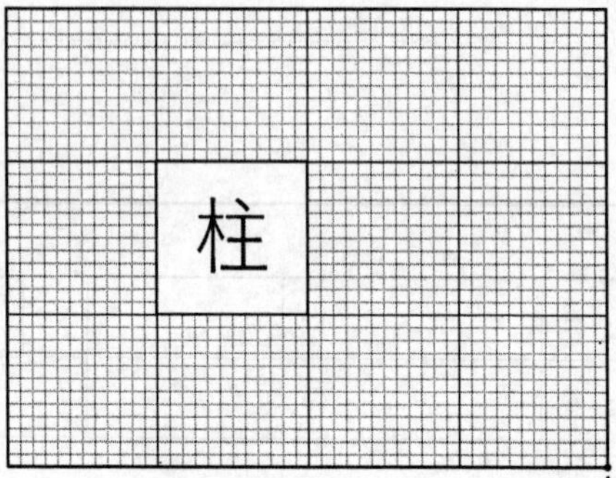

A

面積　cm²

（注）この解答用紙は実物を縮小してあります。Ｂ５→Ａ３（163%）に拡大コピーすると，ほぼ実物大の解答欄になります。

〔算　数〕100点(推定配点)

1　各５点×８　2　(1)，(2)　各５点×３　(3)　式や考え方…５点，答…５点　(4)　５点　3　各６点×５＜(3)は完答，(4)は各６点×２＞

２０２４年度　　横浜雙葉中学校

社会解答用紙　２期

番号		氏名		評点	／80

1

問1		問2											
問3													
問4													
問5		問6						問7		問8			
問9		問10		問11		問12							
問13		問14	月　日	問15		問16							

2

問1	1		2		問2				
問3	A		B						
問4	(1)		(2)	真珠		わかめ類		問5	
問6	A		B						
問7	X		Y						
問8	市民Aか市民Bか		具体的な対応の中身						
	理由								

3

問1	(1)	年　月　日	(2)		問2				
問3		問4		問5					
問6	(1)		(2)		問7				
問8	A		B		問9		問10	問11	

（注）この解答用紙は実物を縮小してあります。B５→A３(163%)に拡大コピーすると、ほぼ実物大の解答欄になります。

〔社　会〕80点(推定配点)

1 問１～問３　各２点×３　問４　３点　問５　１点　問６　２点　問７，問８　各１点×２　問９～問11　各２点×３　問12　１点　問13，問14　各２点×２　問15，問16　各１点×２　2 問１～問３　各２点×５＜問２は完答＞　問４　(1)　２点　(2)　各１点×２　問５～問７　各２点×５　問８　３点　3 各２点×13＜問７～問９はそれぞれ完答＞

2024年度　横浜雙葉中学校

理科解答用紙　2期

番号		氏名		評点	／80

1

問1		問2	

問3	A	B	C	D	E	F	G

問4	H	I

2

問1	記号

(あ)　(い)　(う)　(え)

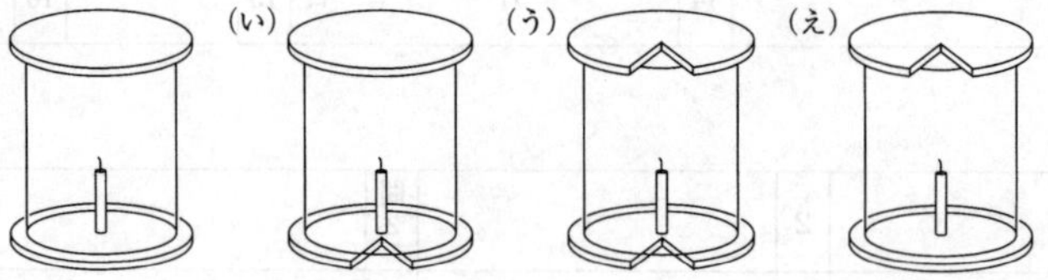

問2	記号	理由

問3	(ア)	(イ)	(ウ)	問4	
					%

3

問1		問2	(1)	(2)	(3)	(4)

問3	(1)	(2)	(3)	(4)	(5)

4

問1	問2	問3	問4
cm	cm	cm	cm
問5	問6	問7	問8
cm	cm	cm	

(注) この解答用紙は実物を縮小してあります。B5→A3(163%)に拡大コピーすると、ほぼ実物大の解答欄になります。

〔理　科〕80点(推定配点)

1 問1　2点　問2　3点　問3　各1点×7　問4　各2点×2　2 問1，問2　各2点×4　問3，問4　各3点×4　3 各2点×10　4 各3点×8

2024年度　横浜雙葉中学校

国語解答用紙　二期

番号　　氏名　　評点　／100

一
問一　1 む　2 しい　3　4　5　6　7　8
問二　1 Ⅰ Ⅱ　2　3　4　5　6　7

二
問一　問二　問三 あ い
問四　問五 はじめ 〜 終わり から。　問六
問七
問八
問九

三
問一 Ⅰ Ⅱ　問二 あ い
問三 ① ②
問四 A B C　問五
問六
問七　問八 (1) (2)

(注) この解答用紙は実物を縮小してあります。B5→A3(163%)に拡大コピーすると、ほぼ実物大の解答欄になります。

〔国　語〕100点(推定配点)

一　各1点×16　二　問1，問2　各3点×2　問3　各2点×2　問4～問6　各3点×3　問7　10点　問8　3点　問9　13点　三　問1～問4　各2点×9　問5　3点　問6　10点　問7，問8　各2点×4

2023年度　　横浜雙葉中学校

算数解答用紙

番号		氏名		評点	／100

1

(1)	①		②		
(2)	票以上	(3)		(4)	ページ
(5)	g	(6)	cm²	(7)	

2

(1)	周目のときから	(2)	頂点　　と頂点　　の間
(3)	(答)　　秒後		
(4)	秒後		

3

(1)		(2)	
(3)			
(4)			

（注）この解答用紙は実物を縮小してあります。B5→A3（163%）に拡大コピーすると、ほぼ実物大の解答欄になります。

〔算　数〕100点(推定配点)

1　各5点×8　2　(1)，(2)　各6点×2　(3)　式や考え方…5点，答え…5点　(4)　6点　3　(1)　6点　(2)　8点＜完答＞　(3)　10点　(4)　8点＜完答＞

2023年度　横浜雙葉中学校

社会解答用紙　No.1

番号		氏名		評点	／80

1

問1		問2		問3	
問4		問5		問6	
問7		問8		問9	
問10		問11		問12	
問13					
問14	特徴				
	理由				
問15					

2

問1	富山市		岡山市	
問2	(1)		(2)	
問3	(1)		(2)	エネルギー
問4		問5		
問6		問7		問8
問9	(1)			
	(2)			

2023年度　横浜雙葉中学校

社会解答用紙　No.2

3

問1		問2	原子力発電所	問3	
問4	→ →	問5			
問6		問7		問8	
問9		問10			
問11		問12	の権利		
問13					

（注）この解答用紙は実物を縮小してあります。B5→B4（141%）に拡大コピーすると、ほぼ実物大の解答欄になります。

〔社　会〕80点（推定配点）

1　問1～問8　各2点×8　問9，問10　各1点×2　問11　2点　問12，問13　各1点×4　問14　特徴…2点，理由…3点　問15　2点　2　問1，問2　各1点×4　問3～問8　各2点×7　問9　(1)　2点　(2)　3点　3　問1～問8　各2点×8＜問4は完答＞　問9　各1点×2　問10～問13　各2点×4＜問11は完答＞

２０２３年度　横浜雙葉中学校

理科解答用紙　No.１

番号		氏名		評点	／80

1

問1					
問2					
問3	(1)				(2)	
	森の生物A	森の生物C	海の生物A	海の生物C	生物A	生物C
問4	①	②				

2

問1	(ア)	(イ)	(ウ)	(エ)

問2	
	(1)
	(式) (答え)＿＿＿＿＿＿＿＿＿＿g
	(2)
	(式) (答え)＿＿＿＿＿＿＿＿＿＿%
	(3)
	(式) (答え)＿＿＿＿＿＿＿＿＿＿万t

問3	(1)	(2)	(3)
		g/cm^3	

２０２３年度　横浜雙葉中学校

理科解答用紙　No. 2

3

問1	東	南
問2		
問3	赤道	北極点
問4	北	南
問5		

問6　(1), (2), (3) の図への書き込み

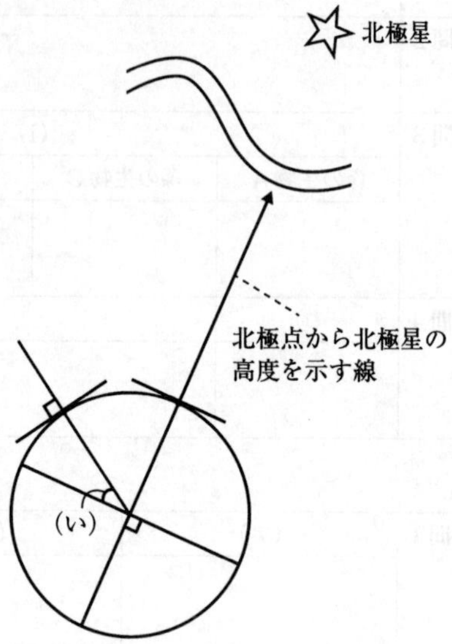

問6　(3) の説明

4

問1	ア	イ
	℃	A
問2	倍	
問4	倍	
問5	(1)	(2)
	A	℃

問3

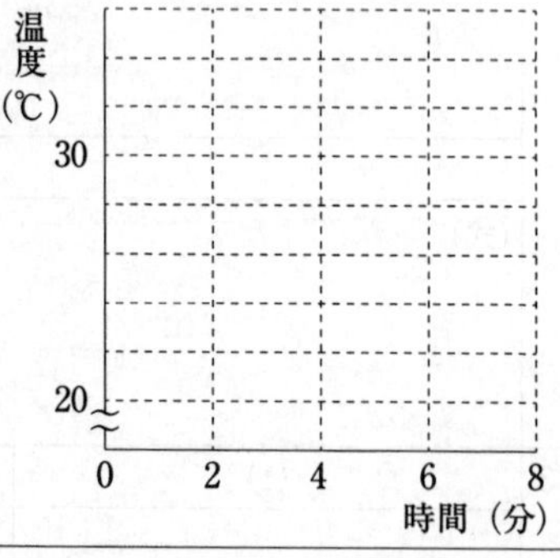

（注）この解答用紙は実物を縮小してあります。Ｂ５→Ｂ４(141%)に拡大コピーすると、ほぼ実物大の解答欄になります。

〔理　科〕80点(推定配点)

1　問1　2点　問2　3点　問3　(1)　各1点×4　(2)　各2点×2　問4　①　2点　②　3点　2　問1　各1点×4　問2　各3点×3　問3　(1)　2点　(2)　3点　(3)　2点　3　問1～問5　各2点×7　<問1は完答>　問6　(1), (2)　各2点×2　(3)　5点　4　問1　各2点×2　問2～問5　各3点×5

二〇二三年度　横浜雙葉中学校

国語解答用紙　No. 1

番号

氏名

評点　／100

一

問一　1　2　3　4　5　6　える　7　8

問二　1 (1)　(2)　2

3 (1)　(2)

4 (1)　(2)

二

問一　あ　い

問二

問三

問四

問五

問六　(1)　(2)

問七

問八　はじめ　～　終わり　ということ。

問九　A　B

問十

二〇二三年度　横浜雙葉中学校

国語解答用紙　No. 2

三

問一　あ　い

問二

問三

問四

問五　I　II

問六

問七

問八　(1)　(2)

問九

（注）この解答用紙は実物を縮小してあります。B5→A3（163%）に拡大コピーすると、ほぼ実物大の解答欄になります。

〔国　語〕100点(推定配点)

一　各1点×15　二　問1　各2点×2　問2〜問5　各3点×4　問6　(1)　3点　(2)　6点　問7，問8　各3点×2　問9　各2点×2　問10　8点　三　問1　各2点×2　問2，問3　各3点×2　問4〜問6　各2点×5　問7　6点　問8　(1)　3点　(2)　7点　問9　各2点×3

２０２２年度　　横浜雙葉中学校

算数解答用紙　No. 1

番号		氏名		評点	／100

1

(1)	①　　　　②				
(2)	個	(3)	本	(4)	
(5)	分速　　m	(6)	度	(7)	cm

2

(1)	㋐　　cm　㋑　　cm　㋒　　cm
(2)	(答)　　分　　秒後
(3)	①　毎分　　L ②

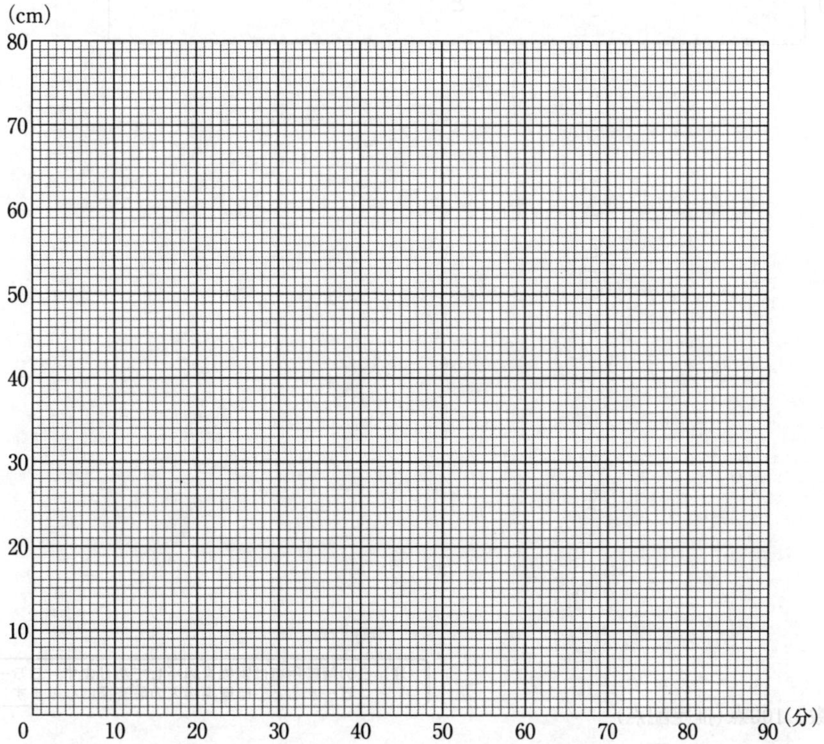

2022年度　　横浜雙葉中学校

算数解答用紙　No. 2

3

(1)	①（ア）	
	①（イ）	
	②	
(2)	①　　　　個	②
(3)	と	

（注）この解答用紙は実物を縮小してあります。B５→B４(141%)に拡大コピーすると、ほぼ実物大の解答欄になります。

〔算　数〕100点(推定配点)

1～3　各５点×20＜3の(3)は完答＞

2022年度　横浜雙葉中学校

社会解答用紙　No.1

番号		氏名		評点	／80

1

問1	→ → →	問2	
問3		問4	
問5		問6	
問7			
問8			

問9	共通する点	
	異なる点	
	あなたの意見	

問10		問11		問12		問13	
問14							

2

問1	記号	市	問2	現象
問3	①		②	
問4	E		F	

問5	(1)							
	①		②		③		④	
	(2)							

問6		問7	(1)	(2)

問8		問9	(1)	(2)	
				グラフのA〜Cより	表のX〜Zより

問10		問11	(1)	(2)
			帯	

2022年度　横浜雙葉中学校

社会解答用紙　No.2

3

問1	(1)				(2)
	1		2		
問2	(1)	(2)	問3	→ → → →	
問4	(1)	(2)			
問5		問6			
問7		問8			
問9					
問10					
問11	例				
	説明				

(注) この解答用紙は実物を縮小してあります。B5→A3(163%)に拡大コピーすると、ほぼ実物大の解答欄になります。

〔社　会〕80点(推定配点)

1　問1～問6　各2点×6<問1は完答>　問7，問8　各1点×2　問9　共通する点…1点，異なる点…1点，あなたの意見…2点　問10～問14　各1点×5　2　問1　各1点×2　問2～問7　各2点×10<問5の(1)は完答>　問8～問10　各1点×5　問11　各2点×2　3　問1，問2　各1点×5　問3～問10　各2点×9<問3，問5は完答>　問11　例…1点，説明…2点

２０２２年度　横浜雙葉中学校

理科解答用紙　No.１

番号		氏名		評点	／80

1

問１					
問２		問３		問４	
問５					

問６	(1)	(2)	(3)

2

問１	気体①	気体②	気体③	気体④	気体⑤

問２		問３	

問４

(1)

(2)

計算式

(答え)＿＿＿＿＿＿＿＿

(3)

計算式

(答え)＿＿＿＿＿＿＿＿

理科解答用紙　No. 2

3

問1	（ア）	（イ）	（ウ）

問2			

問3	(1)	(2)	(3)

問4	(1)
	(2)

4

問1	
	振り子が１回往復するのにかかる時間は、
	振り子が１回往復するのにかかる時間は、

問2		問3	(1)	(2)	問4		問5	
	倍							

（注）この解答用紙は実物を縮小してあります。Ｂ５→Ｂ４（141%）に拡大コピーすると、ほぼ実物大の解答欄になります。

〔理　科〕80点（推定配点）

1　問1　3点　問2～問4　各2点×3＜各々完答＞　問5　3点　問6　各2点×3＜(3)は完答＞　2　問1～問3　各2点×7　問4　(1)　2点　(2)，(3)　各3点×2　3　問1，問2　各2点×5　問3　(1)　2点　(2)，(3)　各3点×2　問4　(1)　2点　(2)　3点　4　問1，問2　各3点×3　問3～問5　各2点×4

二〇二三年度　横浜雙葉中学校

国語解答用紙　No. 1

番号

氏名

評点　／100

一

問一

1	2	3	4
	む		う
5	6	7	8

問二

1	2
3 a	b
4	5	6

二

問一　A　B　C

問二

問三

問四

問五

問六

問七

問八

問九　ア　イ　ウ　エ

問十

二〇二三年度　横浜雙葉中学校

国語解答用紙　No. 2

三

問一

問二

問三　I　II

問四

問五

問六　1　かもしれないこと。

2

問七

問八

問九

（注）この解答用紙は実物を縮小してあります。B５→A３（163％）に拡大コピーすると、ほぼ実物大の解答欄になります。

〔国　語〕100点(推定配点)

一　問1　各1点×8　問2　各2点×6<3は完答>　二　問1～問4　各2点×7　問5　4点　問6, 問7　各2点×2　問8　6点　問9　4点<完答>　問10　8点　三　問1～問5　各2点×7　問6　1　4点　2　6点　問7　4点　問8　2点　問9　10点

２０２１年度　横浜雙葉中学校

算数解答用紙　No. 1

番号		氏名	

評点	／100

1

(1)	①		②		
(2)	枚	(3)	分	(4)	個
(5)	個	(6)	:		
(7)					

2

(1)	① 14		
	② 25		
	③ 100		
(2)		(3)	
(4)	(答)　最初に選んだ整数は		

2021年度　　横浜雙葉中学校

算数解答用紙　No. 2

3

(1)	秒後	(2)	秒後	(3)	cm^2

(4)

①

(答)　　　　秒後

②　AB：AC =　　　：

(5)　　　　秒後

(注) この解答用紙は実物を縮小してあります。B５→B４(141%)に拡大コピーすると、ほぼ実物大の解答欄になります。

〔算　数〕100点(推定配点)

1～3　各５点×20＜2の(2)は完答＞

２０２１年度　　横浜雙葉中学校

社会解答用紙　No.１

番号		氏名	

評点	／80

1

問１		問２		問３	
問４		問５			
問６	→　→　→	問７			
問８	城	問９			
問10					
問11		問12		問13	
問14	(1)	(2)			
	藩				
問15					
問16					

2

問１	島					
問２	(1)					
	(2)					
問３	(1)	(2)	問４	(1)	(2)	

社会解答用紙　No.２

2

問5	(1)				(2)	問6	
	①		②				

問7	(1)	(2)	(3)
	(4)		
	平野		

3

問1		問2						問3	

問4	(1)	(2)	問5	(1)			(2)

問6		問7		問8	

問9	

問10	法

問11	（ 1 ）	（ 2 ）

（注）この解答用紙は実物を縮小してあります。Ｂ５→Ａ３（163%）に拡大コピーすると、ほぼ実物大の解答欄になります。

〔社　会〕80点(推定配点)

[1] 問1　2点　問2, 問3　各1点×2　問4～問6　各2点×3＜問6は完答＞　問7　1点　問8　2点　問9　1点　問10　3点　問11～問15　各2点×6　問16　3点　[2]　問1　2点　問2　(1)　2点　(2)　3点　問3～問6　各1点×8　問7　各2点×4＜(3)は完答＞　[3]　問1　1点　問2　2点　問3, 問4　各1点×3　問5～問8　各2点×5＜問8は完答＞　問9　3点　問10, 問11　各2点×3

２０２１年度　　横浜雙葉中学校

理科解答用紙　No.1

番号		氏名		評点	／80

1

問1		問2		問3	
問4					

問5	A	B	C	D	E	F

問6	
問7	t

2

問1	

問2

ろうと台
(横からみたようす)

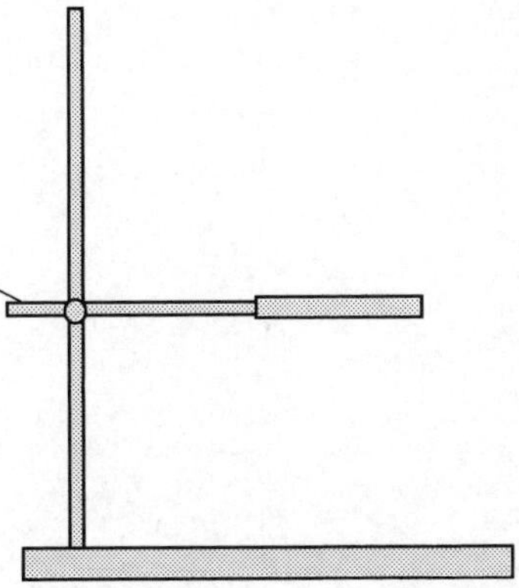

問3	(ア)	(イ)	(ウ)	(エ)

問4	A	B	C	D	E	F

理科解答用紙　No. 2

3

問1		問2	A	B	C	D	E

問3	(1)		(2)
	①	②	
			本分

問4		
	雨の日	日目
	理由	

4

問1		問2		問3		問4	

問5	(1)		(2)	問6	(1)	(2)
	①	②				

（注）この解答用紙は実物を縮小してあります。Ｂ５→Ｂ４（141%）に拡大コピーすると、ほぼ実物大の解答欄になります。

〔理　科〕80点（推定配点）

1　問1～問4　各2点×4＜問2，問3は完答＞　問5　各1点×6　問6，問7　各3点×2　2　問1　1点　問2　3点　問3　各2点×4　問4　A～C　2点＜完答＞　D～F　各2点×3　3，4　各2点×20＜4の問2は完答＞

二〇二二年度　横浜雙葉中学校

国語解答用紙

番号　　氏名　　評点 /100

一

問一　1　2　3　4　5　6　7　8

問二
1　鍋《なべ》(　)水(　)入(　)、昆布《こんぶ》(は)前(　)晩(　)浸《ひた》(　)。
2　あ　い
3　→　→　→
4　A　B　C
5　D　E

二

問一
問二　A　B
問三
問四　a　b
問五
問六
問七
問八
問九

三

問一　Ⅰ　Ⅱ　Ⅲ
問二　あ　い　う　え
問三　A　B
問四
問五
1　ア　イ　ウ　エ
2　(a)　(b)　(c)
3　考えたいこと
理由

(注) この解答用紙は実物を縮小してあります。200%拡大コピーをすると、ほぼ実物大の解答欄になります。

〔国　語〕100点(推定配点)

一　問1　各1点×8　問2　各2点×9<1，3は完答>　二　問1～問4　各2点×5<問4は完答>　問5　6点　問6，問7　各2点×3　問8　8点　問9　2点　三　問1～問4　各2点×10　問5　1，2　各2点×7　3　8点

２０２０年度　横浜雙葉中学校

算数解答用紙　No. 1

番号		氏名		評点	／100

1

(1)	①	②			
(2)	通り	(3)		(4)	m
(5)		(6)	才	(7)	

2

(1)	毎分　　cm^3	(2)	
(3)	(答)　　分後から　　分後		

3

(1)	個	(2)	個	(3)	個	(4)	個

2020年度　　横浜雙葉中学校

算数解答用紙　No. 2

4

(1)	人	
(2)	(答)	

(注) この解答用紙は実物を縮小してあります。B４用紙に141%拡大コピーすると、ほぼ実物大で使用できます。(タイトルと配点表は含みません)

〔算　数〕100点(推定配点)

1　各５点×８　2　(1)，(2)　各６点×２　(3)　式や考え方…４点，答…５点　3　各６点×４　4　(1)　６点　(2)　式や考え方…４点，答…５点＜完答＞

２０２０年度　横浜雙葉中学校

社会解答用紙　No.1

番号		氏名		評点	／80

1

問1		問2		問3			
問4		問5					
問6		問7		問8		問9	
問10		問11		問12		問13	
問14		問15		問16			
問17							

2

問1	（1）	（2）

問2	（1）		（2）
	①　　　　海	②　　　　海	

問3		問4		問5	（1）		（2）
					①	②	

問6

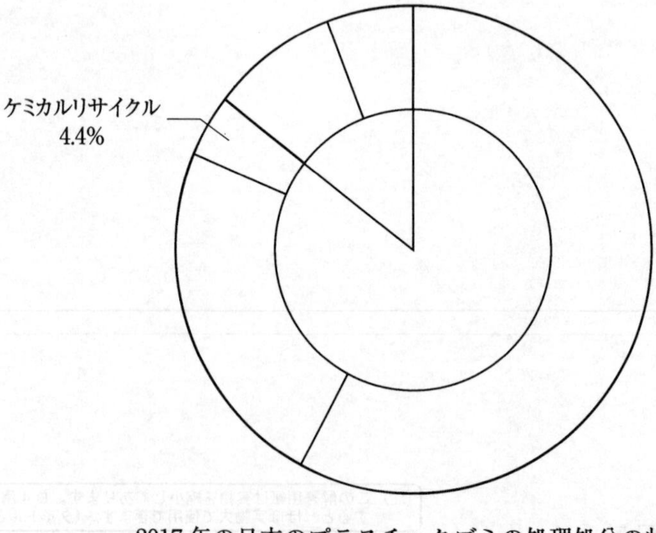

2017年の日本のプラスチックゴミの処理処分の状況

問7		問8	

2020年度　　横浜雙葉中学校

社会解答用紙　No.2

3

問1			問2				
問3	(1)	(2)	(3)				
			ア		イ		
問4							
問5			問6		問7		問8
問9		問10			問11		問12
問13 (1)	番号						
	→地域が活性化する						
(2)							

(注) この解答用紙は実物を縮小してあります。B4用紙に141%拡大コピーすると、ほぼ実物大で使用できます。(タイトルと配点表は含みません)

〔社　会〕80点(推定配点)

1　問1～問8　各1点×8　問9～問17　各2点×9　2　各2点×13　3　問1～問3　各1点×6　問4～問12　各2点×9　問13　各2点×2

２０２０年度　横浜雙葉中学校

理科解答用紙　No.１

番号		氏名		評点	／80

1

問１	（ア）	（イ）	（ウ）	（エ）			
問２		問３	→	→	→	→	
問４		問５	倍から	倍の間	問６		
問７	(1)						
	1	2	3	4			
	(2)						
	ライオン						
	シマウマ						

2

問１		問２		問３			
問４	アンモニア水	石灰水	水酸化ナトリウム水溶液	うすい塩酸	食塩水	炭酸水	水
問５	(1)	(2)					
		１種類目					
		２種類目					

２０２０年度　　横浜雙葉中学校

理科解答用紙　No. 2

3

問1　図2→　　→　　→　　→　　→　　→　　→図2

問2　①　　②

問3

(1)

(2)

(式)

(答え)＿＿＿＿＿＿＿＿

(3)

(式)

(答え)＿＿＿＿＿＿＿＿

(4)

4

問1

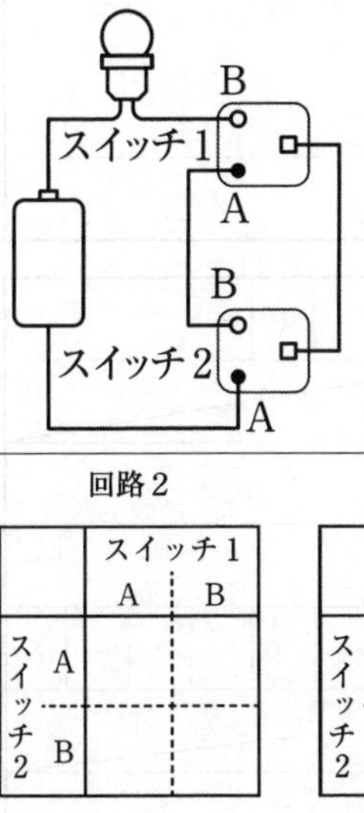

問2

問3

回路2

	スイッチ1 A	スイッチ1 B
スイッチ2 A		
スイッチ2 B		

回路3

	スイッチ1 A	スイッチ1 B
スイッチ2 A		
スイッチ2 B		

回路4

	スイッチ1 A	スイッチ1 B
スイッチ2 A		
スイッチ2 B		

問4　　問5

(注)この解答用紙は実物を縮小してあります。Ａ３用紙に147％拡大コピーすると、ほぼ実物大で使用できます。(タイトルと配点表は含みません)

〔理　科〕80点(推定配点)

1　問1～問6　各2点×9＜問3，問5は完答＞　問7　(1)　各1点×4　(2)　各2点×2　2～4　各2点×27＜3の問1，4の問2，問4は完答＞

二〇二〇年度　横浜雙葉中学校

国語解答用紙

番号　　氏名　　評点 /100

一
問一　1　2　3　4　5　6　7　8
問二　1　2　3　4　①　②　5　19　23

二
問一
問二　A　B
問三
問四
問五
問六
問七
問八
問九

三
問一　A　B
問二　あ　い
問三
問四
問五　・　・
問六　20
問七
問八
問九

（注）この解答用紙は実物を縮小してあります。192%拡大コピーすると、ほぼ実物大で使用できます。（タイトルと配点表は含みません）

〔国　語〕100点(推定配点)

一　問1　各1点×8　問2　1～4　各1点×6　5　2点　二　問1　4点　問2　各2点×2　問3　4点　問4　6点　問5～問8　各4点×4　問9　8点　三　問1　各2点×2　問2～問8　各3点×10　問9　8点

Memo

Memo